D0841084

COURS SUPÉRIEUR
D'ORTHOGRAPHE

D'Édouard Bled

Mes écoles

Roman d'une famille, de l'école, d'une époque.
Ouvrage couronné par l'Académie française.

Prix Fabien 1979

- Édition Robert Laffont, collection « Vécu ».
- Hachette, Livre de Poche.

E. BLED
Directeur d'École à Paris

O. BLED
Institutrice à Paris

COURS SUPÉRIEUR
D'ORTHOGRAPHE

Classes de 4ᵉ et 3ᵉ
Édition revue et corrigée

Ouvrage couronné par l'Académie française

CLASSIQUES HACHETTE
79, Boulevard Saint-Germain, PARIS (6ᵉ)

I.S.B.N. 2.01.000446.9

PRÉFACE

Cet ouvrage est destiné à tous ceux qui, déjà avancés dans leurs études, ont encore une orthographe mal assurée.

Le plan de ce livre est celui de nos précédents ouvrages. Mais aux trois parties : *Orthographe grammaticale, Conjugaison, Orthographe d'usage,* nous en avons ajouté une quatrième qui se rapporte au **langage.**

Nous avons pensé que les élèves devaient trouver dans un livre fait pour eux les remarques sur lesquelles les professeurs attirent quotidiennement leur attention.

Ces remarques très simples pourront leur donner le goût de la tournure correcte et des nuances, et les engager à porter plus de respect à leur langue maternelle.

Pour permettre aux professeurs de faire un choix, nous avons multiplié les exercices qui sont composés, pour la plupart, d'exemples empruntés aux meilleurs auteurs.

Nous avons consulté avec beaucoup de profit le dictionnaire LITTRÉ et le dictionnaire de l'Académie française. Dans les cas douteux, nous avons adopté l'orthographe indiquée par le dictionnaire de l'Académie française.

E. et O. BLED.

PREMIÈRE PARTIE

ORTHOGRAPHE GRAMMATICALE

LA PONCTUATION. LES POINTS

● La ponctuation précise le sens de la phrase.

La **ponctuation** sert à marquer, à l'aide de signes, les pauses et les inflexions de la voix dans la lecture; à fixer les rapports entre les propositions et les idées.

Les principaux signes de ponctuation sont :

le point, le point d'interrogation, le point d'exclamation, la virgule, le point-virgule, les points de suspension, les deux-points, les guillemets, le tiret, les parenthèses.

1. Le **point** marque une grande pause dans la lecture. Il indique la fin d'une phrase. Il se met aussi après une abréviation.

La nuit toucha la forêt. Les sapins relevèrent leurs capuchons et déroulèrent leurs longs manteaux. De grandes pelletées de silence enterraient le bruit du torrent. Une buse miaula. (J. GIONO.)

C. Q. F. D.	T. C. F.	N. B.
Ce qu'il fallait démontrer.	Touring Club de France.	Nota bene.

2. Le **point d'interrogation** se place à la fin des phrases qui expriment une demande.

Quel esprit ne bat la campagne? (LA FONTAINE.)
Quand nous reverrons-nous? et nous reverrons-nous?
O maison de mon père... (Ch. PÉGUY.)

3. Le **point d'exclamation** se met après une interjection ou à la fin d'une phrase qui exprime la joie, la douleur, l'admiration...

Je répare les tableaux anciens. Oh! les vieux maîtres! quelle âme! quel génie! (A. FRANCE.)
O rage! ô désespoir! ô vieillesse ennemie! (CORNEILLE.)

● Attention, la phrase impérative se termine par un point ordinaire.

Va, cours, vole et nous venge. (CORNEILLE.)

1

EXERCICES

1. Mettez les points comme il convient.

Une étoile sortit du rocher et recommença à planer un petit vent âpre ébouriffait ses plumes d'or longtemps elle resta seule pendant qu'autour la nuit s'approfondissait alors les grandes constellations se levèrent une qui avait des éclats rouges se tint toute droite sur la queue comme un serpent une autre prit son vol en triangle comme les canards sauvages une planète palpita comme la lanterne du bûcheron sous les arbres des vertes, des bleues surgissaient des endroits les plus sombres on entendait le vent racler le ciel autour des étoiles elles prenaient tout de suite l'éclat le plus vif comme le jet d'une source de feu. (Jean GIONO, *L'Eau vive*, Gallimard, édit.)

2. Écrivez correctement ces abréviations et traduisez-les.

SVP – TCF – SGDG – ONU – SNCF – USA – URSS.

3. Mettez les points d'exclamation comme il convient.

Oh l'Angélus d'Échillais, entendu dans ce jardin, par ces beaux soirs d'autrefois Oh le son de cette cloche, un peu fêlée mais argentine encore, comme ces voix très vieilles, qui ont été jolies et qui sont restées douces Quel charme de passé, de recueillement mélancolique, ce son-là venait répandre dans l'obscurité limpide de la campagne.

(Pierre LOTI, *Le Roman d'un enfant*, Calmann-Lévy, édit.)

4. Mettez les points et les points d'interrogation, s'il y a lieu.

Et voici que, laissant livres, plume et papiers, je regarde avec envie ces batteurs de blé, ces simples artisans de l'œuvre par excellence qu'est-ce que ma tâche à côté de la leur ce qu'ils font est nécessaire mais moi... saurai-je si, dans ma grange, j'ai porté le bon grain saurai-je si mes paroles sont le pain qui entretient la vie saurai-je si j'ai bien dit sachons du moins, quelle que soit notre tâche, l'accomplir d'un cœur simple, avec bonne volonté.

(Anatole FRANCE, *La Vie littéraire*, Calmann-Lévy, édit.)

5. Mettez les points qui conviennent (interrogation ou exclamation).

Quel personnage le vent pour les marins (MAUPASSANT). — Oh vous étiez grands au milieu des mêlées, soldats (V. HUGO). — Quel est ce vieillard blanc, aveugle, et sans appui (CHÉNIER). — Que de livres et vous les avez tous lus, monsieur Bonnard (A. FRANCE). — Ah qu'elle était jolie la petite chèvre de M. Seguin (A. DAUDET). — Quel bruit fait-on là-haut est-ce mon voleur qui y est (MOLIÈRE). — Quelle belle route et mes voyageurs, quels braves gens (O. MIRBEAU). — Quel plaisir a-t-il eu depuis qu'il est au monde (LA FONTAINE). — Qu'y a-t-il cependant de plus inoffensif qu'une fine couleuvre à col jaune (J. CRESSOT). — Pauvre Olivier au lieu de se cacher de ses parents, que ne retourna-t-il chez eux simplement (A. GIDE).

LA VIRGULE

La **virgule** marque une petite pause dans la lecture. Elle sert
à séparer, dans une phrase, les éléments semblables, c'est-à-dire
de même nature ou de même fonction, qui ne sont pas unis
par l'une des conjonctions de coordination **et, ou, ni.**

1. Les sujets d'un même verbe.

Les veaux, les jeunes volailles, les agnelets batifolaient. (L. Hémon.)

2. Les épithètes d'un même nom, les attributs d'un même
nom ou d'un même pronom.

Il criait d'une voix longue, confuse, croissante...   (A. de Vigny.)
L'homme était petit, trapu, rouge et un peu ventru.   (Maupassant.)

3. Les compléments d'un verbe, d'un nom, d'un adjectif.

Je craignais ses remontrances, ses railleries, ses objurgations, ses
larmes.   (A. France.)
Elle s'approcha de l'oiseau mort. Il avait la couleur des prés, des bois, du
ciel, des ruisseaux et des fleurs.   (J. Giono.)
Elle entrait, en revenant de promenade, riche de chèvrefeuille sylvestre, de
bruyère rouge, de menthe des marécages...   (Colette.)

4. Les verbes ayant le même sujet.

Les hirondelles se jouaient sur l'eau, au tomber du soleil, poursuivaient les
insectes, s'élançaient ensemble dans les airs, se rabattaient à la surface
du lac.   (Chateaubriand.)

5. Les propositions de même nature, plutôt courtes.

Dehors, le vent soufflait, les girouettes tournaient, la pluie fouettait les
murs, les volets claquaient.   (Erckmann-Chatrian.)

6. Les mots mis en apostrophe ou en apposition.

Enfants, vous êtes l'aube et mon âme est la plaine.   (V. Hugo.)
Au bruit de la porte, une femme, Sophie, la servante, venait de sortir de la
cuisine.   (E. Zola.)

7. Les propositions intercalées ou incises.

Donnez-moi, dit ce peuple, un roi qui se remue.   (La Fontaine.)
Monsieur Chotard, je l'avoue, monsieur Chotard aidé de Tite-Live, m'inspirait
des rêves sublimes.   (A. France.)

3

EXERCICES

6. Mettez les virgules comme il convient.
La pluie le vent l'orage chantent à leurs oreilles les enseignements sacrés (J. Giono). — La mer s'était couverte de voiles rousses vertes jaunes bleues éclatantes dans le grand soleil de l'été de voiles décolorées roses ou réséda (M. Elder). — Les pavillons les flammes les voiles achèvent la beauté de ce palais de Neptune (Chateaubriand). — Toutes ces chaumières étaient pareilles basses enterrées sombres (P. Loti). — Jérôme Crainquebille marchand ambulant connut combien la loi est auguste (A. France). — On ne voyait pas la mer on l'entendait on la sentait (G. Flaubert).

7. Mettez les virgules comme il convient.
Les chevaux se cabrent creusent l'arène secouent leur crinière frappent de leur bouche écumante leur poitrine enflammée (Chateaubriand). — Tarascon sort de ses murs le sac au dos le fusil sur l'épaule avec un tremblement de chiens de furets de trompes de cors de chasse (A. Daudet). — En cette circonstance elle appellera à son aide la concierge le frotteur la cardeuse de matelas et les sept fils du fruitier (A. France). — Ma fille laisse là ton aiguille et ta laine (A. Samain). — C'était Brusco le disciple et le compagnon des bandits annonçant sans doute l'arrivée de son maître (P. Mérimée).

8. Mettez les virgules comme il convient.
La voile brune monte au mât se gonfle un peu palpite hésite et bombée de nouveau ronde comme un ventre emporte les coques goudronnées vers la grande mer (Maupassant). — Je sais aussi dit Candide qu'il nous faut cultiver notre jardin (Voltaire). — Le vieux clerc marmonnait papa souriait au plafond maman baissait la tête l'huissier remuait son chapeau comme un éventail (G. Duhamel). — M. de Larombardière vice-président à la cour était un grand vieillard de soixante-cinq ans (E. Zola). — Il lui semblait à lui qu'il payait cette rente depuis un demi-siècle qu'il était trompé ruiné (Maupassant).

9. Mettez la ponctuation qui convient.
Des hommes coiffés de ce béret bleu venu des Pyrénées en Gironde apportent sur leur dos les lourdes gerbes que les femmes en grand chapeau de paille pieds nus sur la toile grise de l'aire donnent à mâcher par poignées à la batteuse qui bourdonne comme une ruche un maigre et vigoureux garçon enlève du bout de sa fourche la paille découronnée et mutilée tandis que les grains de blé versés dans une vanneuse à manivelle abandonnent aux souffles de l'air les débris de leurs tuniques légères bêtes et gens agissent de concert avec la lenteur obstinée des âmes rustiques. (A. France, *La Vie littéraire*, Calmann-Lévy, édit.)

10. Faites des phrases sur les modèles donnés page 3.

4

LA VIRGULE (suite)

1. On ne sépare pas les pronoms relatifs **qui** et **que** de leur antécédent, sauf quand la proposition subordonnée peut être supprimée sans altérer le sens de la phrase.

Près de nous, des pigeons qui picoraient le pain qu'un promeneur leur avait jeté prirent leur vol.   (A. GIDE.)

J'espérais que l'admiration, qui rend l'homme meilleur, les diposerait à me restituer quelque chose.   (E. ABOUT.)

2. Une proposition subordonnée complément d'objet n'est jamais précédée d'une virgule.

On dirait que la plaine, au loin déserte, pense ...   (A. SAMAIN.)

3. Lorsque dans une succession d'éléments semblables, les conjonctions de coordination **et, ou, ni** sont utilisées plusieurs fois, il faut séparer ces éléments semblables par une virgule.

Et l'un offrait la paix, et l'autre ouvrait ses portes,
Et les trônes, roulant comme des feuilles mortes,
Se dispersaient au vent.   (V. HUGO.)

Sur ce chemin de l'océan, on n'aperçoit ni arbres, ni villages, ni tours, ni clochers, ni tombeau.   (CHATEAUBRIAND.)

EXERCICES

11. Mettez les virgules comme il convient.
Je savais que nous étions venus là pour une chose qui s'appelait la mer (P. LOTI). — La maison que j'habite dans la ville indigène n'a pas de fenêtres sur le dehors (J. et J. THARAUD). — Monsieur puisque vous le voulez je vous dirai franchement qu'on se moque de vous (MOLIÈRE). — En apercevant le matériel de guerre du Tarasconnais le petit monsieur qui s'était assis en face parut excessivement surpris (A. DAUDET). — Rien ni les fondrières ni les marécages ni les forêts sans chemins ni les rivières sans gué ne purent enrayer l'impulsion de ces foules en marche (J.-K. HUYSMANS). — Les taureaux de Camargue qu'on menait courir mugissaient (A. DAUDET). — La lune qui s'est levée nous montre partout des pavots et des pâquerettes (P. LOTI).

12. Faites des phrases sur le modèle des exemples donnés dans la leçon.

5

LE POINT-VIRGULE.
LES POINTS DE SUSPENSION

Le **point-virgule** marque une pause moyenne dans la lecture.
Il sert à séparer dans une phrase :

1. Des propositions liées plus ou moins étroitement par le sens :

Un écureuil a écorché les hautes branches du bouleau; une odeur de miel
vient de descendre.   (J. Giono.)

2. Les parties semblables ou les propositions d'une certaine
longueur dont les éléments sont déjà séparés par des virgules :

Je me trouvais triste entre les rideaux de mon lit; je voulais me lever, sortir;
je voulais surtout voir ma mère, ma mère à tout prix....   (P. Loti.)

Les **points de suspension** indiquent que la phrase est
inachevée, marquent une interruption causée par l'émotion, la
surprise, l'hésitation... ou un arrêt voulu, dans le développement
de la pensée pour mettre en relief certains éléments de la phrase :

« Messieurs et chers administrés... Messieurs et chers admi ... Messieurs et
chers ... »   (A. Daudet.)

EXERCICES

13. Mettez les virgules et les points-virgules comme il convient.
Des ours enivrés de raisins chancellent sur les branches des ormeaux
des caribous se baignent dans un lac des écureuils noirs se jouent
dans l'épaisseur des feuillages des oiseaux moqueurs des colombes de
Virginie de la grosseur d'un passereau descendent sur les gazons rougis
par les fraises des perroquets verts à tête jaune des piverts empour-
prés des cardinaux de feu grimpent en circulant au haut des cyprès des
colibris étincellent sur le jasmin des Florides des serpents-oiseleurs
sifflent suspendus aux dômes des bois.   (Chateaubriand, *Atala*.)

14. Mettez la ponctuation qui convient.
Plus un instant à lui soupire Mme Vedel si vous saviez tout ce
qu'il se laisse mettre sur les bras depuis que comme on sait qu'il ne se
refuse jamais tout le monde lui quand il rentre le soir il est si fatigué
parfois que je n'ose presque pas lui parler de peur de le il se donne
tellement aux autres qu'il ne lui reste plus rien pour les siens

(A. Gide, *Les Faux-Monnayeurs*, Gallimard, édit.)

6

LES DEUX-POINTS – LES GUILLEMETS
LE TIRET – LES PARENTHÈSES

1. Les **deux-points** annoncent :
a) les paroles de quelqu'un.

Zadig disait : « Je suis donc enfin heureux ! »   (VOLTAIRE.)

b) une énumération :

Tout cela était beau de force et de grâce : le paysage, l'homme, l'enfant,
les taureaux sous le joug ...   (G. SAND.)

c) une explication, une justification :

Excusez mes lenteurs : c'est tout un art que j'expose.   (A. FRANCE.)

2. Les **guillemets** s'emploient pour encadrer :
a) une citation, les paroles de quelqu'un, une conversation :

Ce jour-là était un très beau jour de « l'extrême hiver printanier », comme dit
le poète Paul Fort.   (G. DUHAMEL.)

Broudier cria : « Hé ! Bénin, je descends ! »   (J. ROMAINS.)

b) une expression ou un terme qu'on veut mettre en valeur :

Malgré l'opposition de M. Paul, qui voulait que je m'allasse coucher, j'entrai
dans ce que j'appellerai, en vieux langage, « la librairie », et je me mis au
travail ...   (A. FRANCE.)

3. Le **tiret** marque le changement d'interlocuteur :

« Reste-t-il du pain d'hier ? dit-il à Nanon.
— Pas une miette, monsieur. »   (H. de BALZAC.)

Le tiret sert aussi à détacher un élément de la phrase pour le
mettre en valeur, à renforcer une virgule :

Soulever, pénétrer, déchirer la terre est un labeur — un plaisir — qui ne va
pas sans une exaltation ...   (COLETTE.)

Puis, tout à coup, on commençait des courses folles, — très légères, en petits
souliers minces...   (P. LOTI.)

4. Les **parenthèses** servent à isoler une idée, une réflexion
qui pourraient être supprimées sans altérer le sens de la phrase :

Pour faire un bon facteur (il y a facteur et facteur, c'est comme dans tout),
il faut savoir des choses ...   (M. AYMÉ.)

7

EXERCICES

15. Mettez les deux points et les virgules s'il y a lieu.

J'entendais tous les bruits du hameau le hennissement des mules les cloches des vaches les cris d'enfants (J. Giono). — La fusée s'enflamma tournoya illumina une plaine et s'y éteignit c'était la mer (A. de Saint-Exupéry). — Un seul bruit maintenant arrivait à ses oreilles la voix du perroquet (G. Flaubert). — Toute la famille est là le maître avec ses fils et son gendre les apprentis la vieille ménagère et les marmots (A. Theuriet). — La nuit n'était pas fort sombre quelque part dans le ciel la lune devait courir derrière l'amas de nuages (G. Duhamel). — Kyo habitait avec son frère une maison chinoise sans étage quatre ailes autour d'un jardin (A. Malraux).

16. Mettez les guillemets et les autres signes de ponctuation.

Justin fourra dans sa poche d'un geste tragi-comique sa casquette de collégien et dit l'air faussement accablé c'est bien j'obéis (G. Duhamel). — Quand il n'y a personne pour les entendre les troubler les distraire Cécile et Laurent se racontent leurs inventions (G. Duhamel). — Pasteur définit la recherche scientifique et dit à ses élèves et à ses disciples N'avancez jamais rien qui ne puisse être prouvé d'une façon simple et décisive (Vallery-Radot). — La terre chauffée tout le jour par un soleil pesant par un gras soleil comme disent les moissonneurs exhalait une odeur forte et chaude (A. France).

17. Mettez les tirets et les autres signes de ponctuation.

Radegonde avança à grands pas sonores et se planta au milieu du salon droite immobile muette les mains jointes sur son tablier Ma mère lui demanda si elle savait coudre elle répondit oui madame faire la cuisine oui madame repasser oui madame faire une pièce à fond oui madame raccommoder le linge oui madame.

Ma bonne mère lui aurait demandé si elle savait fondre des canons construire des cathédrales composer des poèmes gouverner des peuples elle aurait encore répondu oui madame.

(A. France, *Le Petit Pierre*, Calmann-Lévy, édit.)

18. Mettez les parenthèses et les autres signes de ponctuation.

De toutes les habitations où j'ai demeuré et j'en ai eu de charmantes aucune ne m'a rendu si véritablement heureux et ne m'a laissé de si tendres regrets que l'île Saint-Pierre au milieu du lac de Bienne (J.-J. Rousseau). — Je me rappelai qu'un beau jour de ma vingtième année il y a de cela près d'un demi-siècle je me promenais dans ce même jardin du Luxembourg (A. France). — Bien qu'il fût garde mobile dans le civil si on peut dire c'était un homme d'assez bonne compagnie (J. Perret). — Elle s'aperçut tout à coup avec horreur que ma jolie tête frisée le premier qualificatif est de moi avait disparu (P. Wentz).

EXERCICES DE REVISION

19. Remplacez chaque trait par un signe de ponctuation.

Ah çà	Nanon	je ne t'ai jamais vue comme ça	qu'est-ce qui te passe donc par la tête	es-tu la maitresse ici	tu n'auras que six morceaux de sucre
Eh bien	votre neveu	avec quoi donc qu'il sucrera son café	Avec deux morceaux	je m'en passerai	moi
Vous vous passerez de sucre	à votre âge	j'aimerais mieux vous en acheter de ma poche
Mêle-toi de ce qui te regarde
Malgré la baisse du prix | le sucre était toujours | aux yeux du tonnelier | la plus précieuse des denrées coloniales | il valait toujours six francs la livre pour lui | l'obligation de le ménager | prise sous l'Empire | était devenue la plus indélébile de ses habitudes |

(Honoré de BALZAC, *Eugénie Grandet*.)

20. Remplacez chaque trait par un signe de ponctuation.

Veuillez prendre	dans ce volume de La Fontaine	la fable	*Le Chêne et le Roseau*	l'élève commença
Le chêne un jour	dit au roseau
Très bien	monsieur	vous ne savez pas lire
Je le crois	monsieur	reprit l'élève	puisque je viens réclamer vos conseils	mais je ne comprends pas comment sur un seul vers
Veuillez le recommencer
Il recommença
Le chêne un jour	dit au roseau
J'avais bien vu que vous ne saviez pas lire
Mais
Mais	reprit M. Samson avec flegme	est-ce que l'adverbe se joint au substantif au lieu de se joindre au verbe	est-ce qu'il y a des chênes qui s'appellent un jour	non	eh bien	alors	pourquoi lisez-vous	le chêne un jour	dit au roseau	lisez donc	le chêne	virgule	un jour dit	au roseau
C'est pourtant vrai	s'écria le jeune homme stupéfait
Si vrai	reprit son maître avec la même tranquillité	que je viens de vous apprendre une des règles les plus importantes de la lecture à haute voix	l'art de la ponctuation
Comment	monsieur	on ponctue en lisant
Eh	sans doute	tel silence indique un point	tel demi-silence une virgule	tel accent un point d'interrogation	et une partie de la clarté	de l'intérêt même du récit	dépend de cette habile distribution des virgules et des points	que le lecteur indique sans les nommer	et que l'auditeur entend sans qu'on les lui nomme

(Ernest LEGOUVÉ, *L'Art de la Lecture*, Hachette, édit.)

PRINCIPAUX CAS
OÙ L'ON MET LA MAJUSCULE

Mettons toujours une majuscule :

1. Au premier mot d'une phrase :

L'orage menace. Un vent violent se lève.

2. Au nom propre :

Du Jardin du roi, Buffon fit le Jardin des plantes.

3. Au nom ou au titre d'une œuvre artistique ou littéraire, d'un journal, d'un magazine :

Le tableau le plus connu du peintre Millet est *L'Angélus.*
L'Aiglon est un drame en vers, d'Edmond Rostand.
L'Auto a été le premier journal sportif.
Je lis chaque mois la revue littéraire *Les Annales.*

4. A certains termes de politesse :
Monsieur, Madame, Mademoiselle :

Veuillez agréer, Monsieur, je vous prie...

5. Au nom, précédé de Monsieur ou de Madame, qui marque un titre, quand on s'adresse au possesseur de ce titre :

Nous vous assurons, Monsieur le Ministre du Travail, de notre entier dévouement.

6. Au nom qui marque la nationalité :

Les Français ont l'esprit inventif.

7. A certains termes historiques ou géographiques :

La Ligue, la Grande Armée, le ballon d'Alsace, les Gémeaux.
Par le col de la Perche, on passe de France en Catalogne.

8. Au nom de bateaux, d'avions, de rues, d'édifices ...

La Belle-Rose, la Croix-du-Sud, la rue des Lions, le Panthéon.

9. Au premier mot d'un vers :

Lorsque l'enfant paraît, le cercle de famille
Applaudit à grands cris. Son doux regard qui brille
         Fait briller tous les yeux.   (V. Hugo, *Les Feuilles d'Automne.*)

10. Au nom d'animaux ou de choses personnifiés :

O nations! Je suis la Poésie ardente.   (V. Hugo.)

EXERCICES

21. Mettez les majuscules comme il convient.

les groupes de vieux saxe et les peintures de sèvres, étagés dans les vitrines, disaient des choses passées. tout sommeillait. elle alla soulever le coin d'un rideau et vit par la fenêtre, à travers les arbres noirs du quai, sous un jour blême, la seine traîner ses moires jaunes. le bateau passa, l' « hirondelle », débouchant d'une arche du pont de l'alma et portant d'humbles voyageurs vers grenelle et billancourt. elle le suivit du regard, puis elle laissa retomber le rideau et, s'étant assise, elle prit un livre jeté sur la table, à portée de sa main. sur la couverture de toile paille brillait ce titre d'or : *yseult la blonde*, par vivian bell. c'était un recueil de vers français composés par une anglaise et imprimés à londres.

(Anatole **France**, *Le Lys Rouge*, Calmann-Lévy, édit.)

22. Même exercice que 21.

Les pionniers de l'aviation sont : wilbur wright, santos-dumont, blériot, latham, garros, védrine, voisin, farman. — Le pont-neuf fut construit sous henri IV. — La guadeloupe est formée de deux îles : grande-terre et basse-terre séparées par un étroit bras de mer, la rivière salée. — Les principaux magasins de paris sont : inno, le bon marché, la samaritaine, le printemps, les galeries lafayette, le bazar de l'hôtel-de-ville, les trois quartiers. — m. le ministre de l'agriculture inaugura l'exposition, il était accompagné de m. le préfet, de m. le député et de m. le maire.

23. Mettez les majuscules, s'il y a lieu.

La fronde, guerre civile qui eut lieu sous la minorité de louis XIV, eut pour cause la politique de mazarin. L'origine de ce mot est le jeu de la fronde auquel s'amusaient les enfants à cette époque. — Les principaux architectes de la renaissance française sont : pierre nepveu, pierre lescot, philibert delorme. — Le printemps marque la renaissance de la nature. — Jean valjean, javert, fantine, cosette, marius sont les principaux personnages du célèbre roman de victor hugo, *les misérables*. — Des misérables sans abri imploraient la pitié.

24. Dans ces expressions, mettez les majuscules, s'il y a lieu :

La grande armée	la banque de france	le tigre bondit
une grande armée	un billet de banque	le tigre et l'euphrate
le cap gris-nez	l'aube est radieuse	je rends la monnaie
le nez du clown	l'aube et la marne	l'hôtel de la monnaie
le roi soleil	l'hiver est rude	l'électricité s'éteint
le soleil brille	le bonhomme hiver	la fée électricité

25. Nommez cinq écrivains du XVIIe siècle, du XVIIIe siècle, du XIXe siècle, du XXe siècle.

LES ACCENTS

● Les accents sont aussi importants que les lettres.

1. Il y a trois accents :
l'**accent aigu,** l'**accent grave,** l'**accent circonflexe.**
L'**accent aigu** se met sur la lettre **e** (e fermé) :
épingle, général, satiété.

L'**accent grave** se met sur la lettre **e** (e ouvert) et sur **a** et **u** :
crème, lumière, trèfle, à, çà, là, où.

L'**accent circonflexe** se met sur la lettre **e** (e ouvert) et sur
a, i, o, u :
chêne, bâton, gîte, cône, flûte.

2. Les accents modifient la prononciation de **e, a, i, o, u.**
e accentué devient **é, è, ê** :
leçon, lévrier, lèpre, chêne.

a, i, o, u portant l'accent circonflexe deviennent longs.
L'allongement est plus sensible dans **â** et **ô** que dans **î** et **û.**
bateau, bâton; cime, abîme; polaire, pôle; chute, flûte.

3. Les accents peuvent remplacer une lettre disparue, généralement une **s,** quelquefois un **e,** un **a** ou un **u.**
forêt (*forest*), sûreté (*seureté*), âge (*eage ou aage*), piqûre (*piquure*).

4. Les accents distinguent certains homonymes.
a (*verbe*), à (*préposition*) — mur (*nom*), mûr (*adjectif qualificatif*) — sur (*préposition ou adjectif qual.* aigre), sûr (*adjectif qual.* assuré).

5. Les accents distinguent certaines formes verbales.
il chanta (*passé simple*), qu'il chantât (*imparfait du subjonctif*) ...

EXERCICES

26. Mettez les accents comme il convient.
C'etait une bete tres rare, une bete des anciens ages dont l'espece
decroissait depuis des millenaires (J.-H. ROSNY AÎNÉ). — Nous jetames
quand meme nos lignes. Elles etaient a peine dans l'eau que nous
vimes paraitre un garde (G. DUHAMEL). — Il semblait vraiment que le
moulin se rendit, ce jour-là, compte de son importance (P. ARÈNE). —
On part au petit jour, dans la fraicheur glacee (J. CRESSOT).

**27. Trouvez dix mots où l'accent rappelle une lettre disparue,
indiquez un mot de la même famille qui a conservé cette lettre.**

● Homonymes distingués par l'accent.

28. Mettez l'accent sur *a*, s'il y a lieu. Indiquez entre parenthèses la nature de tous les *a* de l'exercice.
On a plaisir a suivre chaque matin ce sentier étroit (A. France). — Il y a a peine huit jours que je suis installé, j'ai déjà la tête bourrée d'impressions (A. Daudet). — Mon oncle a une vache dans son écurie. Je coupe son herbe a la faux. Je porte moi-même le fourrage a la bête (J. Vallès). — Rien qu'a voir le loriot, on juge tout de suite qu'on a affaire a un gourmand (A. Theuriet). — Je m'attachais a ce foyer, a tous ses recoins, a toutes les pierres de ses murs (P. Loti).

29. Mettez l'accent sur *ou*, s'il y a lieu. Indiquez entre parenthèses la nature de tous les *ou* de l'exercice.
Au milieu du trou apparaît hors de l'eau une gueule grande ouverte d'ou sort un gargouillement profond (P.-E. Victor). — On me reconduisait en voiture ou à âne ou à pied jusqu'à la rivière (P. Loti). — De droite à gauche rien que des herbages ou des troupeaux de bœufs se promènent (P. Loti). — Le charron façonne une roue de char ou de tombereau, ou il fait un assemblage (A. Theuriet). — Je parcourus des champs, des bois ou tout était immobile (B. Constant).

30. Mettez l'accent sur *la, ça, des*, s'il y a lieu. Indiquez entre parenthèses la nature de ces mots.
La porte est toujours la, drapée de toiles d'araignées (R. Escholier). — Des parfums! des qu'on poussait la grille, on était accueilli par la douceur du réséda (J. Cressot). — Ça et la, entre les fougères, de petites sources suintaient (P. Loti). — Crois-tu qu'on laisse une maison ouverte au bord du chemin, comme ça? (C.-F. Ramuz). — Bonnes vêpres, maître Cornille! lui criaient les paysans; ça va donc toujours, la meunerie? (A. Daudet).

31. Mettez l'accent sur *mur* et *sur*, s'il y a lieu. Indiquez entre parenthèses la nature de ces mots.
J'aime les vieux ... Ils sont si bons qu'ils ont l'air surs que nous deviendrons aussi vieux qu'eux (J. Giraudoux). — De temps en temps, le vol lourd d'un faisan passait par-dessus le mur (A. Daudet). — Images du soir enfin, quand j'ai regagné la petite chambre qui sent le melon mur (J. Cressot). — La pensée se portait sur les errants qui peinaient en mer (E.-M. de Voguë). — Il y a des fruits dont la chair malgré l'hiver demeure sure (A. Gide).

32. Mettez l'accent s'il y a lieu.
Il paie son du. — Je mange du fromage. — Nous avons du refaire notre travail. — J'ai cru vous entendre. — L'arbre a cru dans de mauvaises conditions. — Le chambertin est un grand cru. — Un fruit cru.

13

LE FÉMININ DES NOMS

- Un apprenti, une apprentie.
- Le Français, la Française.

RÈGLE GÉNÉRALE

On forme le féminin des noms en ajoutant un **e** au masculin.

CAS PARTICULIERS

1. Les noms terminés par **er** font leur féminin en **ère**.

le mercier, la mercière. — le boucher, la bouchère.

2. Certains noms **doublent la consonne finale**.

le paysan, la paysanne. — le chat, la chatte.

3. Certains noms **changent la consonne finale**.

le loup, la louve. — l'époux, l'épouse.

4. Les noms **terminés par eur** font leur féminin en :

-**euse** : le vendangeur, la vendangeuse.
-**ice** : l'inspecteur, l'inspectrice.
-**esse** : le docteur, la doctoresse.

5. Certains noms en **e** font leur féminin en **esse**.

le pauvre, la pauvresse. — le notaire, la notairesse.

6. Certains féminins ne sont pas construits avec leur masculin.

gendre	*bru*	bouc	*chèvre*	lièvre	*hase*
mari	*femme*	cerf	*biche*	mâle	*femelle*
parrain	*marraine*	cheval	*jument*	sanglier	*laie*
bélier	*brebis*	jars	*oie*	taureau	*vache*

7. Certains noms de professions n'ont pas de féminin. Le féminin est marqué par le mot *femme* suivi du nom de profession.

une femme peintre   une femme ingénieur   une femme écrivain

8. Certains noms d'animaux ne marquent que l'espèce; pour préciser le sexe, on ajoute le mot *mâle* ou *femelle*.

un bouvreuil mâle, un bouvreuil femelle — une belette mâle, une belette femelle.

9. Les lettres ont un genre. — Sont féminines les lettres qui, lorsqu'on les prononce, se terminent par un **e** muet.

f (*effe*), n (*enne*), h (*hache*), r (*erre*), l (*elle*), s (*esse*), m (*emme*), x (*ixe*).

Sont masculines : a, b, c, d, e, g, i, j, k, o, p, q, t, u, v, w, y, z. L'usage autorise le masculin pour toutes les lettres.

EXERCICES

33. Donnez le féminin des noms suivants :

cousin	ours	orphelin	employé	Flamand
Niçois	marié	bourgeois	figurant	Américain
serin	fiancé	marchand	châtelain	candidat
ami	Auvergnat	habitué	concurrent	Lorrain

34. Donnez le féminin des noms suivants :

cavalier	fermier	laitier	pâtissier	teinturier
couturier	meunier	héritier	passager	matelassier
boutiquier	écolier	berger	étranger	romancier
cuisinier	hôtelier	écuyer	métayer	conseiller

35. Donnez le féminin des noms suivants :

chien	pharmacien	paroissien	pauvret	paon
chat	Bourguignon	musicien	patron	Indien
poulet	tragédien	Tyrolien	paysan	Vendéen
linot	négrillon	lycéen	citoyen	Parisien

36. Donnez le féminin des noms suivants :

tricheur	pêcheur	voyageur	voleur	acheteur
faucheur	coiffeur	promeneur	laveur	plongeur
marcheur	danseur	moissonneur	faneur	patineur
trotteur	dormeur	confiseur	nageur	chanteur

37. Donnez le féminin des noms suivants :

empereur	lecteur	rédacteur	triomphateur	médiateur
ambassadeur	aviateur	opérateur	bienfaiteur	éducateur
spectateur	acteur	électeur	instigateur	protecteur
interrogateur	moniteur	correcteur	instituteur	expéditeur

38. Donnez le féminin des noms suivants :

abbé	enchanteur	Suisse	prêtre	devin
duc	chanoine	pécheur	traître	druide
âne	prophète	prince	diable	comte
tigre	mulâtre	poète	nègre	hôte

39. Donnez le féminin des noms suivants :

Andalou	jouvenceau	Turc	neveu	daim
chameau	ambitieux	Grec	canard	jaloux
fugitif	religieux	héros	époux	dindon
poulain	serviteur	roi	agneau	veuf

40. Donnez le féminin des noms suivants :

grand-oncle	fils	Maure	lièvre	sanglier
compagnon	jars	merle	singe	mouton
perroquet	porc	mulet	bouc	faisan

15

NOMS HOMONYMES
AU SENS FIXÉ PAR LE GENRE

masculin

aigle : oiseau de proie, homme supérieur, génie, décoration.

aide : celui qui aide, qui prête son concours à un autre.

aune : arbre, à bois léger, des régions tempérées humides.

barde : poète chez les Celtes.

cache : papier noir servant à cacher une partie d'un cliché.

carpe : os du poignet.

cartouche : encadrement d'une inscription, ornement sculpté.

coche : voiture, bateau.

couple : réunion de deux personnes unies par le mariage ou l'amitié.

crêpe : étoffe de laine légère et frisée, étoffe de deuil.

critique : celui qui juge une œuvre.

enseigne : officier de marine, officier qui porte l'enseigne.

foudre : grand tonneau, grand général conquérant.

garde : celui qui garde, surveillant, soldat.

garenne : lapin sauvage par opposition à lapin de clapier.

gîte : lieu où l'on habite, lieu où dort le lièvre.

greffe : lieu où sont déposées les minutes des jugements, des actes de procédure.

guide : celui qui montre le chemin, celui qui conseille.

livre : volume broché ou relié.

manche : partie par laquelle on tient un instrument.

manœuvre : celui qui travaille de ses mains, ouvrier qui sert ceux qui font l'ouvrage.

mémoire : état de sommes dues, relation écrite de certains faits.

féminin

aigle : aigle femelle, étendard, drapeau, armoirie.

aide : celle qui aide, secours, protection, assistance.

aune : ancienne mesure de longueur valant 1,188 m.

barde : tranche de lard, armure.

cache : lieu secret propre à cacher ou à se cacher.

carpe : poisson d'eau douce.

cartouche : carton contenant la charge d'une arme à feu.

coche : entaille.

couple : réunion de deux choses de même espèce.

crêpe : sorte de galette frite à la poêle.

critique : art de juger une œuvre.

enseigne : drapeau, pièce ou tableau indiquant la profession exercée.

foudre : phénomène électrique dans l'atmosphère.

garde : action de garder, celle qui garde, troupe d'élite.

garenne : lieu planté d'arbres où vivent les lapins sauvages.

gîte : place qu'occupe un navire échoué, inclinaison d'un navire.

greffe : bourgeon détaché d'une plante pour être inséré sur une autre, l'opération elle-même.

guide : lanière de cuir pour conduire un cheval attelé.

livre : ancienne unité de poids.

manche : partie du vêtement qui couvre le bras.

manœuvre : ensemble des mouvements d'une troupe, action de manœuvrer.

mémoire : faculté de se rappeler les idées, de se souvenir, de retenir.

16

masculin

mode : terme de grammaire, forme d'un verbe, manière d'être.

moule : modèle creux qui donne une forme à une matière en fusion.

mousse : apprenti marin.

œuvre : terme d'architecture, ensemble de tous les ouvrages d'un auteur, d'un artiste.

office : fonction, service divin, service administratif.

ombre : genre de saumon.

page : jeune noble au service d'un seigneur.

paillasse : bouffon, bateleur.

parallèle : cercle parallèle à l'équateur, comparaison entre deux personnes ou deux choses.

pendule : corps mobile autour d'un point fixe à oscillations régulières.

physique : apparence extérieure de l'homme, opposition au moral.

poêle : fourneau, dais, drap couvrant un cercueil.

politique : homme d'État, ministre, celui qui s'applique à la connaissance du gouvernement des États.

poste : lieu assigné à quelqu'un, appareil de radio.

pupille : mineur et orphelin placé sous la direction d'un tuteur.

solde : terme de comptabilité, marchandise vendue au rabais.

somme : sommeil, moment assez court que l'on donne au sommeil.

souris : sourire fin, léger, gracieux.

statuaire : celui qui fait des statues.

suisse : gardien d'une église, petit fromage blanc frais.

tour : machine, mouvement circulaire, promenade, contour, farce.

trompette : celui qui en sonne.

vague : grand espace vide, ce qui est indécis, indéfini, indéterminé.

vapeur : bateau mû par la vapeur.

vase : récipient.

voile : étoffe destinée à couvrir ou à protéger.

féminin

mode : manière de faire, coutume, usage qui dépend du goût.

moule : mollusque bivalve de forme oblongue.

mousse : plante cryptogame, écume.

œuvre : ce qui est fait à l'aide de la main, production de l'esprit, ouvrage d'art.

office : lieu où l'on prépare tout ce qui se met sur la table.

ombre : obscurité.

page : un des côtés d'un feuillet de papier.

paillasse : matelas bourré de paille.

parallèle : ligne droite ou courbe dont tous les points sont également distants d'une autre ligne.

pendule : horloge d'appartement à poids ou à ressort.

physique : science qui étudie les propriétés des corps.

poêle : ustensile de cuisine muni d'une longue queue.

politique : art de gouverner un État, de diriger les relations avec les autres États.

poste : administration publique chargée du transport du courrier.

pupille : orpheline, ouverture de l'œil par laquelle passe la lumière.

solde : paie des militaires et de certains fonctionnaires.

somme : quantité d'argent, total, charge d'un animal.

souris : rongeur, muscle du gigot.

statuaire : art de faire des statues.

Suisse : république fédérale de l'Europe centrale, capitale Berne.

tour : bâtiment élevé, rond ou à plusieurs faces.

trompette : instrument de musique.

vague : eau de la mer, d'un lac, d'un fleuve soulevée par le vent.

vapeur : nuage, exhalaison gazeuse.

vase : bourbe.

voile : toile forte attachée aux vergues d'un mât.

EXERCICES

41. Employez successivement les noms suivants au masculin et au féminin. Précisez-en le sens à l'aide d'un complément.
Ex. : *le mousse du chalutier, la mousse du champagne.*

mode	livre	page	manche	couple	enseigne
crêpe	tour	voile	pendule	barde	mémoire

42. Employez les noms suivants avec un adjectif qualificatif.

un garde	la greffe	une ombre	un aigle	un physique
la garde	une aide	un somme	la poste	la politique
un aune	un guide	une cache	un livre	une enseigne

43. Remplacez les points par l'article qui convient.

Mère Barberin donne une tape à la queue de ... poêle et fait sauter ... crêpe (H. MALOT). — L'ombre tranquille viendra d'... crêpe noir envelopper la ville (BOILEAU). — ... critique est aisée et l'art est difficile (DESTOUCHES). — Victor Hugo a des relations de plus en plus suivies avec ... critique du *Globe* [Sainte-Beuve] (P. AUDIAT). — ... garde meurt et ne se rend pas (CAMBRONNE). — ... garde coiffé d'un chapeau tyrolien sortait de sa maison (R. BAZIN). — ... poste est le lien de toutes les affaires, les absents deviennent, par elle, présents, elle est la consolation de la vie (VOLTAIRE). — Et que chacun enfin d'un même esprit poussé, garde en mourant ... poste où je l'aurai placé (RACINE).

44. Même exercice que 43.

Des jardins de roses sort tout à coup ... tour élancée (A. DE VIGNY). — D'abord je faisais ... tour des terrasses surplombant l'abime des bois (P. LOTI). — L'enfant, essuyant ses larmes, fit ... souris malin et moqueur (FÉNELON). — ... jeune souris de peu d'expérience, crut fléchir un vieux chat (LA FONTAINE). — ... mémoire de ce sage vieillard était comme une histoire des anciens temps gravée sur le marbre (FÉNELON). — Le ministre loua très fort les sentiments qui avaient dicté ... mémoire, mais il en remit l'exécution à plus tard (R. VERCEL).

45. Même exercice que 43.

... mousse épaisse et verte abonde au pied des chênes (V. HUGO). — Ces six hommes et ... mousse étaient des Islandais, race vaillante de marins répandue au pays de Paimpol (P. LOTI). — ... voile fut créée pour suppléer la rame, libérer l'homme de sa tâche épuisante de moteur marin (R. VERCEL). — ... voile des ténèbres s'efface et tombe (J.-J. ROUSSEAU). — ... page me demanda de quelle part j'apportais le billet (LESAGE). — Ces soldats ont écrit au livre de l'Histoire ... page qui ne saurait être arrachée (P. AUDIAT). — Cette pontée de vingt mille kilos donnait au chalutier ... gîte dangereuse (R. VERCEL). — Un lièvre en son gîte songeait (car que faire en ... gîte, à moins que l'on ne songe?) (LA FONTAINE).

NOMS FÉMININS
SUR LE GENRE DESQUELS ON HÉSITE

● Disons : **une anse, une azalée, une oasis, une oriflamme.**

acoustique	ankylose	ecchymose	équivoque	orbite
acné	antichambre	écharde	gent	paroi
agrafe	antilope	écritoire	gemme	patère
alcôve	apothéose	égide	glaire	penne
alèse	artère	encaustique	immondice	primeur
algèbre	atmosphère	éphéméride	impasse	primevère
amnistie	autoroute	épigramme	mandibule	réglisse
anagramme	chrysalide	épigraphe	octave	sentinelle
ancre	ébène	épitaphe	odyssée	scolopendre
anicroche	ébonite	épître	omoplate	vésicule

EXERCICES

46. Cherchez dans un dictionnaire le sens des mots ci-dessus qui ne vous sont pas familiers.

47. Accordez les adjectifs après avoir mis les noms au pluriel.

azalée *panaché*	agrafe *doré*	alèse *blanc*
anse *tressé*	écharde *fin*	antilope *léger*
ancre *rouillé*	ébène *dur*	amnistie *général*
gemme *précieux*	épître *long*	oasis *perdu*

48. Mettez les noms au pluriel, employez-les avec un adjectif.

alcôve	artère	anicroche	ecchymose	autostrade
épitaphe	primevère	omoplate	mandibule	oriflamme

49. Accordez les adjectifs en italique.

L'orbite de l'œil est très *grand* et *bordé* de brun chez le putois rayé (Buffon). — On n'entendait que le bruit confus d'innombrables poules picorant les immondices *desséché* des rues (P. Loti). — Nos écritoires sont *gelé*, nous ne respirons que de la neige (Mme de Sévigné). — Accoudé à une petite fenêtre aux *épais* parois, je contemplais les lointains verdoyants (P. Loti). — On pouvait, à travers l'atmosphère *embrumé*, apercevoir déjà quelques points lumineux dans le ciel (Frison-Roche). — Des massifs de plantes vertes changeaient le chœur en un jardin vivace que fleurissaient de grosses touffes d'azalées *blanc* (E. Zola). — Quand l'alcôve était *habité*, un grand rideau de serge cachait l'autel (V. Hugo). — Les mœurs *patriarcal* conviennent à la famille, les mœurs graves à l'homme public (Joubert).

19

NOMS MASCULINS
SUR LE GENRE DESQUELS ON HÉSITE

● Disons : **un alvéole, un chrysanthème, un éclair, un effluve.**

aconit	apothème	contralto	girofle	lange
acrostiche	appendice	corymbe	hallali	légume
ail	arcane	coryphée	haltère	lignite
akène	argent	coryza	harmonica	mausolée
alcool	armistice	edelweiss	hémisphère	myrte
amalgame	arôme	élysée	hospice	obélisque
ambre	artifice	élytre	hyménée	orbe
amiante	asile	emblème	hymne	ouvrage
amphibie	asphalte	emplâtre	incendie	pétale
amphithéâtre	astérisque	empyrée	indice	pétiole
anathème	augure	épilogue	insigne	planisphère
anthracite	autodafé	épisode	intervalle	pleur
antre	automne	esclandre	interstice	rail
apogée	balustre	érésipèle	ivoire	sépale
apologue	camée	escompte	jade	tentacule

EXERCICES

50. Cherchez dans un dictionnaire le sens des mots ci-dessus qui ne vous sont pas familiers.

51. Accordez les adjectifs en italique.

des alcools *frelaté, parfumé, fruité, léger, fort*
des amiantes *nacré, soyeux, brillant*
des armistices *partiel, restreint, général*
des argents *poli, étincelant, ciselé, vieilli*
des automnes *doux, pluvieux, ensoleillé, clair*
des balustres *branlant, sculpté, vermoulu, élancé*
des antres *profond, noir, obscur, abandonné*
des chrysanthèmes *échevelé, frisé, recroquevillé, épanoui*
des effluves *printanier, chaud, embaumé, délicieux*
des épilogues *heureux, inattendu, imprévu, long, réconfortant.*

52. Mettez les noms au pluriel, employez-les avec un adjectif.

asile	alvéole	edelweiss	jade	pétiole
lange	ouvrage	incendie	ivoire	sépale
haltère	rail	hymne	arôme	obélisque
épisode	indice	mausolée	éclair	myrte
intervalle	insigne	interstice	pétale	tentacule

EXERCICES DE REVISION

53. Donnez le féminin des noms suivants :

lévrier	âne	hôte	chevreuil	sanglier	poète
singe	porc	acteur	auditeur	vendeur	bœuf
exilé	fils	linot	aviateur	épicier	renard

54. Pour fixer le genre des noms suivants, employez-les avec un adjectif qualificatif.

incendie	rail	ivoire	scolopendre	emblème	arôme
écharde	oasis	anse	armistice	primevère	ancre

55. Remplacez les points par l'article qui convient.

Il y avait sur la table ... écritoire en bois de rose (LAMARTINE). — ... myrte et le laurier croissent en pleine terre comme en Grèce (CHATEAUBRIAND). — Devant eux, la piste se déroulait bien à plat, tentante comme ... autostrade (G. ARNAUD). — Les fontaines répandaient une odeur semblable à celle ... girofle et de la cannelle (VOLTAIRE). — L'homme a accroché à ... patère son chapeau, et, en même temps, il s'est dépouillé de toutes les rumeurs du dehors (SAINT-EXUPÉRY). — Le blessé semblait étrange. Ses yeux étaient pareils à ... jade (J.-H. ROSNY AÎNÉ). — Toutes les fleurs, tous les fruits étaient représentés; ce sont les figues, les pêches, les poires aussi bien que ... réglisse et les genêts d'Espagne (BALZAC). — Cet enfant va être transporté de Paris à Lyon par ... coche (VOLTAIRE). — Elle ressemble davantage à ... mousse ravaudant un filet qu'à une petite fille appliquée (COLETTE). — Il est homme à nous faire ... esclandre (E. AUGIER). — Trois salamandres, farcies d'... superbe anthracite, produisaient une chaleur tropicale (J. DUTOURD).

56. Écrivez correctement les adjectifs en italique.

L'odeur du bois aux effluves *ranimé* par le sciage et le rabotage vous monte aux narines (H. POULAILLE). — Les pétales *effeuillé* tourbillonnaient partout (P. ARÈNE). — Des chrysanthèmes *pareil* à des lunes d'or dardaient de courts rayons éteints (É. ZOLA). — Les fourmis qui seront soldats acquièrent des mandibules deux ou trois fois plus *grand*, plus *acéré*, plus redoutables que des mandibules *normal* (MAETERLINCK). — Elle fit halte à trois mètres de profondeur dans l'antichambre *rayonnant* du royaume d'émeraude (J. PRÉVOST). — J'aurai, le revendant, de l'argent *beau* et *bon* (LA FONTAINE). — Les files tournaient, se coupaient et se renouaient à intervalles *inégal* (FLAUBERT). — Je me demande si je n'ai pas pleuré, moi aussi, tant l'atmosphère était *étouffant* (SIMENON). — La lumière n'est plus qu'une poudre aux orbes *rayonnant* (J. CRESSOT). — J'ai toujours admiré l'asphalte *scintillant* (H. CALET).

21

PLURIEL DES NOMS

● **Le chien, les chiens. Un rabot, des rabots.**

RÈGLE GÉNÉRALE

On forme généralement le pluriel des noms en ajoutant une **s** au singulier.

CAS PARTICULIERS

1. Les noms en **au, eau, eu** prennent une **x** au pluriel :

le fabliau, les fabliaux; le seau, les seaux; le feu, les feux.

★ Quatre noms : **landau, sarrau, bleu, pneu** font exception et prennent une **s** :

les landaus, les sarraus, les bleus, les pneus.

2. Les noms en **ou** prennent une **s** au pluriel :

le verrou, les verrous.

★ Sept noms : **bijou, caillou, chou, genou, hibou, joujou, pou** font exception et prennent une **x**.

Écrivons : les bijoux, les cailloux, les choux ...

3. Les noms en **ail** prennent une **s** au pluriel :

le chandail, les chandails.

★ Sept noms : **bail, corail, émail, soupirail, travail, vantail, vitrail** font exception et changent **ail** en **a.u.x** (sans **e**).

Écrivons : les baux, les émaux, les vantaux ...

4. Les noms en **al** font leur pluriel en **aux** (sans **e**) :

le cheval, les chevaux; le mal, les maux.

★ Quelques noms : **bal, carnaval, chacal, festival, récital, régal** font exception.

Écrivons : les bals, les carnavals, les chacals.
Idéal fait **idéals** ou **idéaux**.

5. Les noms terminés par **s, x** ou **z** au singulier **ne changent pas** au pluriel :

le lis, les lis; le silex, les silex; le nez, les nez.

EXERCICES

57. Mettez les noms suivants au pluriel.

1° arsenal   préau   vantail   sou   chou   étau

    récital   détail   biniou   bal   proue   fléau

    soupirail   coucou   écrou   bail   corail   adieu

    arceau   hôpital   journal   rail   portail   licou

2° tuyau   toux   flux   phlox   poids   verrou

    lapereau   faux   thorax   onyx   talus   caillou

    levraut   voix   index   moyeu   riz   remous

    acajou   prix   hibou   idéal   vœu   gerfaut

58. Mettez les noms suivants au singulier.

des animaux   des vaisseaux   des monceaux   des blaireaux

des cardinaux   des escabeaux   des quintaux   des cerceaux

des souriceaux   des soupiraux   des travaux   des vantaux

59. Mettez les noms en italique au pluriel.

Les cimes des *ormeau* s'alourdissent de chatons roses. Les *sureau*
plus hardis déplient leurs premières feuilles (E. Pouvillon). — Quatre
noyer commençaient à pousser des *feuille* et semblaient des *émail*
(R. Bazin). — L'alouette revint à la mare, se dirigeant droit sur nos
gluau (F. Fabre). — Les *cheval*, inquiets, bougeaient leurs *oreille*. Une
vapeur rose sortait de leurs *naseau* (H. Troyat). — Des *reflet* de lumière
font briller la surface des *canal* (Th. Gautier). — Je pourrais peut-
être prendre deux *sarrau*, dit Madeleine (Pérochon). — Les *vantail* de
la porte offraient encore quelques restes de peinture (Th. Gautier).

60. Mettez les noms en italique au pluriel.

Les côtes forestières de la Guyane, ses *acajou*, ses *manguier* bleuissent
à l'horizon (R. Vercel). — L'île dresse ses palmiers royaux et ses
bambou (R. Vercel). — De nombreux icebergs brillent comme des
bijou, resplendissent comme des *joyau* (J.-L. Faure). — Par les *trou* de
ses grosses chaussures à *clou*, ses orteils passaient (E. Moselly). — Les
pneu commençaient à mordre sur le sol ferme (G. Arnaud). — De
gros *pieu* enfoncés dans le sable protègent les murs contre la houle
(Chateaubriand). — Dans toutes les rues, c'est le même encombre-
ment d'autobus, de *landau* démodés (R. Dorgelès). — Les *chacal*
s'éparpillèrent dans la nature (Frison-Roche).

61. Mettez les noms en italique au pluriel.

Les *fanal* promenés au ras du sol éclairaient les *essieu*, les *châssis*, les *attelage* (C. Farrère). — Les chemins étaient pleins d'*homme*
portant des *faux* (J. Giono). — Les *silex* du chemin jetaient des
étincelles (E. Moselly). — Le soleil dessinait des *fleur* sur le feuillage rigide des *houx* (Remy de Gourmont). — Un geste de la main aux
camarade, puis Saint-Exupéry met les *gaz* (R. Delange). — Le chat
et le chien étaient ses *commensal* habituels (V. Hugo).

PLURIEL DES NOMS PROPRES

- **Les Ptolémées, les Stuarts, les Duval(s), les Le Nôtre.**

RÈGLES

1. Les noms **propres** se mettent au **pluriel,** s'ils désignent :

a) certaines familles royales, princières ou illustres de très vieille noblesse : **les Bourbons, les Guises, les Condés.**

b) des personnages pris comme modèles, comme types : **les Pasteurs, les Curies, les Schweitzers** *sont rares.*

c) des peuples, des pays, des noms géographiques :
les Grecs, les Indes, les Canaries, les Alpes.

2. Les noms de familles non illustres ou de récente noblesse peuvent rester invariables ou s'accorder :
les Duval ou **les Duvals; les Bonaparte** ou **les Bonapartes.**
Malgré la tolérance, l'usage maintient le singulier :
les Thibaut, les Pasquier, les Boussardel.

3. Les noms propres comportant un article singulier ne peuvent se mettre au pluriel : **les Le Nôtre, les La Fontaine.**

4. Si les noms propres désignent des œuvres artistiques ou littéraires, on peut écrire indifféremment :
des Renoir ou **des Renoirs, des Giono** ou **des Gionos.**

5. Les noms propres précédés de **les** restent **invariables** quand ils ne désignent qu'une **seule personne.**
Les Hugo, les Lamartine... ont illustré la littérature romantique.

EXERCICES

62. Écrivez correctement les noms propres en italique.

Les *Maure* sont nomades et se déplacent facilement d'un millier de kilomètres (Saint-Exupéry). — Moi aussi, j'en ai des *Cézanne.* Et des *Monet* donc! (G. Duhamel). — Les *Rousselet*, précédés de Louisa, avaient envahi la salle à manger (T. Monnier). — L'Italie a vu naître les *Raphaël*, les *Titien*, les *Corrège* (Stendhal). — Les *Picolin* se promènent dans la cour (J. Renard). — Les *Bonaparte* restent suspects et surveillés après la mort de Napoléon (F. Charles-Roux). — On trouve de par le monde peu d'*Epictète* et peu de *Marc-Aurèle* (A. France). — Le règne de Louis XIV est l'époque la plus brillante de la dynastie des *Bourbon*. C'est alors que l'on vit briller les *Condé*, les *Turenne*, les *Vauban*, les *Catinat*, ces *Alexandre* modernes (Voltaire).

PLURIEL DES NOMS ÉTRANGERS

- **Des spécimens, des canoës, des policemen, des duplicata.**

RÈGLES

Les noms **d'origine étrangère** peuvent :

1. prendre une **s** au pluriel s'ils sont **francisés** par l'**usage** :

un alibi	un référendum	un bungalow	un duo
des alibis	des référendums	des bungalows	des duos

2. garder leur **pluriel étranger** :

un wattman	un soprano	un desideratum	un baby
des wattmen	des soprani	des desiderata	des babies

- On écrit aussi : des wattmans, des babys, des ladys...
- La finale i marque le pluriel des noms masculins en *italien*.

3. avoir **deux pluriels**, l'étranger et le français :

un maximum	des maxima *ou* des maximums
un match	des matches *ou* des matchs
un dilettante	des dilettanti *ou* des dilettantes

4. rester **invariables** :

un intérim	un extra	un credo	un forum
des intérim	des extra	des credo	des forum

- **Retenons** : des confetti, des lazzi, des halls — un sweater, des sweaters — un pipe-line, des pipe-lines — une garden-party, des garden-parties — un bull-dozer, des bull-dozers — un snow-boot, des snow-boots.

EXERCICES

63. Écrivez le singulier et le pluriel des noms suivants :

bifteck	forum	album	spahi	tramway	référendum
agenda	credo	match	square	sportman	minimum

64. Mettez les noms en italique au pluriel.

Les rats venaient mourir isolément dans les *hall* administratifs, dans les préaux des écoles (A. Camus). — Toutes ensemble se sont allumées les fenêtres des *bungalow* (G. Arnaud). — Des stations de pompage aspirent les pétroles liquides et les refoulent dans des *pipe-line* (F. Paitre). — Des *sloop* s'entassèrent à quai, flancs contre flancs (M. Elder). — Nous nous mîmes à galoper comme des *cow-boy* en poussant des cris aigus (J. Rouch). — Des *lazzi* pleuvaient pêle-mêle (R. Christophe). — Je fais la revue des *impedimenta*; je répare, je bricole (J. Giono). — Sa robe est généralement couverte de *confetti* de carnaval jaunes et bleutés (H. Calet).

LES NOMS COMPOSÉS

● Un wagon-citerne	des wagons-citernes
● Un arc-boutant	des arcs-boutants
● Un cou-de-pied[1].	des cous-de-pied
● Une arrière-saison	des arrière-saisons
● Un gratte-ciel	des gratte-ciel
● Un passe-partout	des passe-partout

RÈGLE

Dans les noms composés, seuls le **nom** et l'**adjectif** peuvent se mettre au pluriel, si le **sens** le permet.

des wagons-citernes.   des arcs-boutants.   des rouges-gorges.

Lorsque le nom composé est formé de deux noms, unis par une préposition, en général, seul le premier nom s'accorde.

des pieds-d'alouette.   des gueules-de-loup.   des cous-de-pied.

CAS PARTICULIERS

1. Quand le premier mot d'un nom composé est terminé par un **o**, ce mot reste **invariable**.

Un électro-aimant, des électro-aimants.

2. Dans certaines expressions, au **féminin** (grand-mère[2], grand-rue, grand-place, etc.) l'usage veut que l'adjectif **grand** reste invariable au **singulier** comme au **pluriel**.
Nous écrirons :

une grand-mère, des grand-mères — une grand-tante, des grand-tantes.

3. Le mot **garde** s'accorde quand il a le sens de **gardien** :

des gardes-malades   des garde-manger

4. Le **sens s'oppose** à l'**accord** de certains noms composés :

des pot-au-feu = morceaux de viande à mettre au pot
des pur-sang = chevaux qui ont le sang pur

5. Quelquefois la **préposition n'est pas exprimée** :

des timbres-poste, c'est-à-dire **pour** la poste

---

1. cou-de-pied = dessus du pied.
2. C'est une faute de faire suivre l'adjectif *grand* d'une apostrophe dans les noms composés comme *grand-mère*. *Grand* était autrefois un adjectif à forme unique, il n'y a donc pas d'*e* tombé. L'Académie préconise : *grand-mère, grand-rue, etc.*

6. Quelquefois le nom composé est formé d'un **verbe** et d'un **complément**. Ce complément peut :

a) rester invariable :

des abat-jour,   des chasse-neige

b) prendre la marque du pluriel :

des couvre-lits,   des tire-bouchons

c) être toujours au pluriel :

un compte-gouttes,   un porte-allumettes

7. Certains noms composés peuvent avoir **deux ortho-graphes.**

des essuie-main (s),   des attrape-nigaud (s)

Retenons l'orthographe de quelques noms composés :

des brise-glace	des emporte-pièce	des rabat-joie
des brûle-parfum	des grille-pain	des remue-ménage
des cache-pot	des hache-paille	des serre-tête
des garde-boue	des pèse-lait	des souffre-douleur
des crève-cœur	des porte-monnaie	des trouble-fête
un brise-lames	un pare-étincelles	un presse-papiers
un casse-noisettes	un porte-bagages	un serre-fils
un chasse-mouches	un porte-clefs	un trois-mâts
un coupe-légumes	un porte-lettres	un vide-poches
un coupe-racines	un porte-liqueurs	un vide-ordures
des à-coups	des terre-pleins	des lauriers-roses
des à-côtés	des en-têtes	des lauriers-sauce
des après-dîners	des fac-similés	des lauriers-tins
des après-midi	des faire-part	des sauf-conduits
des ayants cause[1]	des haut-parleurs	des micro-ordinateurs
des ayants droit[1]	des laissez-passer	des tragi-comédies
des bains-marie	des lauriers-cerises	des volte-face

EXERCICES

65. Indiquez entre parenthèses la nature des mots qui forment le nom composé et écrivez le pluriel.

chou-fleur	laissez-passer	garde-feu
chat-tigre	wagon-réservoir	passe-lacet
belle-sœur	garde-magasin	arrière-boutique
avant-goût	franc-tireur	pince-sans-rire

66. Mettez au pluriel les noms composés suivants :

passe-montagne	court-circuit	boute-en-train
bain-marie	vol-au-vent	aide-mémoire
chauffe-bain	sans-souci	avant-garde
monte-charge	après-midi	tête-à-tête
garde-but	eau-de-vie	chef-lieu

1. Survivance d'un vieil usage.

COURS SUPÉRIEUR D'ORTHOGRAPHE

67. Mettez au pluriel les noms composés suivants.

carte-lettre	Anglo-Saxon	gueule-de-loup
longue-vue	Hispano-Américain	meurt-de-faim
pur-sang	Gallo-Romain	rez-de-chaussée
avant-scène	électro-choc	croc-en-jambe
grand-duc	arc-en-ciel	arrière-grand-mère
grand-messe	œil-de-bœuf	arrière-grand-père
garde-fou	trait d'union	arrière-grand-oncle
garde-scellés	broncho-pneumonie	arrière-grand-tante

68. Justifiez l'orthographe des noms composés suivants.

des cache-poussière, des porte-bonheur, des abat-jour, des coupe-paille, un porte-avions, un essuie-mains, un passe-boules, un presse-papiers, un pare-chocs.

69. Écrivez correctement les noms composés en italique.

Des *belle-de-jour* s'épanouissent à midi avec une douce odeur d'oranger (P. LOTI). — L'hirondelle se réfugie sous les *avant-toit* et s'y construit un nid (MICHELET). — Il dut s'y prendre à trois fois, s'aider d'un fusil *démonte-pneu* comme levier (G. ARNAUD). — Aux *rond-point* inondés de lumière, les bruyères roses fleurissaient (A. DAUDET). — Les routes, les belles routes sont les *chef-d'œuvre* de nos pères (A. FRANCE). — Des gargouilles, au pied des *arc-boutant*, déversaient les eaux des toitures (E. ZOLA). — On interprète ses changements d'opinion et ses *volte-face* par des ambitions déçues (P. AUDIAT). — Des *laurier-rose* poussaient entre de beaux blocs de granit rose (FRISON-ROCHE). — Les *grand-route* longent le mur ou le fossé des clos (E. VERHAEREN). — Les *on-dit* qu'on allonge ne sont que des mensonges (CLAIRVILLE).

70. Écrivez correctement les noms composés en italique.

D'habitude, maman était très gaie. Nous passions des *après-midi* à jouer ensemble (A. LICHTENBERGER). — Une voix anglaise, renforcée par plusieurs *haut-parleur* dirigés vers le ciel, retentissait sur tout le terrain (J. KESSEL). — De très vieux *chêne vert* formaient une colonnade de temple avec leurs troncs élancés (P. LOTI). — Sur une planche était rangée une vieille collection d'*emporte-pièce* (E. ZOLA). — Des *cerf-volant* bourdonnaient au crépuscule (A. THEURIET). — Le ciel rit et les *rouge-gorge* chantent dans l'aubépine en fleur (V. HUGO). — Il faut des centaines d'hommes, mécaniciens, aiguilleurs, *chef de gare*, employés, *serre-frein*, *garde-barrière*, pour que cet agréable voyage soit possible pour vous (ALAIN). — Les *chat-huant* rament l'air de leurs ailes lourdes (VERLAINE). — La pluie devient une eau d'or, les *gratte-ciel* disparaissent à mi-hauteur (P. MORAND). — Le père Bénoche seul par *à-coup* pensait. Il pensait : « La belle journée » (J. GIRAUDOUX).

NOMBRE DU NOM SANS ARTICLE

- **Des poignées de main.**
- **Une paire d'amis.**

RÈGLE

Quand un nom, sans article, précédé d'une des prépositions **à, de, en,** est complément d'un autre mot, il faut étudier le sens pour savoir si ce nom doit être au singulier ou au pluriel. Mettons le **singulier** quand le nom donne **l'idée d'un être, d'un objet, d'une espèce, d'une matière...**

Des poignées de main.   Des sacs de plâtre.

Mettons le **pluriel** quand le nom donne **l'idée de plusieurs êtres, de plusieurs objets :**

Une paire d'amis.   Un fruit à pépins.

- On peut écrire : des vêtements d'*homme* ou d'*hommes*.
- Écrivons plutôt au singulier : d'*arbre en arbre, de fleur en fleur...*
- Écrivons au pluriel : *en loques, en guenilles, en haillons, en lambeaux.*

EXERCICES

71. Donnez 2 compléments pluriels et 2 compléments singuliers à :
un sac ..., un panier ..., un tas ..., une poignée ..., une brassée ...

72. Trouvez 6 expressions comme : *de fleur en fleur,* **et faites entrer chaque expression dans une phrase.**

73. Écrivez correctement les noms en italique.
Un patin à *roulette,* à *glace.* Un collier de *perle,* de *nacre.* Un sachet d'*étoffe,* de *bonbon.* Une route en *zigzag.* Un chemin en *lacet.* Un château en *ruine.* Des bottes en *caoutchouc.* Des brosses à *dent,* à *tête,* à *chaussure.* Un service de *verre,* en *porcelaine.* Des jaunes d'*œuf.* Un battement d'*aile.* Un tissu à *fleur.* Des extraits de *naissance.*

74. Écrivez correctement les mots en italique.
Un prunier de *mirabelle* étendait ses fines branches au-dessus de l'escalier (R. Boylesve). — Il portait habituellement un ample pardessus à gros *bouton* (Van der Meersch). — Des sandales de *cuir,* à *lanière,* complétaient ce costume (G. Arnaud). — Un client arriva, revêtu d'un uniforme gris à *bande verte* (G. Arnaud). — Je lançai un coup de poing dans ce visage, mais je reçus une grêle de *gifle* (Maupassant). — Des chants de *grelot* carillonnaient sur les routes (R. Charmy). — Des gouttes de *brume* tombaient des feuilles (R. Bazin).

QUELQUES NOMS TOUJOURS PLURIELS

● Certains noms ne s'emploient qu'au pluriel.

noms masculins

agrès	êtres[2]
aguets	fastes
alentours	frais
ancêtres[1]	gravats
appas	honoraires
arrérages	lazzi
bestiaux	impedimenta
confetti	mânes
confins	pénates
décombres	pourparlers
dépens	préparatifs
environs	vivres

noms féminins

accordailles	entrailles
affres	épousailles
ambages	fiançailles
annales	funérailles
archives	hardes
armoiries	mœurs
arrhes	obsèques
brisées	pierreries
calendes	représailles
catacombes	semailles
complies	ténèbres
doléances	vêpres

EXERCICES

75. Cherchez dans un dictionnaire le sens des mots ci-dessus qui ne vous sont pas familiers.

76. Expliquez le sens des expressions suivantes :
renvoyer aux calendes grecques. — emporter ses pénates. — parler sans ambages. — suivre les brisées de quelqu'un. — aller, courir sur les brisées de quelqu'un.

77. Donnez un complément aux noms suivants :

agrès	entrailles	semailles	affres	fastes
confins	honoraires	archives	mânes	annales
êtres	arrérages	armoiries	aguets	frais

78. Écrivez comme il convient les mots en italique.
A gauche, le long du mur de clôture, il y avait un champ de *décombre*, tout hérissé de ronces (E. ZOLA). — Dans ce passé si proche, si prodigieusement éloigné, je me suis plongé avec *délice* (R. BURNAND). — Point d'*ambage*, de circonlocutions. Hé quoi? vous vous emportez au lieu de vous expliquer (MOLIÈRE). — Quoi qu'il en soit, qu'Auguste ou que Cinna périsse, /aux mânes *paternel* je dois ce sacrifice... (CORNEILLE). — Je tournais les feuillets jaunis, je regardais les vols d'anges, les rideaux de *ténèbre* présageaient les fins de monde (P. LOTI). — Guillaumet marche sans arrêt pendant cinq jours et quatre nuits, escalade des pentes abruptes, les pieds gelés, sans *vivre* (R. DELANGE). — Les ténèbres étaient *profond*. Je ne voyais pas devant moi (MAUPASSANT). — Les idées n'existent que par les hommes; mais, c'est là le pathétique : elles vivent *au* dépens d'eux (A. GIDE).

---

1. On trouve quelquefois *ancêtre* au singulier.
2. *Êtres* au sens des diverses parties d'une maison s'écrit quelquefois *aitres*.

REMARQUES SUR LE GENRE
ET LE NOMBRE DE QUELQUES NOMS

1. L'Académie prescrit :
un après-midi, une perce-neige, une phalène, une steppe.
L'usage admet les deux genres.

2. Gens[1] est un nom pluriel, **masculin** ou **féminin**.
Il est **féminin** pour l'adjectif qui le précède **immédiatement** :

Les *vieilles* gens.   *Quelles* gens.   *Telles* gens.

Il est **masculin** dans tous les autres cas.

Très *émus, tous* les gens *assemblés* pleuraient.

Quand plusieurs adjectifs précèdent **gens,** celui qui précède
immédiatement **gens** fixe le genre de **tous les autres.**

Quelles bonnes gens.   Quels braves[2] gens.

3. On dit :

le gentilhomme, les *gentilshommes*; le bonhomme, les *bonshommes*.

le Targui, les *Touareg*; le méhari, les *méharis* ou les *méhara*;

l'ail, les *ails* ou les *aulx*; les *idéals* ou les *idéaux*;

l'aïeul(e), les *aïeuls* (*grand-pères* ou *grands-parents*); les *aïeules* (*grand-mères*);
les *aïeux* (ce mot a le sens *d'ancêtres*);

le ciel, les *ciels*, en parlant de coloration; de peinture; de climat :
Ce peintre fait bien les *ciels* (*Académie*);

le ciel, les *cieux*; en parlant de la voûte céleste : les *cieux* étoilés.

EXERCICE

79. Écrivez comme il convient les mots en italique.

Quel méchant gens — *Quel pauvre* gens — *Tout le jeune* gens —
Tout le petit gens — *Tout le* gens *affairé* — *Tel* gens *intelligent* —
Quel sont ces gens? — Qui sert bien son pays n'a pas besoin d'*aïeuls*
ou aïeux (Voltaire). — Or, pendant tout ce temps de travail, les
aïeul, au village, devant les portes restent seules (F. Coppée). — Des
gentilhomme se font corsaires par vengeance (R. Vercel). — Plusieurs
chameaux de bât avaient refusé d'avancer. Il fallut charger nos
méhara (Frison-Roche). — O nuits, déroulez en silence les pages du
livre des *ciel* (Lamartine). — Tous les événements où les abeilles se
mêlent sont liés aux *ciel* purs, à la fête des fleurs (Maeterlinck). —
Coche était allé au mouflon avec deux *Touareg* (Frison-Roche).

---

1. Voir les tolérances de l'arrêté du 26 février 1901, à la fin du livre.
2. L'adjectif terminé par un *e* aux deux genres doit être pris au masculin.

EXERCICES DE REVISION

80. Écrivez correctement les noms en italique.

Les vers à soie dévoraient des *monceau* de verdure (J. GAUTIER). — Et nous courions toujours, les *cheveu* au vent (B. BONNET). — L'odeur appétissante des *gâteau* parfume l'air, s'échappe des *soupirail* (J. GONTARD). — On entendait gémir les *essieu* dans le chemin creux (ERCKMANN-CHATRIAN). — Il y avait des baraques de toile où l'on vendait des *licou* pour les *cheval* (FLAUBERT). — Avec mes *herbier*, mes *papillon* et mes *caillou*, je n'avais pas place pour un lit (G. SAND). — Débloquer les *écrou* demandait de la force (G. ARNAUD). — Pour elle, je suis un grand enfant sur qui on ne peut compter que pour faire des *pneumothorax* (SIMENON).

81. Écrivez correctement les noms en italique.

On passait d'agréables *après-midi* dans une jolie maison (JAUBERT). — Les *arc-boutant*, les pinacles semblent surélever et guider l'ascension (J. DE LA VARENDE). — Séverin grelottait dans les *bas-fond* entre les joncs (E. PÉROCHON). — Enfin j'aborde les *garde-manger* de mes renards (SAINT-EXUPÉRY). — Les chevaux avaient si faim qu'ils rongeaient le bois des *arrière-train* (P. et V. MARGUERITTE). — Des *grand-père* regardent autour d'eux les groupes d'enfants (C. WAGNER). — Des *grand-mère* tricotent d'interminables bas (J. RICHEPIN). — Les lanternes des *garde-barrière* ponctuaient la ligne (P. HAMP). — Une glace reflétait une longue rangée de *couvre-chef* (A. THEURIET).

82. Écrivez correctement les noms en italique.

J'ai quitté Madrid; ... parcourant philosophiquement les deux *Castille* (BEAUMARCHAIS). — La roulotte des *Pontcarral* s'établit près d'une roulotte de misère (A. CAHUET). — Son aversion pour la maison de Hanovre augmentait encore son inclination pour le sang des *Stuart* (VOLTAIRE). — Deux d'entre eux étaient des *Indien* rabougris, nerveux (G. ARNAUD). — Des centaines de romans, de récits, ont été consacrés à la mer, les uns par des marins, les *Farrère*, les *Charcot*, les *Chack*, les *Peisson*; les autres par des écrivains voyageurs, les *Mac Orlan*, les *Monfreid*, les *Morand*, les *Gerbault*... (R. VERCEL).

83. Écrivez correctement les noms en italique.

On montait par des chemins en *zigzag* (P. LOTI). — Un vol de *perroquet* croise la route, continuant une conversation criarde (G. ARNAUD). — Je portais donc des chaussettes à *raie* (A. GIDE). — La mère donnait de fameux coups de *bec* (E. ZOLA). — Son corps s'enveloppait d'une robe de chambre à *carreau* (A. CAHUET). — Des torches de *paille* arrosées de *pétrole* répandaient une lumière mouvante (G. ARNAUD). — La lanterne à *vitre carrée* éclairait sur trois côtés (H. TROYAT). — J'ai trouvé partout des ouvriers qui savaient leur affaire, leurs conseils ne m'ont coûté qu'une poignée de *main* (E. ABOUT).

LE FÉMININ
DES ADJECTIFS QUALIFICATIFS

- Le cœur loyal, l'âme loyale.
- Le soleil pâle, la clarté pâle.

RÈGLE GÉNÉRALE

On forme généralement le **féminin** des **adjectifs qualificatifs**
en ajoutant un **e muet** au masculin.
Les adjectifs **masculins en e ne changent pas** au féminin.

CAS PARTICULIERS

1. Les adjectifs terminés par **er** font leur féminin en **ère** :

printanier, *printanière*; cher, *chère*.

2. Certains adjectifs **doublent la consonne finale** :

bas, *basse*	pâlot, *pâlotte*	aérien, *aérienne*
net, *nette*	gentil, *gentille*	annuel, *annuelle*

3. D'autres **changent** ou **modifient la consonne finale** :

hâtif, *hâtive*	précieux, *précieuse*	doux, *douce*
faux, *fausse*	grec, *grecque*	long, *longue*
public, *publique*	turc, *turque*	frais, *fraîche*
bénin, *bénigne*	malin, *maligne*	blanc, *blanche*

4. Les adjectifs **terminés par eur** font leur féminin en :

-eure : majeur, *majeure*   **-ice** : créateur, *créatrice*
-euse : rieur, *rieuse*   **-esse** : vengeur, *vengeresse*

5. Les adjectifs en **et doublent généralement le t** :

fluet, *fluette*   rondelet, *rondelette*   violet, *violette*

Mais : (in) complet, concret, désuet, (in) discret, (in) quiet, replet, secret font
ète, avec **un seul t** : complet, *complète*...

6. Quelques féminins **particuliers** :

aigu, *aiguë*	hébreu, *hébraïque*	mou (mol), *molle*
favori, *favorite*	vieux (vieil), *vieille*	beau (bel), *belle*
andalou, *andalouse*	coi, *coite*	tiers, *tierce*

- *Bleu* suit la règle générale et fait *bleue*.

7. Les adjectifs en **eux** pris comme noms conservent l'**x** au
masculin singulier :

un ambitieux,   *une ambitieuse*.

EXERCICES

84. Mettez les adjectifs suivants au féminin.

ailé	pointu	joli	rêveur	laid	vieillot
inné	joufflu	poli	majeur	blond	poltron
zélé	bourru	hardi	songeur	bref	oblong
varié	fourbu	uni	menteur	naïf	grec

85. Même exercice que 84.

fier	ancien	confus	aigu	secret	aigrelet
entier	breton	prêt	exigu	parfait	guilleret
amer	épais	quiet	replet	traître	plaintif
cher	gascon	fluet	muet	peureux	craintif

86. Employez avec un nom masculin, puis un nom féminin :

bouffi	acéré	furtif	puéril	désuet	évocateur
inouï	nacré	rétif	annuel	cruel	libérateur
favori	ras	serein	violet	roux	quotidien

87. Employez les mots suivants au masculin singulier dans des phrases : 1° comme noms, 2° comme adjectifs.

sage	curieux	rouge	sauvage	brave	pauvre
grand	poltron	petit	ambitieux	fidèle	romain

88. Écrivez correctement les adjectifs en italique.

On marche au milieu d'une inondation de lumière *bleu, léger, poussiéreux* (A. Daudet). — La figure *pâlot* devint tout à fait *blanc* (E. Pérochon). — A la muraille est accrochée une *vieux* peinture *turc* (A. Daudet). — Un jeune phoque s'ébattait, on voyait émerger sa petite tête *malin* (P. Loti). — Voici la cadence *voluptueux* du rossignol (G. Sand). — Dans la cour *intérieur* de chaque maison des femmes cousent (Taine). — Mets-toi là, dit M. Lepic. C'est la *meilleur* place (J. Renard). — La pièce *contigu*, qui devait servir de salle à manger les jours de fête, avait un fort beau buffet (P. de Coulevain).

89. Écrivez correctement les adjectifs en italique.

La feuille *inquiet* frissonne toujours (Th. Gautier). — L'enfant lisait d'une voix *net* et bien *timbré* (E. Moselly). — Et ma très noble, très *désuet* et pourtant véritable famille entra (R. Christophe). — Je répondis de manière *ambigu* que je pensais justement demander un long congé (G. Duhamel). — Sache comprendre la fable *grec* (A. Gide). — Une longue file de gelinottes, *aigu* comme un fer de lance, volait à toute vitesse (J. Giono). — Maître Coquenard versa d'une bouteille de grès fort *exigu* le tiers d'un verre à chacun (A. Dumas). — Karélina, pétrifiée, *muet*, la regardait venir (Van der Meersch). — Ils chantaient tous, d'une voix *aigu*, un hymne à la divinité de Carthage (G. Flaubert). — A la caisse, siégeait une femme *replet* (J. Dutourd).

Adjectifs qualificatifs en IQUE, OIRE, ILE.

- Un spectacle magnif*ique*.
- Un exercice prépara*toire*, un veston n*oir*, une jupe n*oire*.
- Un ouvrier hab*ile*.

RÈGLES

Au masculin, les adjectifs qualificatifs terminés par le son :
« ique » s'écrivent **i.q.u.e,** sauf *public,*
« oire » s'écrivent **o.i.r.e,** sauf *noir,*
« ile » s'écrivent **i.l.e,** sauf : *civil, puéril, subtil, vil, viril, volatil.*
On écrit **tranquille** avec 2 l.

EXERCICES

90. Employez avec un nom masculin et avec un nom féminin :

rustique	artistique	préparatoire	gracile	docile
gothique	exotique	prophétique	futile	subtil
féerique	aléatoire	déclamatoire	civil	volatil

91. Même exercice que 90.

hostile	illusoire	tranquille	débile	vexatoire
puéril	juvénile	emphatique	noir	modique
public	méritoire	authentique	vil	viril

92. Remplacez les points par la terminaison convenable.
Je restai ainsi, contemplant inlassablement le lent travail *rotatoi...* d'un oursin pour se creuser un alvéole, les tâtonnements *ambulatoi...* d'une actinie (A. GIDE). — Nous avions, en outre, le sentiment, peut-être *hallucinatoi...*, d'entendre, vers l'orient, la respiration tapageuse de Paris (G. DUHAMEL). — Roussard le lièvre s'aplatissait, *immobi...*, les oreilles rabattues, sans souffle (L. PERGAUD). — Au *noi...* souffle du nord je plie et relève ma tête (A. CHÉNIER). — Ruth songeait et Booz dormait; l'herbe était *noi...* (V. HUGO). — Un platane luisait comme un monstre *aquati...* (G. DUHAMEL).

93. Même exercice que 92.
Chaque coup de hache n'enlève qu'un éclat *dérisoi...* (H. FAUCONNIER). — Au moindre courant *obli...*, l'embarcation est prise d'un mouvement *giratoi...* (CONSTANTIN-WEYER). — Le pouls *débi...* bat avec une rage épuisée (G. DUHAMEL). — Qu'importe qu'au hasard un sang *vi...* soit versé? (RACINE). — Miraut s'est même très bien guéri et je ne me suis pas aperçu que son nez ait été moins *subti...* (L. PERGAUD). — Vous avez toutes les qualités de l'homme de lettres : vous êtes vaniteux, hypocrite, ambitieux, *versati...* (A. GIDE).

Adjectifs qualificatifs en AL, EL, EIL.

- Le drapeau nation**al**, la route nation**ale**.
- Un défaut habitu**el**, une qualité habitu**elle**.
- Un fruit verm**eil**, une pêche verm**eille**.

RÈGLES

Au **féminin**, les adjectifs qualificatifs terminés par le son :
« al » s'écrivent **a.l.e**
« el » ou « eil » s'écrivent **ll.e**.

pâle, mâle, sale, ovale
fidèle, parallèle, frêle, grêle } se terminent par **e** au masculin.

EXERCICES

94. Employez les adjectifs en italique avec les noms donnés.
lacrymal, le canal, la glande. — *initial,* le poids, la vitesse. —
floral, un ornement, une exposition. — *infernal,* un bruit, une ruse. —
mâle, un visage, une allure. — *torrentiel,* un débit, une pluie. —
spirituel, un mot, une repartie. — *fidèle,* un chien, une amitié. —
frêle, un corps, une fleur. — *grêle,* un bras, une branche.

95. Employez avec un nom masculin, puis féminin :

estival	loyal	familial	solennel	universel
filial	idéal	patriarcal	artificiel	confidentiel
ovale	génial	automnal	essentiel	industriel
jovial	légal	martial	officiel	substantiel

96. Complétez, s'il y a lieu, les adjectifs en italique.
La tempête s'apaisait, devenait *paternel...* (H. Troyat). — La nuit
tropical... n'est jamais tout à fait obscure (G. Arnaud). — Cette *vieil...*
route est celle que j'aime le plus (P. Loti). — Au milieu des jardins,
s'élevait un salon *oval...* de trois cents pieds de diamètre (Voltaire).
— Soudain, une rainette lança sa note *grêl...* (Pérochon). — Son
sourire exprimait les délices du sentiment *maternel...* (Balzac). —
Un papillon fort rare : le « citron aurore » est d'un jaune *pâl...,*
un peu vert (P. Loti). — Le nuage était d'un blanc *sal...* (Maupassant).

97. Écrivez comme il convient les adjectifs en italique.
Maman voulait que notre début rue Vandamme fût considéré
comme une date *capital* (G. Duhamel). — Les montagnes paraissaient
baignées dans une lumière *irréel* (J.-L. Faure). — Je suis la
forêt, parure *éternel* du monde (E. Pérochon). — Sa poitrine lui semblait dilatée, *pareil* à la voile que gonfle le grand vent du large
(R. Escholier). — Une grosse pluie *vertical,* pesante, acharnée, s'abattait sur le jardin (G. Duhamel).

PLURIEL DES ADJECTIFS QUALIFICATIFS

- Le fil *fin*, les fils *fins*.
- La noix *verte*, les noix *vertes*.

RÈGLE

On forme généralement le **pluriel** des **adjectifs qualificatifs** en **ajoutant une s** au singulier.

CAS PARTICULIERS

1. Les **adjectifs** en *eau* font leur pluriel en *eaux* :
le beau fruit,   les **beaux fruits**.

2. Les **adjectifs** en **al** font le plus souvent leur pluriel en *aux* :
un record mondial,   des **records mondiaux**.

- *bancal, fatal, final, natal, naval* font leur pluriel en **s** : *des meubles bancals*.
- *banal* conserve son vieux pluriel en *a.u.x* dans les termes de féodalité : des fours, des moulins, des pressoirs *banaux.* Dans les autres cas, au sens de *sans originalité*, son pluriel est en **s** : des propos, des compliments *banals*.

3. Les **adjectifs terminés par s ou x** au singulier *ne changent pas* au pluriel : le chemin gris et poudreux   les chemins **gris** et **poudreux**.

- *bleu* fait *bleus*, *bleues* : *des* cols **bleus**,   *des* jupes **bleues**.

EXERCICES

98. Mettez les expressions suivantes au pluriel :

château féodal	pipeau provençal	adieu douloureux
bureau central	palais épiscopal	bruit continu
geste gracieux	cheval peureux	enfant confus
vin nouveau	cheval roux	journal régional
coup fatal	point final	pays natal

99. Mettez les expressions suivantes au pluriel :

escabeau bancal	pressoir banal	tapis moelleux
geste amical	feu joyeux	homme loyal
prince hindou	air résolu	vêtement bleu
détail banal	fille polie	moineau hardi
style concis	note aiguë	combat naval

100. Mettez les expressions suivantes au singulier :

les rayons diffus	les lieux glorieux	les envieux malheureux
les vieux journaux	les fils affectueux	les buissons touffus
les jeux périlleux	les esprits jaloux	les contes andalous
les mets savoureux	les beurres mous	les chevaux ombrageux

LES ADJECTIFS COMPOSÉS

● L'enfant sourd-muet, les enfants sourds-muets

RÈGLES

Les **adjectifs composés s'accordent** quand ils sont **formés de deux adjectifs**

l'enfant sourd-muet   les enfants **sourds-muets**.

Si l'**un des éléments** de l'adjectif composé est un mot invariable, une abréviation, un adjectif pris adverbialement, cet élément **reste invariable**

des huiles **extra-pures**   des insectes **nouveau-nés**[1]
les accords **franco-italiens**   les contes **franc-comtois**

● mais écrivons en deux mots des *nouveaux mariés*, des *nouveaux venus*.

REMARQUES

● Avec l'expression **avoir l'air**, l'adjectif peut s'accorder avec **air** ou avec le **sujet** de avoir l'air, lorsqu'il s'agit des **personnes**. Les deux accords sont valables.
La fillette a l'air *doux* ou *douce*. — Ils ont l'air *gentil* ou *gentils*.
● S'il s'agit des **choses**, l'accord se fait avec le **sujet** : la récolte a l'air *belle*.
● Avec l'expression **un air**, l'adjectif reste au **masculin** : la fillette a un *air doux*.

EXERCICES

101. Écrivez correctement les mots en italique.
Des mots *sous-entendu*. — Des prépositions *sous-entendu*. — Des échanges culturels *franco-belge*. — Des villages *franc-comtois*. — Des histoires *franc-comtois*. — Des attitudes *tragi-comique*. — Des rayons *infra-rouge*. — Des chiennes *mort-né*. — Des reparties *aigre-douce*. — Les *avant-dernier* rangs. — Des haricots *extra-fin*. — Des œuvres *post-scolaire*. — Des signes *avant-coureur*. — Des cuirs *extra-souple*. — Des scènes *héroï-comique*.

102. Écrivez correctement les mots en italique.
Il avisa une mendiante de treize ou quatorze ans si *court-vêtu* qu'on voyait ses genoux (V. Hugo). — Il braquait sur moi un énorme appareil à rayons *ultra-violet* (H. Troyat). — Les sondeurs *ultra-sonore* donnent de bonnes indications (Cdt L'Herminier). — La caravane remontait vers les maquis emportant ses chevreaux, ses agneaux, ses enfants *nouveau-né* (J. Peyré). — Les essaims d'insectes accourent en bourdonnant autour des feuilles *nouveau-né* (Taine). — Des réflexions *pseudo-spirituel* pleuvaient, pêle-mêle (R. Christophe).

1. L'arrêté du 26 février 1901 tolère en un seul mot : *nouveauné(e)*, *courtvêtu(e)*...

LE PARTICIPE PASSÉ

- L'œillet *fané* s'incline. La rose *fanée*...
- L'œillet *blanc* s'incline. La rose *blanche*...

RÈGLE

En général, chaque verbe **a un participe passé** qui se comporte le plus souvent comme un **adjectif qualificatif**. Il peut s'employer **seul** ou **avec les auxiliaires être** ou **avoir**.

Pour trouver la **dernière lettre** d'un participe passé ou d'un adjectif qualificatif, **pensons**, avant tout accord, **au féminin**.

Le participe passé est en :

é   pour le 1ᵉʳ groupe

    l'œillet fan*é* — la rose fan*ée*

i   pour le 2ᵉ groupe et quelques verbes du 3ᵉ groupe

    le travail fin*i* — la tâche fin*ie*
    le potage serv*i* — la soupe serv*ie*

u - s - t   pour le 3ᵉ groupe

    le livre rend*u* — la monnaie rend*ue*
    le résumé appr*is* — la leçon appr*ise*
    le lampion étein*t* — la lampe étein*te*

Exceptions : un corps **dissous** — une matière **dissoute**,
             un coupable **absous** — une accusée **absoute**.

EXERCICES

103. Justifiez la dernière lettre des adjectifs suivants en les employant avec un nom masculin singulier et avec un nom féminin singulier :

rougeaud	blond	épais	zélé	inouï
lourdaud	oblong	laid	ancien	subit
vieillot	étroit	surfait	diffus	gris
narquois	matois	altier	touffu	gentil

104. Employez le participe passé de chacun des verbes suivants avec un nom masculin singulier et avec un nom féminin singulier :

embraser	rougir	paraître	permettre	résoudre
germer	ternir	rompre	attendre	dissoudre
broder	cueillir	rabattre	admettre	comprendre

105. Même exercice que 104.

relire	coudre	atteindre	couvrir	instruire
maudire	mourir	rejoindre	souffrir	surprendre
distraire	naître	repeindre	asseoir	transmettre

106. Faites l'exercice suivant d'après le modèle :
livrer le charbon, le charbon livré.

1° marquer le linge
balayer la cuisine
hacher le persil
verrouiller la porte
2° charger les chariots
arracher les herbes
seller les chevaux
fermer les fenêtres

saisir le papillon
choisir la cravate
rendre le salut
battre la carpette
réussir les exercices
polir les casseroles
blanchir les draps
conduire les vaches

omettre un détail
remettre une lettre
atteindre le sommet
peindre l'étagère
ouvrir les bras
éteindre les lanternes
faire les cuivres
connaître des histoires

107. Écrivez le participe passé à la place du verbe en italique.
Le ciel se colore d'un vert très pâle *piquer* des premières étoiles (G. GIGNOUX). — L'homme, *enserrer* dans son étroite cabine, *sangler*, *ligoter* et prisonnier de sa machine, éprouve un indicible sentiment d'exaltation (R. DELANGE). — Le boulanger, *vêtir* d'une longue camisole de molleton, enfournait les miches (A. THEURIET). — Le goujon tourne autour de la bouteille, cherche l'entrée et le voilà *prendre* (J. RENARD). — Voilà que je découvrais au long des allées un homme bien *éveiller*, de plus en plus confiant, *animer*, *épanouir*, par la grâce d'une passion pour les arbres et les fleurs (J. CRESSOT).

108. Écrivez le participe passé à la place du verbe en italique.
Sur la table carrée, je vis un cahier *couvrir* d'un parchemin *jaunir* (A. THEURIET). — L'enfant piquait le flanc des bœufs avec une gaule longue et légère, *armer* d'un aiguillon peu acéré (G. SAND). — La grand-mère entrouvre les tiroirs d'une commode d'autrefois, une commode pleine de bibelots étranges : un sou *percer* comme tous les sous *percer*, une crécelle, un citron sec et *noircir*, *ceindre* d'une faveur *déteindre*, un petit papier *remplir* de cailloux (G. DUHAMEL). — Les leçons *savoir*, l'enfant aidait aux menus travaux (P. GUÉGUEN). — L'homme s'ennuie du plaisir *recevoir* et préfère de bien loin le plaisir *conquérir* (ALAIN). — Ce ne sont plus des coquilles *abandonner* par les eaux que je cherche, ni même cette fontaine profonde et *tarir* *couvrir* d'un grillage *enfouir* sous tant d'herbes folles... (A. FOURNIER).

109. Écrivez le participe passé à la place du verbe en italique.
UN CHEMINEAU. — Une casquette à visière de cuir, *rabattre*, cachait en partie son visage *brûler* par le soleil et par le hâle. Sa chemise de grosse toile jaune, *rattacher* au col par une petite ancre d'argent, laissait voir sa poitrine velue. Il avait une cravate *tordre*, un pantalon de coutil bleu, *user* et *râper*, blanc à un genou, *trouer* à l'autre, une vieille blouse grise en haillons *rapiécer* d'un morceau de drap vert, à la main un énorme bâton noueux, les pieds sans bas dans des souliers *ferrer*, la tête *tondre* et la barbe longue.

(V. HUGO. *Les Misérables*.)

ADJECTIF QUALIFICATIF, PARTICIPE PASSÉ ÉPITHÈTES OU ATTRIBUTS

- Je m'arrête à chaque adjectif qualificatif.
- La noix est *mûre*. Les foins *secs* sont *rentrés*.

RÈGLE

L'**adjectif qualificatif** et le **participe passé épithètes** ou **attributs** s'accordent en **genre** et en **nombre** avec le **nom** ou le **pronom** auquel ils se rapportent.

Pour trouver ce **nom** ou ce **pronom**, il faut poser avant l'adjectif qualificatif ou le participe passé, **la question :**

qui est-ce qui   **est, était, a été...?**
qui est-ce qui   **sont, étaient, ont été...?**

Exemples :
qui est-ce qui **est mûre?** la noix (fém. sing.) mûre (r. e.),
qui est-ce qui **sont secs?** les foins (masc. plur.) secs (c. s.),
qui est-ce qui **sont rentrés?** les foins (masc. plur.) rentrés (é. s.).

REMARQUES

1° *Nous* et *vous* marquent le **singulier** quand ils désignent une *seule* personne. Dans ce cas l'adjectif qualificatif ou le participe passé qui s'y rapportent restent au singulier.

> *Selon que* vous *serez* puissant *ou* misérable.
> *Les jugements de cour* vous *rendront* blanc *ou* noir.
>
> (La Fontaine.)

2° L'attribut **se rapporte** généralement **au sujet du verbe**, mais il peut se rapporter quelquefois au complément d'objet.

Les prunelles flétries achèvent de s'égrener et comme la gelée a passé dessus, celui qui les aime les *trouve* délicieuses.   (J. Renard.)

EXERCICES

110. Conjuguez au présent et au passé composé :
être fier de son travail — être ébloui — être harassé de fatigue.

111. Écrivez correctement les adjectifs qualificatifs en italique.
Nous habitons un petit pays, le plus doux, le plus surprenant, le plus varié du monde, plaines *douillet*, monts *bourru* (G. Duhamel). — La *petit* ville avait encore ses *vieil* portes *ogival* (P. Loti). — J'ai vu les *valeureux*, les *spirituel* mésanges bannir d'un rond-point qu'elles avaient élu, un couple de geais (Colette).

112. Écrivez correctement les participes passés en italique.

Les meules étaient *dressé*, dans une place *dégarni*, *recouvert* de terre grasse, de mottes de gazon, *percé* d'une cheminée (E. MOSELLY). — Parmi les joncs *plié* en deux par le cours de l'eau, il y avait des bateaux *amarré*, *chargé* de planches, et de vieux chalands *échoué* dans la vase (E. FROMENTIN). — On trouvait des hommes *étendu*, bras *dénoué*, *aplati* contre la terre, les yeux *fermé*, et à côté d'eux les faucilles *abandonné* luisaient dans l'herbe (J. GIONO). — Nous restâmes longtemps *éveillé*, près du feu, devant la hutte (H. BOSCO). — Nous sommes *descendu* à travers les ronces (FLAUBERT).

113. Écrivez correctement les mots en italique.

Et les voix *criard*, *aigu*, *glapissant* formaient une clameur *continu* (MAUPASSANT). — Et des cris *aigu* de femmes nous répondirent (MAUPASSANT). — Dès le signal *donné*, il est impossible de voir autre chose sur la pelouse que des dos *courbé*, des jambes *raidi*, des mains *tendu* et *crispé*; quand le ballon est *lancé*, une bousculade *effréné* se produit (J. HURET). — Les *grand* marronniers *fleuri*, les arbres *feuillu* se suivaient en *long* enfilades *touffu* (P. LOTI). — Les jeunes gens, *juché* sur les arbres, gaulaient les fruits *mûr*, aussitôt *amassé* et empilé dans des sacs (E. POUVILLON).

114. Accordez le participe passé des verbes en italique.

Des milliers de prunes d'Agen, *étaler* dans des claies, *surchauffer* au soleil, *rider*, *cuire* et *recuire* embaumaient tout le grenier (P. LOTI). — Des employés *énerver*, *bousculer*, circulaient à toute vitesse d'une pièce à l'autre, et les portes mobiles *monter* sur ressorts rebondissaient (G. ARNAUD). — Les mêmes lointains *connaître* m'apparurent, les coteaux *couvrir* de leurs vignes, les montagnes dont les bois *jaunir* s'effeuillaient (P. LOTI). — Il portait une redingote *blanchir* aux coudes et cent fois *repriser* (A. CAHUET).

115. Écrivez correctement les mots en italique.

Je comptais mes pas, je les faisais *grand* (G. NIGREMONT). — Il les avait *fin*. Il les avait *poilu*. Il les avait surtout si *long*, qu'il réussissait sans peine à s'émoucher jusqu'à la queue avec ses *magnifique* oreilles (R. GUILLOT). — Les tulipes sont *abreuvé*, bien *éclairé*, bien *nourri*. Et pourtant chaque année les fleurs *exilé* sont plus *frêle* (G. DUHAMEL). — Que vous êtes *pressant*, ô déesse *cruel* (LA FONTAINE). — Nous sommes donc toujours *triste*, mon pauvre ange (G. FLAUBERT). — Une machine soufflante arrivait, tirant de vieux wagons que je trouvais *splendide* (E. DABIT). — Des aventures de ce genre nous rendaient *circonspect* (L. MASSÉ).

116. Analysez, après accord, les mots en italique de l'exercice 115.

117. Construisez 2 phrases avec des adjectifs ou des participes passés attributs : *1° du sujet; 2° d'un pronom complément.*

PARTICIPE PASSÉ ÉPITHÈTE EN É OU INFINITIF EN E.R?

● Un infinitif peut remplacer un autre infinitif.

Le drap *acheté* est fin. Elle va *acheter* du drap.
Le drap *vendu* est fin. Elle va *vendre* du drap.

RÈGLE

Il ne faut pas confondre le **participe passé épithète** en **é** avec l'**infinitif** en **e.r**.

On reconnaît l'**infinitif** en **e.r** à ce qu'il peut être remplacé par l'infinitif d'un verbe du 3ᵉ groupe comme **vendre, mordre, voir, courir**...

Dans le cas contraire, c'est le participe passé épithète en **é**.

Le participe passé épithète a la valeur d'un adjectif qualificatif.

L'infinitif a la valeur d'un verbe ou d'un nom.

EXERCICES

118. Complétez les noms inachevés. Justifiez la terminaison *e.r* en écrivant entre parenthèses un *infinitif* du 3ᵉ groupe de sens approché.

On entend remu... le malade angoiss... — Je regarde les étoiles scintill... dans le ciel éclair... par la lune. — Le berger laisse échapp... un bélier nouvellement achet... — Le chariot charg... de paille a de la peine à avanc... dans le chemin embourb... — Pierre est oblig... de recommenc... son travail néglig... — Vous aimez à feuillet... votre livre préfér... — L'enfant grond... a envie de pleur... — L'employé press... fait claqu... les portières.

119. Complétez les mots inachevés. Justifiez la terminaison *é* en écrivant entre parenthèses un adjectif qualificatif ou un participe passé d'un verbe du 3ᵉ groupe de sens approché.

L'oiseau effray... va se perch... dans le peuplier dénud... — Annie désire achet... un mouchoir brod... — La maman s'apprête à rapiéc... le pantalon us... — De la fenêtre, je regardais pass... le charbonnier courb... sous le poids d'un sac. — Le chat reste allong..., occup... à guett... sa proie. — Le chien vient léch... la main de son maître attrist...

120. Faites l'exercice sur le modèle : *plier les draps, les draps pliés.*

raboter	hacher	flamber	tailler	seller	grouper
traquer	gagner	éplucher	signer	sceller	glaner.

121. Mettez la terminaison convenable *(é, er, ez)*.

Chant... en chœur, chant... gaiement, soyez joyeux. — Chant... est un délassement. — Chant... en cadence, ce refrain est entraînant. — Cultiv..., distingué, ce jeune homme est d'un commerce agréable. — Cultiv... des fleurs est un passe-temps reposant. — Cultiv... votre jardin comme Candide. — Travers..., ruisselant, le chasseur rentre chez lui. — Travers... la rue en faisant attention. — Travers... la grand-route est quelquefois dangereux.

122. Mettez la terminaison convenable.

Sous le fer, promen... d'une main soigneuse, on voyait grésill... la petite flamme blanche de la soudure (E. ZOLA). — Je restais longtemps là ne me lassant pas de regard..., d'admir..., de respir... l'air tiède de ce printemps, de me gris... de cette lumière oubli..., de ce soleil retrouv... (P. LOTI). — Le Tarasconnais poudreux, harass..., vit de loin étincel... dans la verdure les premières terrasses d'Alger (A. DAUDET). — Je regarde le soleil renvoy... par l'eau mourante, dans... sur le toit (J. NESMY). — Pein... du matin au soir semblait une permission bénie (L. HÉMON). — L'herbe forme un duvet transparent. On y voit jou... la lumière et vibr... la chaleur (E. FROMENTIN).

123. Mettez la terminaison convenable.

Un homme encapuchonn..., que je voyais rôd... depuis un moment autour de notre feu, s'approcha de nous craintivement (A. DAUDET). — Mordre dans une grappe bien serr... et bien mûre, sentir les grains craqu..., le jus frais et sucr... emplir la bouche, c'est une façon d'aim... le raisin, picor... le grain qui tente, c'en est une autre (J. CRESSOT). — Le toit effondr... laissait échap... chaque soir l'essaim poudreux (TH. GAUTIER). — Par la porte ouverte, je vois, encadr... par les linteaux, ma sœur brod... des tapisseries que ma mère, jadis, commença (J. GIRAUDOUX). — Les gamins regardaient le ciel sillonn... d'éclairs, trou... d'étoiles (H. BACHELIN).

124. Même exercice que 123.

Tous les arbres sont en bataille contre le soleil et on les voit s'étir..., hauss... leurs feuillages comme un bouclier et cach... la lumière (J. GIONO). — Ma mère se pencha sur mon lit, pour m'embrass..., et je me sentis entièrement consol..., tranquillis..., chang... par sa bienfaisante présence (P. LOTI). — On sent pein... toute cette vieille machine secou... de frissons (R. DORGELÈS). — Nous étions accoud... à notre balcon, écoutant les grillons chant... (P. LOTI). — Je voyais six petites têtes rondes coiff... d'un duvet noir avanc... au bord du nid (FROMENTIN). — La ligne sombre du bois disparaissait derrière le rideau de flocons serr... (L. HÉMON).

125. Employez dans une phrase sous la forme du participe passé épithète en *é*, puis de l'infinitif en *e.r* : *Plier, dorer, orner.*

PARTICIPE PASSÉ ÉPITHÈTE EN I OU VERBE EN I.T?

● Je pense à l'imparfait pour reconnaître le verbe.

Le maçon *démolit* le vieux mur.
Le maçon *démolissait* le vieux mur.
Le manoir *démoli* livre ses secrets.
La maison *démolie* livre ses secrets.

RÈGLE

Il ne faut pas confondre le **participe passé épithète** en **i** avec le **verbe** en **i.t**.
Lorsqu'on peut mettre l'**imparfait** à la place du mot, il faut écrire la terminaison **i.t** du verbe.
Dans le cas contraire, c'est le participe passé épithète en **i**.
Le participe passé épithète a la valeur d'un adjectif qualificatif.
Le verbe marque l'action.

EXERCICES

126. Mettez le participe passé ou le verbe en *i.t*. Justifiez la terminaison *i.t* du verbe en écrivant *l'imparfait* entre parenthèses.

Le vin débouché aigr... — Cette personne a beaucoup souffert, elle a le caractère aigr... — Ce boulanger nous fourn... de bon pain. — Ce caniche a le poil bien fourn... — Le bouquet embell... la maison. — Le village embell... par le printemps accueille les touristes. — La sécheresse tar... les ruisseaux. — Le torrent tar... est encombré de rochers. — Le soleil brille dans le ciel éclairc... — Ce détail éclairc... l'énoncé du problème. — Le dahlia flétr... s'incline. — Le gel flétr... les dernières fleurs. — L'excès de boisson abêt... l'homme. — Il avait un visage abêt... par l'alcool. — Le jardin rafraîch... par la pluie revit. — La brise rafraîch... l'atmosphère.

127. Justifiez la terminaison *i* et *i.t* en complétant les expressions proposées.

le nid garni...	le malade guéri...	le gazon verdit...
le pinson garnit...	le médecin guérit...	le gazon verdi...
le meuble verni...	le vin vieillit...	l'oiseau nourri...
l'ouvrier vernit...	le visage vieilli...	l'oiseau nourrit...

45

128. Mettez le participe passé ou le verbe en *i. t.*

Le triste paysage fin... par prendre un aspect de solitude austère (L. Bertrand). — Son dîner fin..., la mouche lissait longuement ses ailes (M. Audoux). — Les lions et les panthères devaient reculer devant ce corps nourr... de sauterelles (Th. Gautier). — Tu ne verrais qu'une vallée humide et nue qui ne nourr... pas même les chèvres (Colette). — Et l'on voyait marcher ces va-nu-pieds superbes sur le monde éblou... (V. Hugo). — Les vieux sont courbés vers la terre parce que le ciel éblou... leurs prunelles usées (J. Giraudoux). — Tout à coup une ombre, corps fantastique agrand... par la nuit, enjamba l'échalier (R. Charmy). — La veilleuse agrand... les ombres aux murailles (A. Samain).

129. Même exercice que 128.

Quand la voiture franch... les remparts de la ville, j'aperçois enfin ma mère (P. Loti). — La rivière ainsi franch..., nous laissions tout de suite la grand-route (P. Loti). — J'allais, sais..., écœuré, enivré pour la première fois, par l'odeur de l'école (G. Duhamel). — Quand on donne un coup sur la rampe, une longue vibration la sais... (G. Duhamel). — La récréation terminée, le père Genevoix, suiv... des élèves, rentra dans la salle d'étude (R. Delange). — Un peu de lune suiv... de nouveau le fil du rail pol... (P. Hamp). — L'homme avait à défricher un coin rempl... de souches séculaires (G. Sand). — Un timbre électrique empl... la gare de son frissonnement sonore (E. Moselly).

130. Mettez le participe passé ou le verbe en *i. t.*

Le cocher, la face roug... par le grand air des champs, apparut sur la porte de l'hôtel (Maupassant). — Un vent aigre agite le ciel gris et roug... les doigts des petits enfants (A. France). — Ainsi son parrain le taquine toujours, mais Poil de Carotte, avert..., ne se fâche plus (J. Renard). — Maman garde son chapeau de jardin rouss... par trois étés (Colette). — Dans la salle à manger, brûlait notre grosse lampe de cuivre toujours bien fourb... (G. Duhamel). — Un brillant réseau de rosée réfléch... à l'œil la lumière et les couleurs (J.-J. Rousseau).

131. Même exercice que 130.

Que j'aimais à voir le serrurier avec son petit tablier de cuir noirc... (G. Duhamel). — Les ombres glissent sur les flancs noirc... de sapins (Lamartine). — La lumière qui monte dans l'arbre au-dessus de la terre arrond... le jour sous sa main dorée (J. Giono). — La poule s'accroup... et soulève ses ailes arrond... en berceau (J.-H. Fabre). — Je regarderai le chemin pol... par les petites pattes des fourmis (G. Duhamel). — Quand le vieux cerf entrouvrait les yeux, son regard encore endorm... retrouvait la sérénité du sous-bois (M. Genevoix). — Un tourbillon de vapeur blanche envah... le hangar noir (E. Zola).

132. Employez dans une phrase sous la forme du participe passé épithète en *i*, puis du verbe en *i. t* : *durcir, éblouir, choisir.*

PARTICIPE PASSÉ ÉPITHÈTE EN I.S OU VERBE EN I.T?

● Je pense à l'imparfait pour reconnaître le verbe.
**L'oiseau *prit* son vol. L'oiseau *prenait* son vol.
Le renard *pris* se débat. La renarde *prise* se débat.**

RÈGLE

Il ne faut pas confondre le **participe passé épithète** en **i.s** avec
le **verbe** en **i.t.**

Lorsqu'on peut mettre l'**imparfait** à la place du mot, il faut
écrire la terminaison **i.t** du verbe.

Dans le cas contraire, c'est le participe passé épithète en **i.s.**

Le participe passé épithète a la valeur d'un adjectif qualificatif. Le verbe marque l'action.

EXERCICES

**133. Mettez le participe passé ou le verbe en *i. t*. Justifiez la ter-
minaison *i. t* du verbe en écrivant *l'imparfait* entre parenthèses.**
L'appareil ém... quelques sons et s'arrêta. — Le son ém... par le
cristal est pur. — Je vous apporte le livre prom... — Mon père prom...
de nous emmener au théâtre. — Le candidat adm... à l'examen est
joyeux. — Jean adm... son erreur et se corrigea. — Le chœur appr...
pour la fête est entraînant. — Mon camarade appr... la nouvelle avec
regret. — Le sémaphore transm... un message. — Nous écoutons un
discours transm... par radio. — L'ouvrier entrepr... un long travail.

134. Même exercice que 133.
Un matin, mon frère, revenu subitement dans la pièce, surpr... mon
secret (SANTELLI). — A son réveil, il découvrit la basse-cour. Surpr...,
émerveillé, il vit les poules (A. FRANCE). — Le fer s'allonge, s'allonge
encore, toujours repr... et toujours rejeté par la mâchoire d'acier
(G. DE MAUPASSANT). — Chaque bête repr... son travail et sa joie
dans la certitude que le jour va venir (A. GIDE). — Saïd, pr... d'un
zèle tardif, s'affairait à nourrir le feu de brindilles (J. PEYRÉ). —
Sa mère, éblouie, la pr... sur ses genoux et nous étions parfaitement
heureux (A. FRANCE). — Le marteau, manié avec force et délicatesse,
obéissait comme un démon soumi... (G. DUHAMEL). — Mon savoir
était petit, mais heureusement acqu... (A. FRANCE).

**135. Employez dans une phrase sous la forme du participe
passé épithète en *i.s,* puis du verbe en *i.t* :** *asseoir, surprendre.*

47

PARTICIPE PASSÉ ÉPITHÈTE EN T OU VERBE EN T?

● Je pense à l'imparfait pour reconnaître le verbe.

Le feu *détruit* la ville. Le feu *détruisait* la ville. Les murs *détruits* tombent. Les tours *détruites* tombent.

RÈGLE

Il ne faut pas confondre le **participe passé épithète** en **t** avec le **verbe** en **t**.

Lorsqu'on peut mettre l'**imparfait** à la place du mot, il faut écrire la terminaison **t** du verbe.

Dans le cas contraire, c'est le participe passé épithète en **t**, qui s'accorde en genre et en nombre.

Le participe passé épithète a la valeur d'un adjectif qualificatif. Le verbe marque l'action.

EXERCICES

136. Mettez le participe passé ou le verbe en *t*. Justifiez la terminaison *t* du verbe en écrivant *l'imparfait* entre parenthèses.
Le juge instrui... une affaire. — Les jeunes gens instrui... pourront accéder à de belles situations. — Les mitrons endui... de farine s'affairent dans le fournil. — Le fermier endui... de chaux les murs de l'étable. — Le cheval emprein... ses sabots dans la neige. — La grand-mère a les traits emprein... de douceur. — L'aviateur maudi... la brume. — L'automobiliste s'est engagé dans de maudi... chemins.

137. Même exercice que 136.
Les reins cein... de flanelle rouge, les pêcheurs dirigeaient la barque au milieu des remous (E. Moselly). — Les mâts alignés, les cordages grêles font une toile d'araignée qui cein... l'horizon (H. Taine). — Tout cela se mêle, s'étend, plane, cache le ciel, étein... le soleil (Maupassant). — Hier, nous sommes arrivés de nuit, par des faubourgs morts et étein... (R. Vercel). — Je saluai comme d'anciennes connaissances deux dieux à tête d'épervier inscri... de profil sur une pierre (P. Loti). — L'épervier décri... d'abord des ronds sur le village (J. Renard). — Et je voudrais, pour la première apparition de cette figure bénie dans ce livre de souvenirs, la saluer avec des mots fai... pour elle (P. Loti).

138. Employez dans une phrase sous la forme du participe passé épithète en *t*, puis du verbe en *t* : *joindre, construire*.

139. Analysez les participes passés épithètes de l'exercice 137.

48

PARTICIPE PASSÉ ÉPITHÈTE EN U OU VERBE EN U.T?

● Je pense à l'imparfait pour reconnaître le verbe.

Pierre *lut* un livre. Pierre *lisait* un livre.

L'article *lu* est intéressant. La page *lue* est intéressante.

RÈGLE

Il ne faut pas confondre le **participe passé épithète** en **u** avec le **verbe** en **u.t.**

Lorsqu'on peut mettre l'**imparfait** à la place du mot, il faut écrire la terminaison **u.t** du verbe.

Dans le cas contraire, c'est le participe passé épithète en **u**.

Le participe passé épithète a la valeur d'un adjectif qualificatif. Le verbe marque l'action.

REMARQUE

● Écrivons avec un **accent circonflexe** au **masculin singulier** seulement, les participes passés : *dû, redû, mû, crû* (v. croître), *recrû* (v. recroître) :
En port dû, la somme due, les gages dus.

● Écrivons **sans accent** : *cru* (v. croire), *recru* (harassé), *accru* (v. accroître), *décru* (décroître), *ému.*

EXERCICES

140. Mettez le participe passé ou le verbe en *u. t*. Justifiez la terminaison *u. t* du verbe en écrivant *l'imparfait* entre parenthèses.
Le chasseur excité, disparu... à son tour dans le fourré à la recherche de sa pièce (G. DE MAUPASSANT). — Il lui fallait attendre ici le retour de la biche disparu... (M. GENEVOIX). — Le café bu..., l'époux servi, les enfants à l'essor, maman m'habilla chaudement (G. DUHAMEL). — La clarté était telle qu'elle l'éblouissait. Fabien du..., quelques secondes, fermer les yeux (SAINT-EXUPÉRY). — Je vais doucement parce que je sais qu'à allure moyenne, un accident même du... à un autre est rarement sérieux (G. GUIGNARD). — Quand Suzanne paru..., la salle à manger devint très gaie (A. FRANCE). — Le hêtre oscilla, parcouru... d'un frémissement d'agonie, et s'abattit (E. MOSELLY). — Je revois des prés, des sources perdues, bu... aussitôt que nées (COLETTE). — On se couche dans cette boite, recru... de fatigue (E. PEISSON).

141. Employez dans une phrase sous la forme du participe passé épithète en *u*, puis sous la forme du verbe *u.t* : *courir, secourir*.

49

EXERCICES DE REVISION

142. Accordez les adjectifs qualificatifs et les participes passés.
Une *vieil* servante venait m'ouvrir la première porte des murailles *féodal* de Castelnau (P. Loti). — Des herbes *fluvial* traînaient à la surface (E. Moselly). — Le vieux Cacique sauta sur moi, embarrassa ses mains dans ma chevelure et de ses ongles *aigu* me laboura la tête (A. France). — On entendait les mugissements et les clameurs *aigu* du vent (L. Hémon). — Les maisons sont *noir*, comme *frotté* de suie; les pavés sont *noir* (G. de Maupassant). — Des mésanges *bleu* sautaient entre les fleurs (M. Proust). — Les jacinthes sauvages formaient de *petit* lacs *bleu* (E. Pérochon). — Des feuilles *mort*, *recroquevillé*, *brûlé* par les *dernier* coups de soleil, glissaient sur le sol *pareil* à des oiseaux *blessé* (E. Moselly).

143. Accordez les mots en italique.
Quelques rayons, *venu* de très loin, jettent encore une poussière d'or sur les arêtes *glacé* (G. Gignoux). — Les visages étaient *mouillé* de sueur comme s'il avait plu (G. Arnaud). — Les pains *saupoudré* de farine reposaient, chacun dans sa corbeille ronde (A. Theuriet). — Les écorces des peupliers luisent, *amolli* par la montée de la sève (E. Pouvillon). — La terre *surchauffé*, *crevassé* ressemble à un immense carrelage de cuisine (Frison-Roche). — Ce soir-là, les cadeaux des deux familles, *enveloppé*, *ficelé*, *étiqueté*, étaient *réuni* sur les tables (P. Loti). — Les oies sauvages passaient toujours, les pattes *collé* au ventre, *soutenu* par le vent (H. de Montherlant).

144. Mettez la terminaison de l'infinitif ou du participe passé.
Les averses s'écrasent sur le pare-brise, et la mer semble fum... (Saint-Exupéry). — Dans ce soleil d'automne qui fait mûrir toutes les baies, éclate... les gousses, tomb... les graines, les moineaux se poursuivaient avec des vols inégaux (A. Daudet). — Il allait être midi, l'heure où les oiseaux épuis... de fatigue et accabl... de chaleur aiment à folâtr... au bord de l'eau (F. Fabre). — Un vieux gardeur de moutons menait ses bêtes brout... les herbes sal... de la falaise (E. Fromentin). — Un chariot passait au loin, on l'entendait cahot... et cri... sur le pavé gel... (E. Fromentin).

145. Mettez le participe passé ou le verbe en *i. t.*
L'homme sent une piqûre dans le globe des yeux, un poids alourd... son cerveau (E. Peisson). — Tout son être vit en son regard agrand..., aussi mobile que la balle. Autour de lui une admiration anxieuse grand... (J. de Pesquidoux). — Puis c'est l'accalmie, et de nouveau le lac somnole, assouv... (F. de Croisset). — Il voulait avoir pour son chef la recette du brochet farc... (A. Cahuet). — La flamme jaill..., jaune et rougeâtre (M. Rollinat). — Le village indien enfou... dans la forêt vierge, dans l'ombre humide, sent la vase et le musc (B. Cendrars).

PARTICULARITÉS DE L'ACCORD DE L'ADJECTIF QUALIFICATIF

- Le ciseau et le rabot ont été *aiguisés*.
- La rose et la pensée sont *veloutées*.
- La campanule et le myosotis sont *bleus*.

RÈGLES

1. Deux singuliers valent un pluriel.
2. Le genre masculin l'emporte sur le genre féminin.

EXERCICES

146. Écrivez correctement les adjectifs qualificatifs en italique.
Le sac et le panier *rempli*. — L'agrafe et la boucle *cousu*. — La branche et le rameau *cassé*. — Le chariot et la charrette *abandonné*. — Le stuc et le marbre *veiné*. — La laine et le fil *blanc*. — Le lierre et le liseron *grimpant*. — Les résumés et les fables *étudié*. — Les clous et les aiguilles *pointu*. — La nappe et la serviette *blanchi*. — La grange et le hangar sont *démoli*. — La pêche et le raisin sont *mûr*. — Les pommes et les noix ont été *gaulé*. — Le mur et la vieille bâtisse seront *abattu*.

147. Écrivez correctement les adjectifs qualificatifs en italique.
On se place suivant les sympathies, mais toujours hommes et femmes *intercalé* (J. DE PESQUIDOUX). — Dans le pupitre étaient *entassé* papiers de cours et notes *personnel* : poèmes, pensées, fragments d'essais *mélangé* dans un désordre inextricable (R. DELANGE). — Toutes les tendresses, tous les souvenirs, toutes les raisons de vivre sont là bien *étalé* à trente-cinq mille pieds sous les yeux, bien *éclairé* par le soleil (SAINT-EXUPÉRY). — Les fiers animaux faisaient grincer les jougs et les courroies *lié* à leur front (G. SAND).

148. Même exercice que 147.
Ses grimaces, ses gestes sont comme *paralysé* par une incompréhensible lenteur (G. ARNAUD). — Des hommes et des femmes *accroupi* dans les vignes coupaient des grappes de raisin (E. ZOLA). — Ce lit et cette armoire avaient été *acheté* par le jeune ménage (E. PÉROCHON). — Bêtes et gens passent cinq ou six mois là-haut, *logé* à la belle étoile (A. DAUDET). — Je partais au collège à jeun, l'estomac et la tête *vide* (MICHELET). — La poule bouillie et le veau aux carottes étaient *avalé* en silence (R. CHARMY). — Il avait la tête et tout un côté de la figure *bandé* de linge blanc (A. FOURNIER).

149. Analysez, après accord, les adjectifs qualificatifs et les participes passés en italique de l'exercice 148.

51

L'ADJECTIF QUALIFICATIF EST LOIN DU NOM

● Je m'arrête à chaque adjectif qualificatif.

Éclairées par la réverbération, deux figures sur-
gissent étrangement précises.   (E. Moselly.)

RÈGLE

Quelle que soit leur place dans la phrase, l'**adjectif qualificatif**
et le **participe passé épithète** s'accordent en **genre** et en
nombre avec le nom auquel ils se rapportent.

● L'adjectif ainsi détaché, mis en valeur est en apposition : *éclairées,* apposition à figures.

EXERCICES

150. Accordez les adjectifs qualificatifs et les participes passés.
Très *méfiant*, très *difficile* à attraper, les papillons se posaient
un instant sur les graines *parfumé* des muscats puis se sauvaient
(P. Loti). — *Pompé* par le soleil, les brumes *bleu* se dissipèrent
(E. Moselly). — Les sauterelles crissent, *pareil* à un froissement
léger de cymbales (F. Pouvillon). — *Accouplé* par deux ou trois
paires, ils arrivaient traînant leur timon (Fromentin). — Ainsi *posé*
devant l'astre, magnifiquement *sculpté* par les rayons, la bête
évoquait la force triomphante (J.-H. Rosny aîné). — *Entrevu* dans
l'éloignement, la ville était basse, éparse, presque villageoise
(G. Duhamel). — *Avisé*, nous contournions l'église (J. Giraudoux).

151. Même exercice que 150.
Penché sur les rambardes, les goumiers déjà à bord riaient (J. Peyré).
— *Gorgé* de brouillard, de grosses gouttes claires roulaient sur la face
des choses (G. Duhamel). — J'habite maintenant des jardins plus
artistement *planté* (Lamartine). — *Culbuté, vaincu*, la baleinière
chavire (C. Farrère). — *Contenu* entre elles par leurs ailes sèches
étendues, les sauterelles volaient en masse (A. Daudet).

152. Accordez les mots en italique et analysez-les.
Nerveux, irrésolu, les flammes voltigent à la surface de la houille
(G. Duhamel). — Un magister tenait *agenouillé* au pied de sa chaire
une douzaine d'enfants (A. France). — Le hêtre rit, le sapin pleure.
Parfois on les trouve *mêlé* (Michelet). — J'ai reçu des blessures
qu'on disait *mortel* (A. France). — *Ébloui* de lumière, la poule fait
quelques pas, *indécis*, dans la cour (J. Renard).

**153. Construisez cinq phrases dans lesquelles l'adjectif ou le
participe passé sera placé loin du nom auquel il se rapporte.**

NOM PROPRE DE NATIONALITÉ
NOM COMMUN
OU ADJECTIF QUALIFICATIF

- Les Français et les Italiens sont des *Latins.*
- Le français et l'italien sont des langues *latines.*
- Les vins *français* et les vins *italiens* sont renommés.
- Je bois du *bourgogne* (Produit d'origine).
- Je bois du vin de *Bourgogne* (province).

RÈGLE

Le nom qui marque la **nationalité**, qui désigne les habitants d'un lieu, est un **nom propre** et prend une **majuscule**.
Mais écrivons **sans majuscule** l'**adjectif qualificatif** ou le **nom commun** qui désigne un **langage**, un **produit d'origine**.

EXERCICES

154. Faites l'exercice sur le modèle :
Paris. — Les Parisiens, les rues parisiennes, les magasins parisiens.

L'Angleterre	Le Périgord	Londres	Lyon	Rome
L'Amérique	L'Alsace	Madrid	Lille	Nice
La Russie	La Gascogne	Bruxelles	Nancy	Pau

155. Comment appelle-t-on les habitants de : Besançon, Fontainebleau, Saint-Brieuc, Charleville, Meaux, Évreux, Saint-Étienne?

156. Remplacez le nom en italique par le mot qui convient.
Forbin a le dessein de monter jusque dans l'extrême Nord afin d'enlever les flottes *Angleterre, Hollande, Hambourg* (R. Vercel).
— Le paon se promène à une allure de prince *Inde* (J. Renard). —
L'arc tendu, les *Inde* nous visent, puis disparaissent (A. Gheerbrant).
— Guys, dit l'*Irlande*, je pense que vous comprenez l'*Angleterre* (G. Arnaud). — Docile, le *Roumanie* rangea le camion au bord de la piste (G. Arnaud). — Une phrase lui vint aux lèvres. C'était du *Roumanie*, Gérard ne comprit pas (G. Arnaud). — La foule des acheteurs se composait d'*Arabie* et d'*Espagne* (E. Rhais). — J'arrivais près d'un champ qu'un laboureur *Arabie* était en train d'ensemencer (E. Fromentin). — Des villageois jouaient aux boules en vidant des pots de *Beaujolais* (H. Béraud). — Le *Beaujolais* comprend une série de montagnes entièrement tapissées de vignobles (G. Chevalier).

157. Analysez les mots rectifiés de l'exercice 156.

53

ADJECTIFS QUALIFICATIFS DE COULEUR

● Des soies
{
beiges, vertes → 1 adjectif pour 1 couleur → *accord*
rouge sombre
bleu vert
{ 2 adjectifs pour 1 couleur

→ *pas d'accord.*

cerise, carmin
amarante, grenat
{ *noms* exprimant par image la couleur · → *pas d'accord.*

RÈGLES

Les adjectifs qualificatifs de couleur s'accordent quand il n'y a qu'**un seul** adjectif pour une couleur.

Les **noms** exprimant par image la couleur **restent invariables**, mais *mauve, écarlate, fauve, rose, pourpre* qui sont assimilés à de véritables adjectifs s'accordent.

Quelques difficultés : un cheval **pie**, des vaches **pie**, un cheval **bai, alezan**, des juments **baies, alezanes, bai foncé**...

● On dit : *une chevelure* **châtain** *ou* **châtaine**.

EXERCICES

158. Écrivez correctement les mots de couleur.

orangé — des reflets, des toiles
bis — des pains, des étoffes
orange — des rubans, des soies
ponceau — des velours, des laines
mauve — des lilas, des tulipes
blond cendré — des cheveux
châtain clair — des chevelures
gris foncé — des tailleurs

écarlate — des visages, des roses
grenat — des galons, des vareuses
pourpre — des taffetas, des jupes
marron — des yeux, des écharpes
crème — des papiers, des dentelles
bleu marine — des tricots
vert jade — des gants
rouge sang — des dahlias.

159. Employez avec un nom les diminutifs en *âtre* de :
rouge, rose, noir, violet, gris, brun, jaune, vert, olive, roux, blanc.

160. Écrivez correctement les mots de couleur :
La luzerne faisait des édredons *vert d'eau* brochés de fleurs *violâtre* (E. ZOLA). — La jacinthe ouvre ses épis *bleu violet* (A. KARR). — Des balsamines *jaune paille*, *gris de lin* emplissaient une autre vasque (E. ZOLA). — La jument *bai cerise* s'en allait au pas (A. CAHUET). — Sur la table, étaient rangés des gants prêts pour la vente. Il y en avait de toutes les couleurs, des *noir* et des *blanc*, des *noisette*, des *chocolat*, des *rose*, des *bleu pâle*, des *mauve*, des *vert pistache*, des *grenadine* et des *rouge solferino* (H. LAVEDAN). — Des papillons posés repliaient leurs ailes *fauve* (E. ZOLA). — Un propriétaire à la recherche de chevaux *pie* m'arriva un jour (CONSTANTIN-WEYER). — Des roses *feu* bercent leur ombre sur les murs (M. GENEVOIX).

NU, DEMI, MI, SEMI

● *Nu*-jambes[1]   des *demi*-heures deux heures et *demie*.
● Les jambes *nues* des *demi*-pains   deux pains et *demi*.

RÈGLES

Les adjectifs **nu** et **demi** placés **devant** le **nom** sont **inva-riables** et s'y joignent par un trait d'union.

Placés **après** le nom, ils s'**accordent** avec celui-ci :
nu, en genre et en nombre; **demi,** en genre seulement.

Nu-jambes	des *demi*-heures	deux heures et *demie*
les jambes *nues*	des *demi*-pains	deux pains et *demi*.

Mi et **semi** sont toujours **invariables.**

à *mi*-hauteur   des visites *semi*-officielles.

Demi placé **devant** un **adjectif** est **adverbe.**

des haricots demi-secs.

A demi, adverbe devant un **adjectif, refuse le trait d'union.**

la porte à *demi fermée* = la porte fermée à *demi.*

A nu est adverbe, **invariable :** une épaule *à nu.*

Demi et **nu** peuvent être employés comme **noms.**

L'horloge sonne les *demies*. — Nous avons bu deux *demis.*
Cet artiste peint de beaux *nus.*

EXERCICES

161. Accordez les mots en italique, mettez les 2 ortho-graphes, s'il y a lieu.

Le volant traça, aux mains du conducteur, deux *demi cercle* précipités (G. Arnaud). — J'avais douze ans et *demi* et j'entrais en troisième (P. Loti). — A quatre heures et *demi* nous partions direc- tement pour les champs (P. Loti). — Il a bien su ce qu'il faisait en se blotissant à *mi côte,* mon village (J. Renard). — Elle s'était levée *nu jambe* et *nu pied* (G. de Maupassant). — Une petite bergère était là, *tête nu,* gardant ses moutons (P. Loti). — Des charretiers, les bras *nu,* retenaient par le licou des étalons cabrés (G. Flaubert). — Il aurait été difficile de faire du guerrier Saïd un paysan; car il avait du sang des *semi nomade* pasteurs (J. Peyré). — Les poussins étaient adorables d'enfance, *demi nu,* la tête ronde, les yeux vifs (E. Zola). — Ce lambeau laissait voir presque à *nu* une épaule hâlée (Th. Gautier). — La vieille horloge pousse lentement ses aiguilles vers les heures et les *demi* (J. Cressot). — Si sa fille dessine ou colorie des images, une chanson à *demi voilé* sort d'elle (Colette).

---

1. On tolérera : *nu* ou *nus pieds, une demi* ou *demie heure* (sans trait d'union).

LES ADJECTIFS NUMÉRAUX

- *quatre-vingts*
  quatre-vingt-une   } noix
  deux cents
  deux cent une

- les quatre ailes
  les dix mille francs
  des milliers d'insectes
  l'an mil neuf cent

- Cette maison a coûté *neuf cent mille francs*
  Le bateau est à *neuf cents milles des côtes de France.*

- Les premiers hommes. Les cinq dixièmes. La page neuf cent. L'horloge sonne six heures.

RÈGLES

1. Les adjectifs numéraux cardinaux sont **invariables,** sauf **vingt** et **cent** quand ils indiquent des **vingtaines** et des **centaines entières.**

quatre-*vingts,* quatre-*vingt*-un, deux *cents,* deux *cent* un pas.

2. Mille, adjectif numéral, est **toujours invariable.**
Mais **millier, million, billion, trillion, milliard** qui sont des noms prennent une *s* au pluriel.

dix *mille* francs — des *milliers,* des *millions* d'étoiles.

3. Dans les dates, il n'y a **pas d'accord,** l'on écrit **mille** ou **mil.**

l'an *mille* neuf cent ou l'an *mil* neuf cent.

4. Mille, unité de longueur employée par les marins, est un nom commun et prend une *s* au pluriel.

Nous avons déjà parcouru neuf cents *milles.*

5. Les adjectifs numéraux ordinaux sont **variables.**

Les *premiers* hommes — les cinq *dixièmes.*

6. Les adjectifs numéraux cardinaux employés comme des adjectifs ordinaux sont **invariables.**

La page neuf *cent* = la page neuf *centième.*

Toutefois écrivons : il est deux *heures*... six *heures*
parce que l'on entend deux *coups* ... six *coups.*

7. Il faut mettre le **trait d'union** entre les unités et les dizaines. sauf si elles sont unies par **et.**
On tolère la suppression du trait d'union.

dix-huit, dix huit; cent vingt-six, cent vingt six; cinq cent vingt et un.

EXERCICES

162. Écrivez en lettres, et faites suivre d'un nom :
20 — 35 — 80 — 83 — 180 — 186 — 203 — 300 — 580 — 2 000.

163. Écrivez en lettres les nombres en italique.
L'araignée empoignait de ses *8* pattes le bord de la tasse et buvait jusqu'à satiété (Colette). — Le chat se roulait alors avec des tortillements de serpent, les *4* pattes en l'air (P. Loti). — Les *9* coups de l'angélus tintèrent dans le clocher (A. Theuriet). — Pendant *20* minutes, nos *12* chameaux ont aspiré le liquide (Frison-Roche). — L'Annapurna est le premier gravi des *14* sommets qui dépassent *8 000* mètres (L. Devies). — Je fais les *100* pas dans le parc, je vais jusqu'au portail voir la grand-route (M. Castelier).

164. Écrivez en lettres les nombres en italique.
Gaudissart s'embarque pour aller pêcher *600 000* francs, en des mers glacées, au pays des Iroquois (Balzac). — Le lendemain, c'est un convoi de *80* voiles qui apparaît (R. Vercel). — Le notaire posa ses besicles. « J'ai fait le compte, dit-il, ça peut aller bon an, mal an, dans les *350* pistoles, je dis, se reprit-il, dans les *3 500* francs » (A. Cahuet). — Saint-Exupéry entreprit de joindre Rio Gallégos à Punta Arenas... *300* kilomètres séparaient les deux villes (R. Delange).

165. Écrivez convenablement les mots en italique.
Dix jours plus tard, c'est un trois-mâts sortant de Calcutta avec six *mille* balles de riz que Surcouf enlève (R. Vercel). — Les pensées ressemblent à des *millier* de petits visages (E. Zola). — Des mouches luisantes par *milliard* de *million* font des arabesques (Michelet). — La pluie crible l'étang de ses *millier* de piqûres (E. Herriot). — La radio ronronne. C'est le .poste de Las Piedras qui émet dans un rayon de trois *cent mille* (G. Arnaud). — Je m'endormis malgré les *mille* bruits du voisinage (G. Maurière). — Le premier soir, je me suis endormi à *mille mille* de toute terre habitée (Saint-Exupéry).

166. Écrivez les dates en lettres.
Richelieu créa l'Académie française en 1635. — Victoire de Valmy et proclamation de la 1re République (1792). — Bataille d'*Hernani* (1830). — Découverte du vaccin contre la rage par Pasteur (1885).

167. Écrivez en lettres les nombres en italique.
Cette rue a *80* numéros. — J'habite au numéro *80*. — Cet arbre est âgé de *500* ans. — En l'an *500*, les Mérovingiens régnaient sur notre pays. — Cette ligne de chemin de fer mesure *800* kilomètres. — Au kilomètre *800*, un accident s'est produit.

168. Faites les accords, s'il y a lieu.
Les *premier* bourgeons. — Les *première*, les *deuxième*, les *troisième* classes. — Les *second* rangs. — Les *seconde* places. — Les *dixième* de la loterie. — Les trois *quart* du litre.

TOUT

● *Toute* la classe écoute. *Tous* sont gais. Des sacs *tout* neufs. Prenez le *tout*; je vous ferai un prix.

RÈGLES

Tout peut être **adjectif, pronom, adverbe** ou **nom**.

1. Tout est **adjectif** quand il se rapporte à un **nom** ou à un **pronom**.

a) **Tout** a la valeur d'un **adjectif qualificatif** quand, **au singulier,** il a le sens :

de **entier** : *Toute* la classe, à *toute* vitesse, *tout* ceci.

de **seul** : Pour *tout* ami, le berger a son chien.

b) **Tout** est **adjectif indéfini** quand, **au singulier,** il a le sens :
de **chaque,** de n'importe quel :

A *toute* minute, à *tout* instant, en *toute* occasion,

et dans tous les cas au pluriel :

Toutes les villes, à *toutes* jambes, *tous* ceux qui...

2. Tout est **pronom indéfini** quand il remplace un nom. Il est alors sujet ou complément.

Tout revit. Le maître donnait à *tous* des récompenses.

3. Tout est **adverbe,** le plus souvent **invariable,** quand il est placé devant un adjectif qualificatif ou un adverbe.

Les enfants ont des sacs *tout* neufs (**tout = tout à fait**).
Tout adroits qu'ils sont, ils ratent le but (**tout = si**).
La voiture roule *tout* doucement.
Devant un **adjectif qualificatif féminin** commençant par une consonne ou une h aspirée, **tout s'accorde par euphonie.**
La poule *toute* blanche a les plumes *toutes* hérissées.
Tout est aussi adverbe dans : *Tout* laine, *Tout* en larmes...

4. Tout est un **nom** quand il est précédé d'un article ou d'un adjectif déterminatif. Il ne s'emploie qu'au masculin.
Prenez le *tout*.   Des *touts* harmonieux.

5. Tout devant l'adjectif **autre** :

a) est **adjectif** s'il se rapporte au nom (*sens de n'importe quel*).
A toute autre ville, je préfère Paris (à n'importe quelle ville).

b) est **adverbe** s'il modifie autre (*sens de tout à fait*).
Il fait de tout autres conditions (tout à fait autres).

On écrit : de tout côté ou de tous côtés, en tout sens ou en tous sens.

EXERCICES

169. Écrivez correctement *tout* dans les expressions suivantes :

tout les troupeaux	*tout* mon travail	*tout* nos ennuis
tout leur bétail	*tout* les abeilles	*tout* mes aiguilles
tout ces prunes	*tout* ses livres	*tout* votre amitié
tout leurs bourgeons	*tout* cet attirail	*tout* leurs fleurs.

170. Écrivez correctement *tout* (au sens de *tout à fait*).

Des villas *tout* neuves	Des pétales *tout* roses
Des plaies *tout* envenimées	Des prairies *tout* fleuries
Des doigts *tout* gonflés	Des assiettes *tout* ébréchées
Des blés *tout* couchés	Des yeux *tout* rieurs
Des maisons *tout* habitées	Des joueuses *tout* harassées
Des routes *tout* poudreuses	Des herbes *tout* humides
Des filles *tout* heureuses	Des paroles *tout* hésitantes
Des arbres *tout* dépouillés	Des plumes *tout* hérissées.

171. Accordez *tout*, indiquez-en la nature entre parenthèses.

Passé le tropique Nord, dans *tout* les pays du monde, les nouvelles circulent par des voies étranges (G. Arnaud). — Il fallait traîner avec soi des cahiers, des livres, mes journées de plein air en étaient *tout* assombries (P. Loti). — La nuit tombe, vous frôle de son aile *tout* humide (A. Daudet). — Il évita les flaques d'eau à cause de ses bottines *tout* neuves (E. Moselly). — Les chameaux étaient superbes, il y en avait de *tout* tailles, de *tout* âges, de *tout* races (Frison-Roche). — Dès qu'on entendait le pas de mon père *tout* changeait, nous rentrions *tout* dans le rang (H. Bordeaux). — A *tout* autre saison, je préfère l'automne (G. Droz).

172. Accordez *tout* s'il y a lieu.

Tout les arbres ont perdu *tout* leurs feuilles (J. Renard). — L'hirondelle recherche la société de l'homme, elle la préfère à *tout* autre société (Michelet). — Les gens ne semblaient guère s'intéresser aux récits du soldat. Leurs préoccupations étaient *tout* autres (J. Peyré). — Les marchands *tout* voiles dehors fuient vent arrière (R. Vercel). — J'ouvrais mes narines *tout* grandes. La forêt était *tout* embaumée d'une odeur de vanille (A. Theuriet). — Les pruniers étaient *tout* blancs, les pêchers *tout* roses (Pouvillon). — Pesez ce qui reste, je prendrai le *tout*. — *Tout* s'embrasse, *tout* chante (G. Sand). — *Tout* se lançaient, attrapaient la piste. Un glisseur tombait et *tout* ceux qui suivaient tombaient (L. Pergaud). — Bientôt des yeux de *tout* votre ombre est disparue (V. Hugo). — Il y avait un nid de chardonnerets rond, parfait, *tout* crins au-dehors, *tout* duvet au-dedans (J. Renard).

173. Après accord, analysez *tout* dans l'exercice 172.

174. Faites 4 phrases avec *tout* adjectif, pronom, adverbe, nom.

MÊME

- **Ils ont les *mêmes* livres.**
- **Les canards, *même* petits, aiment l'eau.**
- **Cette robe me plaît, j'achèterai la *même*.**

RÈGLES

Même peut être **adjectif indéfini, adverbe** ou **pronom**.

1. Même est **adjectif indéfini variable,** quand il se rapporte à un nom (dans ce cas il a le plus souvent le sens de **pareil,** de **semblable**) ou à un **pronom** dans les expressions comme *nous-mêmes, ceux mêmes.*

Ils ont les *mêmes* livres.
Nous porterons ces sacs nous-*mêmes.*
Les enfants *mêmes* chantaient.

2. Même est **adverbe, invariable,** quand il modifie un **verbe,** un **adjectif** et quand il est placé après une énumération ou devant le nom précédé de l'article.

Les poules picorent *même* les petits cailloux.
Les canards, *même* petits, aiment l'eau.
Les vaches, les génisses, les chiens *même* somnolaient.
Même les pigeons venaient à son appel.

3. Même est **pronom,** quand il est précédé de l'article et quand il remplace un **nom.**

Cette robe me plaît, j'achèterai la *même.*
Ces livres sont intéressants, procurez-vous les *mêmes.*

REMARQUES

1. **Nous-même (s)** et **vous-même (s)** s'écrivent *avec s* ou *sans s,* selon que ces expressions désignent une personne ou plusieurs personnes.
Le roi disait, en parlant de lui : « Nous étudierons cette affaire nous-même. »
Nous porterons ces sacs nous-mêmes.
Monsieur, avez-vous, vous-même, vérifié ce travail?
Mes enfants, vous chercherez, vous-mêmes, ce problème.

2. **Même** placé après un ou plusieurs noms est *adverbe* ou *adjectif indéfini* selon le sens que l'on veut donner à même.
Les enfants même (aussi) chantaient.
Les enfants mêmes (eux-mêmes) chantaient.
Les vaches, les génisses, les chiens même somnolaient.
Les vaches, les génisses, les chiens mêmes somnolaient.

● Les deux orthographes sont admises par l'arrêté du 26 février 1901.

EXERCICES

175. Complétez à votre gré. Écrivez *même* comme il convient.

les *même* ouvriers...   les *même* conseils...   les *même* frais...
même les ouvriers...   *même* les conseils...   *même* les frais...
les *même* maisons...   les *même* paroles...   les *même* villes...
même les maisons...   *même* les paroles...   *même* les villes...

176. Accordez *même*. Donnez deux orthographes s'il y a lieu.

Nous avons ramassé les *même* coquillages. — *Même* les coquillages nous intéressaient. — Les coquillages *même* nous intéressaient. — Nous ramassions les coquillages *même* cassés. — Nous ramassions *même* les coquillages. — Nous avons feuilleté les *même* livres. — Nous conservions *même* les livres en mauvais état. — *Même* les livres d'enfants nous captivaient. — Les livres, *même* usagés, furent vendus. — Les livres *même* nous parlaient de notre enfance. — Nous avons vu les *même* contrées. — *Même* les contrées polaires ont des habitants. — Les contrées *même* les plus reculées ont été explorées. — Des explorateurs séjournent *même* dans les régions polaires.

177. En vous aidant du n° 176, construisez des phrases où *même* aura le sens de pareil, sera placé après le nom, devant le nom précédé de l'article, modifiera un verbe, un adjectif.

178. Accordez *même*. Donnez deux orthographes s'il y a lieu.

En *même* temps que mes petites jambes, mon esprit s'était éveillé (P. LOTI). — Toute la population est transformée en ouvriers. Les jeunes élégantes contribuent *elle-même* au travail (THIERS). — Depuis des millénaires, les indigènes usent des *même* outils, accomplissent les *même* gestes, agitent les *même* pensées (M. HERZOG). — Les chiens tournent sur *eux-même* comme des fous (A. DAUDET). — Enfants, c'est en vous-*même* que se trouvent les obstacles que vous devez surmonter (JOUFFROY). — Les chaises *même*, les chaises rangées autour de la table commençaient à m'inquiéter (P. LOTI).

179. Accordez *même*. Donnez les deux orthographes s'il y a lieu.

Je retrouve tout, l'expression de son regard rencontrant le mien, le son de sa voix, *même* les détails de sa chère toilette (P. LOTI). — Vers la fin de ce jour, sur cette roche, sur la *même*, je suis venu m'asseoir encore (A. GIDE). — Des chardonnerets, des mésanges, des pinsons rentraient *même* dans le galetas (L. GACHON). — Ses gestes *même* sont paralysés par une incompréhensible lenteur (G. ARNAUD). — Les oiseaux semblent toujours les *même*, ils répètent les *même* appels familiers (A. THEURIET). — Les mottes s'émiettent d'*elle-même* en croulant au soleil (PÉROCHON). — Les fruits des hêtres, des châtaigniers, des pins *même* commencent à tomber (M. GEVERS). — Tous les changements, *même* les plus souhaités, ont leur mélancolie (A. FRANCE).

180. Après accord, analysez *même* dans l'exercice 179.

QUELQUE(S)
QUEL(S) QUE – QUELLE(S) QUE

- La bergère garde *quelques* moutons.
- Le martinet niche dans *quelque* trou.
- *Quelque* adroits qu'ils soient, ils manquent le but.
- *Quelle que* soit ta force, tu trouveras ton maître.

RÈGLES

Quelque peut être **adjectif indéfini** ou **adverbe**.

1. Quelque est **adjectif indéfini** quand il se rapporte à un nom, même précédé d'un adjectif qualificatif.

Il a souvent le sens de **plusieurs** et prend alors une **s**.

La bergère garde quelques moutons.
Quelques jeunes élèves jouent dans la cour.
Quelques bonnes paroles que vous lui prodiguerez, l'aideront à se consoler.

Il a aussi des sens divers : **un, du, certain, quelconque...** et reste invariable.

Le martinet niche dans quelque trou.
Tu fais preuve de quelque ingéniosité.

2. Quelque est **adverbe** quand il se rapporte à un **adjectif qualificatif**, à un participe passé, à un adjectif numéral ou à un adverbe. Il a souvent le sens de **si** ou d'**environ**.

Quelque adroits qu'ils soient, ils manquent le but.
Il a quelque cinq cents mètres à faire.
Quelque rapidement que tu fasses, tu manqueras le train.

Toutefois devant cent et mille, **quelque** est, selon le sens, adjectif indéfini ou adverbe.

Il a quelque cent mètres à faire (environ cent...).
Il a quelques cents mètres à faire (plusieurs cents...).
Je lui dois quelque mille francs (environ mille...).
Je lui dois quelques mille francs (plusieurs mille...).

3. Quel(s) que, quelle(s) que. Ces expressions construites avec *être, devoir être, pouvoir être,* au subjonctif s'écrivent en deux mots.

Quel, adjectif indéfini, s'accorde en genre et en nombre avec le sujet du verbe dont il est **attribut**.

Que est conjonction de subordination.

Quelle que soit ta force, tu trouveras ton maître.
Quels que soient tes ennuis, réagis.

4. Retenons l'orthographe de :

quelque temps, quelque part, quelquefois, quelque chose

EXERCICES

181. Écrivez correctement les mots en italique.

L'alouette reste là *quelque minute*, chauffant son ventre au soleil (J.-H. Fabre). — Que de fois, réveillé en sursaut de mon rêve imprimé, me suis-je trouvé seul au fond de *quelque friche*. Bien heureux quand les bonnes bêtes n'étaient qu'à *quelque pas* (J. Cressot). — *Quelque nuage* flottaient très blancs avec des franges transparentes. Il n'y avait pas de vent, mais seulement *quelque souffle errant* (F. Pérochon). — Le vieux prunier, planté jadis par *quelque ancêtre*, tendait sur le bleu du ciel le rideau ajouré de ses nouvelles feuilles (P. Loti). — Caché parmi les rochers, j'attendis *quelque temps* sans avoir rien vu paraître (Chateaubriand). — Les idées sont abstraites. *Quelque* belles qu'elles soient, elles ne suffisent pas au cœur (Barrès).

182. Même exercice que 181.

Cependant Falcone marcha *quelque* deux cents pas dans le sentier (Mérimée). — Il était, *quelque part*, un parc chargé de sapins noirs et de tilleuls (Saint-Exupéry). — La demeure du grillon est sur *quelque pente* ensoleillée (J.-H. Fabre). — Par-dessus *quelque maison* et *quelque mur bas* garnis de rosiers on apercevait les remparts (P. Loti). — *Quelque dernière goutte* de pluie tombèrent et toute cette ombre pleine de lumière s'en alla (V. Hugo). — Jamais pays de plaine, *quelque beau* qu'il fût, ne parut tel à mes yeux (J.-J. Rousseau). — Les rats pillards égrenaient les *quelque raisin* qui restaient (E. Fromentin). — Une dizaine de députés siégeaient déjà. *Quelque* quinze autres entrèrent sur les talons du président (C. Farrère). — Tout donnait à ce train ainsi lancé *quelque chose* de fantastique (J. Claretie).

183. Dans l'exercice 182 relevez trois *quelque (s)* adjectifs et trois *quelque* adverbes et analysez-les.

184. Accordez *quel* et terminez les phrases.

quel que soit son humeur...   *quel* que soient les résultats...
quel que soit son talent...   *quel* que soient les récoltes...
quel que fût son habileté...   *quel* que soient les couleurs...
quel qu'ait été son mérite...   *quel* que soient les pays...

185. Remplacez les points par *quel (s) que* ou *quelle (s) que*.

Sachons du moins, ... soit notre tâche, l'accomplir d'un cœur simple, avec bonne volonté (A. France). — Le courage, c'est d'être tout ensemble, ... soit le métier, un patricien, un philosophe (J. Jaurès). — Il était d'emblée familier avec les clients ... ils soient (Simenon). — Sa petite main laissa échapper une canne de jonc. Je la pris, je résolus, ... fussent mes périls à venir, de n'avoir plus d'autre arme (Vigny). — ... soient l'heure et la saison, c'est toujours un lieu sans pareil que ces jardins de Versailles (H. de Régnier). — ... soit la destinée de mes travaux, cet exemple, je l'espère, ne sera pas perdu (A. Thierry).

CHAQUE – CHACUN
MAINT – NUL – TEL – TEL QUEL

- *Chaque* livre vaut deux cents francs. Ces livres valent deux cents francs *chacun*.
- *Maint* livre, *mainte* peine, *maints* soucis, *maintes* fois.
- *Nul* chant, *nulle* offense, un devoir *nul*, une copie *nulle*.
- *Tel* enfant, *telle* fille, *tels* villages, *telles* villes.
- Je laisserai le jardin *tel quel*, la maison *telle quelle*.

RÈGLES

1. Chaque est un **adjectif indéfini** qui marque toujours le singulier.
Chacun est un **pronom indéfini**.
Chaque livre vaut deux cents francs.
Ces livres valent deux cents francs *chacun*.

2. Maint est **adjectif indéfini**.
Maint livre, *maints* objets, *maintes* fois (*toujours pluriel*).

3. Nul et **tel** sont **adjectifs** quand ils se rapportent à un **nom**.
a) **Nul** est **adjectif qualificatif** au sens de **sans valeur**.
Un résultat *nul*, une composition *nulle*.

b) **Tel** est **adjectif qualificatif** au sens de **pareil, de semblable**, de **si grand**...
De *tels* hommes honorent la patrie.
Il poussa un *tel* cri qu'il nous fit sursauter.

c) **Nul** et **tel** sont **adjectifs indéfinis** dans les autres cas.
On n'entendait *nul* bruit.
Vous prendrez *tel* chemin que vous voudrez.

4. Nul et **tel** sont **pronoms indéfinis** quand ils remplacent le nom.
Nul ne peut se vanter de se passer des hommes.   (SULLY-PRUDHOMME.)
Tel qui rit vendredi, dimanche pleurera.   (RACINE.)

5. L'expression **tel quel** est une **locution adjective indéfinie** qui s'accorde avec le nom auquel elle se rapporte.
Je laisserai le jardin *tel quel*, la maison *telle quelle*.
- Ne confondons pas *tel quel* avec **tel qu'elle** qui peut faire **tel qu'il**.

6. Retenons l'orthographe de **nulle part** adverbe.

EXERCICES

186. Mettez *chaque* **ou** *chacun,* **indiquez leur nature entre parenthèses.**

Il y a une abeille dans ... fleur. — Une lumière brille dans ... maison — Le professeur signalait les erreurs de ... — Des fleurs égayaient ... fenêtre. — Ces albums valent mille francs ... — Ces robes coûtent dix mille francs ... — Nous allions ... de notre côté. — ... décorait l'arbre de Noël. — Une place pour ... chose et ... chose à sa place.

187. Écrivez correctement les mots en italique.

De chaque *pli* du sol, de chaque *rangée* des chaumes grisâtres des alouettes s'élançaient (E. Moselly). — La poussière des routes était devenue trop légère et chaque *souffle* la soulevait (A. Gide).

188. Écrivez correctement les mots en italique.

tel père	*tel* lois	les réponses *nul*	*maint* villes
tel livres	*nul* appel	les efforts *nul*	*maint* occasion
tel ardeur	*nul* envie	*maint* fois	*maint* hameaux

189. Accordez *tel quel* **dans les expressions suivantes :**

une maison *tel quel* des jardins *tel quel* des robes *tel quel*
un bâtiment *tel quel* des salles *tel quel* des albums *tel quel*.

190. Écrivez correctement les mots en italique. Analysez-les.

Papa pouvait rester de longs mois sans colère, *tel* ces virtuoses qui demeurent toute une saison sans toucher à leur instrument. *Tel* une bulle de savon, la colère s'évanouissait soudain (G. Duhamel). — *Tel* furent les premières paroles qu'il nous adressa (J. Girardin). — Et les vignes et les bois et les sentiers de montagnes, comment se lasser d'un *tel* pays? (P. Loti). — *Tel* est pris qui croyait prendre (La Fontaine). — Si les loups mangeaient *maint* bête égarée, les bergers de leur peau se faisaient *maint* habits (La Fontaine). — *Tel* ravaudeuse raccommodant des bas dans une échoppe était comtesse (V. Hugo). — Je découvre entre elle et moi *maint* traits de ressemblance (A. Gide).

191. Écrivez correctement les mots en italique. Analysez-les.

Tel quel, notre moulin, je l'aimais bien, avec son gros dos de lapin (L. Mercier). — Une goélette corse allait faire voile pour Ajaccio. Il y avait deux chambres *tel quel* (P. Mérimée). — *Tel quel*, l'œuvre de J. Bidermann apparaît comme celle d'un artiste sincère, épris de son métier (P. Imbourg). — La verrerie flamboyait... *nul* cri, *nul* parole : la bouche humaine, ici, n'avait pas trop de tout son vent (G. Duhamel). — Les objets indifférents sont *nul* à mes yeux (J.-J. Rousseau). — Insignifiantes histoires. *Tel qu'elle* sont, elles composent cependant pour moi l'image vague d'une enfantine grandeur (J. Guéhenno). — *Nul* n'est prophète en son pays (Proverbe). — Il n'y avait du reste pas un seul promeneur *nul* part (P. Loti).

CES - SES

- Il a égratigné *ses* mains à *ces* buissons.
- Il a égratigné *sa* main à *ce* buisson.

RÈGLE

Ces (c.e.s) est un **adjectif démonstratif**, pluriel de **ce, cet** ou de **cette**.
Ses (s.e.s) est un **adjectif possessif**, plur. de **son** ou de **sa**.
Il faut écrire **ses (s.e.s)** quand, après le nom, on peut dire **« les siens », « les siennes »**.

Il a égratigné *ses* mains **(les siennes)**.

EXERCICES

192. Mettez les mots en italique au pluriel, dans 1 ; au singulier dans 2. Modifiez les accords, s'il y a lieu.
1. Dans *cette* forêt, Paul va avec *son* frère ramasser des champignons. — Le long de *ce* chemin, la grand-mère fait brouter *sa* chèvre. — Jean et *son* camarade sont montés sur *ce* manège.

2. La rivière dessine *ses* méandres dans *ces* prairies. — Le chasseur suit *ces* sillons avec *ses* chiens. — Annie met *ses* livres sur *ces* rayons.

193. Remplacez les points par *ces* ou par *ses*.
Une échasse arrive sur ... longues jambes d'or, elle ouvre ... ailes bleues, s'asseyant légèrement sur le ressort de ... genoux et s'élance (J. Giono). — J'aime à regarder de ma fenêtre la Seine et ... quais par ... matins d'un gris tendre qui donnent aux choses une douceur infinie (A. France). — ... départs, ... emballages puérils de mille objets sans valeur appréciable, ce besoin de tout emporter, ... adieux à de petites créatures sauvages, ça représente toute ma vie (P. Loti). — L'immense baie se déploie avec ... îles frangées de cocotiers, ... pics et ... croupes qui se chevauchent, s'enchevêtrent sur un fond éclatant (R. Vercel). — C'était une de ... heures où le temps coule comme un fleuve tranquille (A. France). — Connaissez-vous l'automne avec ... bourrasques, ... longs soupirs, ... feuilles jaunies, ... sentiers détrempés, ... beaux couchers de soleil, ... flaques d'eau dans les chemins ? Je suis au nombre de ceux qui aiment ... choses (G. Droz). — Voyez ... artichauts, ... belles carottes et ... asperges qu'on met en d'élégantes bottes (Daubrée).

194. Analysez trois *ses* et trois *ces* de l'exercice 193.

195. Construisez deux phrases renfermant à la fois *ces* et *ces*.

SE - CE

● *Se (s. e)* et *s'* appartiennent au **verbe pronominal**.

Ce petit lézard vert *se glisse* sous les pierres.
(*verbe pronominal* se glisser)
Ce dont vous parlez m'intéresse beaucoup.

RÈGLE

Ce (c. e) est un **adjectif** ou un **pronom démonstratif**.
Se (s. e) est un **pronom personnel** réfléchi.
Se ne s'écrit **s. e** que dans les **verbes pronominaux;** en les conjuguant, on peut remplacer **se (s. e)** par **me, te...**
Je **me** glisse, tu **te** glisses, il **se** glisse...

Dans tous les autres cas, il faut écrire **ce (c. e)**
Ainsi, dans : *ce* **dont vous parlez,** *ce (c. e)* ne peut pas se remplacer par **me, te...**

REMARQUE

Se, **pronom personnel réfléchi**, est **toujours** complément d'objet ou d'attribution :

a) direct d'objet : *La vague se brise sur les rochers.*

b) indirect d'objet : *Ils se sont écrit pendant les vacances.*

c) d'attribution : *Ils se sont donné quelques jours de repos.*

Dans les verbes essentiellement pronominaux comme : *s'emparer, se blottir, s'enfuir*, etc., *se* ne peut se séparer du verbe et ne s'analyse pas.

EXERCICES

196. Remplacez les points par *ce, se* ou *s'*. Justifiez l'emploi de *se* ou de *s'*, en écrivant l'infinitif du verbe pronominal entre parenthèses.

Quatre jeunes têtes ... penchaient sous ... rayon intime et réchauffant (A. DAUDET). — Après le repas, ... chat ... tenait assis devant les chenets (T. DERÈME). — On m'avait appris à réciter à peu près décemment les vers, ... à quoi déjà m'invitait un goût naturel (A. GIDE). — Chacun croit fort aisément ... qu'il craint et ... qu'il désire (LA FONTAINE). — Les villes flamboient; les villages ne ... doutent pas de tout ... qui ... passe à cette heure de minuit (Léo LARGUIER). — Le fond de la vallée ... enfume d'un brouillard blanc qui ... affile, ... balance, et ... étale comme une onde (COLETTE).

197. Analysez deux *se*, deux *ce* adjectifs, deux *ce* pronoms.

198. Construisez deux phrases renfermant à la fois *se* et *ce*.

C'EST - S'EST - C'ÉTAIT - S'ÉTAIT

● *Se (s. e)* et *s'* appartiennent au *verbe pronominal.*

C'est un hérisson qui *s'est caché* dans l'herbe.
(*verbe pronominal* se cacher)
C'était un hérisson qui *s'était caché* dans l'herbe.

RÈGLE

Se ne s'écrit **s. e** que **dans les verbes pronominaux; en les conjuguant,** on peut remplacer **se (s. e)** par **me, te...**

Je **me** suis caché, tu **t'**es caché, il **s'**est caché.

Dans tous les autres cas, il faut écrire **ce (c. e).**
Ainsi dans : **c'**est un hérisson, **c'** a le sens de **cela.**
De plus, cette expression **ne peut pas se conjuguer** à toutes les personnes.

EXERCICES

199. Remplacez les points par *ce, c'* **ou par** *se, s'.* **Justifiez l'emploi de** *se, s'* **en écrivant l'infinitif du verbe pronominal entre parenthèses.**

Dehors ...est le printemps et de nouveau la coupe de l'année ...est remplie d'une liqueur toute prête à déborder (P. CLAUDEL). — ...est depuis ce jour-là que Line ...est faite la grande sœur des bêtes (SÉVE-RINE). — Une poule ...était réfugiée sous le hangar, les canards ...étaient traînés près du mur (G. CHÉRAU). — Annapurna! Plus encore qu'un triomphe sur la nature, ...est une victoire sur soi (I. DE-VIES). — En somme, ...était là, sur l'échafaudage, qu'on ... sentait maître de sa force (H. POULAILLE). — Les collines caillouteuses ... sont de nouveau couvertes de pampres (F. LABAT).

200. Remplacez les points par *ce, c'* **ou par** *se, s'.*

La première enfance du petit Pierre, ... fut un enchantement d'images (A. CAHUET). — On ne mangeait pas les châtaignes desséchées, ...eût été impossible, on les suçait (JAUBERT). — Tous ... sont regardés et maudissaient l'orage (J. VALLÈS). — Quoique ... soient différents acteurs qui paraissent, ... est toujours le même théâtre (BALZAC). — Le brouillard qui flottait sur l'eau ...était peu à peu retiré (G. DE MAUPASSANT). — Les bœufs rentraient du labour, ...était le moment où la ferme ...animait (E. FROMENTIN).

C'EST - CE SONT - C'ÉTAIT - C'ÉTAIENT...

- *C'est* un vieux chien.   *Ce sont* de vieux chiens.
- *C'était* un bouvreuil.   *C'étaient* des bouvreuils.
- *C'est* lui, *c'est* elle.   *Ce sont* eux, *ce sont* elles.
- J'aime trois fleurs : *ce sont* la rose, l'œillet, la tulipe.

RÈGLE

Le **verbe être**, précédé de **ce** ou de **c'**, se met généralement au **pluriel** s'il est suivi d'un **nom** au **pluriel**, d'une **énumération**, ou d'un **pronom** de la 3e personne du **pluriel**.

EXERCICES

201. Remplacez les points par *c'est* ou par *ce sont*.
Ce que, dans son pantalon, le bébé aime le mieux, ... la poche (G. Droz). — ... des chants de laboureurs, des voix d'enfants, des piaulements d'animaux (M. de Guérin). — ... de beaux hêtres dont les ramures grises se détachent nettement sur le ciel (A. Theuriet). — Le vrai visage de l'hiver ... la poêle du marchand de marrons sur son brasier rouge (Th. de Banville). — Quelle féerie! ... le royaume du Fer où règne Sa Majesté le Feu (Maupassant). — Ceux qui vivent, ... ceux qui luttent (V. Hugo).

202. Remplacez les points par *c'était* ou par *c'étaient*.
Ce que j'aimais dans ces expéditions, ... l'ombre, la fraîcheur, le concert des insectes dans l'éveil du jour, les halètements de l'orage (G. Duhamel). — Pendant qu'ils erraient au milieu des nuages, une lumière brilla : ... des étoiles qui s'allumaient à l'horizon (R. Delange). — ... une petite pièce modestement meublée (A. Theuriet). — ..., à l'entrée de petits établis volants, des tirs aux pigeons, des tourniquets (A. Daudet). — ... quelques allées étroites bordant des carrés de légumes pour la nourriture de la famille (Lamartine). — Ce qu'on apercevait de plus loin, ... un groupe de grands chênes (F. Fromentin). — ... le colonel, sa fille, leurs domestiques et leurs guides (P. Mérimée).

203. Remplacez les points par *ce fut* ou par *ce furent*.
La brume s'abattait, impalpable, sur son dos ; bientôt ... le déluge d'un orage de montagne (C. Gonnet). — Puis ... les autres qui durent successivement se mettre au pas, s'avouer vaincus (J. Peyré). — La brise se leva ; ... d'abord, dans le lointain, le chuchotement de la marée montante (A. Bailly). — Les hannetons lui fournirent la pâtée quotidienne, puis ... les nids des petits oiseaux (L. Pergaud).

EXERCICES DE REVISION

204. Accordez les adjectifs qualificatifs et les participes passés.
Atala était couchée sur un gazon; ses pieds, sa tête, ses épaules
étaient *découvert* (CHATEAUBRIAND). — M. de Valence et ses nièces fort
paré me sont *venu* voir (MME DE SÉVIGNÉ). — Il appelait les poètes de
la Renaissance à son aide pour faire sentir à ses hôtes la grâce et la
douceur *angevin* (P. AUDIAT). — C'était une foule, une cohue d'hommes
et de bêtes *mélangé* (G. DE MAUPASSANT). — *Suivi* de nos chevaux, dont
les pas résonnent trop sur les dalles, nous nous avançons (P. LOTI). —
Casqué d'aluminium, des métis vont et viennent autour du monstre
(G. ARNAUD). — *Dépouillé* de leur écorce, les tiges semblaient très
blanches (E. MOSELLY). — Je crois que nous sommes ici quelques-uns
qui goûteront les vers *dit* par vous (A. GIDE). — *Couché* dans un refuge
au milieu des neiges, *empilé* avec d'autres touristes, nous n'avons
pas fermé l'œil de la nuit (A. GIDE).

205. Remplacez le nom par le mot qui convient.
Le *Provence* est exubérant. — Les danses *Provence* sont vives
et alertes. — « Mireille », le poème de Mistral, est écrit en *Provence*.
— Le *Bretagne* n'est pas un patois mais une langue. — Les *Bretagne* sont d'excellents marins. — Les goélettes *Bretagne* quittent
le port. — Le *Camembert* est un fromage. — *Camembert* est une
localité *Normandie*. — Le *Monbazillac* est un vin blanc. — *Monbazillac* est une localité *Périgord*. — Les *Périgord* sont de fins
gourmets. — Dès son entrée dans le golfe, son opinion est faite : nous
sommes dupes des *Venise* (R. VERCEL). — Il arrête les bâtiments
Venise suspects, puis les relâche (R. VERCEL). — Des bergers *Sar-
daigne* font rôtir dix moutons amenés du bled (DELANGE). — A peine le
bateau *Phénicie* fut arrivé, que les *Crète* donnèrent à Télémaque
et à Mentor toutes les marques d'amitié sincère (FÉNELON).

206. Écrivez comme il convient les mots en italique.
Les grandes arobanches *mauve pâle* prenaient une éloquence
inespérée dans le sable désolé du désert (A. GIDE). — Des frissons
faisaient trembler les grappes *mauve* des glycines (F. CARCO). —
La casquette de drap noir, toute garnie de gros galons *grenat*, cachait
les jolies boucles de ses cheveux *blond* (A. FRANCE). — Les herbes
étaient limpidement *bleu* (E. ZOLA). — Ses yeux *bleu très pâle* faisaient penser aux eaux incolores des étangs gelés en hiver (R. VINCENT).
— Les gros paons *vert* et *or*, à crête de tulle, ont reconnu les arri-
vants et les accueillent d'un formidable coup de trompette (A. DAU-
DET). — Le canard avait la tête et le col *bleu*, le jabot couleur de
rouille et les ailes rayées *bleu* et *blanc* (M. AYMÉ). — Les hautes cheminées dominent les toits *orange* et les toits *bleu ardoise* (A. MAUROIS).

207. Accordez les mots en italique, mettez le trait d'union, s'il y a lieu.

Une petite fille, *pied nu*, en haillons, se cramponnait à moi (Loti). — L'oiseau rapace rase la plaine *nu* (J.-H. Fabre). — Des garçonnets frisés et *nu tête* cherchaient leurs mères du regard (E. Zola). — Le gramophone nous parle un langage à *demi perdu*. Ce qui me remplit d'une joie barbare, c'est d'avoir compris à *demi mot* (Saint-Exupéry). — Le lendemain donc, à *mi montagne*, j'arrêtai ma bande (P. Loti). — Elle se frotta la joue, les paupières à *demi tombé* (J.-L. Bory). — Des coups de tête à droite, à gauche, des *demi volte* féroces menaçaient le rat évadé (Colette). — Le maître ne s'occupait qu'à prendre, sans même les lui donner à mordre, les rameaux *demi sec ;* le jeune animal s'ennuya (L. Pergaud). — Ces petits dont on m'avait si longtemps parlé arrivèrent à la *mi septembre* (P. Loti). — La ferme s'ouvrit. C'était Sidonie, les bras *nu*, en tablier de toile bleue (G. Beaume). — J'allais ainsi, à *demi suffoqué*, quand j'entendis un cri (G. Duhamel). — C'est une traînée de verdure à *demi enfoui* dans un repli de terrain (P. Loti).

208. Écrivez les nombres en lettres, donnez les deux orthographes, s'il y a lieu.

4300 mètres : Bernis est seul. Il regarde ce monde cannelé à la façon d'une Europe d'atlas (Saint-Exupéry). — Sur les *15* prochaines bornes, la piste est complètement défoncée (G. Arnaud). — Sur les *5* heures, nos *4* poules revinrent des terres (E. Le Roy). — L'abeille fait *24* km à l'heure. Dans le même temps, la mésange en fait *33*, le requin *42*, la girafe *51*, le zèbre *74*, le cygne *88*, l'antilope *96*, le guépard *112*, l'hirondelle *126*, l'aigle *193*, le faucon *322*, le martinet *350*. Le record est détenu par la frégate qui fait *417* km à l'heure.

(D'après Frank Lane, *La Parade des Animaux*.)

209. Écrivez correctement les mots en italique.

La lune *tout* penchée sur le côté, *tout* pâle, paraissait défaillante (Maupassant). — La campagne *tout* entière apparut radieuse (E. Moselly). — *Même* les jours les plus ardents, je partais par le grand soleil (J.-J. Rousseau). — D'autres claies apparaissaient couvertes des *même* prunes, visitées par les *même* bourdonnantes abeilles (P. Loti). — *Quelque* roses trop ouvertes laissaient tomber leurs pétales (H. Bordeaux). — Eh bien, je l'ennoblis *quel que* soit sa race (Corneille). — *Quel que* soit votre emploi, où que vous logiez, ayez une planche à livres (E. Lavisse). — Il se proposait de fagoter à *quelque* douzaine de mètres de la lisière (L. Pergaud). — *Tout* les (*5*), elles étaient *revêtu* d'une *même* robe à carreaux *bleu et blanc* (H. Bosco). — Bien des actes nous apparaissent répréhensibles, odieux *même*, simplement parce que nous n'en pénétrons pas suffisamment les motifs (A. Gide).

L'INFINITIF

- **Les pierres parlent à ceux qui savent les *entendre*.**
- **On voit les fourrures lisses *luire* au soleil.**
- **A cette minute *luirent*[1] sur sa tête quelques étoiles.**

RÈGLE

L'infinitif est invariable.
Il ne faut pas confondre l'**infinitif** en **i . r** avec la **3ᵉ pers.** du **pluriel du passé simple** en **i . r . e . n . t.** Quand on peut mettre l'imparfait à la place du mot, il faut écrire la terminaison **i . r . e . n . t** du passé simple.

EXERCICES

210. Écrivez correctement les verbes en italique.

Parfois les hirondelles volaient si haut que l'œil s'éblouissait à les *suivr*... (A. Gide). — Les papillons se sauvaient par-dessus le mur; je me hissais jusqu'au faîte pour les *regard*... *fuir*... (P. Loti). — Il sembla explorer tous ces visages que nous formions dans l'ombre, les *mesur*..., les *reconnait*... (C. Plisnier). — Il regarde au-dessus de lui les raisins *pendr*... comme autant de vases d'albâtre emplis de nectar (Pesquidoux). — C'est plaisir de voir ces vieilles murailles *ouvri*... des yeux étonnés au milieu du lierre (V. Cherbuliez). — Les fleurs vont *éclor*..., l'insecte butine (G. Geoffroy). — Le vacarme de l'eau s'enflait jusqu'à les *étourdi*... (M. Genevoix). — Des nuages passent si vite qu'on a juste le temps de les *voi*... et de les *salue*... de loin (H. Bachelin). — Des années se passent, on devient vieux, on voit les amis *disparait*... (A. Theuriet).

211. Donnez aux verbes en italique la terminaison *ir(e)* ou *irent*. Justifiez la terminaison *irent* en écrivant l'imparfait entre parenthèses.

La panthère étendit violemment ses pattes comme pour les *dégourd*... (Balzac). — Les bourgeons des marronniers *gross*... en quelques jours (R. Vincent). — Il découvrit des escargots et se mit à les *recueill*... dans sa casquette (A. Lafon). — Des bêtes *jaill*... des buissons. Naoh reconnut qu'elles fuyaient un ennemi considérable (Rosny aîné). — Ses lèvres, comme un bouton de rose cueilli le matin, semblaient *langu*... et *souri*... (Chateaubriand). — Les astres du ciel *pâl*..., effacés par le jour qui montait (A. Daudet). — Des centaines de lapins pullulaient. Raboliot les voyait *bond*... par-dessus les touffes de breumaille (Genevoix).

---

1. Luire peut indifféremment faire au passé simple : *luisirent* ou *luirent*.

ACCORD DU VERBE

● Je m'arrête à chaque verbe et je pose la question : « *qui est-ce qui?* »

Sous les coups du mistral ou de la tramontane, la porte *saute*, les roseaux *crient*... (A. DAUDET.)
Le blé et l'orge *balançaient* leurs épis. (J. JAUBERT.)

RÈGLE

Le **verbe** s'accorde en **nombre** et en **personne** avec **son sujet**.
On trouve le sujet en posant la question **qui est-ce qui?**
Deux sujets singuliers valent un **sujet pluriel**.
— *Qui est-ce qui* **saute?** la porte, 3ᵉ pers. du sing. : *saute* (e).
— *Qui est-ce qui* **crient?** les roseaux, 3ᵉ pers. du plur. : *crient* (e. n. t).
— *Qui est-ce qui* **balançaient?** le blé et l'orge, 3ᵉ pers. du plur. : *balançaient* (e. n. t).

EXERCICES

212. Écrivez les verbes en italique au présent de l'indicatif.

Dans l'atmosphère rajeunie, un peuple d'oiseaux *siffler*, *chanter*, *gazouiller*, *crier* et des légions d'ailes *tourbillonner* et *planer* (F. DE CROISSET). — La forêt et la prairie *résonner* de mille chansons (B. DE SAINT-PIERRE). — Sur la piste monotone, la chaleur *sembler* augmenter. Mais des papillons me *distraire* (F. DE CROISSET). — Alors les sources *chanter*, les étangs *allumer* des petites flammes (A. DAUDET).

213. Mettez les verbes en italique à l'imparfait de l'indicatif.

Le vent *souffler* furieusement et de gros nuages *rouler* sous la lune (M. AUDOUX). — Un fruit des colonies, un oiseau de là-bas, un coquillage *devenir*, pour moi, tout de suite, des objets presque enchantés (P. LOTI). — L'herbe sombre et une double ligne d'arbres *indiquer* le cours de la rivière (M. ARLAND). — Au soleil couchant, le vacher et son chien *rassembler* leurs bêtes (LAVISSE). — La neige *tomber*. Les broussailles qu'elle *couvrir* peu à peu et la ligne sombre du bois *disparaître* derrière le rideau des flocons (L. HÉMON). — Delphine et Marinette *étudier* leur géographie dans le même livre (M. AYMÉ).

214. Relevez les sujets des verbes de l'exercice 213.

L'INVERSION DU SUJET

● Je m'arrête à chaque verbe. J'évite les pièges.

Cette campagne, où *abondaient* les friches, m'enchantait.
(E. HERRIOT.)

RÈGLE

Quelle que soit la construction de la phrase, **le verbe s'accorde toujours avec son sujet.**

EXERCICES

215. Écrivez les verbes en italique au présent de l'indicatif.
De la plaine *monter* l'odeur de l'humidité féconde et le chant du premier soleil (P. Méja). — Au loin, dans la nuit, *résonner* sur la neige les sabots d'un cheval, *tinter* un grelot (M. Colmont). — Puis *commencer* les chants. Du sillon l'alouette va montant et chantant (J. Michelet). — Les pierres du chemin que *broyer* les roues des chariots, les maigres buissons que *tourmenter* le vent et que *tondre* la dent avide des moutons, étaient plus heureux que lui (E. Moselly). — Je vais vous dire ce que me *rappeler* tous les ans le ciel agité de l'automne et les feuilles qui jaunissent (A. France).

216. Écrivez les verbes en italique à l'imparfait de l'indicatif.
Dans l'air transparent où *passer* de grandes lueurs, une légère teinte d'émeraude *souligner* les contours des crêtes (G. Gignoux). — L'attelage *s'avancer* dans une auréole que *traverser* les mouches (R. Bazin). — Le parquet disjoint *s'encombrer* de paniers où *sécher* les prunes (A. Cahuet). — La scène avait plus de solennité que n'en *mériter* les funérailles d'un chat (Th. Gautier). — J'aimais mon père d'une tendresse de plus en plus intense s'augmentant de l'admiration ébahie que m'*inspirer*, son ingéniosité et son adresse (Th. de Banville).

217. Mettez les verbes à l'imparfait. Relevez les sujets.
Autour du front uni et bas, comme l'*exiger* les lois de la beauté antique, *se masser* des cheveux d'un noir de jais (Th. Gautier). — Hors des pâtés de maisons basses *surgir* tout à coup quelque gratte-ciel insolent (H. Troyat). — Je découvris, sur un espace couvert où *s'attarder* des pans de neige, un peuple de petits crocus blancs (A. Gide). — Les enfants eux-mêmes *ramasser* l'herbe que *laisser* fuir les dents du râteau (M. Arland). — Un étroit jardin, où *fleurir* des lis, nous *séparer* de l'église et du cimetière (E. Herriot). — Le soleil *dorer*, *empourprer* et *allumer* les tulipes, et, tout autour *tourbillonner* les abeilles, étincelles de ces fleurs de flamme (V. Hugo).

74

LE SUJET « TU »

Présent	Imparfait	Passé simple	Futur simple
Tu chant**es**	Tu chant**ais**	Tu chant**as**	Tu chanter**as**
Tu fini**s**	Tu finiss**ais**	Tu fini**s**	Tu finir**as**
Tu entend**s**	Tu entend**ais**	Tu entend**is**	Tu entendr**as**

RÈGLE

A tous les temps, avec le sujet **tu**, le verbe se termine par **s**.
Exceptions : tu veux, tu peux, tu vaux.

EXERCICES

218. Mettez à la 2ᵉ pers. du sing. du présent et de l'imparfait.
plier   cueillir   atteindre   tenir   faire   pouvoir   croître.

219. Mettez les verbes au passé simple et au futur simple :
tu les (oublier)   tu leur (donner)   tu lui (écrire)   tu nous (conduire)
tu lui (prêter)   tu le (plaindre)   tu les (croire)   tu leur (répondre).

220. Écrivez comme il convient les verbes entre parenthèses.
Oh! les lilas surtout, vois comme ils grandissent! Leurs fleurs que
tu (baiser, *imparf.*) en passant, l'an dernier, tu ne les (respirer, *fut.*),
mai revenu, qu'en te haussant sur la pointe des pieds, et tu (devoir,
fut.) lever les mains pour abaisser leurs grappes vers ta bouche...
Et les violettes elles-mêmes, écloses par magie dans l'herbe, cette
nuit, les (reconnaître, *prés.*)-tu? Tu (se pencher, *prés.*), et comme
moi tu (s'étonner, *prés.*) : ne sont-elles pas, ce printemps-ci, plus
bleues? Non, non, tu (se tromper, *prés.*), l'an dernier, je les ai vues
moins obscures, d'un mauve azuré, ne (se souvenir, *prés.*)-tu pas?...
Tu (protester, *prés.*), tu (hocher, *prés.*) la tête... Regarde comme moi,
ressusciter et grandir devant toi les printemps de ton enfance...

(Colette, Les Vrilles de la Vigne, Ferenczi, édit.)

221. Mettez les verbes en italique au présent.
Surveille bien le passage des papillons rouges. Tu n'*avoir* qu'à
aller dessous l'arbousier. Tu *rester* un moment sans bouger. Tu *regarder* en l'air, tu *regarder* l'envers des feuilles. Alors, tu les *voir*;
ils sont rouges; mais ils ont aussi trois grosses taches noires. Ce ne
sont pas des taches, ce sont des bandes, tu *savoir*. Alors, voilà ce que
tu *faire* : d'abord, tu *rester* au plaisir de les regarder. Puis, tu *aller*
dans mon bureau, et, à droite de la bibliothèque, dans le coin, il y
a mon filet à papillons. Tu le *prendre*. Tu *revenir* dessous l'arbousier.
Tu *choisir* avec l'œil un rameau où ils sont trois ou quatre à dormir
sous l'envers des feuilles. Quatre, pas plus. Les autres, il faut les
laisser. Tu *remonter* doucement ton filet et puis tu les *prendre*.

(J. Giono, L'Eau vive, Gallimard, édit.)

LE SUJET « ON »

● *On (o. n)* veut le *verbe* à la *3ᵉ* personne du *singulier.*

On ne *fauche* **bien que le matin.**   (J. Cressot.)
Devant le grand feu, *on oubliait* **le froid.**(G. Droz.)

RÈGLE

On (o.n) peut se remplacer par **l'homme,** c'est un pronom indéfini, masculin, **singulier,** toujours **sujet** du verbe.

REMARQUE

● L'adjectif qualificatif et le participe passé qui se rapportent à *on,* sont généralement au masculin singulier.
On était devenu des cocons, des chrysalides. (P. LOTI.)

● Toutefois, si on désigne d'une manière précise une femme ou plusieurs personnes, l'adjectif qualificatif et le participe passé peuvent être au féminin ou au pluriel[1].
On dort entassés dans une niche de terre battue. (P. LOTI.)

EXERCICES

222. Mettez les verbes au présent et à l'imparfait de l'indicatif.
On oublie, l'homme oublie. — On oubliait, l'homme oubliait.

on *étudier*	on me *peser*	on leur *fournir*	on les *éclairer*
on *pâlir*	on lui *écrire*	on leur *parler*	on les *réussir*

223. Mettez les verbes en italique à l'imparfait de l'indicatif.

On *cheminer* le long des allées, on *se pencher* sur les châssis, on *ramasser* une prune, on *admirer* le velours pointillé d'une scabieuse nouvelle (J. Cressot). — On ne *voir* pas la mer, on l'*entendre*; on la *sentir* (G. Flaubert). — La digestion faite et la sueur essuyée, on *entrer* dans l'eau jusqu'à mi-jambes et l'on *poursuivre* sous les pierres bleues des petits poissons qu'on n'*attraper* pas (J. Vallès). — Enfin, on *s'éveiller*, on *s'étirer* en prenant des poses. Puis, tout à coup, on *commencer* des courses folles, très légères; à deux mains, on *tenir* les coins de son tablier qu'on *agiter* tout le temps en manière d'ailes (P. Loti).

224. Écrivez *tomber, partir, venir, aller, arriver* **à la 3ᵉ personne du singulier du plus-que-parfait. On emploiera successivement** *il, elle, on.*

225. Analyser cinq *on* **de l'exercice 223.**

1. Il est préférable d'éviter ces tournures.

LE SUJET « QUI »

- Je regardais mon grand-père faire sa barbe, c'est *moi qui* commenç*ais* à faire mousser le savon. (GIRARDIN.)
- Il faut endurer tous les heurts sur nos *bêtes* infatigables *qui* but*ent* à chaque pas. (P. LOTI.)

RÈGLE

Le pronom relatif **qui** est de la **même personne** que son **antécédent**. Lorsque le sujet du verbe est **qui**, il faut donc chercher son **antécédent**.
L'antécédent de **qui** est **moi**, 1ʳᵉ pers. du sing., donc commençais **(a.i.s)**.
L'antécédent de **qui** est **bêtes**, 3ᵉ pers. du plur., donc butent **(e.n.t)**.

REMARQUE

● *Qui* peut être aussi **complément**, il est alors précédé d'une préposition : *à, de, pour, après, avec...*
L'homme à qui nous avons affaire n'est pas des plus fins de ce monde. (MOLIÈRE.)

EXERCICES

226. Conjuguez au présent et au passé composé :
C'est lui qui *crier*, c'est lui qui *servir*, c'est lui qui *se cacher*.

227. Mettez les verbes en italique au présent de l'indicatif.
Je t'adore, Soleil, Toi qui *sécher* les pleurs des moindres graminées (E. ROSTAND). — Il faut recommencer une jolie grimpade au milieu du fracas des pierres qui *s'écraser*, *se désagréger* et *rouler* (P. LOTI). — Étoile qui *descendre* sur la verte colline... Où t'en vas-tu dans cette nuit immense? (A. DE MUSSET). — Alors, maman, tu travailles pour l'humanité, toi qui *préparer* un homme (C.-L. PHILIPPE). — Viens, toi qui l'*ignorer*, viens que je te dise tout bas : le parfum du bois de mon pays égale la fraise et la rose (COLETTE).

228. Mettez les verbes en italique à l'imparfait de l'indicatif.
Mon grand-père avait trois chats qu'il *aimer* et qui l'*aimer* aussi pas mal (P. ARÈNE). — A ceux qui ne *connaître* pas le perroquet, elle en *faire* la description (FLAUBERT). — O vieil ouvrier, comme tu étais riche et enviable, toi qui n'*aspirer* qu'à une chose, bien faire ce que tu faisais (DUHAMEL).

229. Analysez les pronoms relatifs et les antécédents du nᵒ 228.

ACCORDS PARTICULIERS

1. Quand un verbe a plusieurs sujets résumés dans un **seul mot** comme **tout, rien, ce,** etc., c'est avec ce mot qu'il s'accorde.

La haie, les ormes, les clôtures, tout *semblait* mort, tué par le froid.
(G. DE MAUPASSANT.)

2. Quand un verbe a **deux sujets singuliers** unis par **ou** ou par **ni,** il se met au **pluriel** à moins que l'action ne puisse être attribuée qu'à un seul sujet.

Ni le docteur ni Thérèse ne *rient* de ma plaisanterie.   (A. FRANCE.)
Le maître attend que le soir qui tombe ou le jour qui blanchit les carreaux lui *emporte* son mal ou sa vie.   (A. DAUDET.)

3. Quand un verbe a pour sujet un **collectif** suivi d'un complément, il peut s'accorder, selon le sens, avec le collectif ou avec le complément.

Une armée de servantes, de marmitons *se démenaient*.   (E. MOSELLY.)
Une armée de marmites et de casseroles *reposait* sur un lit de braise.
(E. MOSELLY.)

4. Quand les sujets d'un verbe forment une **gradation,** c'est avec **le dernier** que le verbe s'accorde.

Un seul mot, un soupir, un coup d'œil nous *trahit*.   (VOLTAIRE.)

5. Quand plusieurs sujets singuliers représentent **un seul être** ou **un seul objet,** le verbe reste au singulier.

Comme chaque matin, une mince colonne lilas, une tige de lumière, debout, *divise* l'obscurité de la chambre.   (COLETTE.)

6. Quand le sujet d'un verbe est un adverbe de quantité comme **beaucoup, peu, combien, assez,** etc., le verbe se met au pluriel.

Beaucoup en *ont* parlé, mais peu l'*ont* bien connue.   (VOLTAIRE.)

7. Quand le sujet comprend la locution **le peu de,** le verbe est indifféremment singulier ou pluriel.

Le peu de cheveux qui reste *grisonne* allégrement.   (G. DUHAMEL.)
Le peu de matelots qui *restaient essayèrent* d'implorer la pitié des révoltés.
(MÉRIMÉE.)

Voir l'arrêté du 26 février 1901 à la fin du livre.

REMARQUES

● Une **gradation** est une figure dans laquelle les mots ou les idées forment une progression ascendante ou descendante.

Les sujets singuliers disposés en **gradation** ne s'ajoutent pas, ils se fondent dans une seule idée, **l'accord** se fait avec le **dernier sujet.**

Crainte, souci, même le plus léger émoi **s'évaporait** *dans son sourire.*   (A. GIDE.)

● Au contraire, plusieurs sujets singuliers ne formant pas gradation s'ajoutent et veulent le verbe au pluriel.

La pluie, le vent, l'orage **chantent** *à leurs oreilles les enseignements sacrés.*   (J. GIONO.)

EXERCICES

230. Écrivez les verbes en italique au présent de l'indicatif.

Le vent, la pluie, un écho de pas *effrayer* le jeune levraut. — Le grincement d'une serrure, le craquement d'un meuble, tout le *tourmenter.* — Les difficultés et les échecs, rien ne *rebuter* le savant. — Faire de longues ascensions, vivre sous la tente, voilà qui *fortifier.* — La bourrasque ou la pluie *détériorer* les récoltes. — Ouvriers et apprentis, personne ne *flâner*, tous *travailler* avec ardeur. — Ma mère ou ma sœur *raccommoder* le corsage déchiré. — Beaucoup *parler* peu *réfléchir.* — Un lièvre ou un garenne *filer* devant le chien. — La plupart des habitants *travailler* à l'usine.

231. Écrivez les verbes en italique à l'imparfait.

Ni le blé ni la vigne ne *pousser* dans cette région. — Une bonne parole ou un sourire le *réconforter.* — Ni Jacques ni Jean-Paul n'*être* au lycée, ce jour-là. — Ni Jacques ni Jean-Paul ne *recevoir* le premier prix. — La fermière ou la servante *tourner*, à ce moment, l'écrémeuse. — La mer ou la montagne lui *plaire* pour passer ses vacances, *convenir* à sa santé. — Mon frère, cet intrépide, cet audacieux, *escalader* les rochers. — Paris, ma bonne ville, *sembler* m'accueillir.

232. Écrivez les verbes en italique au présent de l'indicatif.

Un vol de corbeaux *glisser*, rasant la cime des arbres (R. BAZIN). — Il faut crier pour s'entendre, il y en a qui *commencer* à avoir peur (A. DAUDET). — Sa perte ou son salut *dépendre* de sa réponse (RACINE). — Un peuple d'oiseaux *siffler, chanter, gazouiller, crier* (F. DE CROISSET). — Le temps ou la mort *être* nos remèdes (J.-J. ROUSSEAU). — Une troupe de canards sauvages, tous rangés à la file, *traverser* en silence un ciel mélancolique (CHATEAUBRIAND). — Ni ce breuvage, ni la tempête qui gronde en son cœur ne l'*aider* à voir plus clair en lui (J. WEYGAND). — La chaleur, le ronronnement sourd des paroles, le pétillement de la flambée, tout *concourir* à créer une atmosphère de bonheur (F. ROCHER).

« LE, LA, LES, L' » DEVANT LE VERBE

● Je m'arrête à chaque verbe, j'évite les pièges.

Leur mère *les gouvernait* par la douceur. (Balzac.)
L'air *le grisait*, les fleurs *l'attendrissaient*.

(C. Wagner.)

RÈGLE

Quels que soient les mots qui le précèdent, **le verbe s'accorde toujours avec son sujet.**

REMARQUES

● *Le, la, les, l'* placés devant le **nom** sont des **articles**.
● *Le, la, les, l'* placés devant le **verbe** sont des **pronoms personnels, compléments directs d'objet** du verbe.
● Toutefois *le, la, les, l'* placés devant un verbe suivi d'un infinitif peuvent être sujets de l'infinitif et former avec lui une proposition infinitive complément.
Le soleil se lève. On le *voit* s'annoncer *de loin.*   (J.-J. Rousseau.)
On le *voit* s'annoncer = *on voit* le s'annoncer.

EXERCICES

233. Mettez les verbes en italique au présent de l'indicatif.

La verdure a pris, durant la nuit, une vigueur nouvelle; le jour naissant qui l'*éclairer*, les premiers rayons qui la *dorer*, la *montrer* couverte d'un brillant réseau de rosée (J.-J. Rousseau). — Les insectes et les fleurs m'émerveillent davantage à mesure que je les *observer* (A. France). — Je ne sais pas très bien amuser les enfants, je les *regarder*, je les *écouter*, je les *aimer*, mais je ne sais guère inventer les choses qui les *amuser* (Duhamel). — Ma présence et la lumière l'*étonner* (J. Renard). — La poule écarte les doigts et les *poser* avec précaution (J. Renard).

234. Mettez les verbes en italique à l'imparfait de l'indicatif.

Les limites imprécises de mon domaine, le *rendre* illimité (J. Guéhenno). — Le bois se débarrassait de la neige qui l'*alourdir*, les grosses branches la *rejeter* d'un seul coup (M. Audoux). — La mère soignait ses petits, les *regarder* manger, les *faire* boire (G. Beaume). — Les enfants l'*adorer*; lui ne les *aimer* pas (Stendhal). — Ses yeux étaient brouillés et brûlaient ses paupières quand il les *abaisser* (G. Arnaud).

235. Analysez *le, la, les, l'*, pronoms personnels dans l'exercice 233.

236. Relevez les propositions infinitives dans l'exercice 234.

« LEUR » PLACÉ PRÈS DU VERBE

- Devant la porte basse, des poules assemblées dévoraient le grain que *leur* jetait une vieille servante.   (C. Géniaux.)
- Les oiseaux s'enlèvent avec *leur proie* au bec et battent l'air de *leurs ailes frénétiques*.
                                                   (A. Daudet.)

RÈGLE

Leur placé près du verbe, quand il est le pluriel de **lui,** est un pronom personnel complément et s'écrit toujours **l.e.u.r.**
Ne confondons pas **leur** pronom personnel avec **leur** adjectif possessif qui prend une **s** quand il se rapporte à un nom pluriel.

REMARQUES

● *Leur, pronom,* peut-être :
a) Complément indirect d'objet :
Paul aime ses parents et **leur** *obéit.*

b) Complément d'attribution :
Le maître parle aux élèves et **leur** *donne des conseils.*

● Un verbe ne peut avoir de complément d'attribution que s'il a déjà un complément d'objet (attribution de l'objet).

EXERCICES

237. Mettez *leur* ou *leurs*. Accordez les mots en italique s'il y a lieu.

La sueur, mêlée au ciment, dessinait sur ... *peau* un canevas de rigoles dures. ... *trait* étaient creux, ... *yeux* fixes. ... *respiration* soulevait avec peine ... *côte tranchante* (G. Arnaud). — La pluie, le vent, l'orage chantent à ... *oreille* les enseignements sacrés. La montagne ... apprend à respirer. L'arbre ... fait connaître la façon d'être debout, immobile dans le désert de la terre, l'herbe ... donne des lits, les fleurs, les oiseaux (J. Giono). — Les bœufs irrités creusaient la terre de ... *large pied fourchu* (G. Sand). — L'eau ... coulait dans le cou, perçait ... *vêtement,* ruisselait sur ... *chair* (Richepin).

238. Même exercice que 237.

Légaré, Esdras et le père Chapdelaine fauchaient. Les mouches les harcelaient de ... *piqûre.* Le soleil ardent ... brûlait la nuque et les gouttes de sueur ... brûlaient les yeux. Trois ou quatre fois par jour, Maria ... apportait un seau d'eau (L. Hémon). — Des massifs de pins argentés découpaient sur les gazons ... *silhouette grêle* (A. Theuriet). — ... *mère* ne ... cachait rien, ... expliquait tout (Balzac).

239. Analysez *leur* et *leurs* contenus dans l'exercice 238.

ON – ON N'

- *On* apprend d'abord à boire du lait. *On n'*apprend que plus tard à respirer des fleurs.   (A. France.)
- *Il* apprend d'abord à boire du lait. *Il n'*apprend que plus tard à respirer des fleurs.

RÈGLE

Le sens indique s'il faut mettre la négation.
De plus, quand le sujet d'un verbe commençant par une **voyelle** est le pronom indéfini *on*, **il faut remplacer** *on* par *il* pour savoir si l'on doit écrire la négation *n'*.

EXERCICES

240. Remplacez les points par *il* **et par la négation** *n'*, **s'il y a lieu, puis récrivez la même phrase en remplaçant** *il* **par** *on*.

... entend la sirène du bateau qu' ... aperçoit à peine dans la brume. — ... arrivera avant la nuit si ... a pas été retardé par le mauvais temps. — ... approchait qu'à tâtons, ... avançait lentement. — ... oublie pas les bonnes vacances, l'hiver ... évoque les beaux souvenirs. — ... a guère envie de sortir de chez soi quand ... entend la pluie battre les vitres. — ... éprouve aucun plaisir quand ... a pas fait son devoir. — ... a appelé plusieurs fois mais ... a pas répondu. — Tout sera fourni, ... emporte ni draps ni couvertures.

241. Remplacez les points par *on* **ou** *on n'*.

... est à l'heure exquise des espoirs sans fatigue, ... a plus peur des gelées retardataires (J. Richepin). — Par économie, ... allumait pour la maison entière qu'un seul feu (A. Daudet). — Qu'... imagine un malheureux enfant qui, tous les jours de l'année, pour le jeu comme pour l'étude, porte une espèce de cuirasse blanche (A. Gide). — Ce jardin qu'... entretenait guère, renfermait des surprises (P. Loti). — ... entendait plus rien que le frémissement des feuillages et l'appel éperdu de la nuit (A. Gide). — La rue est faite pour qu'... y passe et non pour qu'... y joue (G. Duhamel). — ... a plaisir à suivre chaque matin ce sentier étroit et sinueux (A. France). — Quand ... était trop fatigué d'être assis, ... allait se promener dans les cours ou jouer une partie de bouchon (G. Flaubert). — Depuis longtemps déjà, ... aperçoit la grande ligne des flots gris (Maupassant). — C'était une nuit d'été comme ... en voit qu'au-dessus des petites villes (H. Bachelin). — ... en finirait pas, si l'on voulait tout dire (G. Droz).

242. Avec chaque verbe, construisez une phrase avec *on*, **puis avec** *on n'* :

attendre, entamer, écouter, arriver, hésiter, éprouver.

EXERCICES DE REVISION

243. Écrivez les verbes aux temps indiqués.

La voie ferrée et la route nationale (se côtoyer, *imparf.*) sur une grande distance (L. Massé). — Une paire de petits yeux bleu clair et un menton carré (annoncer, *imparf.*) une volonté inébranlable (E. About). — J'y restais presque tout le jour dans cette espèce de stupeur et d'accablement délicieux que (donner, *prés.*) la contemplation de la mer (A. Daudet). — Des collines (descendre, *imparf.*) le chant fragile du rossignol (R. Rolland). — Tout en haut, entre les arbres, (briller, *prés.*) un peu de ciel bleu (Taine). — Du sein de la forêt (s'échapper, *prés.*) de doux murmures et (s'exhaler, *prés.*) mille parfums (B. de Saint-Pierre).

244. Mettez les verbes aux temps indiqués.

La leçon se poursuivait dans un ronronnement assoupi que (troubler, *imparf.*) parfois la chute et le roulement d'une bille (G. Duhamel). — Je (prendre, *imparf.*) l'un des petits, visage contre visage, je revenais devant la glace et je disais tout haut : « Maintenant, c'est toi qui (avoir, *prés.*) des joues fraîches, c'est toi qui (être, *prés.*) rose ! » (Claire Sainte-Solline). — Superbe soleil de midi, tu nous (brunir, *prés.*) la face, tu (mûrir, *prés.*) la moisson, tu (être, *prés.*) le père de la vie (J.-H. Fabre). — Les rossignols, qui (abonder, *prés.*) par ici, (devoir, *prés.*), chaque soir, accorder leurs petites voix de cristal (P. Loti).

245. Mettez les verbes aux temps indiqués.

Les sabots retentiront sur le pavé, nous autres paresseux qui les (entendre, *fut.*), nous nous pelotonnerons dans notre lit (A. Theuriet). — Le bidet, la carriole, la laitière et les pots de lait, tout (culbuter, *prés.*) (A. France). — Une marmotte grasse, flanquée de perdrix blanches et de coqs de bruyère, (tourner, *imparf.*) sur une longue broche devant le feu (V. Hugo). — A travers les rochers, la peur les (précipiter, *prés.*) (Racine). — Jean levait les bras et les (étendre, *imparf.*) comme pour embrasser l'étendue. Les paysans l'(aimer, *imparf.*), ils le (reconnaître, *imparf.*) de loin à sa taille élancée (R. Bazin).

246. Écrivez comme il convient les mots entre parenthèses.

Jean le Bleu coupe les liens. Léonard les (tordre, *prés.*). Mille les (porter, *prés.*) aux femmes (J. Giono). — Ses bras desséchés ne remplissent plus le bracelet de pierreries qui les (entourer, *prés.*) (Mme de Staël). — Toutes les plantes fourragères unissent *(leur forme)* et *(leur teinte)* (A. Theuriet). — Les insectes commencent dans les galeries *(leur existence active et cruelle)* (M. Tinayre). — On entendait crier les volailles que la servante poursuivait pour *(leur)* couper le cou (G. Flaubert). — Le vent tordait les hêtraies et *(leur)* arrachait des gémissements (E. Moselly).

247. Écrivez comme il convient les verbes en italique.

Les moutons eux-mêmes ressemblaient à de la neige. J'étais obligée de faire attention pour ne pas les *perd...* de vue. Je réussis à les *rassembl...* (M. Audoux). — On trouve des fraises dans ces bois, mais il faut savoir les *cherch...* (A. France). — Les brises s'assemblaient aussi au fond des creux où l'on croyait les *entend...* chuchoter, rire (Escholier).

248. Mettez les verbes en italique au présent de l'indicatif.

Ensemble, ils *cueillir* en pleine fournaise un des cercles incandescents, l'*apporter* au-dessus de la roue et le *placer* exactement sur le pourtour (Martin du Gard). — Un dégoût, une tristesse l'*envahir* (G. Flaubert). — Son regard et le son de sa voix *sembler* plutôt angéliques qu'humains (A. Gide). — On entend distinctement, dans le silence du soir, le bruit sourd des lames que *traverser* le cri mélancolique du cormoran (A. France). — Seul, le ciel où *s'allumer* les premières étoiles a sur nos têtes une douceur charmante (A. France). — L'ornière des chariots *creuser* et *bouleverser* les dallages (V. Hugo).

249. Mettez les verbes en italique à l'imparfait de l'indicatif.

Toute une bohème de papillons *s'abattre* dans les achillées (V. Hugo). — Tout ce miroitement, tout ce cliquetis de lumières me *donner* un moment le vertige (A. Daudet). — Rien de triste ou d'attendrissant n'*amollir* ce regard pâle (G. Flaubert). — Tout un peuple de serviteurs, d'hommes loués au mois *aller, venir* (Mistral). — Venez ici que je vous lise. On *s'approcher*, on *s'apprêter*, on *faire* silence (Van der Meersch). — Ces différences que d'autres n'auraient pas aperçues me *frapper*, me *charmer* beaucoup, moi qui *perdre* mon temps à observer les plus infinies petites choses de la nature (P. Loti). — Au-dessus de la cheminée *se croiser* deux vieux fusils (H. de Régnier). — Les bestiaux *commencer* à rentrer, une majestueuse procession de vaches *se diriger* vers l'abreuvoir (Musset). — Que ses amis le méconnussent le *remplir* d'amertume (R. Rolland).

250. Mettez les verbes aux temps indiqués.

Rêve, rêve, pauvre homme, ce n'est pas moi qui t'en (empêcher, *fut.*) (A. Daudet). — Le vent frais, l'air subtil, le ciel riant m'(emplir, *pas. simpl.*) de gaieté et d'oubli (A. France). — Lorsque je voyais tout ce blé, j'avais comme un petit mouvement de fierté en songeant : c'est moi qui (faire, *pas. comp.*) cela (F. Le Roy). — Cet homme tombé du ciel, ce vagabond, ce coureur de routes n'(avoir, *pas. comp.*) qu'à se présenter chez lui, et Karel lui ouvre sa porte (M. Colmont). — Ni l'un ni l'autre n'(répondre, *p.-que-parf.*) à son salut (R. Bazin). — Le maire avec ses deux fils, ses clients et les gendarmes (se présenter, *pas. simpl.*) devant moi (Mérimée). — Un long triangle de canards (voler, *prés.*) très bas comme s'ils (vouloir, *imparf.*) prendre terre ; mais tout à coup la cabane où le caleil est allumé les (éloigner, *prés.*) (A. Daudet).

LE PARTICIPE PASSÉ
EMPLOYÉ AVEC ÊTRE

- La rue Marcadet à son tour est *franchie.*

  (J. ROMAINS.)

- Nous étions *mouillés,* nous avions faim.

  (A. DAUDET.)

- Les prés, au bord de l'eau, sont *séparés* par des haies épaisses.

  (G. DUHAMEL.)

RÈGLE

Le participe passé employé avec l'auxiliaire **être s'accorde** en **genre** et en **nombre** avec le **sujet** du verbe.

qui est-ce qui **est** franchie? **la rue,** f. sing., donc *franchie* (**i.e**)

qui est-ce qui **étions** mouillés? **Nous,** m. pl., donc *mouillés* (**é.s**)

qui est-ce qui **sont** séparés? **les prés,** m. pl. donc *séparés* (**é.s**).

Si ***nous*** est féminin, il faut écrire *mouillées (**é.e.s**).*

REMARQUES

1. Lorsqu'une expression est formée de *avoir* et de « *été* », c'est du verbe *être* qu'il s'agit. Dans ce cas, le participe passé s'accorde avec le sujet.

La glissade avait été particulièrement soignée.   (L. PERGAUD.)

2. Le participe passé des verbes qui se conjuguent toujours avec être comme *tomber, arriver, partir,* et le participe passé des verbes passifs comme *être aimé, être fini,* forment avec être un temps de ces verbes

L'auxiliaire et le participe passé ne doivent pas être séparés dans l'analyse.

*Tout à coup le tonnerre a grondé, la pluie **est tombée**.*   (J. VALLÈS.)

*Les quais **étaient envahis** d'une foule affairée.*   (A. DAUDET.)

est tombée : passé composé du verbe *tomber;*

étaient envahis : imparfait du verbe passif *être envahi.*

3. En revanche, lorsqu'un participe passé employé accidentellement avec être ne forme pas avec cet auxiliaire une tournure passive, le participe passé s'analyse seul. Il est attribut du sujet.

*Sur les murs de ma cour, les rosiers blancs étaient **fleuris**.*   (P. LOTI.)

fleuris : attribut de rosiers blancs.

La distinction est possible quand le participe passé est suivi d'un complément car on peut rendre à la phrase le tour actif.

*·Les quais **étaient envahis** d'une foule affairée.*

*Une foule affairée **envahissait** les quais.*

EXERCICES

251. Conjuguez aux temps indiqués :

passé composé	passé simple	futur simple	p.-que-parfait
partir à l'heure	être oublié	être saisi	être craint
aller aux champs	être habillé	être meurtri	être battu

252. Accordez les participes passés des verbes en italique.
Nous sommes *choyer* par nos parents. — Les arbres étaient *dépouiller*, les rivières étaient *geler*, la terre était *durcir*. — La prairie est *attaquer* par les faneurs; les foins sont *couper*, *étaler*, *retourner*; dans quelques jours ils seront *entasser*, puis *charger* dans les charrettes et *engranger*. — Les citernes ont été *vider* afin d'être *nettoyer*. — Les galettes ont été *réussir*, elles ont été *déguster* par les invités. — Nous sommes *partir* à l'heure, nous sommes *arriver* à temps à la gare. — Les bœufs avaient été *conduire* au labour, ils étaient *envelopper* de mouches. — La campagne était *ensevelir* sous la neige, les maisons étaient *encapuchonner* de blanc. — Les pétales de la rose sont *tomber*.

253. Accordez les participes passés en italique.
A l'arrivée, nous étions *attendu* sur la route, au pont de la rivière, par nos cousins (P. Loti). — Nous n'avons pas été *créé* pour le bureau, pour l'usine, pour le métro, pour l'autobus (J. Giono). — D'un seul coup, nous fûmes *soulevé*, *entrainé*, *roulé*. (G. Duhamel). — Les faux avaient été *aiguisé* longtemps à l'avance (L. Hémon). — Il y avait de la soupe d'épeautre. Elle était très bien *fait*, les grains ayant été soigneusement *trié* et *froissé* (J. Giono). — En un instant les promeneurs furent *enveloppé* par l'ouragan, *affolé* par les éclairs, *assourdi* par le tonnerre, *trempé* des pieds à la tête (R. Rolland).

254. Accordez les participes passés en italique.
Il faisait beau temps et déjà les vendanges étaient *commencé* (A. Theuriet). — Les appuis des balcons furent bientôt *garni* d'un long cordon de têtes noires (A. Theuriet). — Les pierres ont été tellement *écorné*, *usé*, *morcelé* par le temps, qu'elles sont entièrement *disjoint* (Lamartine). — Les haricots et les pois étaient *rasé* au pied, les salades *tranché*, *haché*. Les menues branches, les fruits étaient *coupé* comme avec des couteaux. La récolte était *perdu* (É. Zola). — Les gabiers étaient *aveuglé*, *cinglé*, *brûlé* par les gerbes d'écume *lancé* par la mer (P. Loti). — Toutes les pommes aigres sont *cueilli*, toutes les noisettes *cassé*, (J. Renard). — Nous sommes *arrivé* en nage chez Céleste (A. Camus).

255. Accordez les participes passés en italique.
Dans ce quartier, toutes les portes étaient *fermé* et les persiennes *clos* (A. Camus). — Les raisins musqués étaient *dévoré* par des légions de mouches ou d'abeilles (P. Loti). — Nous sommes *environné* d'hirondelles (T. Derème). — Nous nous assimes au pied d'un châtaignier et là nous fûmes *attaqué* par les canards (P. Loti). — Une belle alouette huppée était *arrivé* d'un vol au bord de la mare (Fabre). — Les groseilles sont *pressé* et le jus se met à bouillir dans les bassines (G. Franay). — L'été, incendiait la plaine. Tout était *brûlé* (P. Neveux).

256. Dans le n° 255 analysez les participes passés et les auxiliaires s'il y a lieu.

LE PARTICIPE PASSÉ EMPLOYÉ AVEC AVOIR

- **Nous *avons rêvé* de pays inconnus.** (M. HERZOG.)
- **Des campanules mauves, des aigremoines jaunes *ont jailli* en fusée.** (COLETTE.)

RÈGLE

Le verbe **avoir** n'est pas attributif.
Le participe passé employé avec l'auxiliaire avoir ne s'accorde jamais avec le sujet du verbe.

EXERCICES

257. Conjuguez *être caché* au présent et à l'imparfait, *cacher* au passé composé et au plus-que-parfait.

258. Écrivez correctement les participes passés en italique.

nous avons *décidé*	vous avez *perdu*	ils avaient *obéi*
n. avons été *décidé*	v. avez été *perdu*	ils avaient été *obéi*
n. sommes *décidé*	v. êtes *perdu*	ils étaient *obéi*
n. aurons *guéri*	n. serons *guéri*	n. aurons été *guéri*

259. Écrivez correctement les verbes en italique.

Nous avions *laisser* au-dessous de nous les hêtres et les sapins (A. DUMAS). — Les araignées, de motte en motte, avaient déjà *tendre* de fins cheveux de lumière (G. DUHAMEL). — La brise avait encore *fraichir*; le premier, Sturmer frissonna (G. ARNAUD). — La fleur du genêt avait *éclater* (R. BAZIN). — Les biches avaient *bondir* et *disparaitre* dans le taillis. Les pies ont *finir* de jacasser. Les hirondelles et les martinets ont *conclure* la trêve de la chaleur (H. DUCLOS). — Les cerisiers avaient *fleurir* dans la même semaine (R. BAZIN). — Les pluies avaient *grossir* la petite rivière (M. AUDOUX).

260. Même exercice que 259.

Nous avons *grandir*, nous avons *vieillir*, nous tenant par la main et par le cœur (VEUILLOT). — La mûre a *disparaitre* des ronces agressives (J. RENARD). — Nous avons *parcourir* les hautes montagnes des Alpes en rêvant de montagnes plus hautes encore (M. HERZOG). — La nuit a *égrener* ses secondes une à une (G. ARNAUD). — La pluie a *tisser* un voile d'argent entre le ciel et la terre (M. TINAYRE). — Nous avons *trouver* de la paille fraiche sur quoi nous avons tous *coucher* (MME DE SÉVIGNÉ). — Les pêcheurs avaient tous *veiller* et *attraper* plus de mille morues (P. LOTI). — Les prés avaient *reverdir*, les bourgeons avaient *pousser* (A. THEURIET).

LE PARTICIPE PASSÉ EMPLOYÉ AVEC AVOIR

- **Les feuilles avaient *jauni,* je ne sais quelle impression hâtive d'automne était dans l'air.**
  (P. Loti.)

- **La vieille avait *décroché* la marmite de sa crémaillère et l'avait *posée* par terre.** (F. Mistral.)

- **Les oiseaux qu'on a *connus* dans l'enfance répètent les mêmes appels familiers.** (A. Theuriet.)

- **On nous a *entendus,* la porte s'ouvre.** (G. Droz.)

RÈGLE

Le participe passé employé avec l'auxiliaire **avoir** ne s'accorde jamais avec le sujet du verbe, **mais il s'accorde en genre et en nombre avec le complément direct d'objet quand celui-ci est placé avant le participe.**

Il faut poser la question **qui?** ou **quoi?** pour trouver le complément direct d'objet.

Les feuilles avaient *jauni* **qui? quoi?** Pas de complément direct d'objet → **pas d'accord.**

La vieille avait *décroché* **quoi?** la **marmite,** complément direct d'objet placé **après** le participe → **pas d'accord.**

La vieille avait *posé(e)* **quoi?** l' (**la marmite**), complément direct d'objet, placé **avant** le participe → **accord,** *marmite* fém. sing., donc *posée* (**é.e**).

On a *connu(s)* **quoi? que** (les oiseaux), complément direct d'objet placé **avant** le participe passé → **accord,** *oiseaux,* masc. plur., donc *connus* (**u.s**).

On a *entendu(s)* **qui? nous,** complément direct d'objet placé **avant** le participe → **accord,** *nous,* masculin pluriel donc *entendus* (**u.s**).

REMARQUE

- Lorsqu'il y a accord du participe passé employé avec avoir avec le complément direct d'objet, ce complément se présente presque toujours sous la forme d'un pronom personnel : **le, la, les, l', nous, vous,** etc, ou du pronom relatif **que.**

Pourtant dans une proposition interrogative ou exclamative, le complément direct d'objet peut être un nom. *Quelles* **personnes** *avez-vous rencontrées?*

EXERCICES

261. Accordez les participes passés des verbes en italique.
Les gelées ont *griller* les dernières feuilles. — Les arbres que les
oiseaux ont *piller* ployaient sous le poids des fruits. — Les enfants
que nous avons *diriger* ont *suivre* nos conseils. — Nous avons
escalader des pentes escarpées. — Nous avons *courir*, nous avons
sauter, nous avons *chanter*, nous avons *passer* une bonne journée.
— Les musées qu'ils avaient *visiter* contenaient des tableaux de
grande valeur. — Elles ont *rapporter* de la campagne des brassées de
fleurs. — Je vous rends les documents que vous m'aviez *prêter*.

262. Accordez les participes passés des verbes en italique.
Des cris ont *retentir*, qui nous ont *effrayer*. — Nous avons *déguster* la galette que grand-mère nous avait *apporter*. — Nos camarades
nous ont *appeler*, nous leur avons *répondre*. — Cette lettre nous a
rassurer, elle nous a *donner* un grand réconfort. — Les hirondelles
nous ont *annoncer* le printemps. — Les explorateurs nous ont *rela-
ter* leurs voyages. — Malgré le mauvais temps, ils nous avaient *attendre*. — Nous avons *suivre* un sentier qui nous a *ramener* au village.
— Du haut de la montagne, nous avons *découvrir* un panorama qui
nous a *émerveiller*. — Les passereaux qui nous avaient *égayer*
tout l'été, ont *fuir* dès les premiers froids.

263. Accordez les participes passés des verbes en italique.
Nos voisins nous ont *aider*, nous les avons *remercier*. — Ces livres
nous avaient *plaire*, nous les avons *relire* avec plaisir. — Le fermier a *retourner* ses champs et les a *ensemencer*. — Les roses que
nous avons *cueillir*, nous les avons *disposer* dans les vases. — Nous
avions *emprunter* une certaine somme, nous l'avons *rendre* à la
date fixée. — La tempête avait *jeter* les barques à la côte et les
avait *briser* contre les rochers. — J'ai *accompagner* ma sœur à la
gare et je l'ai *quitter* au départ du train. — Tu as *dételer* les chevaux
et tu les as *conduire* à l'abreuvoir.

264. Écrivez correctement les participes passés en italique.
Je les ai *célébré* dans un livre cent fois, ces vieux chemins (Fabre). —
C'est toi, forêt aromatique, que ce matin, et pour y respirer jusqu'au
soir, j'ai *choisi* (A. Gide). — Sur les sentiers que nous avons *suivi*,
il y a quelques semaines, dans ces vallées profondes que nous avons
parcouru, une étrange procession s'étire lentement (M. Herzog). —
Ils étaient cinq bouvreuils! Et je les ai *sauvé*! j'ai *sauvé* ces cinq
oiseaux (G. Chérau). — Il ne lui restait aucune trace des jolies couleurs
qu'elle se vantait d'avoir *eu* (Balzac). — Mon frère allait nous revenir,
ce serait bientôt comme s'il ne nous avait jamais *quitté* (P. Loti). —
On l'aurait *écharpé*, la pauvre bête (R. Guillot). — Je vous ai *vu*,
grands champs baignés de la blancheur de l'aube (A. Gide).

● **Attention à l'inversion du sujet.**

265. Mettez les verbes entre parenthèses aux temps indiqués.
L'habit noir du père luisait aux endroits qu'(ronger, *p.-que-parf.*) l'essence (M. ARLAND). — Le soleil recommence à briller dans le ciel d'où l'(chasser, *p.-que-parf.*) les nuages (H. BACHELIN). — Les graines apportées par le·vent (germer, *pl.-que-parf.*) au hasard, à la place qu'(occuper, *p.-que-parf.*) les jolies fleurs (TH. GAUTIER). — La falaise écarlate laisse rouler dans les plis de son manteau de sable les blocs cyclopéens que lui (arracher, *pas. comp.*) l'érosion (J. WEYGAND). — Victor Hugo, enfant, (avoir, *pas. comp.*) le privilège de recevoir une éducation que n' (désavouer, *cond. pas. 2ᵉ f.*) ni Rousseau ni Voltaire (P. AUDIAT). — Zadig voulut se consoler par la philosophie et par l'amitié des maux que lui (faire, *p.-que-parf.*) la fortune (VOLTAIRE).

● **Attention! Le participe passé est séparé de l'auxiliaire.**

266. Écrivez correctement les participes passés en italique.
Les glaneuses rapportent les modestes gerbes qu'elles ont, brin à brin, *recueilli* (A. THEURIET). — Les parchemins couvraient une grande table que l'on avait, pour la circonstance, *porté* dans le salon poudreux (A. CAHUET). — Voilà tout l'intérieur de cette maison qui nous a si longtemps *couvé* (LAMARTINE). — L'enfant avait bien souvent *entendu* tous ces bruits de la nuit, mais jamais il ne les avait *entendu* ainsi (R. ROLLAND). — La Croix du Sud est sortie du ciel et ses cinq étoiles clignotantes ont, toute la nuit, *veillé* sur mon sommeil (FRISON-ROCHE). — S'il sait des histoires, ce sont celles qu'il a *entendu* et religieusement *recueilli* (J. GIONO).

● **Attention! Il y a plusieurs participes passés pour un seul auxiliaire.**

267. Écrivez comme il convient les participes passés en italique.
Des cuves, on avait *balayé* la poussière et *délogé* les araignées, *rincé* le vieux chêne, *vérifié* les cercles (J. CRESSOT). — La potasse des lessives et le suint des laines les avaient si bien *encroûté*, *éraillé*, *durci* que les mains semblaient sales quoiqu'elles fussent *rincé* d'eau claire (G. FLAUBERT). — Nous avons *discipliné* l'eau, la foudre, *asservi* la mer, *arraché* à la terre ses trésors, *capté* les ondes invisibles, *obligé* l'air à nous porter (P. REBOUX). — Quant aux différentes petites choses qu'il m'avait *donné* ou *confié*, elles étaient *devenu* tout à fait sacrées pour moi (P. LOTI). — Quand le hasard de la chasse nous avait *entraîné* trop avant ou *retenu* trop tard, alors on entendait la voix de Madeleine (E. FROMENTIN). — Les chaleurs avaient *consumé* les seigles, *desséché* même les blés tardifs, *serré* la terre d'un coup (L. GACHON).

LE PARTICIPE PASSÉ
SUIVI D'UN INFINITIF

- Les enfants que j'ai *vus* jouer formaient un groupe joyeux.
- La pièce que j'ai *vu* jouer m'a ému.

RÈGLE

Le participe passé employé avec avoir et suivi d'un **infinitif**[1] s'accorde si le complément direct d'objet, étant placé avant le participe, fait l'action exprimée par l'infinitif.

Que (*les enfants*) **jouaient.** Le complément direct d'objet fait l'action exprimée par l'infinitif → **accord.**

Que (*la pièce*) **est jouée.** Le complément direct d'objet ne fait pas l'action exprimée par l'infinitif, il la subit → **pas d'accord.**

REMARQUES

- Le participe passé **fait** suivi d'un infinitif est **toujours** invariable.
Ces jolies roses, je vous les ai fait porter par Jean-Paul et Annie.

- Le participe passé **laissé** suivi d'un infinitif peut s'accorder ou rester invariable. Les deux orthographes sont admises.
Il portait une carafe; il l'a laissé(e) tomber.

EXERCICES

268. Écrivez comme il convient les participes passés en italique.

Ces chers enfants, je les ai *vu* grandir. — Les avoines que j'ai *vu* semer sont prêtes maintenant à être fauchées. — Les fermiers que j'ai *vu* semer chantaient sur leur machine. — Ces pauvres malades, je les ai *entendu* gémir toute la nuit. — Ces airs charmants que nous avons *entendu* chanter seront bientôt sur toutes les lèvres. — La rue de l'Hôtel-de-Ville, à Paris, était très étroite et bordée de très vieilles maisons, je les ai *vu* abattre vers 1930. — Les nuages filaient, nous les avons *regardé* courir dans le ciel. — Assis près de la source, nous l'avons *écouté* chanter. — Ses bagages sont arrivés, il les a *envoyé* chercher.

269. Même exercice que 268.

Comme tout le monde, je parlais des arbres morts; mais je ne les avais pas *vu* mourir (G. Duhamel). — Tous ces gens qu'il avait *vu* passer étaient rangés autour du chœur (A. Daudet). — Ah! les ai-je *entendu* chanter, depuis quatre jours, tes vertus (Saint-Exupéry). — Tes enthousiasmes, ma vaillante mère, tu les as *fait* passer en moi (Pasteur). — Le chat restait immobile comme une sentinelle qu'on a *oublié* de relever (Th. Gautier). — Mon petit collet est taché de diverses sauces que j'y ai *laissé* couler (A. France).

---

1. Voir l'arrêté du 26 février 1901, à la fin du livre.

LE PARTICIPE PASSÉ PRÉCÉDÉ DE EN

- **Voyez ces odorants lilas, j'*en* ai cueill*i* pour ma mère.**
- **Il a vu ma mère ; voici les *nouvelles qu'*il m'*en* a donné*es*.**

RÈGLE

En, pronom personnel peut être équivalent à **de cela** et peut remplacer un nom précédé de la préposition **de.**
Lorsque le complément d'objet du verbe est **en,** le participe passé reste **invariable.**
Toutefois si le verbe précédé de **en** a un complément direct d'objet placé avant lui, le participe passé s'accorde.

EXERCICES

270. Écrivez comme il convient les participes passés en italique.
Nous avons *cueilli* des lilas, nous en avons *rapporté* des brassées. — Nous avons *cueilli* des lilas dans le parc ; les brassées que nous en avons *rapporté,* nous les avons *mis* dans les vases. La maison en a été *embelli* et *parfumé.* — J'aime les livres, je suis content, j'en ai *reçu* pour mes étrennes. — J'avais ramassé des champignons, j'en ai *préparé* un bon plat. — J'ai porté de la bière et nous en avons *bu.* — Je vérifie les timbres de mon album, je vous offrirai ceux que j'en aurai *retiré.* — Vous êtes allés sur la Côte d'Azur, la description que vous nous en avez *fait,* nous a *ravi.* — Nous avons *rendu* mille services à nos voisins. Ils ne nous en ont jamais *rendu.*

271. Même exercice que 270.
Je rêvais de voir des montagnes. J'en ai *vu* dans plusieurs tableaux, j'en avais même *peint* dans des décors de Peau d'Ane. Ma sœur, pendant un voyage autour du lac de Lucerne, m'en avait *envoyé* des descriptions, m'en avait *écrit* de longues lettres (P. Loti). — Les éléphants sauvages circulent librement sur les grandes routes. J'en ai souvent *rencontré* (A. Maurois). — Oh ! que je l'ai *aimé* cette cour ! Les plus pénétrants premiers souvenirs que j'en aie *gardé,* sont, je crois, ceux des belles soirées longues de l'été (P. Loti). — Des hommes admirables ! il y en a. J'en ai *connu* (G. Duhamel). — La flatterie corrompt les meilleurs princes et ruine les plus belles espérances qu'on en avait *conçu* (Rollin). — C'est la première petite bande que j'aie *mené.* Plus tard, pour mes amusements, j'en ai *eu* bien d'autres, moins faciles à conduire (P. Loti). — Vous n'avez plus d'ennuis ? Je n'en ai jamais *eu* (A. Dumas).

LE PARTICIPE PASSÉ AVEC AVOIR ACCORDS PARTICULIERS

1. Le participe passé des verbes **impersonnels** ou employés à la **forme impersonnelle** reste **invariable**.

Les chaleurs qu'il y a *eu* ont tout brûlé.
Les orages qu'il a *fait* ont ravagé les cultures.

2. Avec certains verbes : *courir, coûter, dormir, peser, régner, valoir, vivre,* le pronom relatif **que** est complément circonstanciel : de valeur, de poids, de durée, etc., et quelquefois complément d'objet.

Le participe passé **ne s'accorde** qu'avec **que, complément direct d'objet,** suivant la règle générale.

Les compliments que son attitude courageuse lui a *valus* étaient mérités.
En voyant ce tableau, vous n'imagineriez pas la somme qu'il a *valu.*

3. Les participes passés *dû, cru, pu, voulu* sont **invariables** quand ils ont pour **complément d'objet un infinitif sous-entendu.**

Je n'ai pas fait toutes les démarches que *j'aurai dû* (faire).
Je me suis entièrement libéré des sommes que j'ai **dues.**

4. Lorsque le complément direct d'objet, placé devant le participe est un collectif[1] suivi de son complément, l'accord se fait soit avec le collectif, soit avec. le complément selon le sens.

Le vol de canards sauvages que j'ai aperçu **(s)..**

EXERCICES

272. Écrivez comme il convient les participes passés en italique.
Les orages qu'il a *fait* ont *ravagé* les cultures. — Les inondations qu'il y avait *eu* avaient *saccagé* les habitations riveraines. — Que de précautions il a *fallu* pour déplacer cette vieille statue. — Les huit jours qu'il a *neigé* ont *englouti* les villages. — La semaine qu'il a *plu* a *fait* partir les touristes. — Toutes ces raisons, nous les avons *examiné* et *pesé.* — Cet homme ne fait plus les cent kilos qu'il a *pesé.* — Les dix minutes qu'il a *couru* l'ont *essoufflé.* — Les dangers que les alpinistes ont *couru* pendant la tempête de neige étaient graves. — Les douze heures que nous avons *dormi* ont *réparé* nos forces. — Nous avons envoyé aux soldats prisonniers tous les colis que nous avons *pu.* — Le bibliothécaire vous a prêté les livres que vous avez *voulu.* — Les enfants ont mangé tous les fruits qu'ils ont *voulu.* — Les chasseurs ont *perdu* de vue la harde de cerfs qu'ils avaient *poursuivi.*

---

1. Voir l'arrêté du 26 février 1901, à la fin du livre.

LE PARTICIPE PASSÉ
DES VERBES PRONOMINAUX

- **Elle s'était** *arrangé* **une toilette très soignée.**
  (A. DAUDET.)
- **Tante Claire s'était** *habituée* **à lire le grec.**
  (P. LOTI.)
- **Les oiseaux se sont** *enfuis* **vers des régions plus chaudes.**
  (X. MARMIER.)

RÈGLES

1. Le participe passé des verbes employés sous la forme **pronominale,** comme *s'arranger, s'habituer, se couper, se battre,* **s'accorde** en **genre** et en **nombre** avec le **complément direct d'objet quand celui-ci est placé avant le participe.** Il faut donc remplacer l'auxiliaire **être** par l'auxiliaire **avoir** et poser la question **qui?** ou **quoi?** On a ainsi :

Elle **avait** *arrangé* **quoi? une toilette,** complément direct d'objet, placé **après** le participe → **pas d'accord.**
Tante Claire **avait** *habitué (e)* **qui? elle-même** *(se)* complément direct d'objet, placé **avant** le participe → **accord, se,** 3e personne du féminin singulier, donc *habituée* **(é, e).**

2. Le participe passé des verbes **essentiellement pronominaux,** comme *s'enfuir, se blottir, se cabrer, s'emparer,* **s'accorde** en **genre** et en **nombre** avec le **sujet** du verbe.
Les oiseaux *se sont enfuis.* **Qui est-ce qui** *se sont enfuis?* les oiseaux, masculin pluriel donc, enfuis **(i.s).**

REMARQUES

1. Le participe passé d'un verbe pronominal suivi d'un infinitif observe la règle d'accord du participe passé employé avec avoir suivi d'un infinitif.
Les oiseaux ont eu peur et **se sont arrêtés** *de chanter* (A. DAUDET.)

2. Certains verbes comme *se parler, se plaire, se ressembler, se rire, se succéder,* etc., n'ont jamais de complément direct. Leur participe passé reste **invariable.**
Les années **se sont succédé** *aussi heureuses les unes que les autres.*

3. Le verbe essentiellement pronominal *s'arroger* a toujours un complément direct d'objet. *Arrogé* ne s'accorde donc jamais avec le sujet du verbe, mais il s'accorde avec le complément direct d'objet quand celui-ci est placé avant le participe.
Ils **se sont arrogé** *des droits.* — *Ces privilèges qu'ils* **se sont arrogés** *sont excessifs.*

4. Ne confondons pas le pronominal *se parler* (parler à soi) au participe invariable :
Ils se sont **parlé,** avec *se parler,* **passif** au participe variable.
Autrefois dans nos provinces, les patois **se sont parlés** *plus que le français.*

94

EXERCICES

273. Écrivez comme il convient les participes passés en italique.
Les coureurs se sont *préparé* au départ. — Les paresseux se sont *préparé* bien des déboires. — Les ramasseurs de champignons se sont *égratigné* les mains. — Les chercheurs de muguet se sont *égratigné* aux épines des buissons. — Les skieurs se sont *rompu* les jambes en manquant le virage. — Elle s'est *cassé* la jambe. — Les branches se sont *cassé* sous la poussée du vent. — Les héritiers se sont *partagé* les souvenirs de famille. — L'assemblée s'est *partagé* en trois groupes. — Ils se sont *fait* photographier. — Les invités se sont *empressé* de répondre. — Ils se sont *souri*, ils se sont *parlé*, ils se sont *reconnu*.

274. Écrivez comme il convient les participes passés en italique.
Des bruyères roussies semblaient s'être *résigné* à la mort (A. GIDE). — Leurs flancs, petit à petit, se sont *arrondi*, leur soif calmée, nos chameaux se sont *roulé* avec délices dans le sable de l'oued (FRISON-ROCHE). — Il fut alors annoncé par l'un des domestiques que le comte s'était *attaché* (BALZAC). — Il est difficile de se soustraire à une loi qu'on s'est *donné* (J. ROMAINS). — Sans s'être *parlé*, ils arrivent au tournant du chemin (P. LOTI). — Les béliers se sont *jeté* dans la poussière (J. GIONO). — Des hommes qui ont jeté leur bonnet, se sont *fait* au milieu de la chevelure des entailles saignantes (P. LOTI). — Une porte venait de s'ouvrir, une trouée éclatante s'était *fait* dans le noir de la muraille (F. ZOLA). — La source s'est *frayé* un chemin (GEOFFROY).

275. Écrivez comme il convient les participes passés en italique.
J'ai fait un signe, ses yeux se sont *rempli* d'eau (G. DUHAMEL). — Les lumières des bureaux se sont *éteint*, et, toutes ensemble, se sont *allumé* les fenêtres des bungalows (G. ARNAUD). — Les lutteurs se sont *tordu* les bras, se sont *frotté* les visages, se sont *entortillé* comme des serpents (F. MISTRAL). — Des chefs se sont *arrogé* le droit extravagant de disposer d'autres êtres humains (G. DUHAMEL). — C'était une profusion de roses, de pivoines, de lis qui semblaient s'être *trompé* de saison (P. LOTI). — Le prêtre qui s'était *lavé* les mains balbutiait une prière (E. ZOLA). — Les oies sauvages s'étaient *rassemblé* dans une agitation sacrée (H. DE MONTHERLANT).

276. Écrivez comme il convient les participes passés en italique.
Des vaches, des génisses, des veaux, des taureaux s'étaient *formé* en colonne (CHATEAUBRIAND). — Leurs leçons se sont *fait* entendre (E. FROMENTIN). — Les quatre coups de fusil s'étaient *succédé* avec une rapidité incroyable (P. MÉRIMÉE). — Tous les autres bruits habituels de la brousse se sont *éteint* (BARATIER). — Quelques mercenaires s'étaient *bandé* les yeux, et leurs glaives ramaient l'air (G. FLAUBERT). — La foule ne s'arrêta qu'une fois, les musiciens s'étant *interrompu* pour boire un verre de cidre (G. FLAUBERT).

EXERCICES DE REVISION

277. Écrivez correctement les participes passés en italique.
Nous avons *levé* la main pour répondre. — La pierre que nous avons *levé* était plutôt lourde. — Les enfants étaient déjà *levé* quand nous les avons *appelé*. — Les lièvres ont été *levé* par les chiens. — La lune brillante s'est *levé* au-dessus des arbres. — Les vignerons ont *pressé* le raisin. — Les grappes qu'ils ont *pressé* donnent un jus coloré. — Il faisait froid. Les passants étaient *pressé* de rentrer chez eux. — Les inculpés ont été *pressé* de questions. — Les voyageurs se sont *pressé* aux portières. — Ils se sont *pressé* les mains.

278. Écrivez correctement les participes passés en italique.
Des hirondelles, par centaines, avaient *maçonné* leurs nids dans le creux des clochetons (E. ZOLA). — Ce sónt les lapins qui ont été *étonné* (A. DAUDET). — Les pierres qui bordent les puits portent la trace des cordes qui les ont *creusé* peu à peu (MME DE STAËL). — Je vois les mains un peu rugueuses que la vie a *frotté* avec tous ses travaux (C.-L. PHILIPPE). — Toute une planche est *garni* de vieux livres de cuir brun. Mon père les a *eu* pour quelques sous (J. CRESSOT). — Tu as *ri* si fort que les passants ont *levé* la tête et nous ont *vu* (G. DUHAMEL). — C'était une élève à moi, très bonne musicienne à qui je m'étais beaucoup *attaché* (A. GIDE).

279. Même exercice que 278.
La glissade avait été particulièrement *soigné*. Le grand Pierre l'avait *commencé* (L. PERGAUD). — Les fleurs qu'il a *cueilli*, l'enfant les a *rassemblé* en un gros bouquet (BOURDOUXHE). — Ma mère, pendant ma petite enfance, je l'ai *vu* souvent prier (G. DUHAMEL). — J'ai souvent *revu* ailleurs des hirondelles, mais jamais nulle part ailleurs je ne les ai *entendu* crier comme ici (A. GIDE). — Cette fleur, me disait mon frère, avait *poussé* et s'était *épanoui* près de sa fenêtre (P. LOTI). — Ils se sont *secoué* comme des chiens mouillés et ils ont *secoué* leurs chapeaux pour en faire sortir l'eau (H. POURRAT). — Je me retrouve en présence des choses qui m'ont *frappé* et *charmé* (P. LOTI).

280. Même exercice que 278.
Les arbres s'étaient *baissé* vers les ronces, les ronces étaient *monté* vers les arbres, la plante avait *grimpé*, la branche avait *fléchi* (V. HUGO). — Ses regards seuls s'étaient *plu* à voir reverdir le clos Marie, sous les soleils d'avril (E. ZOLA). — Quelques individus, avec du noir de charbon, s'étaient *fait* des moustaches (E. GUILLAUMIN). — Les haies s'étaient *pavoisé*, avaient *sorti* leurs feuilles les plus fraîches (E. PÉROCHON). — On eût dit que toutes les poules des environs s'y étaient *donné* rendez-vous tellement elles étaient nombreuses (E. MOSELLY). — Les rossignols s'étaient *tu*, ayant *élevé* leurs couvées (E. MOSELLY). — C'est en s'inclinant qu'il nous avait *salué* (L. GUILLOUX).

281. Écrivez comme il convient les participes passés en italique.

Mohamed et Bombi, petit à petit, nous ont *devancé*, leurs silhouettes sont *devenu* deux points imperceptibles que le sable a *englouti* (FRISON-ROCHE). — Ensuite il demanda qu'on lui attachât les mains de manière qu'il les eût *croisé* sur la poitrine (MÉRIMÉE). — Alceste et Antigone me donnèrent les plus nobles rêves qu'un enfant ait jamais *eu* (A. FRANCE). — Les burgs en ruine avaient *parlé* à son imagination. Il avait *vu* surgir des puissantes forteresses, les seigneurs féodaux qui les avaient jadis *habité* (P. AUDIAT). — Mon grand-père a *élevé* sept garçons et non seulement il les a *élevé*, mais il les a *rendu* tous les sept semblables à lui (J. GIRARDIN). — Tous ceux de Tarches m'ont *connu* gamine. Dès qu'ils m'ont *vu*, ils sont *venu* (J. GIONO).

282. Écrivez correctement les participes passés en italique.

Les deux chambellans firent de grands éclats de rire des bons mots qu'Irax avait *dit* ou avait *dû* dire (VOLTAIRE). — Qu'étaient *devenu* ses adversaires? S'ils s'étaient *enfui*, s'ils avaient été *blessé*, il aurait certainement *entendu* quelque bruit (MÉRIMÉE). — Tu n'as pas *lu* dans le livre l'histoire d'Esther et d'Athalie. Non, tu ne l'as pas *lu*. Eh bien, je vais te la conter (A. FRANCE). — La région qui s'étend de Catanzano à Nicastro est à peu près la seule en Italie où se soient *conservé* les costumes d'autrefois (MAETERLINCK). — Elle nous a *soigné* dans toutes nos maladies, elle nous a *donné* sa vie (E. ROD).

283. Écrivez correctement les participes passés en italique.

Combien de fois l'a-t-il *entendu* cette histoire sans y prêter attention (R. VERCEL). — Il est des paroles sur lesquelles on ne peut revenir, si légèrement qu'on les ait *prononcé* (J. PERRET). — La mésange ne se profilait plus sur le ciel. Je me souviens de l'avoir *vu* ouvrir ses ailes, puis glisser inerte et légère (M. GENEVOIX). — Les oiseaux se sont *envolé* de la forêt ou bien ils se sont *brûlé* les ailes dans l'incendie (M. GENEVOIX). — L'autre hiver, deux grands arbres ont été *brisé* par le vent. J'en ai *senti* de la pitié (DUHAMEL). — Petite Véronique courait s'asseoir à notre porte dès qu'elle était *levé* et s'y tenait *tapi* (P. LOTI).

284. Mettez les verbes aux temps demandés.

Et les sergents de ville nous (faire, *p.-que-parf.*) courir (A. DAUDET). — Il fallut que je devinsse presque un jeune homme pour pardonner à ses parents les humiliations que j'en (ressentir, *p.-que-parf.*) (P. LOTI). — Je vous (entendre, *pas. comp.*) raisonner mieux que de vieux derviches. (VOLTAIRE). — Mme de Beaumont (planter, *p.-que-parf.*) un cyprès et elle (se plaire, *p.-que-parf.*) à me le montrer (CHATEAUBRIAND). — Ses pattes étaient noires au bout comme s'il les (promener, *cond. pas. 2ᵉ f.*) dans l'écritoire d'un notaire (LAFAGE). — Le tambour et les trompes (se taire, *pas. comp.*). Le chant n'(être scandé, *prés.*) plus que par le battement des talons (A. GHEERBRANT). — La végétation semble (être fusillé, *infinitif pas.*) ou (être meurtri, *infinitif pas.*) par le canon (J. VALLÈS).

LE PARTICIPE PRÉSENT
L'ADJECTIF VERBAL

- On entend les bêlements naïfs des agneaux *appelant* les brebis. (E. POUVILLON.)
  On entend les bêlements naïfs des agnelles *appelant* les brebis.
- Les ressorts *grinçants* commencent un petit refrain. (ESCHOLIER.)
  Les roues *grinçantes* commencent un petit refrain.

RÈGLE

Le **participe présent** est une forme verbale qui marque une **action** et qui peut avoir un complément d'objet ou de circonstance. Il est **invariable**.

L'**adjectif verbal** marque l'**état**, la **qualité**. Il a la valeur d'un véritable qualificatif. Il est **variable**.

Le participe présent et l'adjectif verbal ont la même terminaison : **a.n.t.**

Pour éviter la confusion, il faut d'abord se rapporter au **sens de la phrase**; on peut aussi remplacer le nom masculin qui accompagne le mot verbal en **a.n.t** par un nom féminin, mais il faut toujours lire la phrase en entier.

REMARQUES

1. Lorsque la forme verbale en **a.n.t** est précédée de **en**, on l'appelle **gérondif**. Le gérondif est **invariable**.

Les vents chassent les nuages **en** *les croisant les uns sur les autres.* (B. DE SAINT-PIERRE.)

2. L'adjectif verbal peut avoir une orthographe différente de celle du participe présent. Quelquefois c'est l'orthographe interne qui est modifiée, quelquefois c'est la terminaison qui de **a.n.t** devient **e.n.t**. C'est le cas de :

Part. prés.	Adjectifs.	Part. prés.	Adjectifs.
communiquant	communicant	extravaguant	extravagant
convainquant	convaincant	fatiguant	fatigant
provoquant	provocant	intriguant	intrigant
suffoquant	suffocant	naviguant	navigant
adhérant	adhérent	excellant	excellent
coïncidant	coïncident	expédiant	expédient
convergeant	convergent	influant	influent
différant	différent	négligeant	négligent
divergeant	divergent	précédant	précédent
équivalant	équivalent	violant	violent

A cette liste, il convient d'ajouter quelques noms :

participes présents :	affluant,	confluant,	fabriquant,	présidant...
noms :	affluent,	confluent,	fabricant,	président...

EXERCICES

285. Faites l'exercice sur le modèle :
sauver : sauvant, en sauvant, en les sauvant.
plier, cacher, choisir, servir, vendre, plaindre, tendre, voir, conduire.

286. Employez l'adjectif verbal dérivé des verbes suivants avec un nom masculin, puis avec un nom féminin:
glisser, trancher, supplier, bondir, resplendir, rire, plaire, surprendre.

287. Écrivez le participe présent ou l'adjectif verbal des verbes en italique et justifiez l'accord des adjectifs verbaux en écrivant une expression au féminin entre parenthèses.
Ex. : *un liquide bouillant (une boisson bouillante).*
Les bateaux de pêche *rompre* leurs amarres se sont brisés sur les rochers. — Les torrents *bondir* bouillonnent. — Les torrents *bondir* sur les cailloux font jaillir de l'écume. — Les malades *refuser* toute nourriture s'affaiblissent. — Des éclairs *éblouir* illuminent le ciel. — L'enfant a des propos *amuser*.

288. Écrivez comme il convient les mots en italique.
Les chevreaux *grelottant* se plaignaient dans le courant d'air de la zériba (J. Peyré). — Je crois entendre les voix d'enfants *jouant* dans le chemin, les sabots des vignerons *venant* de l'ouvrage (Lamartine). — Les *bruissant* faux, *vibrant* à l'unisson, ouvrent dans l'herbe une large tranchée (A. Theuriet). — Du matin au soir, je contemplais donc les différents chats du quartier *rôdant* sur les toits, les martinets *tourbillonnant* dans l'air chaud, les hirondelles *rasant* la poussière du pavé (P. Loti). — Des couveuses, suivies d'une ribambelle de poussins *grouillant*, allaient et venaient, *arrondissant* leurs plumes (E. Moselly). — Des rosiers *grimpant* s'attachaient à d'autres rosiers ainsi que des lierres *dévorant* (E. Zola).

289. Même exercice que 288.
Des cohortes d'aras azurés et *flamboyant* traversaient le ciel d'heure en heure (A. Gheerbrant). — Le vent coulait autour des murs, les *entourant* de ses nappes *frémissant*, *donnant* ainsi l'idée d'une palpitation *effrayant* d'ailes gigantesques (E. Moselly). — Le vieux vagabond nettoie ses chaussures en les *plaçant* sous la fontaine (G. Duhamel). — A chaque instant des étoiles *filant* sillonnent le ciel (G. Arnaud). — Les béliers passent, *dressant* la tête, fiers de leurs grandes cornes *menaçant* (M. André). — Les petits goujons s'agitent, *frétillant* et peureux (Th. Gautier). — Ils tirèrent du feu de ces mêmes cailloux en les *frappant* l'un contre l'autre (Buffon).

290. Construisez des phrases où entreront les participes présents et les adjectifs suivants :
suffoquant, suffocant; fatiguant, fatigant; excellant, excellent.

SI, S'Y   NI, N'Y

- Le papillon trouve la rose *si* belle qu'il *s'y* pose *(se poser)*.
- *Ni* les menaces, ni les prières *n'y* feront rien *(ne feront rien à cela)*.

RÈGLE

Ne confondons pas **si** (s.i) conjonction ou adverbe, **ni** (n.i) conjonction avec **s'y** (s.'y), **n'y** (n.'y) qui, formés de **2 mots,** peuvent se décomposer en **se...y, ne...y.**

De plus, **s'y** (s.'y) fait partie d'un **verbe pronominal** et peut se remplacer par **m'y, t'y.**

REMARQUES

- **Si,** adverbe = *tant, tellement.* **Y,** adverbe = *là.*
- **Y** est pronom personnel quand il représente un nom. Il peut être :
1. Complément indirect d'objet :
*Annie a un devoir à faire, elle s'*y *met avec ardeur.*
2. Complément circonstanciel de lieu :
*Le fermier ouvre l'écurie, le cheval s'*y *engouffre en hennissant.*

EXERCICES

291. Remplacez les points par *si* ou *s'y*.

Les cheminées lorraines sont l'âme des logis froids. La vie du foyer ... abrite. Elles sont ... hautes qu'un homme tient aisément debout sous leur manteau (E. Moselly). — Quel malheur que le monde soit ... grand, on peut ... perdre (A. France). — Le silence semble d'abord profond. Peu à peu l'oreille ... habitue (Th. Gautier). — On fit le tour du verger; les premières pâquerettes ... montraient (Ramuz). — Le papillon était dans la vitrine; ses deux nuances ... fraîches et ... étranges s'avivaient l'une par l'autre (P. Loti). — La vaisselle, c'était son lot, elle ... attelait d'une humeur égale (L. Massé).

292. Remplacez les points par *ni* ou *n'y*.

Je ... voyais pas clair sur l'horizon de ma route (P. Loti). — Ces enfants semblaient n'avoir jamais ... crié ... pleuré (Balzac). — Leurs forêts sont silencieuses; le souffle du vent ... fait point de bruit (H. Taine). — La manœuvre est du coup simplifiée, puisqu'il ... a ... vent ... moteur (M. Oulié). — Il n'allait jamais chez personne, ne voulait ... recevoir ... donner à dîner (Balzac). — La cuisine est le lieu le plus agréable de la maison, mais on ... peut séjourner à cause de la cuisinière (Maeterlinck). — Le tigre ne craint ... l'aspect ... les armes de l'homme (Buffon).

293. Analysez *si* et *y* dans l'exercice nᵒ 291.

SANS, S'EN, C'EN   DANS, D'EN

- Il a un passé *sans* tache, il *s'en* glorifie *(se glorifier)*.
- Il s'est égaré *dans* la forêt, il a hâte *d'en* sortir *(de sortir)*.
- *C'en* est fait. Nous avons couru, mais le train est parti.
  Cela en est fait. Nous avons couru...

RÈGLE

Ne confondons pas **sans** (s.a.n.s), **dans** (d.a.n.s) prépositions avec **s'en** (s'.e.n), **d'en** (d'e.n) qui, formés de **2 mots**, peuvent se décomposer en **se... en, de... en**.

De plus, **s'en** (s'.e.n) fait partie d'un **verbe pronominal** et peut se remplacer par **m'en, t'en**.

C'en signifie **cela en**.

REMARQUES

En peut être **pronom personnel, préposition, adverbe.**

1. **En est pronom personnel** quand il représente un nom. Il peut être :
— complément du verbe :
La chouette fait la chasse aux rongeurs et s'en nourrit.
— complément du nom :
L'abeille se pose sur les fleurs afin d'en pomper le suc.
— complément de l'adjectif :
J'aime ma famille; j'en suis fier.
— complément de l'adverbe :
Je suis allé aux champignons; j'en ai cueilli beaucoup.

En est **pronom personnel neutre** et généralement complément quand il signifie *de cela*. Il peut remplacer alors une proposition : *Il est paresseux, il s'en repentira.*

2. **En est préposition** quand il introduit un *complément du verbe, du nom, de l'adjectif* :
— du verbe : *Je monte en avion.*
— du nom : *Une bague en or.*
— de l'adjectif : *Riche en couleurs.*

3. **En est adverbe** quand il indique le lieu, il signifie *de là*.
Je suis allé à Paris, j'en reviens.

Il est également adverbe dans certains gallicismes et ne s'analyse pas :
s'en aller, s'en retourner, s'en venir, s'en tenir, c'en est fait, en imposer...

EXERCICES

294. Conjuguez : 1° au présent et à l'imparfait; 2° au passé composé et au plus-que-parfait :

s'en réjouir;   s'en aller par les champs;   s'en consoler.

295. Remplacez les points par *sans, s'en* ou *c'en.*

Le vent agite l'arbre violemment; les feuilles ... détachent. — Les hirondelles ... iront à la mi-septembre. — Soyons ... rancune, rendons le bien pour le mal. — ... est fait, nous ne partirons pas en vacances. — ... se laisser décourager, le savant recommence ses expériences. — ... ... douter, il a fait une trouvaille intéressante. — L'enfant a un peu de fièvre; il ne faut pas ... effrayer.

296. Remplacez les points par *dans* ou *d'en.*

Le boucher prend le quartier de bœuf ... la chambre froide afin ... couper un morceau. — Nous avons une tournée à faire ... les Vosges, nous essaierons ... rapporter des souvenirs. — Nous irons ... la montagne pendant plusieurs jours, nous nous efforcerons ... gravir les principaux sommets. — Chargé ... assurer la garde, je mène le troupeau ... le pré. — Le coteau ... face est noyé ... la brume.

297. Remplacez les points par *sans, s'en, c'en, dans* ou *d'en.*

Puis le vent glisse à l'orient. Les hommes ... déclarent réjouis (G. Duhamel). — Le long des bâtiments s'étendait un large fumier, de la buée ... élevait (G. Flaubert). — La clameur immense du stade va diminuant, mais bien que ... soit la fin, on y retrouve toute son ampleur (R. Boisset). — Les vieux chardonnerets, ... hésiter, apportèrent aux petits de pleins becs de chenilles (A. Theuriet). — Tout dort ... la forêt. Le lapin se pelotonne au fond du terrier et ne se soucie pas ... sortir (Nesmy). — La dinde ... allait ... se presser (M. Audoux). — Une pluie fine commence à tomber, le sol ... empare avec avidité (Fabre). — La colline ... face était couverte de vignes (A. Theuriet). — Ses enfants sont ... maîtres et ... éducation (La Bruyère). — ... est fait, un soubresaut, l'auto s'arrête (R. Dorgelès). — Le vin du palmier s'appelle lagmy, ... est la sève fermentée; les Arabes ... grisent (A. Gide).

298. Remplacez les points par *sans, s'en, c'en, dans* ou *d'en.*

Elle mangeait des groseilles à ... barbouiller la bouche jusqu'au menton (E. Zola). — Mais puisque ... est fait, le coup est ... remède (Corneille). — Mordre dans une grappe bien serrée, c'est une façon d'aimer le raisin, picorer le grain qui tente ... est une autre (J. Cressot). — Catherine et Jean ... vont par les prés fleuris (A. France). — Les travailleurs parlaient peu, pressés ... finir (Reynier). — Ma grand-mère était prompte à saisir le moindre ridicule pour ... amuser ... méchanceté aucune (Lavisse). — Les mésanges ont quitté le vieux mur casqué de lierre ... ... apercevoir, ... bagages et ... réfléchir (G. Chérau). — Les grands mâchicoulis laissent voir ... bas le ciel (P. Loti).

299. Faites une phrase avec *sans;* avec *s'en;* avec *c'en.*

300. Construisez une phrase avec *dans,* puis avec *d'en.*

301. Analysez *en* dans l'exercice 297.

FAUT-IL LE SINGULIER OU LE PLURIEL?

- **Il n'y avait là ni vaste étendue, ni fleurs rares, ni fruits précieux.** (LAMARTINE.)
- **Tout semblait mort; les arbres étaient sans feuilles, la terre sans verdure.** (F. PÉCAUT.)

REMARQUE

Les noms précédés de **sans, ni, pas de, point de, plus de,** ... peuvent selon le sens s'écrire au singulier ou au pluriel.

Il suffit le plus souvent pour fixer le nombre de poser la question :
S'il y en avait?
S'il y en avait? Il y aurait : *une* étendue, *des* fleurs, *des* fruits.
S'il y en avait? Il y aurait : *des* feuilles, *de la* verdure.

EXERCICES

302. Écrivez comme il convient les noms en italique.

un jour sans *soleil*	une région sans *eau*	un jardin sans *fleur*
un lit sans *drap*	une·rue sans *ombre*	un travail sans *soin*
un foyer sans *feu*	un bois sans *oiseau*	une année sans *fruit*
un pays sans *gibier*	un devoir sans *idée*	une école sans *élève*
une nuit sans *lune*	un repas sans *viande*	une classe sans *maitre*
un ciel sans *étoile*	un lac sans *poisson*	une fenêtre sans *vitre*.

303. Écrivez comme il convient les noms en italique.

La suprême élégance, c'était de travailler sans *masque* et sans *gant* (MAETERLINCK). — Des gantelets sans *doigt* enfermaient leurs mains (G. FLAUBERT). — Buteau entendait la Beauce boire, cette Beauce sans *rivière* et sans *source*, si altérée (E. ZOLA). — Pas de *chemin de fer*, pas même de *diligence*, ni *télégraphe*, ni *bureau de poste*, ni *médecin*, ni *gendarme*, un coin de terre oubliée (J. RENARD). — Rien n'y fit, ni *cravache*, ni *cri*, ni *appel*, campée sur ses quatre membres, la bête opposa une force d'inertie totale (FRISON-ROCHE). — Un été sans *abeille* semble aussi malheureux que s'il était sans *oiseau* et sans *fleur* (MAETERLINCK).

304. Écrivez comme il convient les mots en italique.

Il n'y avait plus ni *route*, ni *sentier*, ni *rivière*, ni *démarcation* d'aucune sorte (TH. GAUTIER). — La rosse était haute, cagneuse, osseuse, sans *poil* à la crinière (G. FLAUBERT). — Ici plus de *chemin*, plus de *ville*, plus de *monarchie*, plus de *République*, plus *d'homme* (CHATEAUBRIAND). — Je n'ai rien mis au bout de la ficelle : ni *hameçon*, ni *épingle tordue* de peur que Berthe ne se pique (J. RENARD). — Il était assis sur la marche du seuil sans *veste* ni *gilet* (J. MARTET). — Tu en auras tous les six mois près de deux cents francs d'intérêts, sans *impôt*, ni *réparation*, ni *grêle*, ni *gelée*, ni *marée*, ni rien de ce qui tracasse les revenus (BALZAC).

QUEL (s) — QUELLE (s) — QU'ELLE (s)

- *Quelle* belle rose !
- *Quel* beau dahlia !
- *Quelles* sont ces fleurs ?
- *Quels* sont ces fruits ?

Qu'elles sont belles ces roses !
Qu'ils sont beaux ces dahlias !
Le fruit *qu'elle* cueille est beau.
Le fruit *qu'il* cueille est beau.

RÈGLE

Il ne faut pas confondre **quel**, *adjectif,* variable en genre et en nombre, avec **qu'elle** ayant une apostrophe. Lorsqu'on peut remplacer **qu'elle** par **qu'il** il faut mettre l'*apostrophe.*

EXERCICES

305. Remplacez les points par *quel(s), quelle(s)* ou *qu'elle(s).*
1º ... sont ces montagnes? — ... sont ces villages? — ... sont parfumées ces violettes! — L'abricot ... mange est juteux. — ... magnifique coteau! — Oh! ces couchers de soleil, ... extases, et ... mélancolies quelquefois, ils me laissaient (P. Loti). — ... était jolie la petite chèvre de M. Seguin! (A. Daudet).

2º ... belle ville! — ... beaux monuments! — ... sont ces gravures? — ... sont ces tableaux? — Le livre ... lit est intéressant. — ... sont fragiles ces tasses! — ... joie! ... bonheur quand les ténèbres s'enfuient (A. Michelet). — ... étaient joyeuses ces marches militaires! (Jaubert). — ... belles routes et mes voyageurs ... braves gens! (O. Mirbeau).

306. Analysez *quel(s), quelle(s), qu'elle(s)* du 2º de l'ex. 305.

- **Pour écrire correctement un pronom relatif en *« el »,* il faut rechercher avec soin son antécédent.**

307. Remplacez les points par le pronom relatif en *« el »* qui convient.
Mais le plus navrant de tout, c'était d'entendre des appels anxieux, tristes, disséminés ... rien ne répondait (A. Daudet). — La bise sifflait à travers les ruines ... la lune prêtait la physionomie d'un grand spectre (Balzac). — Les haies au pied ... abondent la fraise et la violette sont décorées d'aubépine (Chateaubriand). — Les silhouettes des objets sur ... glisse la neige se découpent en noir (Th. Gautier). — De longues averses tombent après ... la terre sent les fleurs (P. Loti). — Elle mit de côté le billet de cinquante francs ... il ne fallait pas toucher (Van der Meersch). — Il se mit à descendre le long de la colline en direction des saules au milieu ... l'homme avait plongé (J. Giono).

308. Analysez les pronoms relatifs et les antécédents de l'ex. 307.

104

L'ADVERBE

> • De tout cela, j'ai les souvenirs les plus *plate-*
> *ment* maussades, les plus mortellement
> ennuyeux.
>   (P. LOTI.)

RÈGLE

L'**adverbe** est toujours **invariable**.

REMARQUES

1. Beaucoup d'**adverbes** ont la terminaison **e.n.t.**

Il ne faut pas les confondre avec les noms en **e.n.t**, variables.

Les *hurlements* du chien déchiraient *tristement* la nuit.

2. L'**adjectif qualificatif** peut être pris **adverbialement**; dans ce cas, il est **invariable**.

Les petits chardonnerets sont assez *drus*.   (J. RENARD.)
Les grêlons cinglaient *dru;* ils tintaient sur les tuiles.   (R. ROLLAND.)

3. Ensemble, debout, pêle-mêle sont *invariables*.

Les vieux cerisiers avaient fleuri tous **ensemble**[1].   (A. THEURIET.)
Les trois cavaliers sont **debout** sur les étriers.   (J. PEYRÉ.)
Les petites s'échappaient **pêle-mêle**...   (E. ET J. DE GONGOURT.)

4. L'*adverbe* formé avec l'*adjectif* en :

e.n.t s'écrit **e.mment**. Ex. : décent, décemment.
a.n.t s'écrit **a.mment**. Ex. : vaillant, vaillamment.

5. Certains adverbes en *ument* prennent *un accent circonflexe sur l'u,* d'autres n'en prennent pas.

— assidûment, congrûment, continûment, crûment, drûment, dûment, goulûment, incongrûment, indûment, sûrement.
— absolument, ambigument, éperdument, ingénument, irrésolument, résolument.
Cet accent circonflexe sur l'u est la survivance d'un e féminin. Mais *assidûment* et *absolument* ayant la même formation, rien n'explique cette anomalie.

• On écrit **gaiement** ou **gaîment**. — **Vraiment** n'a qu'une orthographe.

EXERCICES

309. Donnez les adverbes formés avec les adjectifs suivants :

pesant	élégant	éminent	prudent	conséquent
récent	bruyant	incessant	conscient	apparent
ardent	différent	excellent	constant	obligeant

1. A noter qu'*ensemble* peut s'employer comme nom : *des ensembles seyants.*

310. **Donnez les noms en *ent* dérivés des verbes suivants :**

rugir	ralentir	scintiller	mouvoir	pépier	délasser
glisser	amuser	gazouiller	rallier	orner	enlacer
ravir	hennir	roucouler	châtier	plisser	braire.

311. Écrivez correctement les mots en italique, dites leur nature.

On voyait se boursoufler les pains ronds, *symétriquement* alignés (A. Theuriet). — Un vrombissement métallique, strié de *crissement* d'élytres, couvrit le murmure fiévreux du désert (Frison-Roche). — Ils écopaient, *pesamment*, en guettant un autre coup de mer (R. Vercel). — Je crois entendre encore les coups cadencés des fléaux, les *bêlement* des chèvres ou les *grincement* aigus et stridents de la cigale (Lamartine). — Ses cheveux *sauvagement* crépus se hérissaient sur sa tête (Th. Gautier). — Ses yeux étaient protégés par des sourcils *pesamment* abaissés sur la paupière (A. de Vigny). — Les nuages s'étaient *tellement* épaissis qu'il faisait presque nuit (H. Malot). — Sous les vents berceurs, la forêt avait de longs *frémissement* (Pérochon).

312. Écrivez comme il convient les mots en italique.

Tous filaient le long de la pente, tantôt *debout*, tantôt *plié*, tantôt *accroupi* (L. Pergaud). — Les brumes rompues et fuyantes se massèrent *pêle-mêle* en tumulte (V. Hugo). — Des cavaliers juponnants, *debout* sur leurs étriers, arrêtent de la lance la charge d'un sanglier (F. de Croisset). — Nous descendions *ensemble*, dans la salle à manger où je trouvais toute la famille réunie (P. Loti). — Une ligne de peupliers *debout* au bord d'un champ ressemble à une bande de frères (Taine). — Les herbes, montées toutes *ensemble*, étaient fleuries (P. Loti). — Les insectes s'élançaient *ensemble* comme pour éprouver leurs ailes (Chateaubriand). — Les instruments de mort, poignards, pistolets, étaient jetés *pêle-mêle* avec des instruments de vie, soupières en porcelaine, assiettes de Saxe (Balzac).

313. Écrivez comme il convient les mots en italique.

Il y avait déjà des pampres roussis, des dahlias devenus *haut* comme des arbres (P. Loti). — De tardifs bleuets refleurissent très *haut* (P. Loti). — La pluie rend les objets plus *net* dans l'atmosphère plus limpide (P. Neveux). — A la charrue, il prenait par la corne les bœufs récalcitrants et les arrêtait *net* (E. Moselly). — Les odeurs flottent, les blés sentent *bon* l'herbe fraîche (Pouvillon). — Nous ne sommes pas aussi *bon* que nous devrions l'être (G. Sand). — Ses cheveux frisaient *court* comme des toisons de moutons noirs (A. Cahuet). — Les merles commençaient un chant interrompu par de *court* silences (L. Pergaud). — Le notaire, tête chenue, petits yeux gris *fort* en éveil, faisait la lecture des actes (A. Cahuet). — Ses yeux décolorés étaient enfoncés *profond* sous les arcades sourcilières (G. Arnaud). — Les bonnes bêtes allaient *droit* et bien sagement (R. Bazin).

314. Analysez les mots en italique du n° 312, puis du n° 313.

LE VERBE OU LE NOM

- La grive *crie* à travers les pampres. (L. Tailhade.)
- La chouette lance alors son *cri* de guerre.

(J.-H. Fabre.)

REMARQUES

Ne confondons pas le nom avec une personne du *verbe,* **son homonyme. L'orthographe est** presque toujours **différente.**
Quelques exceptions : un murmure, il murmure; un incendie, il incendie; un voile, il voile.
Par ailleurs, **quelques verbes à l'infinitif** et le **nom** ont la **même orthographe.** Ex. : lever — *le lever;* savoir — *le savoir...*

EXERCICES

315. Écrivez les verbes suivants aux 3 premières personnes du présent de l'indicatif, puis le nom homonyme :

rôtir	geler	exiler	flairer	soutenir	balayer
filer	ferrer	oublier	polir	accueillir	discourir

316. Complétez s'il y a lieu :

Quand je suis seul, je fais au plus brave un défi... (La Fontaine). — Le loriot siffle et défi... notre merle (Chateaubriand). — Le seul peuple fort est le peuple qui travail... et le travail... donne le courage (E. Zola). — Pendant longtemps deux appel... clairs comme des aboi... brefs se répondirent (H. Fauconnier). — Les poules s'éveillent, un chien aboi... (M. Gevers). — On montait par des chemins en zigzag..., toute la famille à la file et à pied (P. Loti). — Un lièvre mal éveillé bondit et zigzag... d'effroi (J. des Gachons). — Les oiseaux s'éveillent presque tous ensemble et chacun salu... à sa manière le matin (Monfreid). — La mésange a entonné son joyeux salu... (M.-S. Lévy).

317. Même exercice que 316.

La mouche à vapeur appareil... dès que je suis à bord (P. Loti). — Les deux bêtes reposaient dans quelque pli... du sol abrité des vents méchants (M. Genevoix). — Le respect de soi-même se traduit dans le souci... qu'a l'honnête homme de régler l'emploi... de sa vie (Le Chevalier). — Nul ne se souci... d'affronter le lion dans son antre même (Th. Gautier). — Le flair... subtil de ma mère inquiète découvrait sur nous l'ail sauvage d'un ravin lointain (Colette). — Tout au long de leur parcour... les routes paraissent tenir conversation avec les champs (C. Julien). — Une lavandière recueil... la soie sur un chardon (Chateaubriand).

ÇÀ – ÇA   LÀ – LA – L'A   OÙ – OU

- *Çà* et *là* des éclairs sillonnent le ciel. *Ça* m'effraie.
- *Ce* chêne-*là* était le roi de la forêt. *La* foudre *l'a* brisé.
- *Où* tu vas, je sais un bois *où* jasent· deux *ou* trois ruisseaux.

RÈGLES

Çà et **là** adverbes de lieu prennent un accent grave.
Ça sans accent est la contraction de **cela**.
Où prend un accent grave quand il marque le *lieu* ou le *temps*.
Où accentué peut être adverbe ou pronom relatif.
Où est *pronom relatif* quand il a un *antécédent*.
Ou sans accent se remplace par **ou bien**; c'est une conjonction de coordination.

Çà accentué peut être aussi interjection : *Ah! çà...*

EXERCICES

318. Remplacez les points par *çà* ou *ça*, *là*, *la* ou *l'a*.

... et ... entre les fougères de petites sources suintaient (P. Loti). — Or ..., sire Grégoire, que gagnez-vous par an? (La Fontaine). — Ah! ..., me direz-vous, puisque le gibier est si rare à Tarascon, qu'est-ce que les chasseurs tarasconnais font donc tous les dimanches? (A. Daudet). — Moi, ... m'a rafraîchie, ... m'a délassée, toute cette journée au grand air (É. Zola). — ... fait, est-ce que je sais? ... fait bien soixante ans (M. Achard). — Je vis que le jardin d'alentour était tout rose de ces pervenches-... (P. Loti). — ...-haut, chantaient les alouettes (Mistral). — ...-bas l'odeur des jardins était calme (Chamson). — L'hiver était ... au coin du bois (J. Renard). — ... jeune fille a trouvé le chien devant sa porte et aussitôt il ... suivie (M. Bernard).

319. Remplacez les points par *où* ou par *ou*.

On entend tinter des clarines, grelots légers ... cloches lentes, cependant que le berger parle, on ne sait ..., à haute voix (H. Bosco). — On mettait les galets dans les cheminées ... flambaient de beaux feux de bois (P. Loti). — C'était l'heure tranquille ... les lions vont boire (V. Hugo). — La salle à manger ouvre sur une élégante cour moresque ... chantent deux ... trois fontaines (A. Daudet). — Il se réveillait de sa stupeur apparente au jour et à l'heure ... il fallait faire des comptes ... donner des quittances (Balzac). — J'emporte mes petits. — ... les emportes-tu? (V. Hugo).

320. Analysez *ou* et *où* dans l'exercice 319.

PRÈS – PRÊT   PLUS TÔT – PLUTÔT

- **Les skieurs placés *près* du poteau sont *prêts* à partir.**
- **Les skieuses placées *près* du poteau sont *prêtes* à partir.**
- ***Plutôt* que de discuter, partez, vous arriverez *plus tôt*.**

RÈGLES

Il faut écrire **prêt (p.r.ê.t)** quand on peut le mettre au **féminin,** c'est un adjectif qualificatif.
Dans *le cas contraire*, il faut écrire **près (p.r.è.s).**
Il faut écrire **plus tôt** en **2 mots** lorsqu'il est le contraire de **plus tard.** — Dans *le cas contraire*, il faut écrire **plutôt** en *1 mot.*

EXERCICES

321. Conjuguez au présent et à l'imparfait de l'indicatif :
Être prêt à jouer   être prêt à lire   être près du puits.

322. Remplacez les points par *près* ou *prêt*, accordez s'il y a lieu.
Des papillons posés repliaient leurs ailes fauves, ... à se laisser emporter plus loin (E. Zola). — Rien n'était ...; la nature boudait encore (A. Gide). — Monsieur le Maître ignorait à peu ... ces fantaisies, il ne tolérait les couleurs que pour les cartes (J. Cressot). — Les foins ... à être fauchés s'étalaient sous une nappe de lumière chaude (E. Moselly). — Tout ... de moi un sapin roula foudroyé (A. Daudet). — Voici tout ... des armoires la table ronde (H. Bachelin). — Là, se réunissaient les hirondelles ... à quitter nos climats (Chateaubriand). — Jamais nous ne serions ... pour la moisson (E. Pérochon). — Le capitaine faisait des gestes de dénégation et semblait ... d'éclater (J. Peyré).

323. Remplacez les points par *plus tôt* ou *plutôt*.
Ce vieux loup de mer préféra mourir ... que d'abandonner son navire (Monfreid). — Je supporte les violettes seules et c'est surprenant, l'odeur m'en calme ... (E. Zola). — La nuit vint deux heures ..., tant le ciel était sombre (Maupassant). — La petite sonnette semble dire tout le temps : « Dépêchons-nous, dépêchons-nous, ... nous aurons fini, ... nous serons à table. » (A. Daudet). — Il n'a pas manqué de courage, mais ... de chance et de facilité (G. Duhamel). — Une année ..., nos camarades Gourp et Erable, en panne ici, avaient été massacrés par les dissidents (Saint-Exupéry). — Je me suis demandé, M. Rinquet, si vous n'accepteriez pas de prendre votre retraite un peu ... (Simenon).

PEU – PEUT

- Jean-Paul *peut* porter ce paquet *peu* volumineux.
- Jean-Paul *pouvait* porter ce paquet *peu* volumineux.

RÈGLE

Il ne faut pas confondre **peut** (p.e.u.t), du verbe **pouvoir** avec **peu** (p.e.u) adverbe de quantité.

Si l'on peut mettre l'imparfait **pouvait**, il faut écrire **peut** (p.e.u.t).

REMARQUE

● **Peu** précédé de l'article défini ou de l'adjectif possessif ou démonstratif est un nom : **le peu** *de savoir*; **son peu** *de réflexion*; **ce peu** *de chance*.

EXERCICES

324. Conjuguez au présent et à l'imparfait.

pouvoir se reposer un peu   être peu observateur

325. Remplacez les points par *peu* ou *peut*.

S'il était le plus irréprochable des ânes, on ... dire aussi qu'il était le plus heureux (G. Sand). — ... à ... l'Espagne de ma carte devenait sous la lampe un pays de contes de fées (Saint-Exupéry). — Un ... ému, un ... tremblant, j'attelle les deux gros bœufs (E. Guillaumin). — Un paysan un ... instruit en vaut deux (E. Le Roy). — Tout ce qui ... servir aux usages domestiques est conservé d'une manière effrayante (Mme de Staël). — Ces bergers marchaient sur des fleurettes un ... brûlées, sur des herbes un ... roussies (P. Loti). — Quand on a la conscience satisfaite on ne ... pas être entièrement malheureux (V. Hugo).

326. Même exercice que 325.

Les truites ne remuent que fort ... leurs nageoires (T. Derème). — Mon père ne savait pas tout, mais il savait un ... de tout et ce ..., il le savait bien (E. About). — Il passe ... de voitures par ces rues (T. Derème). — Le ... de mots que je parvenais à balbutier ne m'étaient d'aucun secours en cette circonstance (A. France). — De ma maison, je vois bien des choses, mais elle, on ne ... la voir, car elle est bien enfouie dans les feuillages (C. Mauclair). — Mon cher père, tu m'as montré ce que ... faire la patience dans les longs efforts (Pasteur). — ... à ... les arbres s'éclaircirent (A. Theuriet). — Le soleil est déjà bas, sa lumière est un ... jaunie (P. Loti).

327. Analysez *peu* et *peut* dans l'exercice 326.

QUANT À – QUAND – QU'EN

- *Quant à* moi, j'irai te voir *quand* il fera beau.
  (en ce qui concerne)   (lorsque)

  Qu'en dis-tu?
  (Que... en)

RÈGLE

Il ne faut pas confondre **quand** (q.u.a.n.d) avec **quant** (q.u.a.n.t) ni avec **qu'en** (q.u.'e.n).

Il faut écrire :

- **q.u.a.n.d**, si ce mot exprime *le temps.* On peut généralement le remplacer par **lorsque**.
- **q.u.'e.n**, si l'on peut décomposer **qu'en** en **que... en**.
- **q.u.a.n.t**, si ce mot peut être remplacé par **en ce qui concerne**. Dans ce cas, il est suivi de la préposition **à** ou de **au, aux**.

REMARQUE

- **Quand** peut être :
adverbe interrogatif : **Quand** *viendras-tu nous voir?*
ou conjonction de subordination : *Les oiseaux chantent* **quand** *le soleil se lève.*
Quand *conjonction,* est l'équivalent de *lorsque.*
Quant à est une *locution prépositive.*

EXERCICES

328. Remplacez les points par *quand, quant, qu'en*.

Personne mieux que lui ne découvrait où gîte le lièvre. ... aux lapins, il savait par cœur les moindres terriers (P. ARÈNE). — Tous les mois, ... il avait touché ses gages, Basile, le dimanche, se levait de bon matin (E. MOSELLY). — Il faut dire ... ce temps-là on ne cassait pas le sucre à la mécanique; les ménagères l'achetaient en pain (A. FRANCE). — Madeleine frottait entre ses mains pour ne pas user l'étoffe, ... au savon, elle en était ménagère (E. PÉROCHON). — Et ... à cette idée d'être marin, elle me charmait et m'épouvantait (P. LOTI). — Nulle part on n'est mieux ... wagon (ALAIN). — ... il fait beau, je prends ma canne et mon béret, je siffle mon chien et en route! (J. GUÉHENNO). — La fouine ardente, altérée de sang chaud, est si rapide ... un moment elle saigne et parents et petits (MICHELET). — ... aux cigales, elles continuaient de plus belle jusqu'au soir (J. JAUBERT). — Ma grand-mère me donnait la bouillie, m'habillait, me grondait ... il le fallait (C. PÉGUY). — Rien ... voyant un œuf, je pouvais dire, sans me tromper, de quel oiseau il était (E. LE ROY).

329. Construisez une phrase avec *quand* adverbe, *quand* conjonction, *quant à* et *qu'en*.

QUOIQUE — QUOI QUE

- *Quoique* la tempête fût un peu moins forte, il ventait encore très fort. (A. Gerbault.)
- *Quoi que* vous écriviez, évitez la bassesse. (Boileau.)

RÈGLE

Quoique en **un seul mot** est une **conjonction de subordination** qui est l'équivalent de *bien que*.
Quoi que en **deux mots** est un **pronom relatif composé** appelé encore pronom relatif indéfini qui a le sens de *quelle que soit la chose que* ou de *quelque chose que*.

REMARQUES

- Le verbe qui suit **quoique** ou **quoi que** est généralement au mode subjonctif.
- Dans *quoi qu'il en soit*, **quoi qu'** s'écrit en 2 mots.

EXERCICES

330. Remplacez les points par *quoique* ou par *quoi que*.
La grande Nanon, ... elle ne fût plus jeune, boulangeait elle-même, tous les samedis, le pain de la maison (Balzac). — Asseyez-vous, M. Rinquet, et, ... je vous dise, faites-moi le plaisir de ne pas m'en vouloir (Simenon). — Car toi, loup, tu te plains, ... on ne t'ait rien pris (La Fontaine). — Les sauvages de la baie d'Hudson vivent fort longtemps, ... ils ne se nourrissent que de chair ou de poisson cru (Buffon). — ... il en soit, je tirai de ma poche les deux sous de mon jeudi et je les jetai à la mendiante (A. Daudet). — ... puisse dire Aristote et toute la philosophie, il n'est rien d'égal au tabac (Molière).

331. Même exercice que 330.
Il se troubla visiblement ... il ne pût m'entendre. Mme de Vernon se leva pour lui parler (Mme de Staël). — Elle ne croyait jamais avoir plus d'esprit que son voisin, ... elle en eût quarante fois davantage (A. Assolant). — ... j'aie pu dire ailleurs, peut-être que les affligés ont tort : les hommes semblent nés pour l'infortune, la douleur et la pauvreté (La Bruyère). — ... il eût beaucoup couru le monde, connu force gens, force pays, la science l'avait gardé naïf (A. Daudet). — C'est un paysage nu et borné; ... il en soit, il nous plaît et nous l'aimons (G. Sand). — ... il fasse, le savant s'approche toujours du monde comme l'astronome s'approche de la nébuleuse : avec un télescope (J. Giono).

EXERCICES DE REVISION

332. Écrivez comme il convient les mots en italique.

Un grand coq aux plumes *flambant* les suivait (E. ZOLA). — Les ors, les émaux, les pierres fines *tintant* à chacun de ses mouvements lui faisaient une cuirasse *éclatant* et sonore (R. BURNAND). — Les sillons *luisant* sont pareils à des vagues qui meurent au bord des routes (P. HAMP). — Les hauts peupliers *ceinturant* la petite ville se mettent à bruire, *exhalant* un murmure d'allégresse (E. MOSELLY). — Les saules blanchâtres alternaient avec les peupliers *jaunissant* (E. FROMENTIN). — L'appareil était happé par des courants *descendant* (R. DELANGE). — Parfois sur les aciers *tranchant* un coquelicot reste attaché (E. MOREL). — Les pauvres verdiers, *grelottant* sous leurs plumes ébouriffées, jetaient un cri plaintif (ERCKMANN-CHATRIAN).

333. Écrivez comme il convient les mots en italique.

Ses yeux grands, bruns et très limpides, rarement regardaient *droit* (C. PLISNIER). — Oh! la fin de mai, les *haut* foins, puis les fauchages de juin! Dans quelle lumière d'or, je revois tout cela! (P. LOTI). — Ce sont des champs de pailles jaunes, tondues *court*, que dessèche et dore le soleil (P. LOTI). — Ces jours si *long* pour moi lui sembleront trop *court* (RACINE). — Les mils étaient *haut*; les maïs *dru* (R. GUILLOT). — Les hommes de la brousse *clair* avaient été avertis du passage des lions (R. GUILLOT). — A l'entrée du four étaient allumées des bûchettes de bouleau qui brûlaient *clair* (A. THEURIET). — Nos sabots sonnent *fort* sur le chemin durci (F. TIMMERMANS). — La chanteuse trottait *menu*, mais vite (P. LOTI).

334. Complétez s'il y a lieu :

J'entendais un appel... du porteur et parfois un souffle plus fort arrachait un lambeau de chant à sa flûte (A. GIDE). — Dès que le bourg s'éveil..., il s'emplit d'une multitude affairée (R. BAZIN). — Partout bêtes et gens sont à l'œuvre, la vie rustique est en éveil... (A. THEURIET). — C'est le cri... des femmes appelant la volaille, l'aboi... d'un chien au flanc d'un troupeau, le soupir... de la brise (PESQUIDOUX). — Sur l'appui... de toutes les fenêtres, des cages ramagent (P. ARÈNE). — Le château s'appui..., s'élargit, surgit, culmine (LA VARENDE).

335. Remplacez les points par *qu'elle(s), quel(s) ou quelle(s).*

... joie, sans doute, que ces retours! et ... prestige environnait ceux qui arrivaient de si loin (P. LOTI). — Je marchais d'un pas souple et léger, poursuivant je ne sais ... rêves de nuits d'Espagne (P. LOTI). — ... gazouillement au bord des nids, et ... vives conversations! (MICHELET). — Les vieilles images décolorées ont beaucoup servi, justement parce ... disaient bien ce ... voulaient exprimer (CONSTANTIN-WEYER). — Elle souriait toute seule tandis ... coupait le pain qui craquait en se brisant sous la lame (H. BOSCO).

DEUXIÈME PARTIE

CONJUGAISON

LES 3 GROUPES DE VERBES

couper le foin   *tendre* un fil   *courir* un danger
fournir un effort   *lire* un livre   *revoir* sa leçon

REMARQUES

1. Couper, fournir, tendre, lire, courir, revoir sont à l'*infinitif.*

2. On classe les verbes en *3 groupes.*
Le 1er groupe comprend tous les verbes en *er* comme **couper.**
Le 2e groupe comprend les verbes en *i.r* comme **fournir** dont le participe présent est en *issant.*
Nous fourn*issons*   En fourn*issant*

Le 3e groupe comprend *tous les autres* verbes comme **tendre, lire, savoir** et quelques verbes en *ir* comme **courir** dont le participe présent est en *ant.*
Nous cour*ons.*   En cour*ant.*

3. Les verbes **être** et **avoir** n'appartiennent à aucun groupe.

4. Les verbes du *2e groupe* (issant) ont **toujours** l'*infinitif* en i.r.
Les verbes en « oir » s'écrivent o. i. r; sauf *boire, croire, accroire.*
Les verbes en « uir » s'écrivent u. i. r. e, sauf *fuir* et *s'enfuir.*
Les verbes en « air » s'écrivent a. i. r. e. Ex. : *faire, plaire...*
Un certain nombre de verbes du 3e groupe s'écrivent i. r.
Ex. : **courir, cueillir, tressaillir, mourir, offrir, ouvrir, sortir...**
Quelques autres s'écrivent i. r. e. Ex. : **écrire, lire, rire, suffire...**

● **Maudire,** bien que du 3e groupe, fait **issant** et se conjugue comme **finir.**

EXERCICE

336. Donnez l'infinitif et le groupe de chaque verbe.
La feuille à tout moment tressaille, vole et tombe (SULLY-PRU-
DHOMME). — Pendant cette courte journée d'automne, je vais, je viens,
je traîne mes pas dans l'herbe mouillée (LAMARTINE). — Une lavandière recueille la soie sur un chardon (CHATEAUBRIAND). — L'automne
décolore les fourrés, roussit les mousses (P.-V. MARGUERITTE). — Un
coin de ciel bleu sourit à la fenêtre (R. ROLLAND). — Le bruit grandit.
Il prend l'oreille et ne la quitte plus (G. HANOTAUX).

VALEURS DU PRÉSENT DE L'INDICATIF

1. Le **présent de l'indicatif** marque surtout que l'action s'accomplit au moment où l'on parle.

Loisel **manœuvre** les robinets, **aligne** les chiffres, **compte** les gouttes et **pèse** des grains de poussière.   (G. Duhamel.)

2. Le **présent de l'indicatif** peut exprimer aussi :
a) des faits habituels :

Les papetiers qui **étalent** à la devanture de leur boutique des images d'Épinal furent d'abord mes préférés.   (A. France.)

b) des vérités durables :

La lune nous **réfléchit** les rayons du soleil.

c) des proverbes, des maximes, des pensées morales :

Qui trop **embrasse** mal **étreint**.

d) une action passée ou future très proche de l'action présente.

Nous **sortons** de table, il y a un instant.   (A. de Musset.)
Nous **arrivons** demain à Port-Saïd. Escale attendue.   (F. de Croisset.)

e) une action passée souvent très ancienne que l'on place dans le présent pour la rendre plus vivante.

J'**essayais** de reconstruire dans ma pensée le pauvre navire défunt et l'histoire de cette agonie... Je **voyais** la frégate partant de Toulon... Elle **sort** du port. La mer est mauvaise, le vent terrible; mais on a pour capitaine un vaillant marin...   (A. Daudet.)

EXERCICES

337. Quelles sont les valeurs du présent de l'indicatif dans :
Qui dort, dîne. — Deux et deux font quatre. — L'autre matin, j'entends qu'on rappelait tout bas dans le sillon (A. Daudet). — Hâtez-vous d'aller vous mettre en tenue. Nous attelons dans un instant (A. Fournier). — Le blé est gris. Le soleil pèse de toute sa force. Les poings se serrent; le pied s'avance. Les mains ramassent le blé. Les bras font la gerbe (J. Giono). — Les petites filles ont un désir naturel de cueillir des fleurs et des étoiles (A. France). — Pour les instants de repos, il y avait les feuilletons découpés dans les journaux et qu'on se prête de ferme à ferme (A. Bailly). — Il lui donna un grand coup du plat de son épée sur le visage. Candide dans l'instant tire la sienne (Voltaire).

PRÉSENT DE L'INDICATIF

● Je pense à l'infinitif.

verbes en **e.r**		autres verbes	
e **e.s.** **e**		**s** **s** **t** ou **d**	
couper	**plier**	**remplir**	**tendre**
Je coup. **e**	Je pli. **e**	Je rempl. **is**	Je tend. **s**
Tu coup. **es**	Tu pli. **es**	Tu rempl. **is**	Tu tend. **s**
Il coup. **e**	Il pli. **e**	Il rempl. **it**	Il ten. **d**
N. coup. **ons**	N. pli. **ons**	N. rempl. **issons**	N. tend. **ons**
V. coup. **ez**	V. pli. **ez**	V. rempl. **issez**	V. tend. **ez**
Ils coup. **ent**	Ils pli. **ent**	Ils rempl. **issent**	Ils tend. **ent**

RÈGLE FONDAMENTALE

Au **présent de l'indicatif**, les **verbes** se divisent en **2 grandes catégories** :

1. les verbes en e.r, qui prennent **e, e.s, e**.
Ex. : je pli. **e**, tu pli. **es**, il pli. **e**.

2. les autres verbes qui prennent **s, s, t** ou **d**.
Ex. : je rempli. **s**, tu rempli. **s**, il rempli. **t**.   il ten. **d**.

● **Pour bien écrire un verbe au** *présent de l'indicatif* **faut penser à l'***infinitif,* **puis à la personne.**

Ex. : je plie (**plier**) = *e* — je remplis (**remplir**) = *s*.

envier	mendier	bondir	nourrir	avouer	saluer
expier	mystifier	fournir	saisir	échouer	créer
falsifier	solfier	franchir	vieillir	continuer	suppléer

REMARQUES

● Quelques verbes ne suivent pas cette règle du présent de l'indicatif. Ainsi :

1. pouvoir, vouloir, valoir prennent **x, x, t**.
Ex. : *Je peu.* **x**, *tu peu.* **x**, *il peu.* **t**.

2. les verbes **cueillir, ouvrir** et leurs composés, **offrir, assaillir, tressaillir** se conjuguent comme les verbes en **er**.
Ex. : *je cueill.* **e**, *tu cueill.* **es**, *il cueill.* **e**.

3. aller fait : *je va.*s, *tu va.*s, *il* **va**.

116

EXERCICES

338. Conjuguez au présent de l'indicatif :

1. farcir la volaille   bondir de joie   engluer ses doigts
    scier la bûche   étudier un plan   exclure le tricheur
2. secouer l'amandier   créer un modèle   déjouer une ruse
    accueillir un ami   vouloir réagir   aller au marché

339. Mettez les verbes au présent de l'indicatif. Justifiez la terminaison en écrivant l'infinitif entre parenthèses.

je pari...   il gravi...   je tri...   tu grandi...   tu bénéfici...
je ché ...   il envi...   je pétri...   tu remédi...   tu adouci...
tu châti...   tu oubli...   il désuni...   je rempli...   il associ...
tu ralenti...   tu établi...   il reni...   je suppli...   il aminci...

340. Même exercice que 339.

La lune pâli... à l'horizon. — Le moissonneur li... la gerbe. — Le négociant conclu... une affaire. — Le sang lui afflu... au visage. — Le printemps multipli... les fleurs dans le sentier. — Le soldat accompli... son devoir. — Le gel durci... la terre. — Le menuisier sci... la planche. — Tu avou... ta faute. — Tu échou... dans ton entreprise. — On continu... de jouer. — On exclu... le mauvais joueur. — Un chien surgi..., l'enfant se réfugi... dans les bras de sa mère. — Le chevreuil bondi... dans le fourré. — Le soleil incendi... le vieux vitrail.

341. Ecrivez au présent de l'indicatif :

Tu offr... un bouquet à ta mère. — Je cueill... des fraises. — Je ne peu... pas sortir. — Tu ne veu... pas obéir. — Tu vau... plus que tu ne pens.... — Le canot va... à la dérive. — La feuille tressaill....

342. Même exercice que 341.

Grand-père se penche et épi... des traces de bêtes (E. Moselly). — Un écureuil glapi... en escaladant un arbre (Th. Gautier). — La grive cri... à travers les pampres (L. Tailhade). — L'épervier décri... d'abord des ronds sur le village. Il grossi... à mesure que son vol se resser... (J. Renard). — A Versailles, l'automne est souverain. Son sceptre y cré... une féerie (H. de Régnier). — Nous touchons le fond, le « Casabianca » s'ébrou... un peu (Cdt L'Herminier). — Nous sentons toutes les odeurs que la belette charri... de ses petits bonds souples (J. Giono). — La longue belette s'insinu... au nid sans frôler une feuille (Michelet). — Le guide dépli... la corde où chaque membre de la caravane li... son sort à celui des autres (G. Sonnier). — La servante m'apporte un à un les pots que je rempli... de sirop rouge (G. Franay). — Je brandi... une perche trois fois plus haute que moi (J. Guéhenno). — L'eau flu... partout sous la roche (H. Pourrat). — Une automobile passe, on la devine au tourbillon qui embu... l'azur (J. Camp). — Il fait frais, cela réveille, cela vivifi... (P. Loti). — Nulle nymphe, nulle amie ne m'agré... (P. Valéry).

PRÉSENT DE L'INDICATIF

QUELQUES VERBES DU 3ᵉ GROUPE

courir	rompre	déduire	conclure
Je cours	Je romps	Je déduis	Je conclus
Tu cours	Tu romps	Tu déduis	Tu conclus
Il court	Il rompt	Il déduit	Il conclut
Nous cour**ons**	Nous romp**ons**	Nous dédui**sons**	Nous conclu**ons**
Vous cour**ez**	Vous romp**ez**	Vous dédui**sez**	Vous conclu**ez**
Ils cour**ent**	Ils romp**ent**	Ils dédui**sent**	Ils conclu**ent**

accourir	cuire	instruire	produire	relire	conclure
parcourir	construire	introduire	réduire	élire	exclure
secourir	détruire	luire	séduire	confire	rire
interrompre	enduire	nuire	traduire	suffire	sourire

REMARQUE

● Les verbes en « uir » s'écrivent u.i.r.e, sauf fuir et s'enfuir.
D'ailleurs, *fuir* fait au présent de l'indicatif :
*je fuis, tu fuis, il fuit, nous fu*yons, *vous fu*yez, *ils fu*ient.

EXERCICES

343. Conjuguez au présent de l'indicatif :

1. parcourir la plaine   conclure un marché   élire un député
   sourire avec ironie   tuer le temps   suffire à sa tâche
2. interrompre le bavard   confire une oie   lier une sauce
   construire un mur   confier une lettre   lire un magazine

344. Mettez les verbes au présent de l'indicatif. Justifiez la terminaison en écrivant l'infinitif entre parenthèses.

tu reni...	il cour...	je discour...	il concour...	tu exclu...
tu uni...	il labour...	je souri...	il savour...	tu conclu...
tu nui...	il entour...	je vari...	il bourr...	tu évalu...

345. Trouvez un nom de la famille de chacun des verbes en *uire*, de *courir* et de ses composés.

346. Mettez la terminaison convenable du présent de l'indicatif.

En ce premier jour de vacances, je cour... à la chènevière (J. Cressot). — Je pli... et ne romp... pas (La Fontaine). — Un éclat de rire l'interromp...; il se retourne et ne voit rien qu'un gros pivert (A. Daudet). — Le sabotier parcour... tous les cantons de la forêt (Moselly). — Ah! conclu... ma tante qui se rengorge comme une dresseuse sous l'applaudissement (P. Hériat). — Le chien, me croyant en danger, accour..., l'aboi furieux (L.-F. Rouquette).

118

PRÉSENT DE L'INDICATIF

VERBES EN « DRE »

confondre		tordre	
Je confonds	N. confondons	Je tords	N. tordons
Tu confonds	V. confondez	Tu tords	V. tordez
Il confond	Ils confondent	Il tord	Ils tordent

RÈGLE

Les verbes en *dre* **conservent généralement le** *d* **au présent de l'indicatif.**

Je confonds (d.s), tu confonds (d.s), il confond (d).

● Les verbes en **endre** s'écrivent **e.n.d.r.e**, sauf **épandre** et **répandre** qui s'écrivent avec un **a**.

défendre	descendre	épandre	fondre	tondre	mordre
suspendre	entendre	répandre	répondre	perdre	démordre

EXERCICES

347. Conjuguez au présent de l'indicatif :

perdre patience	attendre l'autobus	répandre un bruit
fondre en larmes	épandre la paille	détordre une barre

348. Mettez les verbes au présent de l'indicatif. Justifiez la terminaison en écrivant l'infinitif entre parenthèses.

tu secou...	je décor...	tu ferr...	elle rom...	elle mou...
tu décou...	je mor...	tu per...	elle fon...	elle bou...

349. Écrivez au présent de l'indicatif :

Il se met au large, puis pren... son temps, fon... sur le cou du lion, qu'il ren... presque fou (La Fontaine). — A pied, je ne dépen... ni des chevaux, ni du postillon (J.-J. Rousseau). — Elle cou... et me fait gentiment compagnie, si la pluie hache l'horizon (Colette). — Une paix immense se répan... dans l'espace (P. Dévoluy). — Il me semble que ma fièvre est un peu tombée. Mon pouls se déten... (P. Hériat).

350. Même exercice que 349.

Le soleil mou... de la craie à pleine meule (J. Giono). — Dans la cuve, le jeune vin s'agite et bou... (J. Cressot). — Je jou... avec le feu, je secou... le brasier, je manœuvre le soufflet (Colette). — Il enten... ce bruit argentin de l'eau qui 'sour... (H. Bordeaux). — Un rat d'eau cour... sur le gravier (E. Moselly). — L'iris dor..., roulé en cornet sous une triple soie verdâtre (Colette). — La vigne tor... ses pieds entre les cailloux (Taine). — L'air est figé, immobile, il mor..., traverse, dessèche, tu... les arbres (Maupassant).

PRÉSENT DE L'INDICATIF.

VERBES EN « Y.E.R »

appuyer		employer	
J'appuie	Nous appuyons	J'emploie	Nous employons
Tu appuies	Vous appuyez	Tu emploies	Vous employez
Il appuie	Ils appuient	Il emploie	Ils emploient

RÈGLE

Les verbes en **« y.e.r »** **changent** l'y en **i** devant un **e muet**.

Ex. : J'appuie (i.e), tu appuies (i.e.s), il appuie (i.e), nous appuyons (y.o.n.s), vous appuyez (y.e.z), ils appuient (i.e.n.t).

Les verbes en **« a.y.e.r »** peuvent **conserver** ou **perdre** l'y devant un **e** muet :

Ex. : Je balaye, je balaie; tu balayes, tu balaies...

Pour simplifier l'orthographe, il est préférable d'appliquer la règle à tous les verbes en **y.e.r**.

Toutefois le verbe *grasseyer* doit **conserver** l'y à toutes les personnes de tous les temps de sa conjugaison, à cause de la prononciation.

Ex. : Je grasseye, tu grasseyes, il grasseye.

ennuyer	choyer	festoyer	ployer	bégayer	étayer
essuyer	broyer	larmoyer	renvoyer	effrayer	payer
aboyer	déployer	nettoyer	rudoyer	égayer	rayer
apitoyer	envoyer	noyer	tutoyer	essayer	zézayer

EXERCICES

351. Conjuguez au présent de l'indicatif :

essuyer le vaisselier   envoyer un colis   effrayer la volaille

352. Mettez les verbes en italique au présent de l'indicatif .
Tes yeux fatigués *larmoyer*. — Vous *choyer* la vieille grand-mère. — Les cantonniers *charroyer* des pierres. — Nous *ployer* sous le faix. — Nous nous *frayer* un chemin dans la foule. — Les taquins *ennuyer* le chien. — Tu *zézayer* légèrement. — Notre camarade *grasseyer* fortement. — Les maçons *étayer* le vieux mur. — Vous *payer* vos impôts. — Le sifflement des merles *égayer* le verger. — Les rafales *balayer* les feuilles mortes. — Je s'*appuyer* sur plusieurs théorèmes pour faire ma démonstration. — Vous *essuyer* les vitres. — La campagne *verdoyer* ·au printemps. — Tu *envoyer* une lettre à ton frère.

● **Verbes en** *uyer, oyer, ayer* **ou en** *uire, oir(e), aire?*

Je pense à l'infinitif.

353. **Conjuguez au singulier du présent de l'indicatif :**

s'enfuir   traduire   détruire   entrevoir   savoir   recevoir
s'ennuyer   essuyer   appuyer   renvoyer   essayer   employer

354. Mettez les verbes au présent de l'indicatif. Justifiez la terminaison en écrivant l'infinitif entre parenthèses.

j'essui...   il boi...   tu croi...   il sai...   je voi...   il appui...
je condui...   il aboi...   tu broi...   il essai...   j'envoi...   il sédui...

355. Mettez les verbes au présent de l'indicatif et justifiez la terminaison en écrivant l'infinitif entre parenthèses.

La moisson ondoi... sous la brise. — Le fermier doi... se rendre au marché. — Le grand-père choi... ses petits-enfants. — Le menteur déchoi... dans l'estime de ses camarades. — La nuit tombe, la gent ailée se tai... — Le professeur étai... ses explications d'exemples précis. — Le chien aboi... et boi... à grandes lampées. — Le douanier poursui... le contrebandier même s'il essui... des coups de feu. — Il contrefai... le chant du coq. — Le chat effrai... les moineaux.

356. Écrivez au présent de l'indicatif :

Mariette envoi... la main; elle prend le lien, elle embrasse la gerbe (J. Giono). — Le canard noi... ses riches couleurs; on ne voi... plus sa tête verte (J. Renard). — Un gras soleil boi... la rosée des prés (A. France). — La grande faux de la moissonneuse flamboi... dans l'or des blés (E. Morel). — Le blaireau sui... les lignes d'ombre, se confond avec un tronc d'arbre (J. de Pesquidoux). — Le château s'appui..., s'élargit, surgit, monte, s'étrécit, culmine (J. de La Varende). — L'enfant comprend la voix des choses. La grande armoire brui... doucement (E. Moselly).

357. Même exercice que 356.

Le papillon « citron » tournoi..., vert comme une feuille malade (Colette). — Ce qui se conçoi... bien s'énonce clairement (Boileau). — Un vent léger balai... avec la poussière de la chaussée les graines ailées des platanes! (A. France). — C'est beau un oiseau ... Et comme ça égai... un paysage (H.-L. Ailleret). — La fouine se décide; un cri, un glapissement strident et tout se tai... (J. de Pesquidoux). — Dans le cloître blanc du brouillard, toute créature se croi... seule (C. Mayran). — Les plantes fourragères unissent leurs teintes pour varier à l'infini le tapis moelleux qui chatoi... (A. Theuriet). — Parfois un fétu de paille lui... dans la litière comme un brin d'or (E. Moselly). — Parfois, il se retournait vers elle pour demander : « Tu ne t'ennui... pas, Wilfrida? » (Van der Meersch).

PRÉSENT DE L'INDICATIF

VERBES EN « INDRE » ET EN « SOUDRE »

feindre	craindre	joindre	absoudre
Je fein.s	Je crain.s	Je join.s	J' absou.s
Tu fein.s	Tu crain.s	Tu join.s	Tu absou.s
Il fein.t	Il crain.t	Il join.t	Il absou.t
Nous feignons	Nous craignons	Nous joignons	Nous absolvons
Vous feignez	Vous craignez	Vous joignez	Vous absolvez
Ils feignent	Ils craignent	Ils joignent	Ils absolvent

RÈGLE

Les verbes en **indre, oindre** et **soudre perdent le d** au **présent de l'indicatif** et prennent **s.s.t.**

Ex. : Je feins (n. s), tu feins (n. s), il feint (n. t).

Les personnes du **pluriel** des verbes en **indre** et en **oindre** sont en **gn**.

Ex. : nous feignons (g.n.o.n.s), vous feignez (g.n.e.z), ils feignent (g.n.e.n.t).

atteindre	enfreindre	geindre	plaindre	disjoindre	résoudre
ceindre	éteindre	peindre	craindre	enjoindre	absoudre
empreindre	étreindre	teindre	contraindre	rejoindre	dissoudre

REMARQUES·

1. Les verbes en **« indre »** s'écrivent e. i. n. d. r. e sauf **plaindre, craindre** et **contraindre** qui s'écrivent avec un **a**.

2. Il ne faut pas confondre les verbes en *« soudre »*. avec les verbes en *oudre* qui suivent la règle des verbes en **dre**. Ex. : J'absous, je couds.

EXERCICES

358. Conjuguez au présent de l'indicatif :

éteindre le feu,   résoudre une équation,   rejoindre ses amis.

359. Mettez les verbes en italique au présent de l'indicatif.

Tu *atteindre* le but. — Je *craindre* le froid. — Le jour *éteindre* les étoiles. — Nous nous *plaindre* du temps. — Vous *enfreindre* le règlement. — Il nous *dépeindre* sa joie. — Je *joindre* une photographie à ma lettre. — Les arbres *geindre* sous la rafale. — Tu *résoudre* une difficulté. — Le sucre *se dissoudre* dans l'eau. — Le maire *ceindre* son écharpe. — En fin de mois, on *se restreindre* souvent. — Je *repeindre* la grille. — Le vent *disjoindre* le volet.

● Verbes en *dre* ou en *indre*? Je pense à l'infinitif.

360. Conjuguez au présent de l'indicatif :

plaindre un ami   peindre les volets   coudre des harnais
répandre du vin   pendre un jambon   résoudre une difficulté

361. Mettez à la 3ᵉ pers. du singulier et à la 3ᵉ pers. du pluriel :

descendre   attendre   tendre   répandre   répondre
ceindre   atteindre   teindre   repandre   rejoindre

362. Mettez la terminaison convenable du présent de l'indicatif.

je tein...   tu fen...   il détein...   tu cou...   tu secou...
je ten...   tu fein...   il déten...   tu bou...   tu voi...
je tien...   tu vien...   il détien...   tu résou...   tu envoi...

363. Mettez les verbes en italique au présent de l'indicatif.
La cane *pondre* des œufs verdâtres tout tachetés. — Le voilier
poindre à l'horizon. — L'autocar *attendre* au passage à niveau que
le train soit passé. — L'avion à réaction *atteindre* une vitesse prodigieuse. — La danseuse *ceindre* son front d'une couronne de fleurs.
— Le torrent *descendre* de la montagne en mugissant. — Le fermier
éteindre sa grosse lanterne. — La tuberculose a presque disparu, le
cancer *étendre* ses ravages chez les fumeurs. — Tu *moudre* du café
dont l'arôme est agréable. — Tu *secouer* ta paresse. — Tu *absoudre*
le coupable qui promet de rentrer dans la bonne voie.

364. Mettez la terminaison convenable du présent de l'indicatif.
Baigné d'une lueur qui saigne sur la neige, le condor atten...; dans un
cri rauque, il monte où n'attein... pas le vent (Leconte de Lisle). —
Maman, quand tu es assise à la fenêtre, tu cou... et tu penses
(C.-L. Philippe). — L'air sur les fleurs en perles se résou... (Molière). —
Je me résou... à éteindre ma lampe (P. Hériat). — La bête baissa la tête
et se secoua comme un chien qui s'ébrou... (P. Fisson). — Tout cela se
mêle, s'éten..., plane, couvre la ville, cache le ciel, étein... le soleil
(Maupassant). — Ma mère pleure et mon père fein... de hausser les
épaules (P. Arène). — Le martinet fen... l'air de son aile aiguë
(E. Moselly). — Sans rien dire, je rejoin... ma cabine. Elle me plaît,
cette chambre minuscule (R. Dorgelès). — Une soif ardente étrein... ma
gorge, je pren... une poignée de neige que je porte à ma bouche (L.-F.
Rouquette). — Il tire, traîne, gein..., tire encore et s'arrête (V. Hugo).

365. Après chaque verbe, écrivez 1 ou 2 noms de la même famille.

mévendre   apprendre   comprendre   fendre   peindre
défendre   descendre   enfreindre   feindre   teindre
attendre   suspendre   contraindre   tendre   craindre
atteindre   épandre   empreindre   pendre   ceindre
entendre   étendre   étreindre   joindre   plaindre

PRÉSENT DE L'INDICATIF

VERBES EN « TRE »

mettre	battre	paraître	croître
Je mets	Je bats	Je parais	Je croîs
Tu mets	Tu bats	Tu parais	Tu croîs
Il met	Il bat	Il paraît	Il croît
Nous mettons	Nous battons	Nous paraissons	Nous croissons
Vous mettez	Vous battez	Vous paraissez	Vous croissez
Ils mettent	Ils battent	Ils paraissent	Ils croissent

RÈGLE

Les verbes en **« tre »** comme *mettre, battre, paraître, croître,* **perdent un *t* de leur infinitif** aux personnes du *singulier* du présent de l'indicatif.

Ainsi je met**s** (n'a plus qu'un t), je parai**s** (n'en a plus).

REMARQUES

1. Les verbes comme **paraître** et **croître** conservent l'accent circonflexe quand l'i du radical est suivi d'un t : *il paraît,   il croît.*

2. Le verbe **croître** conserve l'accent circonflexe quand il peut être confondu avec le verbe **croire** : *je croîs* (croître),   *je crois* (croire).

3. Les verbes de la famille de **mettre** s'écrivent **e.tt.r.e** :

admettre	transmettre	abattre	naître	reparaître	accroître
soumettre	omettre	combattre	connaître	apparaître	décroître

EXERCICES

366. Conjuguez au présent de l'indicatif :

omettre un détail	rabattre son col	accroître son savoir
soumettre un projet	paraître content	croire au succès

367. Mettez aux 3ᵉˢ personnes du présent de l'indicatif :
naître   connaître   comparaître   reparaître   croire   accroître.

368. Mettez les verbes en italique au présent de l'indicatif.
Le grillon *rabattre* sur lui sa trappe, faite d'une herbe (R. Mazelier). — Je suis le matou ; je me *battre*, je mange avec un appétit méthodique (Colette). — Je n'*admettre* qu'une chasse, celle de la jungle (A. Négis). — Je *connaître* les nuits sans sommeil, le travail qui commence à l'aube (Waltz). — Quand il *naître* une rose nouvelle, voilà tous les jardiniers qui s'émeuvent (Saint-Exupéry). — On attend l'astre longtemps, à chaque instant on *croire* le voir paraître (J.-J. Rousseau). — Le grand sapin qui *croître* derrière notre maison a pris place dans mon inquiétude (G. Duhamel). — Le pâtre surveille son troupeau qui *paître* les roseaux (Michelet).

VERBES EN « TIR » COMME MENTIR

mentir		se repentir	
Je mens	N. mentons	Je me repens	N. n. repentons
Tu mens	V. mentez	Tu te repens	V. v. repentez
Il ment	Ils mentent	Il se repent	Ils se repentent

RÈGLE

Les verbes en **« tir »** du 3ᵉ groupe, comme *mentir, sortir, sentir, partir, se repentir,* **perdent** *t* de leur infinitif aux personnes du **singulier** du présent de l'indicatif et prennent **s, s, t.**

Ex. : je mens (n. s) tu mens (n. s) il ment (n. t).

mentir	sortir	sentir	consentir	partir	départir
démentir	ressortir	ressentir	pressentir	repartir	se repentir

Verbes apparentés perdant la consonne précédant la terminaison de l'infinitif.

dormir	rendormir	desservir	vivre	survivre	poursuivre
endormir	servir	resservir	revivre	suivre	s'ensuivre

REMARQUES

1. Attention à la conjugaison de **vêtir, revêtir** et **dévêtir :**
Je vêts, tu vêts, il vêt, nous vêtons, vous vêtez, ils vêtent.

2. **Assortir, rassortir (réassortir), désassortir** sont des verbes du 2ᵉ groupe.

EXERCICES

369. Conjuguez au présent de l'indicatif :

bâtir un plan   assortir des étoffes   endormir sa peine
partir en voyage   sortir avec son chien   resservir un plat

370. Mettez les verbes au présent de l'indicatif et justifiez la terminaison en écrivant l'infinitif entre parenthèses.

Je me repen... d'avoir assombri ma jeunesse (A. Gide). — Je me sen... gai, je me sen... fort, je marche en battant des talons (J. Vallès). — Je me lève de l'ombre et je consen... à traverser une zone éclatante de soleil (H. Bordeaux). — J'entrepren... l'escalade. Dès le début, je pressen... un morceau difficile (Frison-Roche). — Il se décide à quitter la côte et il par... à travers les prés (C. Anet). — La route se par... de chèvrefeuille parfumé (P. Degrully). — Le soleil dévê... sur l'horizon ses lumineux habits (J. Renard). — Un gras soleil dor... les pampres (A. France). — Le village dor... dans sa paix, au fond de son alcôve (E. Zola). — L'homme tor... et détor... ses doigts (T. Monnier). — Le moineau ser... la branche avec ses pattes (J. Renard). — Le plus magique instrument de connaissance, c'est moi-même. Quand je veux connaître, c'est de moi-même que je me ser... (J. Giono).

PRÉSENT DE L'INDICATIF

VERBES COMME ESPÉRER ET ACHEVER

espérer		achever	
J'espère	Nous espérons	J'achève	Nous achevons
Tu espères	Vous espérez	Tu achèves	Vous achevez
Il espère	Ils espèrent	Il achève	Ils achèvent

RÈGLES

1. Les verbes comme *espérer* **changent** l'**accent aigu** de l'avant-dernière syllabe en **accent grave** devant une terminaison **muette**.
tu espères — vous espérez.

2. Les verbes comme *achever* prennent un **accent grave** à l'avant-dernière syllabe devant une terminaison **muette**.
tu achèves — vous achevez.

Verbes comme **espérer.**				*Verbes comme* **achever.**	
compléter	imprégner	insérer	rapiécer	emmener	promener
aérer	empiéter	pénétrer	repérer	crever	lever
céder	exagérer	posséder	succéder	dépecer	mener
célébrer	inquiéter	protéger	suggérer	égrener	peser
ébrécher	persévérer	tempérer	vénérer	grever	semer

EXERCICES

371. Conjuguez au présent de l'indicatif :
persévérer dans l'effort   vénérer sa mère   aérer la cuisine
soupeser un melon   dépecer une oie   égrener des haricots

372. Mettez aux 2ᵉˢ personnes de l'indicatif présent :
exagérer   soulever   céder   amener   abréger   empeser.

373. Écrivez les verbes en italique au présent de l'indicatif.
Une petite source *égrener* entre les racines son collier de cristal
(TAINE). — On *héler* les voisins qui, là-bas aussi, montent leur vigne
(J. CRESSOT). — Une ligne sinueuse de saules et de peupliers *révéler*
et cache une petite rivière (G. RENARD). — Les corbeaux *se soulever*
et retombent à la même place (J. GIONO). — L'œil *adhérer*, monte
aussi et finit par atteindre, avec la flèche, le ciel (J. DE LA VARENDE).
— Je *vénérer* ce vieux mur, comme les Arabes leur plus sainte mosquée (P. LOTI). — Le vent agite les ombres, *promener* les nuages
(A. FRANCE). — L'automne *imprégner* les futaies brumeuses d'une
tristesse pénétrante (A. THEURIET). — L'étang *refléter* la silhouette
du saule noir (VERLAINE). — Le soleil *peser* de toute sa force (J. GIONO).
— Nous *insérer* le bas des pantalons dans des bottes (MAETERLINCK).

Présent de l'indicatif de quelques verbes irréguliers.

dire	médire	maudire	faire
Je dis	Je médis	Je maudis	Je fais
Tu dis	Tu médis	Tu maudis	Tu fais
Il dit	Il médit	Il maudit	Il fait
Nous disons	Nous médisons	Nous maudissons	Nous faisons
Vous **dites**	Vous médi**sez**	Vous maudis**sez**	Vous fai**tes**
Ils disent	Ils médisent	Ils maudissent	Ils font

aller	asseoir		boire
Je vais	J' assois	J' assieds	Je bois
Tu **vas**	Tu assois	Tu assieds	Tu bois
Il **va**	Il assoit	Il assied	Il boit
Nous allons	Nous assoyons	Nous asseyons	Nous buvons
Vous allez	Vous assoyez	Vous asseyez	Vous buvez
Ils vont	Ils assoient	Ils asseyent	Ils boivent

croire	voir	fuir	traire
Je crois	Je vois	Je fuis	Je trais
Tu crois	Tu vois	Tu fuis	Tu trais
Il croit	Il voit	Il fuit	Il trait
Nous **croyons**	Nous **voyons**	Nous **fuyons**	Nous **trayons**
Vous **croyez**	Vous **voyez**	Vous **fuyez**	Vous **trayez**
Ils croient	Ils voient	Ils fuient	Ils traient

bouillir	coudre	moudre	mourir
Je bous	Je couds	Je mouds	Je meurs
Tu bous	Tu couds	Tu mouds	Tu meurs
Il bout	Il coud	Il moud	Il meurt
Nous bouillons	Nous cousons	Nous moulons	Nous mourons
Vous bouillez	Vous cousez	Vous moulez	Vous mourez
Ils bouillent	Ils cousent	Ils moulent	Ils meurent

mouvoir	haïr	plaire	vaincre
Je meus	Je hais	Je plais	Je vaincs
Tu meus	Tu hais	Tu plais	Tu vaincs
Il meut	Il hait	Il **plaît**	Il **vainc**
Nous mouvons	Nous haïssons	Nous plaisons	Nous vainquons
Vous mouvez	Vous haïssez	Vous plaisez	Vous vainquez
Ils meuvent	Ils haïssent	Ils plaisent	Ils vainquent

prendre	venir	acquérir	écrire
Je prends	Je viens	J' acquiers	J' écris
Tu prends	Tu viens	Tu acquiers	Tu écris
Il prend	Il vient	Il acquiert	Il écrit
Nous prenons	Nous venons	Nous acquérons	Nous écrivons
Vous prenez	Vous venez	Vous acquérez	Vous écrivez
Ils prennent	Ils viennent	Ils acquièrent	Ils écrivent

REMARQUES

1. Faire et tous ses composés, **dire** et **redire** ont la terminaison de la 2ᵉ personne du pluriel en **t. e. s** (sans accent sur l'i qui précède le t) :
Vous faites, vous contrefaites; vous dites, vous redites.

Mais **médire, contredire, interdire, prédire, se dédire**, ont la terminaison normale en **e. z** :
Vous médisez, vous contredisez, vous interdisez, vous prédisez, vous vous dédisez.
Maudire fait *maudissez* avec **2 s.**

2. Asseoir, rasseoir, surseoir se conjuguent comme *croire* et *voir* au présent de l'indicatif :
j'assois, nous assoyons, ils assoient.
Asseoir a une 2ᵉ conjugaison plus noble en **e** :
j'assieds, nous asseyons, ils asseyent.

Seoir, au sens de convenir, et **messeoir** ne se conjuguent qu'aux 3ᵉˢ personnes :
il sied, ils siéent; il messied, ils messiéent.

3. Si *je peux*[1], *je veux...* prennent **x**, *je meus...* prend **s.**

4. N'oublions pas l'accent circonflexe de :
il plaît, il déplaît, il se complaît, il gît, il clôt.
L'Académie donne **il éclot, il enclot** sans accent, mais Littré indique : **il éclôt, il enclôt.**
Les 2 orthographes sont valables.

5. Attention à l'orthographe de : *il va, il vainc, il convainc.*

EXERCICES

374. Conjuguez au présent de l'indicatif :

redire une règle   coudre le corsage   acquérir de l'assurance
prédire le temps   moudre le grain   convaincre un ami
parfaire son travail   traire la vache   asseoir son autorité

375. Écrivez au présent de l'indicatif; mettez l'accent s'il y a lieu.

tu peu...	il vain...	vous interdi...	il plai...	il décou...
tu veu...	il plain...	vous médi...	il gi...	il résou...
tu meu...	il va...	vous redi...	il agi...	il secou...

376. Mettez les verbes en italique au présent de l'indicatif.

L'eau du fleuve solennel était noire comme il *seoir* à une eau d'hiver courant entre des berges de neige (J. Peyré). — Il est bon d'être modeste, mais il ne *messeoir* pas d'avoir un peu confiance (Lesage). — Un passé héroïque, voilà le capital sur lequel on *asseoir* une idée nationale (Renan). — Il chasse l'ennemi, il *vaincre* sur mer, il *vaincre* sur terre (La Bruyère). — L'agneau *gésir* sur le flanc, dans la poussière et pleure comme un enfant (Maeterlinck). — S'il me *plaire*, à moi, d'aimer cette ville crénelée et toute pavoisée de soleil? (Saint-Exupéry). — Un esprit vit en nous et *mouvoir* tous nos efforts (La Fontaine). — Une haie *clore* le jardin le long du chemin (Maupassant). — Au collège comme dans la vie on n'obtient que la place que l'on *conquérir* (P. Janet). — Je me *convaincre* qu'une part de vous nous restera toujours inintelligible (P. Hériat). — On garde sans remords ce qu'on *acquérir* sans crime (Corneille).

---

1. A la 1ʳᵉ personne seulement, on peut dire *je peux* ou *je puis.*

VALEURS DE L'IMPARFAIT DE L'INDICATIF

J'aimais mon père, non seulement parce qu'il **était** mon père, mais parce qu'il **était** ce qu'il **était**. Je l'**admirais**. Je l'admire toujours.   (J. GIONO.)

1. L'**imparfait** marque une action passée.

2. L'**imparfait** marque une action qui dure, qui n'est pas achevée, donc une action imparfaite.

L'homme **mangeait** son quignon. En même temps, il **regardait** son couteau.
                                                                        (J. GIONO.)

3. L'**imparfait** est le temps de la **description**.

d'un tableau :

Des figuiers **entouraient** les cuisines; un bois de sycomores **se prolongeait** jusqu'à des masses de verdure où des grenadiers **resplendissaient** parmi les touffes blanches des cotonniers.   (G. FLAUBERT.)

d'une scène :

Ils s'**installaient** dans le salon. Marie **cousait** et l'enfant assis à ses pieds **feuilletait** le même livre d'images. Une souche de vigne **brûlait** dans la cheminée.   (CHARDONNE.)

4. L'**imparfait** peut exprimer aussi des faits habituels.

Le dimanche, nous **allions** aux moulins, par bandes. Là-haut, les meuniers **payaient** le muscat... Moi, j'**apportais** mon fifre...   (A. DAUDET.)

EXERCICES

377. Dites quelles sont les valeurs de l'imparfait dans :

Souvent on entendait Marie appeler son fils. Il était toujours dans la cuisine avec Ursule (CHARDONNE). — Un octogénaire plantait (LA FONTAINE). — L'arbre de couche était couvert de poussière et le grand chat maigre dormait dessus (A. DAUDET). — L'homme marchait assez vite. Cosette le suivait sans peine. Elle ne sentait plus sa fatigue (V. HUGO). — Des lotus entouraient une fontaine où nageaient des poissons pareils à ceux de Salammbô; puis au fond, contre la muraille du temple, s'étalait une vigne; les rayons de pierres précieuses faisaient des jeux de lumière (G. FLAUBERT). — Sous le poirier sauvage, à l'ombre de la haie, on s'asseyait autour du chaudron; les javelles servaient de sièges et de coussins (J. CRESSOT).

IMPARFAIT DE L'INDICATIF

couper	remplir	tendre
Je coupais	Je remplissais	Je tendais
Tu coupais	Tu remplissais	Tu tendais
Il coupait	Il remplissait	Il tendait
Nous coupions	Nous remplissions	Nous tendions
Vous coupiez	Vous remplissiez	Vous tendiez
Ils coupaient	Ils remplissaient	Ils tendaient

RÈGLE

A l'imparfait, tous les verbes prennent les mêmes terminaisons : a.i.s - a.i.s - a.i.t - i.o.n.s - i.e.z - a.i.e.n.t.

créer	condamner	adoucir	guérir	confondre	exclure
insinuer	envelopper	applaudir	nourrir	descendre	admettre
insérer	souhaiter	garantir	ralentir	répandre	apercevoir

EXERCICES

378. Conjuguez à l'imparfait de l'indicatif :

aiguiser sa scie	pétrir la pâte	rompre le pain
remuer la cendre	sortir du bois	débattre une affaire

379. Mettez les verbes en italique à l'imparfait de l'indicatif.
La terre *être* belle, ce matin-là...
Elle *s'étendre* devant moi, grise comme le temps, mais douce, avec ses mottes qui *fondre* sous le pied. Sous les gouttelettes encore fraîches de la nuit, *briller* des herbes courtes, et l'odeur amère du chiendent, à chaque pas broyé par les semelles, *monter* autour de moi, qui *avancer* par grandes et lentes enjambées dans la glèbe luisante et noire ... Une terre belle vraiment, et un peu grasse, que le soc *couper* au couteau, qui ne *couver* pas de basse vermine. Elle *se refermer* bien sur la semence; la pluie y *filtrer* sagement, et le germe, en faisant éclater sa croûte fragile, *s'élever* sans briser la pointe tendre où *aller* se former l'épi. Une terre enfin qui *couver* sa graine, l'hiver sous le toit de la neige, et qui *rester* tiède longtemps; puis qui *nourrir* cette vie d'une substance où *mordre* les racines et que *noyer* des sucs odorants et vivaces.
Je l'*aimer*, je le *savoir* bien, et d'elle à moi, s'était établi peu à peu, depuis mon retour, un accord de raison et de sentiment; elle me *rendre* en raisins, en fruits et en grandes céréales l'affection que je lui *porter* et qui cependant lui *valoir*, de l'hiver au printemps, tant de fatigues souterraines.   (HENRI BOSCO, *Le Mas Théotime*. Gallimard, édit.)

380. Donnez les sujets des verbes à l'imparfait.

IMPARFAIT DE L'INDICATIF

VERBES EN Y.E.R - I.E.R - I.LL.E.R - GNER

payer	**trier**	**briller**	**saigner**
Je payais	Je triais	Je brillais	Je saignais
Tu payais	Tu triais	Tu brillais	Tu saignais
Il payait	Il triait	Il brillait	Il saignait
Nous payions	Nous triions	Nous brillions	Nous saignions
Vous payiez	Vous triiez	Vous brilliez	Vous saigniez
Ils payaient	Ils triaient	Ils brillaient	Ils saignaient

REMARQUES

● Aux **2 premières personnes** du **pluriel** de l'imparfait de l'indicatif :

— les verbes en *y.e.r* s'écrivent avec un *y* et un *i* :
nous payions (*y.i.o.n.s*).

— les verbes en *i.e.r* s'écrivent avec 2 *i* :
nous triions (*ii.o.n.s*).

— les verbes en *i.ll.e.r* s'écrivent avec un *i* après le son *ill* :
nous brillions (*i.ll.i.o.n.s*).

— les verbes en *gner* s'écrivent avec un *i* après le son *gn* :
nous saignions (*g.n.i.o.n.s*).

● Les verbes en *y.e.r*, *i.e.r*, *i.ll.e.r*, *gner* ont une prononciation presque semblable aux 2 premières personnes du pluriel du **présent** et de l'**imparfait de l'indicatif**. Pour éviter la confusion, il faut penser à la **personne correspondante** du singulier :
Nous trions, je trie — Nous triions, je triais.

				verbes comme	*verbes comme*
ennuyer	confier	détailler	peigner	**payer**	**trier**
appuyer	copier	travailler	aligner	asseoir	rire
ployer	étudier	conseiller	cogner	voir	sourire
tutoyer	expédier	effeuiller	*verbes comme*	fuir	*verbes comme*
broyer	manier	habiller	**saigner**	croire	**briller**
essayer	mendier	fouiller	craindre	traire	cueillir
balayer	remercier	tortiller	peindre	distraire	bouillir
égayer	crier	dépouiller	joindre...		

EXERCICES

381. Conjuguez à l'imparfait de l'indicatif :
appuyer sur les pédales   signer le courrier   écailler le poisson
cueillir un chrysanthème   crier à tue-tête   s'asseoir à l'ombre

382. Écrivez aux personnes du pluriel du présent et de l'imparfait :
rayer   châtier   revoir   fuir   vaciller   cogner   recueillir   rire.

COURS SUPÉRIEUR D'ORTHOGRAPHE

383. Mettez les verbes en italique à l'imparfait de l'indicatif.
Nous *courir* après les papillons; nous *cueillir* des prunelles, nous *couper* des baguettes (B. Bonnet). — Nous *croire*, ma sœur et moi, revenir encore l'été suivant dans ce village (P. Loti). — Ce n'était pas un méchant homme, mais nous le *craindre* (J. Cressot). — Le vent passait sur nos têtes, tandis que nous nous *appuyer* bien tranquilles à la plate-forme (A. Daudet). — La couleuvre glissait, nous *regagner* tremblants le chemin (H. Lapaire). — Nous *gravir* lentement la côte, nous *atteindre* les taillis (A. Theuriet). — Nous *brosser* de fantastiques décors, nous *habiller*, pour les défilés, d'innombrables petites poupées (P. Loti). — Nous étions des grands. Nous *manier* l'équerre, le tire-ligne et le pinceau, sans méthode, à notre fantaisie (J. Cressot).

384. Mettez les verbes en italique au temps qui convient.
Nous autres, les enfants, nous attendions la catastrophe et *feindre*, mais en vain, de ne pas connaître l'extravagant défenseur des bonnes manières (G. Duhamel). — Une ombre transparente baignait la fine chevelure de l'acacia dont nous *voir* les fleurs tombées (A. France). — Nous sommes parvenus au faîte de cette croupe noire où nous nous *asseoir* en silence (Saint-Exupéry). — Nous entendons le bruissement rythmé des sauterelles et nous *voir* quelques-uns de ces insectes passer (A. Theuriet). — Aussi lui trouvais-je plus d'esprit qu'à personne et sur un seul mot échangé, nous *rire* souvent ensemble (P. Loti). — Mes parents soufflent un peu; nous autres, nous *cueillir* des mûres (P. Acker). — Un soir que nous *fuir* devant la tempête, notre bateau vint se réfugier à l'entrée du détroit de Bonifacio (A. Daudet). — Nous serions moins généreux que les hommes des cavernes si nous ne *travailler* pas à rendre à nos enfants la vie plus sûre et meilleure qu'elle n'est pour nous-mêmes (A. France).

385. Après chaque verbe, écrivez son pluriel.
Je m'ennuie par ce temps maussade. — Tu remerciais tes camarades de leur visite. — Je travaillais avec acharnement. — Tu sacrifies ton avenir. — Tu verrouillais la porte. — Je détortille un brin de laine. — Tu essayais un sweater. — Tu te baignes dans le lac. — Je m'égratignais aux ronces. — Je m'assieds à l'ombre de la haie. — Tu accueillais tes amis avec un bon sourire.

386. Après chaque verbe, écrivez son singulier.
Nous nous réfugions sous le porche pendant la pluie. — Vous conviiez votre oncle à déjeuner. — Vous déblayiez la cour. — Nous gaspillons notre temps. — Vous accompagniez des amis à la gare. — Vous vous frayez un chemin dans les broussailles. — Vous surveilliez le troupeau. — Nous cueillions des cerises. — Vous recueillez vos idées. — Nous croyons qu'il fera beau. — Vous souriiez gracieusement.

VERBES EN ELER ET EN ETER

rappeler   **jeter**

Présent	*Imparfait*	*Présent*	*Imparfait*
Je rappelle	Je rappelais	Je jette	Je jetais
Tu rappelles	Tu rappelais	Tu jettes	Tu jetais
Il rappelle	Il rappelait	Il jette	Il jetait
Nous rappelons	Nous rappelions	Nous jetons	Nous jetions
Vous rappelez	Vous rappeliez	Vous jetez	Vous jetiez
Ils rappellent	Ils rappelaient	Ils jettent	Ils jetaient

RÈGLE

Les verbes en **eler** et en **eter** prennent généralement **2 l** ou **2 t** devant un **e muet**.

Ex. : Je rappelle, je rappelais — je jette, je jetais.

REMARQUES

1. Quelques verbes en **eler** et en **eter** ne doublent pas l'l ou le t devant un **e muet** mais s'écrivent avec un **accent grave** sur l'e.
Ex. : *je martèle, je martelais — j'achète, j'achetais.*

2. Les verbes comme *interpeller* et *regretter* qui ont 2 l ou 2 t à l'infinitif gardent les 2 l ou les 2 t dans toute leur conjugaison.
Ex. : *j'interpelle, j'interpellais — je regrette, je regrettais.*

3. Les verbes comme *révéler* et *inquiéter* dont l'*e* qui précède l'l ou le t est accentué à l'infinitif, n'ont qu'une seule l ou qu'un seul t dans toute leur conjugaison.
Ex. : *je révèle, je révélais — j'inquiète, j'inquiétais.*

4. Attention à l'orthographe de certains noms d'une même famille qui prennent 2 l ou 1 l, 2 t ou 1 t selon que le son qui suit ces lettres est muet ou plein.
Ex. : *La chandelle, le chandelier — la charrette, le charretier.*

Mais écrivons : *le papetier, la papeterie; la prunelle, le prunellier; la dentelle, la dentellière, la dentelure.*

5. Les noms de la famille d'un verbe en **eler** ou en **eter** conforment généralement leur orthographe en ce qui concerne l'l ou le t, à celle du verbe.
Ex. : *j'amoncelle, un amoncellement — je martèle, un martèlement.*

Verbes doublant l ou t devant un e muet

amonceler	épeler	renouveler	empaqueter
atteler	étinceler	ressemeler	épousseter
botteler	ficeler	ruisseler	étiqueter
carreler	harceler	cacheter	projeter
chanceler	morceler	caqueter	rejeter
dételer	niveler	décacheter	souffleter
ensorceler	râteler	déchiqueter	voleter

Verbes ne doublant pas l ou t devant un e muet.

celer	démanteler
ciseler	marteler
déceler	modeler
geler	peler
dégeler	acheter
congeler	fureter
écarteler	haleter

Liste conforme à l'orthographe du Dictionnaire de l'Académie française, Éd. 1932.

EXERCICES

387. Conjuguez au présent et à l'imparfait de l'indicatif :

niveler la cour   ciseler une applique   empaqueter du riz
carreler le corridor   interpeller les passants   fureter dans le grenier
seller le cheval   épeler un mot   guetter le levraut
héler les passants   peler une pêche   répéter un refrain

388. Mettez aux 2es pers. du présent et de l'imparfait de l'indicatif :

botteler   exceller   fouetter   empiéter   sceller   haleter
mêler   receler   fureter   apprêter   déceler   cacheter

389. Écrivez les verbes en italique au temps qui convient :

Le printemps *chanceler* et succombe. L'été pose un pied fiévreux sur les prairies (G. Duhamel). — Je *chanceler* comme si j'avais bu, à chaque pas, je trébuchais (A. Daudet). — Tout seul. Ces deux mots *marteler* mes tempes. C'est vrai, je suis seul (L.-F. Rouquette). — Des cicindèles *voleter*, tout crépite au soleil (A. Gide). — Les bestioles grimpaient, *voleter* péniblement aux rosiers (C. Mendès). — Toutes ces bonnes femmes discutent, *caqueter* (G. Maurière). — Les volailles grattaient, remuaient, *caqueter* (Maupassant). — Les chiens courent, *fureter* dans les touffes d'herbe (A. Daudet). — Le soleil revient, la terre *se craqueler*, s'effrite (A. Gide). — Il s'attachait aux brimborions qui lui *rappeler* le passé (G. Maurière). — Les nuages se marbrent, ne *projeter* plus sous nous que des opacités rares (P. Morand). — Mme Lepic ouvre le buffet : Poil de Carotte *haleter* (J. Renard). — Nous prenons place devant ce spectacle. Au-dessous de nous, un homme solitaire *râteler* du regain (J. Giono).

390. Donnez deux noms, l'un contenant *2 l* ou *2 t,* l'autre *1 l* ou *1 t,* de la famille de :

chameau   coutelier   vaisselle   hôtel   noix   cloche
oiselier   boisseau   agneau   sorcier   dent   feuille

391. Donnez un nom avec *l* ou *2 l, t* ou *2 t,* de la famille de :

appeler   caqueter   botteler   étiqueter   ressemeler   morceler
atteler   carreler   niveler   épousseter   renouveler   jeter

392. Complétez les mots inachevés.

Des mart...lements et des ronronnements viennent de partout (J. Romains). — Des amonc...lements de pommes gardaient le vif éclat de leurs couleurs campagnardes (A. Daudet). — Sur la table deux chand...les brûlent dans deux chand...liers de cuivre argenté (Lamartine). — Les carrioles et les charr...tes se rangent devant les maisons (R. Bazin). — A ce moment, un charr...ton s'engagea dans l'avenue (E. Moselly). — Les cadeaux env...loppés, fic...lés, étiqu...tés étaient réunis sur les tables (P. Loti). — Le machairodus buvait le flot rouge avec des hal...tements de joie (J.-H. Rosny aîné). — Le prun...lier nous offre ses petites prunes (J. des Gachons).

Imparfait de l'indicatif de quelques verbes irréguliers.

dire	prédire	maudire	faire
Je disais	Je prédisais	Je maudissais	Je faisais
nous disions	nous prédisions	nous maudissions	nous faisions

croître	paraître	haïr	conduire
Je croissais	Je paraissais	Je haïssais	Je conduisais
nous croissions	nous paraissions	nous haïssions	nous conduisions

éteindre	prendre	coudre	vaincre
J' éteignais	Je prenais	Je cousais	Je vainquais
nous éteignions	nous prenions	nous cousions	nous vainquions

résoudre	boire	moudre	écrire
Je résolvais	Je buvais	Je moulais	J' écrivais
nous résolvions	nous buvions	nous moulions	nous écrivions

EXERCICES

393. Conjuguez à l'imparfait de l'indicatif :

convaincre un sceptique   absoudre le coupable   refaire son devoir
entreprendre un voyage   atteindre le but   moudre le café

394. Conjuguez au présent et à l'imparfait de l'indicatif :

haïr   croire   peindre   suspendre   dissoudre   vaincre
fuir   croître   peigner   surprendre   recoudre   craindre

395. Mettez les verbes en italique à l'imparfait de l'indicatif.

Le père Valette arrivait à travers prés, *s'asseoir* près de moi,
me donnait, en trois mots, tel avis substantiel (G. Duhamel). — Parmi
les vieux ormes de l'allée, certains *geindre* comme des malades
(Escholier). — Il *seoir* d'enfoncer dans la caboche des jeunes
chiens cette vérité utilitaire, fût-ce à coups de dents dans les oreilles
(C. Farrère). — Les épis lourds s'égrenaient dans la boue, les buissons
croître et s'enchevêtraient (J. d'Esme). — La femme se levait, *appeler*
les poules, *traire* la vache (A. Daudet). — Un point rouge *s'éteindre*
sur l'horizon (Chateaubriand). — Le soir qui *descendre*, *teindre* de
lilas et de rose le ciel délicat (H. Bordeaux). — Le ciel était clair, les
étoiles *naître* (R. Rolland). — L'année *se défaire* ainsi, jour par
jour (J. Cressot). — Au haut du ciel, le soleil *boire* la rosée (Colette).
— La mouche se tenait tranquille sur le livre que je *lire* ou sur
la page que j'*écrire* (M. Audoux). — Les chevaux lassés *prendre*
une allure plus lente (A. Gide). — Le rocher *jaillir* à pic. La réflexion
neigeuse de ses falaises blanches tantôt l'*argenter*, tantôt le *dissoudre* dans la gaze légère du brouillard (J. Gracq).

VALEURS DU PASSÉ SIMPLE

Comme par magie, les centaines d'enfants qui remplissaient la cour, s'arrêtant de courir et de crier, **demeurèrent** pétrifiés à l'endroit même où l'appel les avait surpris. Un silence prodigieux **remplit** l'espace et l'on **entendit**, au lointain, un charretier qui sacrait, derrière l'écran des maisons, et faisait claquer son fouet.   (G. Duhamel.)

1. Le **passé simple** exprime des faits passés, complètement achevés qui ont eu lieu à un moment déterminé, à un **moment précis,** sans idée d'habitude et sans lien avec le présent.

2. Le **passé simple** marque la succession des faits, c'est le temps du **récit** par excellence.

On entendait la cavale de Sansombre là-haut dans les pierres. Barbe-Baille **souffla** sa lampe, **ouvrit** sa porte, **regarda** l'aube, **posa** sa faux, **ferma** sa porte, **reprit** sa faux et s'**en alla**.   (J. Giono.)

COMPARAISON DU PASSÉ SIMPLE ET DE L'IMPARFAIT

Les feuilles **jonchaient** d'or le sol où nous **marchions**. Clément, qui **sautillait**, me **devança** de quelques pas...   (A. France.)

Marchions et **sautillait** expriment des actions qui se poursuivent, qui ne sont pas terminées.
Me **devança** exprime une action qui s'est passée à un moment précis et qui est terminée.

EXERCICES

396. Mettez les verbes en italique à l'imparfait ou au passé simple.

C'est à ce moment-là qu'il *entendre* un crépitement de petits bruits menus largement étalés. Il *écouter* : là, c'*être* une lointaine charrette qui *se plaindre* sur ses essieux, un chien qui *aboyer*, un coup de vent, le bourdonnement d'un village.
Le soleil qui *baisser se montrer* au fond du ciel. Il *être* rouge et sans forme... On *voir* un assez large morceau du fleuve.
« Je traverse », dit Antonio.
Il *se dépouiller* de ses lourds pantalons et de son harnachement. Il *laisser* là son sac, son fusil, ses vêtements, puis il *sauter* dans l'eau pour connaître sa route.

(J. Giono, *Le Chant du Monde*, Gallimard, édit.)

PASSÉ SIMPLE

● **Seuls** *les verbes en* e.r *prennent au passé simple :* a.i, a.s, a.

couper	remplir	tendre
Je coupai	Je remplis	Je tendis
Tu coupas	Tu remplis	Tu tendis
Il coupa	Il remplit	Il tendit
Nous coupâmes	Nous remplîmes	Nous tendîmes
Vous coupâtes	Vous remplîtes	Vous tendîtes
Ils coupèrent	Ils remplirent	Ils tendirent

RÈGLES

1. Au **passé simple**, tous les verbes du **1ᵉʳ groupe** prennent a.i — a.s — a — â.m.e.s — â.t.e.s — è.r.e.n.t.

2. Au **passé simple**, tous les verbes du **2ᵉ groupe** prennent i.s — i.s — i.t — î.m.e.s — î.t.e.s — i.r.e.n.t.

REMARQUES

1. Beaucoup de verbes du **3ᵉ groupe**, notamment la plupart des verbes en **dre**, ont au passé simple les **terminaisons** en « i ».

2. La **1ʳᵉ personne du singulier du passé simple et de l'imparfait** de l'indicatif des verbes en **e.r** ont presque la même prononciation. Pour éviter la confusion, il faut se rapporter au **sens** de l'action, l'on peut aussi penser à la personne **correspondante** du pluriel.

L'officier dit alors : « Autre valise ? »
Je n'en **possédais** pas et le lui **expliquai**. Il n'en avisa pas moins un carton à chapeau féminin qu'il bouleversa....   (P. Vialar.)

Je n'en possédais pas ; nous n'en possédions pas. *Imparfait* (a.i.s).
Je le lui expliquai ; nous le lui expliquâmes. *Passé simple* (a.i).

a. i		i. s			
habiller	ennuyer	noircir	garnir	prendre	cueillir
balbutier	ficeler	remplir	guérir	mentir	voir
secouer	acheter	vieillir	nourrir	battre	suivre
créer	jeter	réjouir	bâtir	dire	rire

137

EXERCICES

397. Conjuguez au passé simple :

essayer un complet	ficeler un colis	étiqueter de la bonneterie
éclaircir une affaire	cueillir un dahlia	descendre l'escalier
battre le grain	revoir son pays	servir de guide

398. Mettez aux 2ᵉˢ pers. du présent, de l'imparfait et du passé simple :

balbutier   aplanir   prendre   souffrir   saluer   payer   saisir
accueillir   omettre   suivre   franchir   fendre   battre   scier

399. Mettez les verbes en italique au temps qui convient.
Tout était silencieux, le soleil *éclairer* à peine la cime des plus haut peupliers; un calme profond *régner* dans l'air. Peu à peu le jour *descendre* des toits et les ombres *s'allonger* dans la cour. Puis plus loin, on *entendre* une alouette qui *chanter*; puis un coq *passer* la tête par la lucarne du poulailler, *faire* un pas, *déployer* ses ailes brillantes pour y laisser pénétrer l'air frais du matin; un frisson de bonheur *soulever* toutes ses plumes; il *enfler* sa poitrine et *lancer* dans l'espace un cri perçant... Enfin les vifs rayons du soleil *se glisser* dans les étables; une brebis *bêler* lentement, toutes les autres lui *répondre*.   (Erckmann-Chatrian).

400. Mettez les verbes entre parenthèses au passé simple et les verbes entre crochets au temps qui convient.
Un jour, le père Valette (*m'emmener*) secrètement pêcher en eau profonde... Les peupliers [*porter*] un écriteau sur lequel étaient peints ces mots : « Pêche gardée ». Nous (*jeter*) quand même nos lignes. Elles [*être*] à peine dans l'eau que nous (*voir*) paraître un garde. « Eh! quoi, (*s'écrier*)-t-il, n'avez-vous point vu la pancarte? » Je (*montrer*) mes lunettes et (*répondre*) aussitôt, non sans espièglerie : « Je [*être*] myope et n'ai rien vu. — Mais vous, Valette, (*reprendre*) l'homme au képi, vous, vous [*avoir*] de bons yeux. — Oh! (*répondre*) le paysan, oui, mais moi, je ne connais point lire. » Désarmé par ces répliques, le garde nous (*relâcher*) sans faire acte d'autorité.
(G. Duhamel, *Inventaire de l'Abîme*, Mercure de France.)

401. Mettez les verbes en italique à l'imparfait ou au passé simple.
J'*aller*, saisi, enivré pour la première fois par l'odeur de l'école... Je *se dépouiller* de ma pèlerine dans le couloir comme les autres élèves et je *pénétrer*, battant les cils, dans le jour blanc-bleu de la classe (G. Duhamel). — Un jour que je *ravager* sa mangeoire et en *dissiper* indignement les grains de maïs, le vieux Cacique sauta sur moi... Je *pousser* des cris qui retentirent jusque sur les berges de la Seine (A. France). — Avec quelle appréhension j'*attendre* la fin de la classe!... Certains jours, je *rentrer* dans un état pitoyable, les vêtements déchirés, pleins de boue... Ma pauvre mère se désolait. Puis je *tomber* sérieusement malade, ce qui mit fin à cet enfer (A. Gide).

VERBES EN CER

Présent	Imparfait	Passé simple
J'annonce	J'annonçais	J'annonçai
Nous annonçons	Nous annoncions	Nous annonçâmes

RÈGLE

Les verbes en cer prennent une **cédille** sous le **c** devant **a** et **o** pour conserver à la lettre **c** le son **« se ».**

Ex. : Nous annonçons, nous annonçâmes.

tracer	grincer	exercer	rapiécer	balancer	agencer
déplacer	rincer	exaucer	prononcer	avancer	cadencer
espacer	évincer	amorcer	dénoncer	devancer	ensemencer
pincer	gercer	foncer	froncer	distancer	influencer

EXERCICES

402. Conjuguez au présent, à l'imparfait, au passé simple :

acquiescer à un désir   devancer ses rivaux   cadencer le pas

403. Mettez à la 2ᵉ personne du singulier et à la 1ʳᵉ personne du pluriel du présent, de l'imparfait, du passé simple :

coincer   écorcer   émincer   semoncer   relancer   nuancer.

404. Mettez les verbes entre parenthèses aux temps indiqués, présent (1), imparfait (2), passé simple (3) :

La sève fraîche (*glacer, 2*) les écorces ridées (Estaunié). — L'eau (*balancer, 2*) ses longs cheveux comme des algues (J. Giono). — Un ruisseau sortit de la roue d'un moulin, (*se nuancer, 3*) de gris. Les arbres d'un petit bois (*foncer, 3*). Il fit froid (L. Weiss). — J'(*écorcer, 1*) des châtaignes à grands coups de sabots (J. Guéhenno). — Les rivières (*tracer, 2*) çà et là sur les lointains des lacets d'argent (P. Loti). — Des sirènes (*annoncer, 1*) qu'une grille d'entrée va fermer dans cinq minutes (J. Romains). — Avec la ténacité des enfants, nous nous (*efforcer, 1*) de capter ce rayon de soleil (J. Jaubert). — Soudain, d'un geste brusque je saisis la casquette et je la (*lancer, 3*) par-dessus le mur (A. France). — La joie des choses nous pénétrait et nous (*recommencer, 2*) à espérer (A. Theuriet). — Lacoste (*acquiescer, 3*) de la tête (J. Kessel).

405. Remplacez les points par *c* ou *ç*.

Ni...e	fa...ette	Fran...e	pin...on	Fran...ais	grima...ier
Ni...ois	fa...ade	fa...on	pin...ette	Fran...ois	grima...ant
gla...ier	su...ette	for...e	lima...e	balan...oire	fian...ailles
gla...on	su...oir	for...at	lima...on	balan...ier.	fian...ée

VERBES EN GER

Présent	Imparfait	Passé simple
Je plonge	Je plongeais	Je plongeai
Nous plongeons	Nous plongions	Nous plongeâmes

RÈGLE

Les verbes en ger prennent un e muet après le g devant a et o, pour conserver à la lettre **g** le son « je ».

Ex. : Nous plongeons, je plongeais.

REMARQUE

● Les verbes en « anger » s'écrivent a.n.g.e.r sauf *venger*.

louanger	démanger	saccager	avantager	diriger	longer
changer	arranger	soulager	alléger	exiger	ronger
vendanger	déranger	ménager	protéger	voltiger	songer
mélanger	**venger**	encourager	négliger	interroger	héberger

EXERCICES

406. Conjuguez au présent, à l'imparfait, au passé simple :

allonger le pas   rédiger une lettre   héberger des amis

407. Mettez aux 1ʳᵉˢ personnes du présent, de l'imparfait, du passé simple :

avantager   protéger   propager   se venger   asperger   engranger.

408. Mettez les verbes entre parenthèses aux temps indiqués : présent (1), imparfait (2), passé simple (3).

Sans la moindre hésitation, nous (*échanger*, 3) un signe de reconnaissance, nous nous étions retrouvés (P. Loti). — Vers le moulin (*converger*, 2) tous les vents de la plaine (Van der Meersch). — Sur notre chemin, nous (*déranger*, 2) de gros lézards verts (B. Bonnet). — nous (*longer*, 1) la mer qui est bleue et blanche à l'infini (J. Tellier). — De temps à autre Johnny (*s'éponger*, 2) avec un large mouchoir (G. Arnaud). — Il (*se rengorger*, 3), tête en arrière, et toute la plume de son visage magnifique enfla autour d'un bec fin (Colette). — D'énormes dalles de basalte bleu (*s'étager*, 2) en gigantesques marches d'escalier (Frison-Roche). — Alors tout travail cessant, nous (*ranger*, 1) les râteaux au bord du pré (M. Arland). — Le vent avait viré au nord-ouest, je (*changer*, 3) de bord (A. Gerbault). — Nous (*manger*, 1) du pain aussi noir que l'intérieur de la cheminée (E. Guillaumin).

409. Donnez un mot renfermant *gea* ou *geo* de la famille de :

Strasbourg	Cherbourg	nager	assiéger	orange	sauvage
Saintonge	Tours	loger	plonger	bougie	diriger
Hambourg	manger	juger	obliger	exiger	venger

VERBES EN GUER ET EN QUER

Présent	Imparfait	Passé simple
Je distingue	Je distinguais	Je distinguai
Nous distinguons	Nous distinguions	Nous distinguâmes
J'explique	J'expliquais	J'expliquai
Nous expliquons	Nous expliquions	Nous expliquâmes

RÈGLE

Les verbes en **guer** et en **quer** se conjuguent régulièrement. **La lettre u de leur radical se retrouve à toutes les personnes et à tous les temps** de leur conjugaison.

Je distingue, nous distinguons.
J'explique, nous expliquons.

reléguer	naviguer	divaguer	attaquer	pratiquer	embarquer
prodiguer	carguer	élaguer	appliquer	suffoquer	marquer
fatiguer	narguer	draguer	expliquer	croquer	risquer

EXERCICES

410. Conjuguez au présent, à l'imparfait, au passé simple :
épiloguer sur tout   élaguer le tilleul   suffoquer d'indignation

411. Mettez à la 1ʳᵉ personne du singulier et du pluriel du présent, de l'imparfait de l'indicatif, du passé simple et au participe présent :
intriguer   homologuer   alléguer   haranguer   divulguer   carguer
inculquer   confisquer   évoquer   répliquer   indiquer   calquer

412. Mettez les verbes entre parenthèses aux temps demandés : présent (1), imparfait (2), passé simple (3).
Quatre jours et trois nuits nous *(naviguer, 3)* (A. Gide). — Cent animaux *(vaguer, 2)*, bondissaient, voletaient ou dormaient au soleil (J. ET J. Tharaud). — La pinède grillait sous le feu de midi, les pommes de pins *(craquer, 2)* (J. Peyré). — C'est un papillon, nous *(distinguer, 1)* sa tête pointue (A. Theuriet). — Jean Lapin *(alléguer, 3)* la coutume et l'usage (La Fontaine). — Les portes *(claquer, 2)*, les fenêtres (s'*entre-choquer, 2)*, les rideaux se gonflaient (A. France). — Le mouchetage régulier des fenêtres *(fatiguer, 2)* les yeux (H. Troyat). — Broudier *(zigzaguer, 3)* ainsi quelques mètres. Il mit pied à terre (J. Romains). — Cinq aunes pour un habit à l'espagnole! juste Ciel!... mais nous n'*(épiloguer, 1)* pas là-dessus (Lesage). — Dans la grande rue, nous *(remarquer, 3)* une animation peu ordinaire (A. Theuriet).

141

PASSÉ SIMPLE en us et en ins

courir	recevoir	tenir	venir
Je cour**us**	Je reç**us**	Je t**ins**	Je v**ins**
Tu cour**us**	Tu reç**us**	Tu t**ins**	Tu v**ins**
Il cour**ut**	Il reç**ut**	Il t**int**	Il v**int**
N. cour**ûmes**	N. reç**ûmes**	N. t**înmes**	N. v**înmes**
V. cour**ûtes**	V. reç**ûtes**	V. t**întes**	V. v**întes**
Ils cour**urent**	Ils reç**urent**	Ils t**inrent**	Ils v**inrent**

REMARQUES

1. Au passé simple, un certain nombre de verbes comme **courir, mourir, valoir, recevoir, paraître**, etc. prennent **u.s — u.s — u.t — û.m.e.s — û.t.e.s — u.r.e.n.t**

2. Au passé simple, **tenir, venir** et leurs composés prennent **i.n.s — i.n.s — i.n.t — î.n.m.e.s — î.n.t.e.s — i.n.r.e.n.t.**

● Les verbes de la famille de **recevoir** prennent une **cédille** sous le **c devant o et u** pour conserver à la lettre **c** le son **« se »**.
Ex. : Je reçois, je reçus.

parcourir	vouloir	boire	maintenir	s'abstenir	prévenir
valoir	apparaître	croire	contenir	parvenir	survenir
lire	connaître	apercevoir	obtenir	se souvenir	intervenir

EXERCICES

413. Conjuguez au passé simple :

parcourir un livre   survenir à l'improviste   paraître indifférent
contenir sa peine   percevoir un bruit   accroître son savoir

414. Mettez les verbes en italique au passé simple.

Les ailes viraient toujours, mais la meule tournait à vide. Les enfants *revenir* tout en larmes me conter ce qu'ils avaient vu. J' *avoir* le cœur crevé de les entendre... Sans perdre une minute, je *courir* chez les voisins, je leur *dire* la chose en deux mots et nous *convenir* qu'il fallait, sur l'heure, porter au moulin Cornille tout ce qu'il y avait de froment dans les maisons (A. Daudet). — La route *filer*. Les routes *s'embrancher* aux routes. Les villages *s'endormir*. Les rayons des phares *devenir* deux tremblantes antennes (M. Tinayre). — La biche *tourner* le front d'un mouvement sauvage et *disparaître* (Colette). — Au détour du sentier, nous *apercevoir* un petit troupeau de brebis (Lamartine). — Les nuées *s'enfler*, *apparaître*, *dévaler* sur le dos des montagnes incultes (G. Beaume). — Les rires, s'autorisant de ce sourire, ne *se retenir* plus (A. Gide).

Passé simple de quelques verbes irréguliers.

savoir Je sus Nous sûmes	**mouvoir** Je mus Nous mûmes	**déchoir** Je déchus Nous déchûmes	**devoir** Je dus Nous dûmes
croître Je crûs Nous crûmes	**accroître** J' accrus Nous accrûmes	**plaire** Je plus Nous plûmes	**taire** Je tus Nous tûmes
résoudre Je résolus Nous résolûmes	**moudre** Je moulus Nous moulûmes	**pouvoir** Je pus Nous pûmes	**vivre** Je vécus Nous vécûmes
écrire J' écrivis Nous écrivîmes	**faire** Je fis Nous fîmes	**plaindre** Je plaignis Nous plaignîmes	**voir** Je vis Nous vîmes
conduire Je conduisis Nous conduisîmes	**asseoir** J' assis Nous assîmes	**coudre** Je cousis Nous cousîmes	**prendre** Je pris Nous prîmes
vaincre Je vainquis Nous vainquîmes	**naître** Je naquis Nous naquîmes	**acquérir** J' acquis Nous acquîmes	**mettre** Je mis Nous mîmes

REMARQUES

● Au passé simple, **croître** prend un accent circonflexe à toutes les personnes pour ne pas être confondu avec **croire** qui, comme tous les autres verbes, prend seulement l'accent circonflexe aux 2 premières personnes du pluriel.

croître : je crûs, tu crûs, il crût, nous crûmes, vous crûtes, ils crûrent.

croire : je crus, tu crus, il crut, nous crûmes, vous crûtes, ils crurent.

accroître, décroître, recroître, font j'accrus, je décrus, je recrus, **sans accent.**

● Au passé simple, **prévoir, entrevoir, revoir,** se conjuguent comme **voir** : je prévis, j'entrevis, je revis. **Pourvoir** fait : je pourvus.

EXERCICES

415. Conjuguez au passé simple :

moudre le grain   asseoir son autorité   vaincre sa paresse
acquérir la santé   étreindre sa mère   vivre à la ville

416. Mettez à la 1ʳᵉ personne du singulier et du pluriel du présent, de l'imparfait et du passé simple :

croire   rebattre   tuer   naître   coudre   prévoir
croître   mettre   taire   connaître   moudre   pourvoir

417. Mettez les verbes en italique au passé simple.

Le bossu le *regarder*. Il *éteindre* ses yeux d'un lent abaissement de paupières (J. GIONO). — Je *voir* que sa casquette de drap noir cachait ses jolies boucles blondes. Cette casquette me *déplaire*. J' *avoir* le tort de ne pas détourner mes regards (A. FRANCE). — Alors de male rage le vieux *s'enfermer* dans son moulin et *vivre* tout seul (A. DAUDET). — Ma mère ne *s'enquérir* pas davantage du savoir de la jeune villageoise (A. FRANCE). — Il *naître* au fond d'une maison basse à tuiles rouges (NIGOUD). — Quand les enfants ne *pouvoir* plus articuler un son, ils *s'asseoir* et *se regarder* avec des yeux rieurs (R. ROLLAND). — Nous *résoudre* d'aller de ce côté-là et nous nous *mettre* en marche. Nous *atteindre* enfin un endroit où le bois s'éclaircissait (A. THEURIET). — Ainsi, j' *apprendre* beaucoup de vers. Ainsi j' *acquérir* des connaissances utiles et précieuses. Ainsi je *faire* mes humanités (A. FRANCE). — A Malte, dans les jardins du résident, je *venir* lire; il y avait un bois très petit de citronniers, nous nous y *plaire*; et nous *mordre* des citrons mûrs (A. GIDE). — Le cordonnier confectionna le collier avec du cuir choisi qu'il *coudre* solidement (L. PERGAUD).

418. Mettez les verbes en italique au passé simple.

Quand *venir* le moment du départ, j' *entrer* dans l'unique magasin du village tenu par le chef pour me procurer quelques provisions. Je *commander* d'abord cinq livres de riz et *avoir* la surprise de voir l'indigène m'en peser dix et m'informer avec un sourire que cela ne me coûterait pas d'argent. Un indigène, entrant à cet instant, *se faire* servir vingt livres de riz qu'il me *mettre* dans les bras. Impossible de refuser, c'eût été une mortelle offense. D'autres indigènes *survenir* et *vouloir* m'offrir tout le magasin. J' *avoir* grand-peine à les dissuader, et, regagnant mon bord, j' *appareiller* immédiatement. Je *sortir* de la passe dangereuse de cet atoll hospitalier avec la marée descendante.

(Alain GERBAULT, *A la poursuite du soleil*, Grasset, édit.)

419. Mettez les verbes en italique au temps qui convient.

Mme Rooseghem, la patronne, arriva. Elle *s'occuper* de l'usine. Le père, les fils *courir* les routes pour placer les lins. Elle *tenir* la fabrique comme sa maison. L'économie *régner*...
Un à un, elle *distribuer* les carnets aux ouvrières. Karelina *recevoir* le sien, *vérifier* d'un coup d'œil le montant de sa paie : cent quarante-trois francs. Bonne semaine. Elle *pousser* une barre de bois qui *commander* le débrayage de la courroie. Et le moulin *ralentir* sa rotation vrombissante, le ronflement *décroître* et *mourir*. Karelina *jeter* au panier sa dernière poignée de lin, puis elle *descendre* avec les autres femmes toucher son argent au bureau; ensuite elle *sortir* et *traverser* la cour pour s'en aller.

(VAN DER MEERSCH, *L'Empreinte du Dieu*, A. Michel, édit.)

PASSÉ COMPOSÉ ET PASSÉ SIMPLE

- Le sang me pique les oreilles; j'**ai fait** le tour des nids dans la gelée blanche et **ramassé** les œufs des poules. (J. Guéhenno.)
- L'époque que`j'**ai traversée** a été souvent troublée.... Je **suis né** le 8 février 1822.
  (Maxime du Camp.)

1. Le **passé composé** exprime des faits complètement achevés à un moment déterminé ou indéterminé du passé, en relation avec le présent ou dont les conséquences sont encore sensibles dans le présent.

2. Le **passé composé** pouvant indiquer des faits passés à un moment déterminé prend fréquemment la place du passé simple. Il peut ainsi, comme le passé simple, marquer la succession des faits.

Les bergers **ont sifflé** leurs chiens, **rallié** leurs ouailles et **pris** la route.
(J. de Pesquidoux.)

On aurait pu dire :

Les bergers **sifflèrent** leurs chiens, **rallièrent** leurs ouailles et **prirent** la route.

comme :

L'homme **s'inclina** sans répondre, **sortit**, **siffla** son chien et le voilà parti.
(A. Daudet.)

3. Le **passé composé** tend à **évincer** le passé simple de la langue littéraire écrite.

« Mais Xavier **a protesté**?
— Xavier **a protesté**, en effet. Il **a** tout de suite **haussé** les épaules et **pris** ta défense. Il **a fourni** des précisions. » (P. Hériat.)

On ne dirait plus :

« En quel endroit, demanda Zadig, **prêtâtes**-vous vos cinq cents onces à cet infidèle? » (Voltaire.)

mais on dirait :

« En quel endroit, demanda Zadig, **avez-vous prêté**.... »

4. Bien que le passé composé puisse souvent se substituer au passé simple, ces deux temps n'ont pas toujours la même valeur et ne peuvent pas être employés indifféremment l'un pour l'autre.

Hier, j'**ai mené** Suzanne à Guignol. Nous y **prîmes** tous deux beaucoup de plaisir... (A. France.)

RÈGLE

Le **passé composé** est formé du **présent de l'auxiliaire** et du **participe passé du verbe** conjugué : J'ai couru — je suis venu.

Quelques verbes se conjuguant avec **avoir**				*Verbes se conjuguant avec* **être**	
plier	bâtir	rompre	étreindre	tomber	aller
saluer	rire	vouloir	souffrir	rester	arriver
avouer	mettre	revoir	traduire	mourir	entrer

EXERCICES

420. Conjuguez au passé composé :

éluder la difficulté   recevoir une visite   feindre d'écouter
aller à la pêche   partir pour les champs   prendre une friture

421. Mettez les verbes en italique au passé composé.

Arnavel m' *dire* : « Tout va bien, monsieur Pascal. Cette année, l'Alpe est bonne. J'ai quarante agneaux neufs et trente brebis. Le lait est gras. » Ces paroles m' *faire* plaisir ; j' *remercier* Arnavel et nous *regarder* boire les bêtes... Le troupeau s'étant abreuvé, nous l' *grouper* sur la pente et *pousser* vers l'enclos où, très docilement, il *se parquer*. La barrière de bois fermée, nous *revenir* à la hutte et nous *manger* en regardant tomber la nuit.
Arnavel m' *offrir* un bon fromage de brebis... Nous *allumer* du feu entre deux pierres... Nous restâmes longtemps éveillés.

(Henri Bosco, Le Mas Théotime, Gallimard, édit.)

422. Mettez les verbes en italique au passé composé. Si celui-ci a la valeur du passé simple, récrivez les phrases à ce temps.

J' *réduire* un peu mon moteur, c'est sans doute ce qui *réveiller* Prévot. Il est sensible à toutes les variations du bruit du vol (Saint-Exupéry). → Il va tout lâcher. Non, la main droite *palper* une prise dissimulée dans un recoin de la fissure (Frison-Roche). — Un vieux joueur de fifre m' *raconter*, l'autre soir, un petit drame de village (A. Daudet). — Elle n'a plus sa mère, c'est moi qui l'*élevé* ainsi que son frère (Pérochon). — Le jour *tomber*, et les ombres s'installent à mon chevet pour toute la nuit (A. France). — J' *mettre* mon bâton sur l'épaule et je *aller* chercher du travail de ville en ville (Walz).

423. Mettez les verbes en italique au passé composé ou au passé simple.

Le récit de ma vie peut se faire en deux mots : je *voyager* et je *travailler* (M. du Camp). — Jacques, aveuglé, *ôter* ses lunettes, les *essuyer*, son cœur battait à grands coups (É. Zola). — Les araignées du matin *tisser* leurs toiles dans tous les coins (A. Daudet). — D'un clocher, dix coups *tomber*, puis d'un autre plus éloigné (E. Jaloux). — Quand il *finir* de manger, il fume une cigarette (T. Monnier). — Ce petit cahier que je feuilletais *réveiller* en moi tout un monde (A. France).

PASSÉ ANTÉRIEUR

- Bénin attendit Broudier.
- Quand Broudier l'**eut rejoint,** ils *repartirent* d'un pas fraternel.   (J. ROMAINS.)

1. Le **passé antérieur** indique une action passée à un moment déterminé, avant une autre action passée généralement exprimée au passé simple. Le passé antérieur est un **passé du passé.** Le **passé antérieur** s'emploie le plus souvent dans les **propositions subordonnées** après une conjonction de temps : *quand, lorsque, dès que...*

2. Le **passé antérieur** s'emploie parfois dans la **proposition indépendante** ou dans la **proposition principale**. Il est alors accompagné d'un adverbe de temps : *bientôt, vite...*

Ce renfort inattendu et surtout l'expérience de Pierre **eurent** *bientôt* **fait** franchir le mauvais pas au lourd chariot.   (TH. GAUTIER.)

RÈGLE

Le **passé antérieur** est formé du **passé simple de l'auxiliaire** et du **participe passé du verbe** conjugué.

J'eus couru — je fus venu.

Quelques verbes se conjuguant avec **avoir**				*Verbes se conjuguant avec* **être**	
trier	cueillir	boire	atteindre	partir	aller
remuer	prendre	recevoir	offrir	venir	naître
saisir	admettre	revoir	couvrir	mourir	arriver

EXERCICES

424. Conjuguez au passé antérieur :

ramer lentement	ouvrir la boîte	revenir du marché
brandir le bâton	attendre le train	aller au bois

425. Mettez les verbes en italique au passé antérieur.

Quand on *manger* le bœuf bouilli, on servit des quartiers de veau (E. MOSELLY). — Un rideau de sang rouge flottait sous ses paupières quand il fermait les yeux. Quand il *finir*, il était midi (G. ARNAUD). — Lorsque nous *atteindre* les plateaux élevés, la mer nous apparut (J. BOISSIÈRE). — Elles étalèrent le foin au soleil, puis vers la fin de l'après-midi quand il *sécher*, elles l'amoncelèrent (L. HÉMON). — Enfin, on aperçut la petite masse sombre que formait la métairie entourée d'arbres et bientôt l'on *arriver* à la porte (A. DAUDET).

PLUS-QUE-PARFAIT

- La voiture **avait traversé** le village et **suivait** un étroit pavé montant. (Van der Meersch.)

- D'abord l'obscurité **régna** car j'**avais éteint** la lanterne pour ne pas gaspiller l'essence.
(J.-H. Rosny Aîné.)

- Comme je l'**avais calculé**, ils **sont arrivés** à cinq heures de l'après-midi. (Henri Bosco.)

Le **plus-que-parfait** indique une **action passée** à un moment indéterminé avant une autre action passée exprimée le plus souvent à l'imparfait et aussi au passé simple ou au passé composé.
Le plus-que-parfait est également **un passé du passé.**

RÈGLE

Le **plus-que-parfait** est formé de **l'imparfait de l'auxiliaire** et du **participe passé du verbe** conjugué.
J'avais couru — j'étais venu.

Quelques verbes se conjuguant avec **avoir**				*Verbes se conjuguant avec* **être**	
créer	franchir	percevoir	feindre	partir	aller
continuer	surprendre	coudre	écrire	venir	naître
harnacher	omettre	battre	souffrir	mourir	arriver

EXERCICES

426. Conjuguez au plus-que-parfait de l'indicatif :

prendre les rênes   éteindre le lumignon   aller au théâtre
payer la note   repartir à l'aube   affermir sa voix

427. Mettez les verbes en italique au temps qui convient.

Je m'appliquai de toutes mes forces, de tout mon savoir, quand j'*finir*, je *trouver* que j'*réussir* (C. Péguy). — Les faux *finir* leur besogne, ce fut le tour des fourches. Elles *étaler* le foin au soleil (L. Hémon). — L'ourson *pousser* la porte de ma chambre que j' *laisser* ouverte, il était monté sur le fauteuil et sur le lit. Il *déchirer* le tapis. Il *mettre* les pattes dans la bibliothèque et une demi-douzaine de volumes jonchaient le sol... Il *effrayer* le chat qui *se réfugier* tout en haut de la bibliothèque et qui *jurer* d'une façon épouvantable. Il *aller* dans la cuisine.... Il *fracasser* deux douzaines d'assiettes et toutes mes tasses à thé. Il *trouver* enfin le garde-manger... il *dénicher* un seau de confitures de cinq livres à peine entamé et qu'il *nettoyer* à peu près entièrement de son contenu. Il *dormir* à présent, tranquillement roulé en boule. (M. Constantin-Weyer, *Clairière*, Stock, édit.)

VALEURS DU FUTUR SIMPLE

● Je pensais parfois : « Lorsque je **serai** un homme, je **découvrirai** l'El Dorado. »   (A. Gerbault.)

1. Le **futur simple** indique une action qui se fera dans l'avenir par rapport au moment où l'on parle : *dans un moment, demain, plus tard...*

2. Le **futur** peut prendre la valeur du présent pour atténuer le ton de certains propos ou marquer la politesse.

En ce cas, monsieur, je vous **dirai** franchement que je n'approuve point votre méthode.   (Molière.)
Mon frère, dit-elle, je vous **prierai** de sortir avec moi.   (Mérimée.)

3. Le **futur** peut avoir aussi la valeur de l'impératif.

Nous **avouerons** que notre héros était fort peu héros en ce moment.
                                                              (Stendhal.)

4. Le **futur** peut exprimer un fait constaté de tous les temps.

Qui bien **jettera**, son compte **trouvera**.

5. Le **futur proche** s'exprime à l'aide du verbe *aller* au présent de l'indicatif suivi de l'infinitif.

Tu nous feras du bouillon de volaille, les fermiers ne t'en laisseront pas chômer.
Mais je **vais dire** à Cornoiller de me tuer des corbeaux.   (H. de Balzac.)

EXERCICES

428. Dites quelles sont les valeurs du futur simple dans :

Je suis contente que vous la preniez dans votre classe... Vous veillerez sur elle... qu'elle ne coure pas trop (Pérochon). — Un jour de printemps rendra vertes et fleuries ces plaines décolorées (Th. Gautier). — Le printemps va venir. Bientôt il s'emparera sournoisement des campagnes et des jardins (H. Bordeaux). — Certes, je l'avouerai, vous êtes le modèle d'une rare constance (Molière). — Qui vivra verra. — Monsieur, puisque vous le voulez, je vous dirai franchement qu'on se moque partout de vous (Molière). — A la fin de février prochain, je vous montrerai, s'il fait soleil, la couleur des bouleaux sur l'azur de l'hiver (Duhamel). — Que j'attende? Malédiction! Ils seront ici dans cinq minutes (Mérimée). — Papa met le chanvre dans la rivière. Nous l'aiderons et nous pêcherons des têtards (J. Renard).

FUTUR SIMPLE

● Je pense à l'infinitif.

couper	plier	remplir	tendre
Je couperai	Je plierai	Je remplirai	Je tendrai
Tu couperas	Tu plieras	Tu rempliras	Tu tendras
Il coupera	Il pliera	Il remplira	Il tendra
Nous couperons	Nous plierons	Nous remplirons	Nous tendrons
Vous couperez	Vous plierez	Vous remplirez	Vous tendrez
Ils couperont	Ils plieront	Ils rempliront	Ils tendront

RÈGLES

1. Au futur simple, **tous les verbes prennent les mêmes terminaisons : a.i — a.s — a — o.n.s — e.z — o.n.t, toujours précédées de la lettre r.**

2. Au futur simple, les **verbes du 1ᵉʳ et du 2ᵉ groupe conservent généralement l'infinitif en entier.**

Ex. : Je plierai, je remplirai.

● **Pour bien écrire un verbe au *futur simple* il faut penser à l'*infinitif,* puis à la personne.**

compter	insinuer	balbutier	saisir	rabattre	paraître
grelotter	évaluer	convier	blêmir	revendre	croître
emprunter	déjouer	simplifier	surgir	tordre	croire
encombrer	renouer	édifier	vieillir	feindre	instruire

EXERCICES

429. Conjuguez au futur simple :

étudier un projet	émonder le platane	confier un secret
bondir d'indignation	répondre aimablement	confire des abricots
lier une sauce	évaluer un bénéfice	apprécier une œuvre
lire un poème	exclure le tricheur	éclaircir la question

430. Mettez les verbes au futur simple et justifiez la terminaison en écrivant l'infinitif entre parenthèses.

Je bruni...	Ns publi...	Tu réagi...	Je dissoci...	Il remédi...
Je mani...	Ns faibli...	Tu plagi...	J' adouci...	Il étourdi...
Il gravi...	Ils aid...	Il remett...	Ils amend...	Ns dévid...
Il convi...	Ils fend...	Il fouett...	Ils étend...	Ns revend...
Tu flatt...	Vs bouffi...	Vs charri...	Ns romp...	Ils diluer...
Tu batt...	Vs édifi...	Vs nourri...	Ns ramp...	Ils conclu...

431. Mettez à la 3ᵉ pers. du sing. et à la 3ᵉ pers. du plur. du futur :

renier	fonder	s'accouder	créer	supplier	expier
bannir	fondre	recoudre	crier	remplir	crépir
gratter	guetter	atténuer	naître	amincir	rassasier
abattre	mettre	inclure	fêter	associer	saisir

432. Mettez à la 1ᵉʳ et à la 2ᵉ personne du pluriel du futur :

châtier	surgir	garder	pétrir	décrire	hasarder
partir	se réfugier	rendre	trier	s'écrier	défendre
ponctuer	seconder	croître	border	tromper	convier
avouer	recoudre	croire	mordre	rompre	servir

433. Mettez à l'imparfait, au passé simple et au futur simple (1ʳᵉ p. du sing.) :

oublier	secouer	situer	hâter	ranger	percer
frémir	réussir	sentir	croître	croire	relire

434. Mettez les verbes en italique au futur simple.

L'annonce de la nuit *dorer*, puis *approfondir* l'eau mystérieuse des fontaines (A. GIDE). — Je n'*oublier* jamais l'aspect triste et féroce de ce paysage embrasé (A. DAUDET). — Les sauterelles de la canicule *strider* dans les chaumes (M. BEDEL). — Je *mettre* dans tes mains ma houlette et tu *garder* mes brebis à ton tour (A. GIDE). — Ils *passer* plus haut dans les bois avec leurs bœufs. Ils nous *perdre* (J. GIONO). — Je *tuer* des renards pour que l'aveugle les touche. Elle *sentir* l'odeur de la sève quand Matelot *abattre* des arbres autour de son campement. Elle *entendre* craquer les arbres et Matelot qui *crier* pour prévenir que l'arbre va tomber (J. GIONO). — Le muguet arrondit ses perles qui *répandre* leur odeur souveraine (COLETTE). — Le ciel *se purifier*, *détruire* tous ses haillons gris (H. BORDEAUX). — Chiquito considère les siens. Il les sent fourbus... il s'écrie : « Je *continuer* seul » (PESQUIDOUX). — Je vous *confier* l'objet de mes études sans crainte que vous en trahissiez le mystère (A. FRANCE).

435. Mettez les verbes en italique au temps qui convient.

Si je ressuscite un jour, c'est au nez que je *reconnaître* la patrie de mon enfance (G. DUHAMEL). — Plus tard, la jeune fille, cherchant le calme absolu, *louer* une mansarde (E. CURIE). — Mets-toi là, dit M. Lepic. C'est la meilleure place. Je *se promener* dans le bois avec le chien ; nous *faire* lever les bécasses et quand tu *entendre* : pit, pit, dresse l'oreille, ouvre l'œil. Les bécasses *passer* sur ta tête (J. RENARD). — La roue tourne. Elle *tourner* jusqu'au jour où notre terre *s'endormir* du sommeil des planètes paralytiques (G. DUHAMEL). — L'arbre *donner* des fruits à ceux qui *naître* demain affamés et nus (E. ABOUT). — Eh bien, ils *se battre*, puisque vous le voulez (CORNEILLE).

436. Mettez au futur et faites entrer dans une phrase :

apprécier	veiller	reprocher	aguerrir	s'instruire	perdre

FUTUR SIMPLE

Particularités de quelques verbes

rappeler	jeter	acheter	marteler
Je rappellerai	Je jetterai	J' achèterai	Je martèlerai
Tu rappelleras	Tu jetteras	Tu achèteras	Tu martèleras
Il rappellera	Il jettera	Il achètera	Il martèlera
N. rappellerons	N. jetterons	N. achèterons	N. martèlerons
V. rappellerez	V. jetterez	V. achèterez	V. martèlerez
Ils rappelleront	Ils jetteront	Ils achèteront	Ils martèleront

employer	courir	mourir	acquérir
J' emploierai	Je courrai	Je mourrai	J' acquerrai
Tu emploieras	Tu courras	Tu mourras	Tu acquerras
Il emploiera	Il courra	Il mourra	Il acquerra
N. emploierons	N. courrons	N. mourrons	N. acquerrons
V. emploierez	V. courrez	V. mourrez	V. acquerrez
Ils emploieront	Ils courront	Ils mourront	Ils acquerront

REMARQUES

● Au **futur simple,**

— les verbes en **eler** et en **eter** prennent **2 l** ou **2 t.**

Ex. : Il rappellera, il jettera.

— ceux qui font exception prennent un **accent grave.**

Ex. : il achètera, il martèlera.

— les verbes en **y.e.r** changent l'**y** en **i.**

Ex. : il appuiera, il emploiera.

— Les verbes **mourir, courir, acquérir** et ceux de leur famille ont **2 r,** alors qu'ils n'en prennent qu'une à l'imparfait.

futur : il mourra, il courra, il acquerra
imparfait : il mourait, il courait, il acquérait.

Mes chers amis, quand je **mourrai**
Plantez un saule au cimetière...   (A. DE MUSSET.)
La lueur du couchant **mourait** à travers les ramures.   (M. GENEVOIX.)

tournoyer	essuyer	chanceler	peler	acheter	requérir
nettoyer	ennuyer	ruisseler	projeter	fureter	accourir
ployer	balayer	épeler	rejeter	étiqueter	concourir
broyer	essayer	ficeler	décacheter	conquérir	parcourir
larmoyer	payer	geler	empaqueter	reconquérir	secourir

EXERCICES

437. Conjuguez au futur simple :

appuyer sur les pédales   envoyer ses vœux   choyer ses enfants
détruire les préjugés   boire lentement   croire au succès
secouer ses vêtements   épousseter un meuble   peler une pomme
secourir le blessé   acquérir du sang-froid   dételer la jument

438. Mettez les verbes au futur simple et justifiez la terminaison en écrivant l'infinitif entre parenthèses.

Tu boi...   Il appui...   Ns distrai...   Ils plai...   J'essui...
Tu aboi...   Il instrui...   Ns effrai...   Ils pai...   Je dédui...
Tu croi...   Il construi...   Vs extrai...   Ils ploi...   Je nui...
Tu broi...   Il ressui...   Vs égai...   Ils choi...   J'ennui...

439. Mettez les verbes à la 3e personne du pluriel de l'imparfait et du futur simple.

1. ficeler   marteler   inquiéter   2. mourir   acquérir   aguerrir
   épeler   dételer   projeter   accourir   conquérir   équarrir
   peler   cacheter   étiqueter   parcourir   s'enquérir   discourir
   exceller   fureter   acheter   secourir   requérir   concourir

440. Mettez les verbes en italique au futur simple.

Un coup de vent, tout à l'heure, *balayer* les fleurs du marronnier (R. Dieudonné). — C'est à qui *employer* pour attirer la foule l'instrument le plus infatigable (A. Daudet). — Cette petite a l'air honnête, dit ma mère, peut-être parviendrai-je à la former. Si tu veux, mon ami, nous l'*appeler* Justine (A. France). — L'épervier *se réveiller*, il *déployer* ses ailes (P. Mérimée). — Je vous *payer*, lui dit-elle, avant l'oût, foi d'animal, intérêt et principal (La Fontaine). — Il *acheter* lui-même à Saumur et t'apportera de quoi lustrer ses bottes (Balzac). — Il *se jeter* à d'autres desseins et pensera à se rendre maître de quelques îles (Pascal). — Enfin, pensait le pauvre homme, en voilà une qui ne *s'ennuyer* pas chez moi (A. Daudet). — Torches, vous *jeter* de rouges étincelles (V. Hugo).

441. Mettez les verbes en italique au temps qui convient.

Les chants des marins m'éveillaient; je *courir* à ma fenêtre et je voyais les barques s'éloigner (A. Gide). — Ils se repentiront de s'être fait la guerre, mais avant cette paix, il *courir* bien des mois (Maynard). — « Roland, mon compagnon, sonnez l'olifant! Charles l'entendra, ramènera l'armée, il nous *secourir* avec tous ses barons! » (Chanson de Roland). — La cloche semblait pleurer le jour qui *se mourir* (Chateaubriand). — Les abeilles vont préparer la première couvée, quand *naître* leurs sœurs, elles *mourir* usées de fatigue (M. Tinayre). — Et après?... Petit Pierre grandira, *courir* les mers (P. Loti).

Futur simple de quelques verbes irréguliers.

aller	asseoir		faire
J' irai Nous irons	J' assiérai Nous assiérons	J' assoirai Nous assoirons	Je ferai Nous ferons
cueillir	**recevoir**	**devoir**	**mouvoir**
Je cueillerai Nous cueillerons	Je recevrai Nous recevrons	Je devrai Nous devrons	Je mouvrai Nous mouvrons
envoyer	**voir**	**pouvoir**	**savoir**
J' enverrai Nous enverrons	Je verrai Nous verrons	Je pourrai Nous pourrons	Je saurai Nous saurons
tenir	**venir**	**valoir**	**vouloir**
Je tiendrai Nous tiendrons	Je viendrai Nous viendrons	Je vaudrai Nous vaudrons	Je voudrai Nous voudrons

REMARQUES

● Au futur simple, **revoir** et **entrevoir** se conjuguent comme **voir** :
je reverrai, j'entreverrai. Mais **pourvoir** et **prévoir** font : *je pourvoirai, je prévoirai*.

● On écrit : *j'assoirai* sans e, mais on écrit : *je surseoirai* avec un e.

EXERCICES

442. Conjuguez au futur simple :

renvoyer la balle   revoir sa maison   revenir des champs
mouvoir la manivelle   asseoir son autorité   apercevoir la fumée
accueillir un ami   prévoir le temps   vouloir gagner

443. Mettez à la 1ʳᵉ personne du pluriel du présent et du futur :

obtenir   satisfaire   prévenir   cueillir   revoir   envoyer
défaire   déplaire   parvenir   assaillir   prévoir   entrevoir

444. Mettez les verbes en italique au futur simple.

Aujourd'hui, les abeilles *aller* recueillir le pollen rouge du réséda
(MAETERLINCK). — Ils *cueillir* des fleurs, ils *manger* des mûres
(V. HUGO). — Il ne *pleuvoir* point, les chemins seront bons (BERSOT).
— Je *se promener* dans les bois, nous *faire* lever les bécasses
(J. RENARD). — Il pense aux hommes qui, un jour, *venir* ici, qui *essayer*
de vaincre ces gigantesques pyramides. Il sait que d'autres hommes
savoir souffrir (M. HERZOG). — Tant que je *vivre*, évidemment,
on *conserver* tout tel quel, mais après à qui *échoir* cet héritage?
(P. LOTI). — Bientôt la terre ne *se voir* plus, le blé monte (P. HAMP).
— Plus de lune. Je n' *apercevoir* pas un feu, je ne *bénéficier* d'aucun
repère, faute de radio, je ne *recevoir* pas un signe de l'homme avant
le Nil (SAINT-EXUPÉRY).

FUTUR ANTÉRIEUR

● Quand le temps **sera venu**, *j'irai* au bois pour écouter, liquide, étoilé de longues notes lumineuses... le chant des rossignols.   (COLETTE.)

1. Le **futur antérieur** exprime une action future qui sera passée avant une autre action future.

2. Le **futur antérieur** peut exprimer parfois une supposition relative à un fait passé. Il a alors la valeur d'un passé composé.

Le drôle **se sera dit**, en passant devant mon moulin : « Ce Parisien est trop tranquille là-dedans, allons lui demander l'aubade. »   (A. DAUDET.)

RÈGLE

Le **futur antérieur** est formé du **futur simple de l'auxiliaire** et du **participe passé du verbe** conjugué.

J'aurai couru.   Je serai venu.

Quelques verbes se conjuguant avec **avoir**				*Verbes se conjuguant avec* **être**	
parier	réussir	revendre	teindre	partir	aller
essayer	cueillir	moudre	souscrire	rester	naître
secouer	reprendre	rabattre	offrir	mourir	arriver

EXERCICES

445. Conjuguez au futur antérieur :

déjouer la ruse   vaincre la difficulté   repartir à l'aube.

446. Dites quelles sont les valeurs du futur antérieur dans :
Jeanne, guettez encore et, dès que la bonne aura quitté la loge, tirez le cordon (A. FRANCE). — C'est sans doute un simple accident! Quelque chose qui se sera dérangé dans la grande roue (PAUL ARÈNE). — Les chênes auront leur frondaison nouvelle. Alors seulement tous les oiseaux des bois auront retrouvé leur canton, peupleront les halliers (M. GENEVOIX). — Songez à l'avenir. Vos fils sauront quels joyaux vous aurez enchâssés à votre tour dans ma robe de pierre (A. FRANCE).

447. Mettez les verbes en italique au futur antérieur.
Tout à l'heure *venir* le moment de faire du feu dans la cheminée, alors je roulerai ma table auprès de l'âtre (A. KARR). — Surtout, Poil de Carotte, ne lève ta ligne que lorsque ton bouchon *enfoncer* trois fois (J. RENARD). — Dépêchons-nous, dépêchons-nous... Plus tôt nous *finir*, plus tôt nous serons à table (A. DAUDET). — Quand vous *faire* un jardin potager des plus beaux et des plus odorants parterres vous m'*donner* sans doute à manger, mais *enlever* du même coup le goût de vivre (A. GIDE).

REVISONS LES TEMPS COMPOSÉS DU MODE INDICATIF

I. — Verbes se conjuguant avec l'auxiliaire *avoir*.

auxiliaire avoir

Présent	*Imparfait*	*Passé simple*	*Futur simple*
J' ai	J' avais	J' eus	J' aurai
Nous avons	Nous avions	Nous eûmes	Nous aurons
Ils ont	Ils avaient	Ils eurent	Ils auront

obéir

Passé composé	*Plus-que-parfait*	*Passé antérieur*	*Futur antérieur*
J' ai obéi	J' avais obéi	J' eus obéi	J' aurai obéi
N. avons obéi	N. avions obéi	N. eûmes obéi	N. aurons obéi
Ils ont obéi	Ils avaient obéi	Ils eurent obéi	Ils auront obéi

avoir

J' ai eu	J' avais eu	J' eus eu	J' aurai eu
N. avons eu	N. avions eu	N. eûmes eu	N. aurons eu
Ils ont eu	Ils avaient eu	Ils eurent eu	Ils auront eu

être

J' ai été	J' avais été	J' eus été	J' aurai été
N. avons été	N. avions été	N. eûmes été	N. aurons été
Ils ont été	Ils avaient été	Ils eurent été	Ils auront été

II. — Verbes se conjuguant avec l'auxiliaire *être*.

auxiliaire être

Présent	*Imparfait*	*Passé simple*	*Futur simple*
Je suis	J' étais	Je fus	Je serai
Nous sommes	Nous étions	Nous fûmes	Nous serons
Ils sont	Ils étaient	Ils furent	Ils seront

partir

Passé composé	*Plus-que-parfait*	*Passé antérieur*	*Futur antérieur*
Je suis parti	J' étais parti	Je fus parti	Je serai parti
N. sommes partis	N. étions partis	N. fûmes partis	N. serons partis
Ils sont partis	Ils étaient partis	Ils furent partis	Ils seront partis

RÈGLES

1. Un **temps composé** est formé de l'**auxiliaire avoir** ou **être** et du **participe passé du verbe** conjugué.

passé composé	plus-que-parfait	passé antérieur	futur antérieur
Présent de l'indicatif de l'auxiliaire + **participe passé** du verbe conjugué	**Imparfait de l'indicatif** de l'auxiliaire + **participe passé** du verbe conjugué	**Passé simple** de l'auxiliaire + **participe passé** du verbe conjugué	**Futur simple** de l'auxiliaire + **participe passé** du verbe conjugué

2. Le **participe passé employé avec avoir sans complément direct d'objet** reste **invariable**.

Les églantiers *avaient refleuri* au bourdonnement des dernières abeilles.
(P. Loti.)

3. Le **participe passé employé avec avoir s'accorde en genre et en nombre avec le complément direct d'objet quand celui-ci est placé avant le participe**.

J'*avais quitté* une campagne touffue, je l'*ai retrouvée* dégarnie.
(J. Renard.)

Il me regardait de ses petits yeux que la vie *avait désertés*. (J. Perry.)

4. Le **participe passé employé avec être s'accorde en genre et en nombre** avec le **sujet** du verbe.

Les oiseaux s'apprêtent à partir ou *sont* déjà *partis*. (M. Tinayre.)

Tout à coup le tonnerre *a grondé*. La pluie *est tombée*. (J. Vallès.)

Quelques verbes se conjuguant avec **avoir**

gagner	réfléchir	croire	craindre
crier	applaudir	rompre	éteindre
secouer	sourire	apercevoir	souffrir
saluer	cueillir	paraître	couvrir
essayer	omettre	résoudre	écrire
brunir	prendre	entendre	traduire

Verbes se conjuguant avec **être**

aller	partir
arriver	venir
entrer	revenir
rester	parvenir
tomber	intervenir
mourir	naître

157

EXERCICES

448. Conjuguez au passé composé, au plus-que-parfait :

écailler le poisson	prendre son billet	craindre l'orage
gravir la pente	aller au spectacle	revenir du marché
tomber des nues	coudre une agrafe	partir pour les champs

449. Même exercice au passé antérieur, au futur antérieur.

450. Écrivez les verbes suivants à la 3ᵉ personne du pluriel du plus-que-parfait de l'indicatif. Le sujet sera un nom féminin :

étreindre	grandir	aller	découvrir	revenir	naître
étendre	tomber	mûrir	remettre	défendre	garnir
sourire	rompre	voir	arriver	battre	entrer

451. Mettez les verbes en italique au temps composé qui convient.

Aussitôt que les arbres *développer* leurs feuilles, mille ouvriers commencent leurs travaux (Chateaubriand). — Les chasseurs tirèrent des carniers toutes les bêtes qu'ils *tuer* (F. Pérochon). — Ses cheveux, qui d'abord tiraient sur le roux, *perdre* leur éclat, et on les *nouer* sur la nuque d'un court ruban (H. Bosco). — Aussitôt que j'*dépasser* les bâtiments de la ferme, je m'aperçus que la nuit n'était pas très noire (M. Audoux). — Cette porte, bien sûr, était ouverte, je ne freinerai que lorsque je l'*dépasser* (P. Vialar). — Un peu plus loin, j'aperçus un rucher dont le toit *céder* sous les pluies de l'hiver (M. Arland). — Il m'a tendu de côté sa main molle, qui *retomber* après que je l'*presser* (A. Gide). — Il regarde les entailles que de mauvais élèves *creuser* sur le rebord des tables (J. Romains). — Je crois que l'odeur des cerises les *griser* tous un peu (A. Daudet). — Quand elle *passer* l'angle de la dernière maison, Cosette s'arrêta (V. Hugo). — Quand tout le monde *entrer*, mon vigneron, qui était un brave homme, s'approcha doucement (A. Daudet).

452. Même exercice que 451.

Nous *laisser* au-dessous de nous les hêtres et les sapins; les pâturages poussaient à l'endroit où nous *parvenir* (A. Dumas). — C'est ici la Bretagne tragique. C'est ici que tant de vaisseaux *sombrer*, que tant de mourants *mêler* leurs appels désespérés (Michelet). — Vous avez traîné votre canoë... Vous *enlever* vos vêtements mouillés, que vous *jeter* pêle-mêle à ce bon serviteur, le soleil, pour qu'il se charge de les sécher (Constantin-Weyer). — Le métayer pensait sans doute, en remuant son blé, aux craintes vaines qu'il *avoir* (R. Bazin). — Quand j'ouvris ma fenêtre, les sauterelles *partir*, mais quelle ruine elles *laisser* derrière elles (A. Daudet). — Comment, c'est toi? cria Mistral, la bonne idée que tu *avoir* de venir (A. Daudet). — J'ai appris cette nouvelle d'un paysan qu'il *interroger* et auquel il vous *dépeindre* (Molière). — Tant que l'orage ne pas *éclater*, mon eau de Vichy ne descendra pas (M. Proust).

LA VOIX PRONOMINALE

● Enfin le garde **se lève,** allume sa lanterne, et
j'écoute son pas lourd qui **se perd** dans la nuit.

(A. DAUDET.)

Présent de l'indicatif		*Passé composé*	
Je me lève	Nous ns levons	Je me suis levé	Nous ns sommes levés
Tu te lèves	Vous vs levez	Tu t'es levé	Vous vs êtes levés
Il se lève	Ils se lèvent	Il s'est levé	Ils se sont levés

REMARQUES

A) Un **verbe pronominal** est un verbe qui s'emploie avec **deux
pronoms de la même personne,** ou un ***nom-sujet*** et un ***pronom
adjoint*** représentant **le même être** ou **la même chose.**

Ex. : **Je me lève = Je lève moi.**

Les temps composés d'un verbe pronominal se construisent
toujours avec l'auxiliaire **être.**

La lune **s'est levée** ronde et brillante...   (R. ROLLAND.)

B) Les **variations** de sens du **deuxième pronom** font distinguer **quatre sortes** de verbes pronominaux :

1° *a)* Les verbes **essentiellement** pronominaux.
Ces verbes comme *s'emparer, se blottir, s'enfuir* ne s'emploient
qu'à cette forme.

J'entends le gazouillement confus des hirondelles qui **se sont emparées** de
la maison.   (X. DE MAISTRE.)

b) Certains verbes comme *s'apercevoir de, s'attendre à, se douter
de, se garder de, s'occuper de, se plaindre de,* etc., ont à la voix
pronominale un sens assez différent de celui du verbe actif. Ils
doivent être considérés comme des verbes essentiellement pronominaux. Dans les verbes **essentiellement** pronominaux le deuxième pronom fait corps avec le verbe et ne s'analyse pas.

2° Les verbes **accidentellement** pronominaux de **sens réfléchi.**
Dans ces verbes l'action se retourne, se réfléchit sur le sujet.

A sept heures et demie sonnant, **je me débarbouillais,** je cirais mes sabots,
je me lavais les mains, **je m'habillais.**   (CH. PÉGUY.)

3° Les verbes **accidentellement** pronominaux de **sens réciproque.** Dans ces verbes l'action faite par plusieurs êtres ou
plusieurs choses s'exerce l'un sur l'autre ou les uns sur les autres.

Les coqs **s'éveillent** mutuellement et **s'appellent** d'une chaumière à l'autre.

(G. SAND.)

Le **deuxième pronom** ne **s'analyse** que dans les verbes **acciden-tellement** pronominaux. Il peut être :

Je **me** lavais les mains (*me*, **complément d'attribution ou d'objet**)
Je **m'**habillais (*m'*, **complément d'objet direct**)
Les coqs **s'**éveillent (*s'*, **complément d'objet direct**)
Ils **se** nuisent (*se*, **complément d'objet indirect**)
Il **s'**est offert un livre (*s'*, **complément d'attribution**[1]).

4° Les verbes pronominaux de **sens passif.**
Dans ces verbes, le sujet ne fait pas l'action, il la subit; le deuxième pronom ne s'analyse pas.

Les hameaux **s'étaient vidés** de leurs mendiants. (P. Loti.)
Elle se nommera comme tu voudras, mon ami. Son nom de baptême est Radegonde. (A. France.)
Elle se nommera = elle sera nommée.

Quelques verbes accidentellement pronominaux			*Quelques verbes essentiellement pronominaux*		
s'apitoyer	se battre	se pencher	s'accouder	s'évertuer	s'insurger
s'assagir	s'éteindre	se perdre	se cabrer	s'envoler	se lamenter
s'asseoir	se frapper	se poursuivre	s'écrouler	s'extasier	se repentir
s'assoupir	se heurter	se quereller	se démener	s'immiscer	se tapir
s'atteler	s'instruire	se taire	s'évanouir	s'ingénier	se vautrer

°Voir les règles d'accord des participes passés des verbes pronominaux, p. 94.

EXERCICES

453. Conjuguez au présent et à l'imparfait de l'indicatif :
se jouer des difficultés   s'atteler au travail   se plaindre du froid

454. Conjuguez au passé simple et au futur simple :
se tuer à l'ouvrage   se fier à ses amis   s'expliquer clairement

455. Conjuguez au passé composé et au passé antérieur :
se lier d'amitié   se nourrir de légumes   se tailler une canne

456. Conjuguez au plus-que-parfait et au futur antérieur. Pour les 3es personnes, mettez le masculin, puis le féminin :
se charger de l'envoi   s'efforcer de bien faire   se lancer le ballon.

457. Écrivez aux 1re et 3e personnes du pluriel du passé composé dans 1, du plus-que-parfait de l'indicatif dans 2 :
1. couper   entendre   poursuivre   répondre   saluer
   se couper   s'entendre   se poursuivre   se répondre   se saluer
2. frapper   appuyer   mordre   couvrir   dire
   se frapper   s'appuyer   se mordre   se couvrir   se dire.

1. La nuance entre le complément indirect d'objet et le complément d'attribution est parfois subtile.

458. Relevez les verbes pronominaux et donnez-en le sens.
Deux pigeons s'aimaient d'amour tendre (LA FONTAINE). — Enfin, deux bécasses dont les longs becs alourdissent le vol, se lèvent, se poursuivent (J. RENARD). — Deux mulets se surveillaient, se tournaient, frottaient leurs bâts, se ruaient dans les jambes (J. GIONO). — La porte semblait adhérer à la muraille. M. Langlade se méfiait tellement des voleurs (R. ESCHOLIER). — Le fond de la vallée s'enfume d'un brouillard blanc qui s'affile, se balance (COLETTE). — Moi, j'écoutais le vent se démener dehors dans les platanes (ERCKMANN-CHATRIAN). — Comme il arrive lorsqu'on se hâte, l'hôtel se vidait lentement (V. HUGO). — La consonne D, par exemple, se prononce en donnant du bout de la langue au-dessus des dents d'en haut (MOLIÈRE). — Les hirondelles volaient si haut que l'œil s'éblouissait à les suivre (A. GIDE).

459. Même exercice que 458.
Les respirations de Marie-Anne et de son fils, régulières, se répondaient comme un battement d'ailes (R. BAZIN). — Et parfois, trottinantes, les souris s'approchaient du vanneur et le regardaient effrontément, mais s'il s'arrêtait, frrrt! elles s'escamotaient dans un trou (L. MERCIER). — A chaque minute, une glace se baissait, une voix demandait pourquoi l'on ne partait pas (E. ZOLA). — Cette lointaine tache d'alfa s'aperçoit à peine dans l'ensemble (FROMENTIN). — Quelquefois même les oiseaux-mouches se livrent entre eux de très vifs combats (BUFFON). — Les flocons s'embrouillent et refluent, s'envolent (G. DUHAMEL). — La vague énorme se dresse, elle éclate, son sommet s'écroule avec fracas (FLAMMARION).

460. Donnez la fonction de *se* et de *s'* dans les verbes pronominaux de l'exercice précédent, quand il y a lieu.

461. Employez dans des phrases en leur donnant le sens passif :
se laver   se lire   se remplir   s'appeler   se commettre
se dire   se guérir   se conserver   se distinguer   se fabriquer

462. Employez dans des phrases en donnant à chacun le sens réfléchi, réciproque, passif :
s'apercevoir   se heurter   se couper   s'entendre   s'adresser.

463. Mettez les verbes des expressions suivantes à la 3ᵉ personne du pluriel du passé composé. Le sujet sera un nom :
Se tapir dans l'ombre. — Se donner le bras. — Se bercer d'illusions. — Se saluer aimablement. — S'offrir un livre. — S'essuyer le front.

464. Mettez les verbes au temps demandé et justifiez l'orthographe des participes passés.
Trois familles de paysans (se bâtir, *pas. composé)* des huttes dans les flancs du vieux palais (A. DAUDET). — Les enfants (s'envoler, *pas. composé)* successivement (LAMARTINE). — La merveilleuse scène du renouveau (se déployer, *plus-que-parf.)* sur la terre (P. LOTI).

FORME NÉGATIVE

● Quelle avait pu être sa jeunesse? Elle *n'*en **parlait** *jamais*. On *ne* la **questionnait** *pas*. Savait-on seulement son prénom? Personne au monde *ne* l'**appelait** *plus* par son prénom.   (R. Martin du Gard.)

Présent de l'indicatif	Plus-que-parfait	Infinitif présent
Je *ne* parle *pas*	Je *n'*avais *pas* parlé	*ne pas* parler

REMARQUES

La **négation** indique que l'action ne se fait pas.

1. Pour mettre un verbe à la **forme négative**, on ajoute une locution adverbiale de négation comme : *ne... pas, ne... plus, ne... jamais, ne... point, ne... que, ne... guère, ne... rien, ne... nullement, ne... personne*, etc., à la forme affirmative.

2. La locution *ne... que* signifie généralement *seulement*.
L'oiseau pour toit, *n'*a *qu'*une feuille.   (Michelet.)

3. *Ne... goutte, ne... mot* sont aussi des locutions négatives.
Je *n'*y comprends *goutte*. — Il *ne* dit *mot*.

EXERCICES

465. Conjuguez sous la forme négative : 1° au présent et au **futur simple; 2°** au passé composé et au **plus-que-parfait :**
répondre vivement   rudoyer ses chevaux   craindre l'effort

466. Écrivez sous la forme négative et complétez :
Nous sommes allés au spectacle... — J'ai arrosé les fleurs... — Je boirai de l'eau glacée... — La pêche a été bonne... — Les chiens ont aboyé... — Le frein fonctionne... — Je perds patience...

467. Relevez les locutions négatives et analysez-les.
C'est un vieil homme bourru, solitaire. Il n'aime personne et ne supporte que Poil de Carotte.... Quand il dit oui, il veut dire non et réciproquement. Il ne s'agit que de ne pas s'y tromper.
« Si ça l'amuse, ça ne me gêne guère », pense Poil de Carotte...
« Surtout, dit-il à Poil de Carotte, ne lève ta ligne que lorsque le bouchon aura enfoncé trois fois.
— Pourquoi trois?
— La première ne signifie rien : le poisson mordille. La seconde, c'est sérieux : il avale. La troisième, c'est sûr : il n'échappera plus. On ne tire jamais trop tard » (J. Renard). — Vous pouvez être tranquille : je n'en dirai mot (G. Sand). — Mes enfants, ne pleurez goutte (Rabelais).

LA PHRASE NÉGATIVE

1. Le **deuxième terme** de la locution négative peut se trouver parfois placé **avant** ne.

Jamais vêtement *ne* vint plus à propos.   (STENDHAL.)

2. La négation ne comprend qu'un terme : **ne**[1].

a) Il *n'*est pire eau que l'eau qui dort. — Qu'à cela *ne* tienne.
b) *Ni* l'âge *ni* la douleur *n'*avaient voûté ses épaules.   (E. ABOUT.)
c) Mon compagnon reprit : « *Si* je *ne* me trompe, c'est un ouragan qui nous arrive. »   (G. DE MAUPASSANT.)
d) Il *ne* cesse de crier. — Je *n'*ose y croire. — Je *ne* peux le dire. Que *n'*ai-je des témoins !

3. La négation **ne** dans la proposition subordonnée[1].

a) Le cheval filait vite et Christophe riait de joie, *à moins qu'*on *ne* vînt à croiser d'autres promeneurs.   (R. ROLLAND.)
b) *De peur que* Clément *ne* prît froid, je le couvris de mon chapeau tyrolien.
                                               (A. FRANCE.)
c) Sors vite *que* je *ne* t'assomme.   (MOLIÈRE.)
d) Je *crains* un peu que le chien Black *ne* s'abandonne à quelque fantaisie brutale...   (G. DUHAMEL.)

4. Ne nous laissons pas tromper par la liaison et n'oublions pas, dans la phrase négative, la négation *n'* après *on* lorsque le verbe commence par une voyelle ou est précédé de *y* ou de *en*.

On *n'*entend *que* la pluie tomber sur le pavé.   (FLAUBERT.)

EXERCICES

468. Faites 3 phrases renfermant chacune : nul, nulle part, aucun.

469. Faites 4 phrases renfermant chacune une des expressions : à moins que, de peur que, de crainte que, dans la crainte que.

470. Faites 3 phrases à l'imitation de celle de Duhamel.

471. Imitez la phrase : *Ni l'âge ni la douleur...* Le motif ni... ni... sera employé : 1° comme sujet ; 2° comme complément.

472. Dans certaines phrases, la négation *n'* a été omise. Rétablissez-la.

Par économie, on allume pour la maison entière qu'un seul feu. — On éprouve du regret quand on a pas contenté ses parents. — Il fait beau, on ouvre les fenêtres toutes grandes. — La route est longue, on en voit pas le bout. — La rentrée est loin, on y pense pas. — Le jardin est bien entretenu. On insiste guère pour qu'on y joue.

---

1. Ces phrases ne représentent que quelques cas de négation. Voir l'arrêté du 26 février 1901

FORME INTERROGATIVE

● « Ma mère ne s'enquit pas davantage du savoir
de la jeune villageoise... et la congédia avec
un imperceptible sourire...

« Comment la **trouves-tu**, François ? » demanda
ma mère.

(A. FRANCE.)

Présent de l'indicatif	*Futur simple*	*Passé composé*
Trouvé-je ?	Trouverai-je ?	Ai-je trouvé ?
Trouve-t-il ?...	Trouvera-t-il ?...	A-t-il trouvé ?...
Trouvent-ils ?	Trouveront-ils ?	Ont-ils trouvé ?
Imparf. de l'indicatif	*Passé antérieur*	*Conditionnel passé 2ᵉ f.*
Trouvais-je ?	Eus-je trouvé ?	Eussé-je trouvé ?

REMARQUES

1. A la **forme interrogative**, on place le **pronom-sujet après
le verbe** ou **après l'auxiliaire**, dans les **temps composés**.
On lie le pronom-sujet au verbe par un **trait d'union**.

Trouvé-je ? ai-je trouvé ?

On peut aussi faire précéder le verbe à la forme affirmative de
l'expression : **Est-ce que....**

Est-ce que je trouve ? *Est-ce que* je trouverai ?

Pour l'oreille, on préférera : est-ce que je cours ? à cours-je ?...

**2. Pour éviter
la rencontre**

→ de 2 **syllabes muettes**, on met un **accent
aigu** sur l'**e** muet terminal de la 1ʳᵉ personne
du singulier du présent de l'indicatif des
verbes en **e.r** et du conditionnel passé
2ᵉ forme de tous les verbes.

trouvé-je ? eussé-je trouvé ? fussé-je né ?

Quant à la perte que j'avais faite, comment l'eussé-je
réalisée ?   (A. GIDE.)

→ de 2 **voyelles**, on place un **t** euphonique après
e ou **a** à la 3ᵉ personne du singulier.

trouve-t-il ? trouvera-t-il ? a-t-il trouvé ?

3. Lorsque le sujet du verbe est un nom, on répète le pronom
équivalent du nom.

A midi, dans la chaleur, l'**abeille** restera-t-**elle** inactive ?   (MICHELET.)

4. L'interrogation peut être marquée par des mots interro-
gatifs : pronom, adjectif, adverbe...

Qui vient? **Quel** est ce bruit? Au loin, dans la nuit, résonnent sur la neige les
sabots d'un cheval.... (M. Colmont.)
Où courir? **Où** ne pas courir? (Molière.)

5. L'interrogation peut s'exprimer par un verbe à la forme
affirmative, par un simple mot. **L'intonation** seule marque
l'interrogation.

Pierre interroge le médecin : « **On pourra** le sauver? »
(R. Frison-Roche.)

L'auberge? dit l'homme. Eh bien, je vais aller y loger cette nuit. Conduis-moi.
(V. Hugo.)

EXERCICES

473. Conjuguez sous la forme interrogative : 1° au présent, à
l'imparfait, au futur simple; 2° au passé composé, au plus-que-
parfait :

1. parler posément   secouer le prunier   avertir son maître
2. ranger son livre   blâmer le mensonge   réussir son devoir

474. Mettez aux 1re et 3e personnes du singulier et à la 3e personne du pluriel : 1° du présent de l'indicatif; 2° du futur antérieur :

garder   gagner   employer   essayer   achever   se soigner
chanter   tailler   réclamer   essuyer   imaginer   se lasser

475. Donnez aux phrases suivantes la formes interrogative :
Tu entends le klaxon de l'autocar. — J'ai fermé le robinet du gaz.
— Il a verrouillé la porte de la cave. — J'aperçois un ami, je cours
lui parler. — Le coq du moulin a chanté ce matin. — Les ouvriers
ont rangé leurs outils. — J'appuie mes propos avec assez de fermeté.
— C'est le chant de la pluie ou le bruissement du feuillage que j'entends. — Il aura pensé à prendre son livre. — C'était une fumée ou
un nuage. — Je lance le poids assez loin.

476. Construisez des phrases interrogatives commençant
chacune par : *quand, lequel, qui, comment, quel(le)s, que, où.*

477. Construisez des phrases interrogatives avec chacun des
verbes suivants. Le sujet sera postposé.

raconter   cirer   chanter   inventer   refuser   s'amuser.

478. Construisez 3 phrases interrogatives avec des verbes de
votre choix employés à la 1re personne du singulier du présent
de l'indicatif.

479. Construisez 2 phrases interrogatives commençant par le
tour : *est-ce que.*

FORME INTERRO-NÉGATIVE

● J'étais un assez bon élève. Pourquoi *n'osé-je pas*
dire : un très bon?   (A. Gide.)

Présent de l'indicatif	*Imparfait*	*Passé simple*
N'osé-je pas?	N'osais-je pas?	N'osai-je pas?

Passé composé	*Passé antérieur*	*Cond. passé* 2ᵉ *f.*
N'ai-je pas osé?	N'eus-je pas osé?	N'eussé-je pas osé?

REMARQUE

● La **forme interro-négative** est la combinaison de la **forme
interrogative** et de la **forme négative**.

Osé-je? }
Je n'ose *pas.* } N'osé-je *pas?*

● Les verbes ne peuvent s'écrire sous la forme interrogative ou interro-négative
qu'aux modes indicatif et conditionnel.

EXERCICES

**480. Conjuguez sous la forme interro-négative : 1° au présent de
l'indicatif et au futur simple; 2° à l'imparfait et au passé simple :**
ôter sa coiffure   rentrer le linge   essuyer la vaisselle.

**481. Conjuguez sous la forme interro-négative : 1° au passé
composé; 2° au plus-que-parfait; 3° au passé antérieur :**
garder la clef   tailler la vigne   veiller sur son frère.

**482. Donnez successivement aux phrases suivantes la forme
interrogative, puis la forme interro-négative.**
Tu as rendu le livre qu'on t'avait prêté. — Ils collectionnaient les
timbres-poste d'aviation. — C'est le merle qui a sifflé. — Les hirondelles reviendront après le dur hiver. — Ce sera curieux d'écouter
ses explications. — Je parle suffisamment fort. — L'alouette accompagne le laboureur. — C'était un écureuil ou une feuille rousse.

483. Donnez aux phrases suivantes la forme interro-négative :
J'entends le chant du grillon. — Vous avez fait une bonne cueillette
de champignons. — Il se rappelait ses promesses. — Tu as réparé la
porte de la cave. — Les enfants jouent au grand air toute la journée.
— Les jardiniers ont arrosé les massifs de fleurs. — C'était toi qui
chantonnais dans la cour. — Il avait suivi le chemin dans les dunes.

**484. Imaginez un dialogue entre une personne et vous-même :
1° au marché; 2° au service de renseignements dans une gare;
3° chez le libraire; 4° dans un magasin de votre choix. Les tournures affirmatives, négatives, interrogatives, interro-négatives
seront judicieusement employées.**

EXERCICES DE REVISION

485. Mettez les verbes en italique au présent de l'indicatif.
L'oncle chante au lutrin, un hautbois invisible nasille, le vieux curé *officier* (J. Cressot). — La bête *découdre* les chiens (J. Peyré). — Au-dessus des cavernes *croître* toute une botanique curieuse (V. Hugo). — Toute cette foule *jouer* de l'éventail, piaille, *se coudoyer* sans se bousculer (F. de Croisset). — Je restai longtemps à contempler le monde sous-marin qui *se perdre* dans une ombre glauque où *affluer* le surgeon invisible de la source (H. Bosco). — Entre tous les arts je n'en sais de plus aventureux que les arts qui invoquent le feu. Leur nature *exclure* ou *punir* toute négligence (P. Valéry). — La campagne me *plaire* encore quand elle n'a plus de sourires (A. France). — J'ai retrouvé mon pays avec plus de tendresse. Je *plaindre* les hommes qui n'éprouvent pas ce sentiment (R. Dorgelès).

486. Mettez les verbes en italique au temps qui convient.
A l'idée d'une tunique, Rabiou hésita... Enfin le pauvre homme *parvenir* à la confectionner, ma tunique, mais quelle tunique... Je la *revêtir* pour la première fois un dimanche, comme il *convenir*, puisque c'*être* un vêtement neuf. Oh! quand ce jour-là je *paraître* dans la cour du collège pendant la récréation, quel accueil! « Pain de sucre! Pain de sucre! » *s'écrier* à la fois tous mes camarades. Ce *être* un moment difficile. Ils *voir* tous d'un coup d'œil le galbe disgracieux, le bleu trop clair, les lyres, le col béant à la nuque. Ils *se mettre* tous à me fourrer des cailloux dans le dos par l'ouverture fatale. Ils en *verser* des poignées et des poignées sans combler le gouffre. Non, le petit tailleur-concierge n'*considérer* pas ce que *pouvoir* tenir de cailloux la poche dorsale qu'il m'*établir*. Suffisamment caillouté, je *donner* des coups de poing; on m'en *rendre* que je ne *garder* point. Après quoi, on me *laisser* tranquille. Mais le dimanche suivant, la bataille *recommencer*. Et tant que je *porter* cette funeste tunique, je *être* vexé de toutes sortes de façons et *vivre* perpétuellement avec du sable dans le cou. (Anatole France, *Pierre Nozière*, Calmann-Lévy).

487. Mettez les verbes en italique au temps composé qui convient. Indiquez ce temps entre parenthèses.
Lorsqu'ils *regagner* la cuisine, Olympe s'assit au coin de l'âtre (D. Rolin). — Tu n'entreras au paradis que quand tu *célébrer* ces trois cents messes (A. Daudet). — Il commençait à faire orageux. Ensuite les nuages *partir*. Le gros merle gris *se mettre* à chanter à tue-tête, il *recommencer* à zébrer l'azur de ses courses folles (D. Rolin). — Il *geler* blanc; les dahlias sont fripés (J. Renard). — Ce n'était pas une vieille femme, mais les larmes l'*faner* toute (A. Daudet). — On *relever* les bâches des charrettes. On dételle les taureaux (J. Giono).

167

VALEURS DU PRÉSENT DU CONDITIONNEL

- Quelquefois, Marie *parlait* de la vie comme d'une chose grave et belle que l'enfant **connaîtrait** un jour. (J. CHARDONNE.)
- **Si** j'*étais* Homère ou Rabelais, je **dirais** : cette cuisine est un monde dont cette cheminée est le soleil. (V. HUGO.)

Le **conditionnel** était anciennement un temps du mode indicatif. Il a gardé, dans certains cas, la valeur d'un futur.

Le **conditionnel** exprime aussi des faits irréels ou possibles dont la réalisation est soumise à une condition.

Le **conditionnel** peut donc marquer :

I. Un futur du passé.

Mettons le verbe *parler* au présent.

Quelquefois, Marie *parle* de la vie... que l'enfant **connaîtra**...

Le présent *parle* entraîne le futur *connaîtra* alors que l'imparfait *parlait* entraîne le conditionnel **connaîtrait**.

Le **conditionnel** a ici la valeur d'un futur qui, s'appuyant sur un passé, est appelé *futur du passé*.

II. *a)* Des faits soumis :
à une condition exprimée :

Je t'aime, petite rivière, et je te **peindrais** bien jolie, si je **savais** peindre.

(J. RENARD.)

à une condition non exprimée :

Vous entendez mille bruits qu'un Indien **distinguerait** les uns des autres et qu'il vous **expliquerait** en souriant... (*s'il était là*).

(CONSTANTIN-WEYER.)

b) **Des faits supposés :**

Nanon, je crois que l'œuf **gâterait** ce cuir-là.

(BALZAC.)

c) **Des faits désirés, souhaitables :**

Je **voudrais** marcher tout seul sur une petite route au milieu des blés au printemps.

(DUHAMEL.)

d) **Des faits irréels, imaginaires, fictifs.**

Je rêve d'une vieille ferme, affaissée sous le poids de trois siècles d'existence... Je **me contenterais** de deux ou trois chambres... j'**abandonnerais** les autres aux sabbats des rats... Et, tapi dans mon terrier, je l'**arrangerais** à ma guise.

(C.-F. RAMUZ.)

Le conditionnel est le mode de la **supposition** alors que l'indicatif est le mode du **réel**.

EXERCICES

488. Dites quelles sont les valeurs du conditionnel dans :
J'attendais avec impatience le moment où une barbe piquante me hérisserait le menton (A. France). — Ils me donnent au galop le baiser demandé, un seul, et rapide, et furtif. J'en voudrais dix, j'en voudrais vingt (Duhamel). — On dirait que la plaine, au loin déserte, pense (A. Samain). — S'il était riche, il prendrait des leçons particulières, il se ferait expliquer les obscurités (J. Romains). — On serait les rois des cavernes! explique Maurice plein de son sujet. On aurait des chiens-lions, on pêcherait des poissons aveugles, on apprivoiserait les chauves-souris (J.-H. Rosny aîné). — Ah! qu'un homme comme cela mériterait bien ce qu'il craint, et que j'aurais de joie à le voler (Molière).

489. Même exercice que 488.
Porthos espéra qu'avec du vin, du pain et du fromage, il dînerait, mais le vin manquait (A. Dumas). — La jolie voix, et comme je pleurerais de plaisir à l'entendre (Colette). — Ils parlaient de ce qu'ils feraient plus tard quand ils seraient sortis du collège (Flaubert). — L'hippopotame accéléra sa course.... Là, plongeant dans les pâturages natals, il réparerait sa blessure, il connaîtrait encore la douceur de vivre (J.-H. Rosny aîné). — La fillette allait grandir, chaque saison amènerait un progrès (G. Flaubert). — Elle imaginait la journée du baptême de son futur enfant. Elle descendrait à la salle à manger. Dans le creux de sa main palpiterait la tête duvetée du nouveau-né; on se pencherait sur lui avec admiration en disant : « Quel beau bébé. » Elle serait la reine de la journée. De nombreux amis viendraient, les bras chargés de cadeaux (D. Rolin).

490. Mettez les verbes en italique au présent de l'indicatif et les autres au temps qui convient.
Paul, dans l'espoir que quelque chasseur pourrait l'entendre, *cria* alors de toute sa force (Bernardin de Saint-Pierre). — Ce projet me *plaisait* beaucoup, puisqu'il était entendu que Bricheny et moi ferions route ensemble (M. Orlan). — Il *eut* la certitude que c'était là l'écueil où il naufragerait (E. Zola). — Jacquou *plaçait* des pièges dans les buissons, comptant que les oiseaux s'y engluraient (J. Jaubert).

491. Mettez les verbes en italique à l'imparfait de l'indicatif et les autres au temps qui convient.
C'*est* demain l'ouverture, et je vais être empoisonné par cette bête qui ne m'obéira pas (R. Préjean). — Il y *a* là des sapinettes, dont les pousses entrecroisées fourniront le plus merveilleux des sommiers (Constantin-Weyer). — Il *surveille* le fleuve et ne *cache* pas qu'il comblera de richesses l'homme qui lui apportera de mes nouvelles (E. Peisson).

492. Construisez 2 phrases où le conditionnel aura : 1° la valeur d'un futur du passé; 2° d'un conditionnel proprement dit.

LE PRÉSENT DU CONDITIONNEL

couper	plier	remplir	tendre
Je couperais	Je plierais	Je remplirais	Je tendrais
Tu couperais	Tu plierais	Tu remplirais	Tu tendrais
Il couperait	Il plierait	Il remplirait	Il tendrait
N. couperions	N. plierions	N. remplirions	N. tendrions
V. couperiez	V. plieriez	V. rempliriez	V. tendriez
Ils couperaient	Ils plieraient	Ils rempliraient	Ils tendraient

RÈGLES

1. Au présent du conditionnel, **tous les verbes prennent les mêmes terminaisons : a.i.s — a.i.s — a.i.t — i.o.n.s — i.e.z — a.i.e.n.t,** toujours précédées de la lettre r.

2. Au présent du conditionnel comme au futur simple, les verbes du 1ᵉʳ et du 2ᵉ groupe **conservent** généralement l'**infinitif en entier**.

Ex. : Je **couper**-ais, je **plier**-ais, je **remplir**-ais.

● **Pour bien écrire un verbe au *présent du conditionnel*, il faut penser à l'*infinitif*, puis à la *personne*.**

traîner	crier	se vouer	réussir	relire	résoudre
freiner	créer	secouer	saisir	décrire	combattre
balbutier	prier	se ruer	enfouir	rendre	omettre
falsifier	agréer	continuer	sentir	fendre	paraître

EXERCICES

493. Conjuguez au présent du conditionnel :

trier le courrier — secouer le tapis — exclure le fraudeur
pétrir la pâte — coudre la doublure — évaluer un nombre
battre le fer — gratter le parquet — mettre la nappe

494. Même exercice que le précédent en écrivant les verbes : 1° sous la forme interrogative ; 2° sous la forme interro-négative.

495. Mettez la terminaison du présent du conditionnel et du futur simple. Écrivez l'infinitif entre parenthèses.

Je sci...	Ns bâti...	Il s'écri...	Ns guett...	Je faibli...
Je noirci...	Ns châti...	Il écri...	Ns mett...	J'oubl...
Tu romp...	Vs grond...	Ils coud...	Il se hât...	Tu mani...
Tu tromp...	Vs tond...	Ils soud...	Il rebatt...	Tu muni...

496. Conjuguez à l'imparfait et au présent du conditionnel :

saisir   rire   traduire   atteindre   accomplir   multiplier.

170

FUTUR OU CONDITIONNEL?

- Le chevreuil me regardait, la tête couchée sur l'herbe, je n'**oublierai** jamais ce regard. (Colette.)
- Quand je bêche mon jardin, je ne **donnerais** pas ma place pour un empire. (E. Moselly.)

1. La 1ʳᵉ personne du singulier du futur simple et celle du conditionnel ont presque la même prononciation. Pour éviter la confusion, il faut se rapporter au **sens** de l'action, l'on peut aussi penser à la personne correspondante du pluriel.
Oublierai marque la *postériorité* d'un fait et *donnerais* la *condition.* On peut dire aussi :

j'oublier**ai**, nous oublier**ons** (futur a.i)
je donner**ais**, nous donner**ions** (conditionnel a.i.s).

2. Avec la conjonction de condition **si**, le **présent** appelle le **futur**, l'**imparfait** appelle le **présent du conditionnel.**

Je te *rosserai* (nous te rosserons), si tu *parles*   (Molière.)
Si j'*avais* à recommencer ma route, je *prendrais* (nous prendrions) celle qui m'a conduit où je suis.   (A. Thierry.)

EXERCICES

497. Mettez les verbes en italique au temps convenable, puis écrivez-les, entre parenthèses, au pluriel.

Je suis pauvre, tu le sais, mais je *être* riche que je ne te *donner* pas les moyens de vivre sans rien faire (A. France). — Si je ressuscite un jour, fantôme aveugle, c'est au nez que je *reconnaître* la patrie de mon enfance (Duhamel). — Je l'aime et le vénère, ce vieux mur. Je ne *souffrir* pas qu'on m'y fît le moindre changement et si on me le démolissait, je *sentir* comme l'effondrement d'un point d'appui (P. Loti). — Mon dîner fait, j'*aller* visiter la maison (V. Hugo). — Laure se coiffa d'un chapeau de paille noire : « J'*aller* au magasin pour prendre les estampes et je *se sauver* immédiatement », se dit-elle (D. Rolin).

498. Mettez les verbes en italique au temps qui convient.

Ma douleur *être* médiocre si je pouvais la dépeindre, je ne l'*entreprendre* pas (Mme de Sévigné). — Sa beauté triomphait de tout, et de quoi ne *triompher* pas, en effet, l'incomparable beauté de l'enfance? (G. Sand). — Je ne me *couvrir*, si vous ne vous couvrez (Molière). — Ces maisons nous *dire* des choses à pleurer et à rire, si les pierres parlaient (A. France). — M. Burns a raison; je ne *perdre* pas mon temps si je l'écoute (M. Orlan). — J'ignorais tout de cette contrée et j'étais sûr qu'en la voyant je la *reconnaître* (A. France). — Votre Majesté n'en saura pas davantage, je la *ruiner* (J. des Gachons).

PRÉSENT DU CONDITIONNEL

Particularités de quelques verbes.

rappeler	jeter	acheter	marteler
Je rappellerais	Je jetterais	J' achèterais	Je martèlerais
N. rappellerions	Nous jetterions	Nous achèterions	N. martèlerions

employer	courir	mourir	acquérir
J' emploierais	Je courrais	Je mourrais	J' acquerrais
N. emploierions	Nous courrions	Nous mourrions	Nous acquerrions

Quelques verbes irréguliers.

aller	asseoir		faire
J' irais	J' assiérais	J' assoirais	Je ferais
Nous irions	Nous assiérions	Nous assoirions	Nous ferions

cueillir	recevoir	devoir	mouvoir
Je cueillerais	Je recevrais	Je devrais	Je mouvrais
Nous cueillerions	Nous recevrions	Nous devrions	Nous mouvrions

envoyer	voir	pouvoir	savoir
J' enverrais	Je verrais	Je pourrais	Je saurais
Nous enverrions	Nous verrions	Nous pourrions	Nous saurions

tenir	venir	valoir	vouloir
Je tiendrais	Je viendrais	Je vaudrais	Je voudrais
Nous tiendrions	Nous viendrions	Nous vaudrions	Nous voudrions

REMARQUES

● Les **particularités** et les **irrégularités** constatées au **futur**
simple **se retrouvent,** compte tenu des terminaisons, au **présent
du conditionnel.** (Voir leçons n° 29 et n° 30, p. 152 et 154.)

EXERCICES

499. Conjuguez au présent du conditionnel :

essuyer son front	accourir au signal	envoyer des fleurs
traduire un texte	mourir de peur	tutoyer ses amis
atteler le poney	cacheter la lettre	accueillir son frère
peler le fruit	fureter partout	aller à la fontaine
tenir sa parole	revenir du village	entrevoir la vérité
vouloir réussir	recevoir un colis	prévoir le temps

500. Mettez les terminaisons du présent du conditionnel.

tu boi...	il balai...	ns parcou...	j'acquer...	je dédui...
tu broi...	il distrai...	ns discou...	je conquer...	ils plai...
tu croi...	ils trai...	vs accou...	tu appel...	ils secou...
j'appui...	ils essai...	vs concou...	tu projet...	il recueil...

501. Écrivez à la 1ʳᵉ pers. du singulier et à la 1ʳᵉ pers. du pluriel de l'imparfait de l'indicatif et du présent du conditionnel :

parcourir	secourir	sourire	acquérir	requérir	mourir
discourir	secouer	courir	conquérir	accourir	nourrir
nettoyer	saisir	fournir	convaincre	charrier	colorier

502. Mettez les verbes en italique à l'imparfait de l'indicatif ou au présent du conditionnel.

Ainsi que Friquette, Champeau *courir* dans les chaumes et les betteraves, le nez au ras du sol (M. Orlan). — Louis et le cerceau avaient couru l'un derrière l'autre, un peu comme un enfant *courir* derrière un chien (J. Romains). — La ville *mourir* de faim sans la campagne. La campagne *devenir* sauvage sans la ville (E. Perié). — J'ai chaud et je claque des dents. Si je *mourir* là, par aventure, qui le *savoir* ? Personne (L.-F. Rouquette).

503. Mettez les verbes en italique au présent du conditionnel.

Ils faisaient le projet de prendre une apprentie à demeure, quelque fillette, qui *égayer* la maison (Zola). — L'âne cherchait toujours ma grand-mère dont il savait bien qu'il *recevoir* quelques friandises (G. Sand). — Et puis, il y avait les paquets du libraire qu'on *déficeler* impatiemment (T. Bernard). — Les fées, s'écria-t-il, si elles avaient un peu de cœur, elles nous *envoyer* un bon déjeuner (A. Theuriet). — Je me demande si, malicieusement, tu n' *aller* point faire courir le bruit que j'en ai (Molière). — Nous arrangeâmes que nous *acheter* un pain de deux sous (Chateaubriand). — Elle éclaire, cette lune, autant qu'un autre soleil, un soleil un peu fantôme, qui *jeter* du froid en même temps que de la lumière (P. Loti).

504. Mettez les verbes en italique au temps qui convient.

Rabiou n'avait pas prévu que je *devenir* un poète très distingué (A. France). — Vous ne *savoir* imaginer combien c'est difficile à sept ans d'interroger sa conscience (A. France). — Si je mêlais ces petites feuilles vertes et frisées à ton chènevis, tu *mourir* et je *être* vengé. Mais je veux me venger autrement. Je *se venger* en te laissant la vie (A. France). — Tous les enfants sont plus grands qu'elle. Pour les embrasser, elle se soulève sur la pointe des pieds. C'est dans cette attitude d'adoration que je l' *apercevoir* toujours (G. Duhamel). — D'ailleurs, j'aime tellement mon bateau que je crois que je ne *se soucier* guère d'être sauvé s'il devait couler (A. Gerbault). — « Tu ne t'ennuies pas, Wilfrida ? — Pourquoi *s'ennuyer*-je ? » (Van der Meersch).

LES TEMPS COMPOSÉS
DU MODE CONDITIONNEL

- Aoûn *frappa* avec colère comme il **aurait frappé**
un ennemi.   (J.-H. ROSNY AINÉ.)
- Je *récitai* donc comme j'**eusse récité** chez nous.
                    (A. GIDE.)

Conditionnel passé 1re forme		Conditionnel passé 2e forme[1]	
réciter	**tomber**	**réciter**	**tomber**
J' aurais récité	Je serais tombé	J' eusse récité	Je fusse tombé
Tu aurais récité	Tu serais tombé	Tu eusses récité	Tu fusses tombé
Il aurait récité	Il serait tombé	Il eût récité	Il fût tombé
N. aurions récité	N. serions tombés	N. eussions récité	N. fussions tombés
V. auriez récité	V. seriez tombés	V. eussiez récité	V. fussiez tombés
Ils auraient récité	Ils seraient tombés	Ils eussent récité	Ils fussent tombés
avoir	**être**	**avoir**	**être**
J'aurais eu	J'aurais été	J'eusse eu	J'eusse été

RÈGLES

Le **conditionnel passé 1re forme** est formé du **présent du conditionnel de l'auxiliaire** *avoir* ou *être* et du **participe passé du verbe** conjugué.

J'aurais récité. Je serais tombé.

Le **conditionnel passé 2e forme** est en **eusse** avec l'auxiliaire **avoir**, en **fusse** avec l'auxiliaire **être**.

J'eusse récité. Je fusse tombé.

Verbes se conjuguant avec **avoir**			Verbes se conjuguant avec **être**		
passer	réussir	éteindre	venir	arriver	s'enfuir
étudier	revoir	remettre	partir	rester	se repentir
jeter	tendre	offrir	mourir	tomber	se blottir
bâtir	écrire	prendre	naître	entrer	s'évanouir

EXERCICES

505. Conjuguez à la 1re et à la 2e forme du conditionnel passé :

flamber la volaille   offrir un livre   apprendre un métier
se couper profondément   rester en arrière   parvenir à ses fins
saisir l'occasion   moudre du café   cueillir des dahlias

---

1. Notons que le conditionnel passé 2e forme a la même conjugaison que le plus-que-parfait du subjonctif.

506. Mettez les verbes en italique au condit. passé 1ʳᵉ forme.
Vous savez que je me destinais, moi, à l'enseignement... J' *vouloir*
être instituteur. J'*travailler* comme vous. Les enfants m'*aimer*. Ils
se confier à moi. Nous *mettre* le ciel dans la classe, ou la classe dans
la cour. Nous nous *se prendre* les mains, nous *chanter*, nous *former*
une ronde et une couronne de vies. Et puis je les *abandonner*...
(ALBERT THIERRY). — J' *vouloir* vous entendre réciter ces vers de Racine.
Ils sont si beaux... Mais je pense que vous ne les *dire* pas, si vous ne
les aimiez pas (A. GIDE). — Le cheval était le seul moyen de locomo-
tion. Les voitures *rester* en détresse (R. BAZIN).

507. Mettez les verbes en italique au condit. passé 2ᵉ forme.
Qui m'*voir* alors *se faire* une idée assez juste d'un mouton enragé
(A. FRANCE). — J'étais toute tremblante d'une admiration, d'un enthousiasme que j'*vouloir* lui exprimer (A. GIDE). — Ils couraient à la file,
le long des voies, l'échine pliée, comme s'ils *galoper* à quatre pattes
(E. ZOLA). — Le duc s'avançait avec une lenteur émerveillée et pru-
dente comme s'il *craindre* de marcher sur les robes et de déranger
les conversations (M. PROUST). — Ils parlent de moi, des aventures de
ma jeunesse, de ma vie qui *s'écouler* calme et tranquille si, comme
eux, je *rester* dans la maison où je suis né (A. DUMAS).

**508. Mettez les verbes en italique au conditionnel passé
1ʳᵉ forme (1), 2ᵉ forme (2).**
Une poule parfois s'enfuyait en gloussant. J'(*aimer*, 1) la poursuivre. J'avais un jour essayé d'en prendre une à la course et j'y
(*parvenir*, 2) peut-être sans l'apparition de ma mère (H. DE RÉGNIER).
— Qui m'(*voir*, 2) seul dans ma chambre, un gros livre d'analyse
auprès de moi, n'(*croire*, 1) jamais que c'était là un jeune homme d'à
peine vingt-deux ans (P. BOURGET). — Il peut sembler étrange qu'une
personne haute comme une bouteille, et qui (*disparaitre*, 1) dans la
poche de ma redingote s'il n'(*être*, 2) pas irrévérencieux de l'y mettre,
donnât précisément l'idée de la grandeur (A. FRANCE). — Si c'(*être*, 1)
l'œil droit, dit-il, je l'(*guérir*, 1), mais les plaies de l'œil gauche sont
incurables (VOLTAIRE).

**509. Mettez les verbes en italique au temps qui convient :
passé antérieur ou conditionnel passé 2ᵉ forme. Analysez-les.**
Son nez pointu était si grêle dans le bout que vous l'*comparer* à
une vrille (BALZAC). — Quand nous *déjeuner* tous deux à l'auberge,
nous trouvâmes que la matinée d'hiver avait fait place à une belle
journée de mai (P. LOTI). — Quand nous *parvenir* tout en haut, nous
nous trouvâmes réunis (P. VIALAR). — Sa mâchoire tremblait et se cris-
pait comme s'il *articuler* des mots qu'on n'entendait pas (R. BAZIN).

**510. Construisez trois phrases 1° avec un verbe au passé anté-
rieur ; 2° avec un verbe au conditionnel passé 2ᵉ forme.**

EUT, EÛT - FUT, FÛT?

- Quand elle *eut* tiré les provisions du panier, Stéphanette se mit à regarder curieusement autour d'elle.   (A. Daudet.)
- Leurs fronts radieux se touchaient; on *eût* dit trois têtes dans une auréole.   (V. Hugo.)
- Le moulin ronronnait doucement comme s'il *eût* compris.

(P. Arène.)

Pour ne pas confondre la 3ᵉ personne du singulier du passé antérieur (*et du passé simple des verbes passifs*), qui ne prend pas d'accent, avec la même personne du passé 2ᵉ forme du conditionnel, qui prend un accent circonflexe, il faut se rapporter au **sens** de l'action; l'on peut aussi penser à la personne correspondante du pluriel.

Elle eut tiré, elles **eurent** tiré	Passé antérieur :
Il fut tombé, ils **furent** tombés	pas d'accent.
On eût dit, ils **eussent** dit	Conditionnel passé 2ᵉ forme :
Il fût tombé, ils **fussent** tombés	eût et fût accentués.

● De plus, on peut remplacer le passé 2ᵉ forme par le passé 1ʳᵉ forme et dans certains cas par le plus-que-parfait de l'indicatif :
On eût dit (on aurait dit)... — *S'il eût compris* (s'il avait compris).

EXERCICES

511. Remplacez les points par *eut* **ou** *eût,* *fut* **ou** *fût,* **puis mettez chaque phrase au pluriel.**
Quand il ... fini son travail, il ... autorisé à lire. — Il ... félicité le donateur, s'il se ... fait connaître. — S'il ... osé, il ... chanté. — S'il était parti plus tôt, il ... arrivé à temps.

512. Remplacez les points par *eut* **ou** *eût,* *fut* **ou** *fût.* **Analysez les verbes ainsi formés.**
Saïd faisait toujours celui qui comprenait, mais il ... préféré comprendre (J. Peyré). — J'aurais chéri Navarin, je l'aurais comblé de respect et d'égards, s'il l'... permis (A. France). — Quand il ... fini, de petits mouvements saccadés agitèrent ses épaules (P. Loti). — Il ... donné n'importe quoi pour une lumière, pour une présence (C. Gonnet). — Notre tente, maintenue par des pierres énormes, ... secouée comme une voile (G. de Maupassant). — S'il ... écouté son impatience, Frédéric ... parti à l'instant même (Flaubert). — Un malade brusquement guéri de son mal n'... pas plus profondément soupiré de plaisir (L. Delarue-Mardrus). — Lorsque le moment du départ ... arrivé, ils montèrent à cinq dans le cabriolet (R. Vincent). — Lorsqu'elle ... atteint le coin de la rue, elle se réfugia sous les platanes (D. Rolin).

L'IMPÉRATIF

- **Profite** de ta liberté, **cours, trotte, remue-toi.** Tu peux rôder à ta guise, seulement **prends** bien garde aux vipères. (E. Moselly.)
- **Aie** le respect de toi-même et de ton travail. **Sois** fier d'être un ouvrier. (J. Jaurès.)

profiter	étudier	cueillir	savoir	se remuer
profite	étudie	cueille	sache	remue-toi
profitons	étudions	cueillons	sachons	remuons-nous
profitez	étudiez	cueillez	sachez	remuez-vous

finir	courir	venir	répondre	se rendre
finis	cours	viens	réponds	rends-toi
finissons	courons	venons	répondons	rendons-nous
finissez	courez	venez	répondez	rendez-vous

avoir	être
aie, ayons, ayez	sois, soyons, soyez
Impératif passé	*Impératif passé*
aie profité, ayons profité, ayez profité	sois venu, soyons venus, soyez venus.

RÈGLE

L'**impératif** sert à exprimer un ordre, une prière, un conseil, un souhait. L'impératif a deux temps : le présent et le passé. Il ne se conjugue qu'à 3 personnes, sans sujets exprimés.

Le **singulier** du présent de l'impératif est en **e** ou en **s**.

1. Il est en **e** pour les verbes du **1ᵉʳ groupe** et pour les autres verbes dont la terminaison est **muette** à l'impératif singulier (verbes de la catégorie de *cueillir* et *savoir*).

profite (*profiter*, 1ᵉʳ groupe)	cueille	terminaison
étudie (*étudier*, 1ᵉʳ groupe)	ouvre	muette.
	sache	

2. Il est en **s** pour les autres verbes.
finis — cours — viens — réponds

Exceptions : aller : **va** — avoir : **aie.**

Le **passé de l'impératif** est formé de l'**impératif de l'auxiliaire** *avoir* ou *être* et du **participe passé du verbe** conjugué.
aie profité — sois venu.

atteler	balayer	continuer	faire	accueillir	se méfier
voyager	appuyer	couvrir	redire	éteindre	se réfugier
apprécier	secouer	offrir	mettre	atteindre	s'excuser

REMARQUE

- Par **euphonie,** on écrit : coupes-en; vas-y; retournes-y; etc.

EXERCICES

513. Conjuguez au présent de l'impératif :

copier le résumé   se confier à un ami   avoir du courage

servir son pays   ouvrir la fenêtre   être bon et juste

514. Mettez les verbes à la personne du singulier du présent de l'impératif. Dans chaque expression, l'un des verbes sera sous la forme négative.

(s'approcher), (avoir) peur   (manger) vite, (prendre) son temps

(se laisser) abattre, (réagir)   (écouter) calmement, (se fâcher)

(dire) la vérité, (mentir)   (courir) dans l'escalier, (marcher)

(crier), (parler) posément   (tergiverser), (aller) droit au but

(être) franc, (dissimuler)   (boire) glacé, (attendre) un instant

515. Construisez trois phrases sur les modèles précédents.

516. Mettez les verbes en italique au présent de l'impératif.

Emprunter des livres. *Faire* mieux, dès que vous le pourrez, (acheter) des livres (Lavisse). — *Descendre* de ton siège. *Prendre* une lanterne et *marcher* (H. Troyat). — Si tu connais ce pays, cette maison champêtre, *retourner*-y (Fromentin). — *Quitter* ton atelier pour aller consulter la nature, *habiter* les champs, *aller* voir le soleil se coucher, se lever, *se promener* dans la prairie, *voir* les herbes brillantes de rosée; le matin *devancer* le retour du soleil, *précipiter* tes pas, *grimper* sur quelque colline élevée, et, de là, *découvrir* toute la scène de la nature éclairée de lumière, *se hâter* de revenir, *prendre* le pinceau que tu viens de tremper dans la lumière, dans les eaux, dans les nuages (Diderot).

517. Même exercice que 516.

Les deux figurines du seigneur et de l'écuyer m'inspirent et me conseillent. Je crois les entendre. Don Quichotte me dit : « *Penser* fortement de grandes choses, et *savoir* que la pensée est la seule réalité du monde. *Hausser* la nature à ta taille et que l'univers entier ne soit pour toi que le reflet de ton âme héroïque. *Combattre* pour l'honneur et s'il t'arrive de recevoir des blessures, *répandre* ton sang comme une rosée bienfaisante et *sourire*. » Sancho Pança me dit à son tour : « *Rester* ce que le Ciel t'a fait, mon compère. *Préférer* la croûte de pain qui sèche dans ta besace aux ortolans qui rôtissent dans la cuisine du seigneur. *Obéir* à ton maître sage ou fou. *Craindre* les coups, c'est tenter Dieu que chercher le péril. »

Nous avons tous dans notre for intérieur, un Don Quichotte et un Sancho que nous écoutons... (A. France).

518. A l'aide de phrases renfermant 4 ou 5 verbes, adressez-vous :

Au vendangeur, au moissonneur, au pêcheur, à l'aviateur, au goal. Ex. : Bon jardinier, *fume* la terre, *bêche* profondément, *sème*...

PRÉSENT DE L'IMPÉRATIF OU PRÉSENT DE L'INDICATIF INTERROGATIF?

- Mon enfant, m'a-t-il dit, il ne faut pas jeter le pain. Tu en manqueras peut-être un jour et tu verras ce qu'il vaut.
- **Rappelle-toi** ce que je te dis là !   (J. Vallès.)
- Et puis nous nous amuserons, tu verras! Comment **t'appelles-tu?**   (E. Pérochon.)

REMARQUE

- Dans les verbes en *e*, il ne faut pas confondre le **présent de l'impératif**, qui n'a pas de sujet exprimé, avec le **présent de l'indicatif interrogatif** qui a un sujet. Dans *rappelle-toi*, **toi** est un **pronom complément**.

EXERCICES

519. Écrivez au singulier du présent de l'impératif et à la 2ᵉ personne du singulier du présent de l'indicatif interrogatif : 1. sous la forme affirmative; 2. sous la forme négative.

tourner   attacher   traîner   lancer   arrêter   amuser
se sauver   s'attacher   se courber   se lancer   s'arrêter   s'amuser

520. Mettez la terminaison convenable du présent de l'impératif ou du présent de l'indicatif interrogatif. Mettez le point qui convient.

Calm...-toi, ce n'est rien, le docteur l'a assuré — Allons, te calm...-tu à présent — Ne te lanc... pas dans cette affaire — Ne lanc...-tu pas la balle — Lanc...-toi et attrap... la corde — Coup...-toi une tartine — Coup... ce fil — Pourquoi coup...-tu ce chardon — Te coup...-tu un morceau de fromage — Va... à la fontaine, press...-toi — Y va...-tu.

521. Mettez les verbes en italique à la personne du singulier du présent de l'impératif ou du présent de l'indicatif.

Appliquer-toi à bien faire plus encore qu'à faire vite (J. Jaurès). — *Garder*-toi, tant que tu vivras, de juger les gens sur la mine (La Fontaine). — Comment la *trouver*-tu, François? demanda ma mère (A. France). — *Reculer*-toi, lui dit M. Lepic, tu es trop près (J. Renard). — *Attendre*. Ne m'*emporter*-tu rien? (Molière). — Papillon du soir, voltige à la brune, *se poser* sur les grands murs que la lune éclaire, *se défier* des lampes que les hommes allument (C. Delon). — *Se retirer* d'ici (Corneille). — Je voudrais dire comme Faust, à la minute qui passe : « Tu es si belle! *s'arrêter*. » (A. Gide).

522. Construisez : 1° trois phrases avec un verbe au présent de l'impératif; 2° trois phrases avec un verbe au présent de l'indicatif interrogatif.

EXERCICES DE REVISION

523. Mettez les verbes en italique au temps qui convient. Indiquez ce temps entre parenthèses.

Je vais descendre dans le Midi; je *trouver* une explication pour ma famille (P. Hériat). — Je regrette la mer; je *vouloir* parcourir encore ses flots immenses (A. Gerbault). — Si l'affaire allait au commissariat, si son père en était informé, il *payer* cher le plaisir d'un moment de violence (M. Aymé). — Sa voix tremblait d'émotion... Ah! je *s'en souvenir* de cette dernière classe (A. Daudet). — Mirault attendait, espérant encore que son maître l'*appeler* et le *reprendre* (L. Pergaud). — Je révélai qu'on *trouver* le civet dans l'armoire aux balais (A. France). — J'*ignorer* toujours, je le sens bien, les délices de la vengeance (G. Duhamel). — Si j'étais auteur dramatique, j'*écrire* pour les marionnettes. Je ne sais si j'*avoir* assez de talent pour réussir; du moins la tâche ne me *faire* point trop peur (A. France). — Je suis encore très incertain si je *se retirer* à Londres (Voltaire).

524. Mettez les verbes entre parenthèses au conditionnel passé.

Si François Villon avait été marin, il nous *(donner, 1re f)* les plus beaux poèmes de la mer (A. Gerbault). — Le loup comme s'il *(avoir 2e f)* les cinq cents diables à ses trousses, part, traînant le tonneau (F. Mistral). — Florent piquait une note sur le clavier. Si les notes de Florent avaient pu vivre, elles *(germer, 1re f)* dans la chambre en forêt épineuse (D. Rolin). — Les pies jacassaient à l'aspect du chariot comme si elles *(se communiquer, 2e f)* leurs réflexions sur les voyageurs (Th. Gautier). — Sous l'avion menacé *(naître, 1re f)* le rivage des plaines. La terre tranquille *(porter, 1re f)* ses fermes endormies et ses troupeaux et ses collines. Toutes les épaves qui roulaient dans l'ombre *(devenir, 1re f)* inoffensives (Saint-Exupéry). — Marie n'avait pas précisément son franc-parler, maman ne l'*(tolérer, 2e f)* point, elle s'en tenait aux boutades (A. Gide). — Averti, j'*(couper, 1re f)* court au danger (P. Bourget). — L'oncle Fane prisait, il mieux *(faire, 2e f)* de fumer (J. Cressot).

525. Mettez les verbes en italique au temps qui convient.

Conseils : *marcher* deux heures tous les jours, *dormir* sept heures toutes les nuits. *Se coucher* dès que tu auras envie de dormir; *se lever* dès que tu *s'éveiller*; *travailler* dès que tu es levé. Ne *manger* qu'à ta faim, ne *boire* qu'à ta soif, et toujours lentement. Ne *parler* que lorsqu'il le faut; n'*écrire* que ce que tu peux signer, ne *faire* que ce que tu peux dire. N'*estimer* l'argent ni plus ni moins qu'il ne vaut : c'est un bon serviteur et un mauvais maître. *Pardonner* d'avance à tout le monde, pour plus de sûreté. Ne *mépriser* pas les hommes, ne les *haïr* pas davantage et ne *rire* pas d'eux outre mesure, *plaindre*-les. Quand tu souffriras beaucoup, *regarder* ta douleur en face. (Alexandre Dumas fils, *Entractes*, Calmann-Lévy, édit.)

PRÉSENT DU SUBJONCTIF

- Il faut **que nous coupions** le foin.
- Je ne veux point qu'on me **plaise,** répondit le voyageur, je veux qu'on **m'instruise** (VOLTAIRE.)

couper	plier	remplir	tendre
que je coupe	que je plie	que je remplisse	que je tende
que tu coupes	que tu plies	que tu remplisses	que tu tendes
qu'il coupe	qu'il plie	qu'il remplisse	qu'il tende
que n. coupions	que n. pliions	que n. remplissions	que n. tendions
que v. coupiez	que v. pliiez	que v. remplissiez	que v. tendiez
qu'ils coupent	qu'ils plient	qu'ils remplissent	qu'ils tendent

courir	cueillir	s'asseoir	voir
que je coure	que je cueille	que je m'asseye	que je voie
que n. courions	que n. cueillions	que n. n. asseyions	que n. voyions

avoir		être	
que j' aie	que n. ayons	que je sois	que n. soyons
que tu aies	que v. ayez	que tu sois	que vous soyez
qu'il ait	qu'ils aient	qu'il soit	qu'ils soient

RÈGLES

Le **subjonctif** exprime généralement un **désir,** un **souhait,** un **ordre,** un **doute,** un **regret,** un **conseil,** une **supposition...**
Les personnes du subjonctif sont précédées de la conjonction de subordination **que.**
Au présent du subjonctif, **tous les verbes prennent les mêmes terminaisons e – e.s – e – i.o.n.s – i.e.z – e.n.t.**

Ex. : que je coupe, que je remplisse, que je coure, que je voie.

Exceptions : avoir et être.

Le **subjonctif** dépend généralement d'un verbe principal, aussi s'emploie-t-il dans la proposition subordonnée.
Lorsque le verbe de la subordonnée est au présent du subjonctif, le verbe de la principale est au présent de l'indicatif, au futur ou au présent de l'impératif.

Proposition principale :	proposition subordonnée :
il faut, il faudra présent de l'ind., futur.	**que nous** *coupions* le foin. présent du subjonctif.
Venez présent de l'impératif	**que nous** *coupions* le foin. présent du subjonctif.

181

REMARQUES

1. Le **subjonctif** s'emploie aussi avec ou sans **que** :

dans la proposition indépendante :

Vienne l'hiver! **Vive** la France! **Vivent** les vacances!
Que le pain bien coupé **remplisse** les corbeilles! (A. SAMAIN.)
Adieu, dis-je, à la fleur et à l'abeille. Adieu. **Puissé-je** vivre encore le temps de deviner le secret de vos harmonies! (A. FRANCE.)

dans la proposition principale :

Tombe sur moi le ciel pourvu que je me venge! (CORNEILLE.)
Que béni **soit** le Ciel qui te rend à mes vœux! (RACINE.)

2. Attention : écrivons **ayons, ayez** et **soyons, soyez,** sans **i;** et **sois,** sans **e.**

tracer	cogner	tressaillir	conduire	prendre	teindre
songer	modifier	réussir	écrire	recevoir	rompre
choyer	habiller	servir	tondre	revoir	recoudre

EXERCICES

526. Conjuguez au présent du subjonctif :

essuyer les meubles   savoir observer   être attentif
aller au marché   offrir des fleurs   avoir confiance

527. Écrivez à la 2ᵉ personne du singulier et aux 1ʳᵉ et 3ᵉ personnes du pluriel du présent du subjonctif :

peindre   bâtir   faire   traire   vouloir   conquérir
peigner   battre   résoudre   croire   croître   mouvoir

528. Mettez les verbes en italique au présent du subjonctif.
Mon enfant, dit-elle, conduis-moi sur la terrasse que je *voir* encore mon pays (BALZAC). — Tu m'as fait, que je veux que tu *sortir* (MOLIÈRE). — En attendant que l'hiver *fuir*, je reste au coin du feu (TH. GAUTIER). — La mère nourrira les petits par les barreaux, jusqu'à ce qu'ils n'*avoir* plus besoin d'elle (J. RENARD). — Il faut que je te *dire* aussi que la grande habitante de notre maison, c'était l'ombre (J. GIONO). — L'oiseau craint qu'en le suivant des yeux, on n'*apprendre* trop bien le chemin de son nid (MICHELET). — La fille de Clémentine est pauvre. Je ne veux pas qu'un autre que moi la *pourvoir* et la *doter* (A. FRANCE). — Vous veillerez sur elle, qu'elle ne *courir* pas trop (PÉROCHON). — Elle mit le livret au fond du tiroir en disant : « Regarde où je le place pour que tu *pouvoir* le prendre, si tu en as envie, et que tu *se souvenir* » (ZOLA).

529. Construisez 3 phrases dans lesquelles le verbe de la principale sera : 1° au présent de l'indicatif; 2° au futur; 3° au présent de l'impératif, et le verbe de la subordonnée au présent du subjonctif.

PRÉSENT DE L'INDICATIF
OU DU SUBJONCTIF?

● Qu'une abeille **coure** un danger, la ruche **accourt**,
l'essaim hausse son bourdonnement.   (Colette.)

Pour ne pas confondre le **présent de l'indicatif** avec le **présent
du subjonctif**, il faut se rapporter au **sens** de l'action, l'on peut
aussi **penser** à la **1ʳᵉ personne** du pluriel ou **remplacer** le verbe
employé par un autre verbe comme **finir, sentir, prendre, venir,
aller**... dont les formes au présent de l'indicatif et du subjonctif
sont différentes à l'oreille.

Qu'une abeille **coure** un danger... ⎫
Que nous **courions** un danger... ⎬ *subjonctif présent :* coure
Qu'une abeille sente un danger... ⎭

Une abeille fuit le danger qu'elle **court** ⎫
Nous fuyons le danger que n. **courons** ⎬ *indicatif présent :* court.
Une abeille fuit le danger qu'elle **sent** ⎭

● Aux 2 premières personnes du pluriel du subjonctif présent, n'oublions pas l'i de la termi-
naison des verbes en **yer, ier, iller, gner**.
Subjonctif : *nous payions, nous triions, nous brillions, nous saignions.*
Indicatif : *nous payons, nous trions, nous brillons, nous saignons.*

EXERCICES

**530. Écrivez aux 1ʳᵉ et 3ᵉ personnes du singulier et à la 1ʳᵉ per-
sonne du pluriel du présent de l'indicatif et du présent du
subjonctif :**
fuir   bâtir   sourire   confire   croître   peindre
broyer   avoir   sautiller   confier   croire   peigner

**531. Mettez les verbes en italique au temps convenable (présent
du subjonctif ou présent de l'indicatif), indiquez le nom du temps.**
Mon ami, dit ma mère au docteur Nozière, c'est une bonne... Je
ne suis pas fâchée que tu la *voir* (A. France). — Ma mère me disait :
« Quel malheur que tu n'*avoir* pas les bras, car tu *avoir* le cœur
de ton père » (Lamartine). — Ma petite enfant, je t'assure que j'*avoir*
encore de l'espoir (R. Bazin). — Je vais vous dire ce que je *voir* quand
je traverse le Luxembourg (A. France). — Il n'est pas tolérable qu'un
homme *mourir* de faim à côté du superflu des autres hommes (L. Bour-
geois). — J'ai peur que vous *rire* de nous tous et de moi (R. Boylesve). — Et moi, ma petite fille, ma mie, je veux que vous vous
marier, s'il vous plaît (Molière). — Je sens que je *se mourir*.
Approchez-vous, mon fils (Racine). — Mais je tiens à ce que vous ne
vous *croire* obligé... je ne puis aller plus loin (P. Hériat).

183

IMPARFAIT DU SUBJONCTIF

- Il fallait **que je coupasse** le foin.
- La matinée lui *parut* longue et son travail irritant bien qu'il l'**aimât**.   (G. Duhamel.)

couper	finir	lire	tenir

Passé simple.

Il coup**a**	Il fin**it**	Il l**ut**	Il t**int**

Imparfait du subjonctif.

q. je coup**a**sse	q. je fin**i**sse	q. je l**u**sse	q. je t**i**nsse
q. tu coup**a**sses	q. tu fin**i**sses	q. tu l**u**sses	q. tu t**i**nsses
q. il coup**ât**	q. il fin**ît**	q. il l**ût**	q. il t**înt**
q. ns coup**a**ssions	q. ns fin**i**ssions	q. ns l**u**ssions	q. ns t**i**nssions
q. vs coup**a**ssiez	q. vs fin**i**ssiez	q. vs l**u**ssiez	q. vs t**i**nssiez
q. ils coup**a**ssent	q. ils fin**i**ssent	q. ils l**u**ssent	q. ils t**i**nssent

avoir : *passé simple :* j'**eus**.   *Imp. du subj. :* que j'**eusse**.

être : *passé simple :* je **fus**.   *Imp. du subj. :* que je **fusse**.

RÈGLES

L'**imparfait du subjonctif** se forme à l'image du passé simple. Pour que le verbe de la proposition subordonnée soit à l'imparfait du subjonctif, il faut que le verbe de la principale soit à l'imparfait, à un passé ou au conditionnel[1].

Il fallait, il a fallu, il faudrait ‖ **que je coupasse...**

trier	réussir	rompre	accourir	devoir	contenir
percer	perdre	plaindre	mourir	résoudre	devenir

EXERCICES

532. Conjuguez au passé simple et à l'imparfait du subjonctif :

essayer un veston	atteindre le but	maintenir son rang
vernir un meuble	recevoir un avis	parcourir le journal
se lever tôt	rendre service	paraître satisfait.

533. Conjuguez au présent et à l'imparfait du subjonctif :

aplanir la cour	bâtir un projet	gravir la côte
moudre le grain	conclure l'affaire	mourir de faim
acquérir du savoir	tenir sa droite	conduire l'attelage.

---

1. Après le conditionnel présent dans la principale, on tolérera le verbe de la subordonnée au présent du subjonctif au lieu de l'imparfait. (Arrêté du 26 février 1901.)

534. Mettez les verbes en italique à l'imparfait du subjonctif.

Elle marchait sans que le mouvement *se distribuer* dans sa personne, elle allait d'une seule pièce (Balzac). — Il avait suffi qu'il *descendre* d'une petite crête pour que toute trace de vie *disparaitre* (Frison-Roche). — Mais ce qui n'était pas douteux, c'est que ce trésor lui *appartenir* (Th. Gautier). — Nos voix étaient comme deux sources, il semblait qu'elles ne *devoir* point tarir (A. Gheerbrant). — Il fallait que tu *vivre* jusqu'à présent pour apprendre exactement ce que c'est qu'une méchante femme (A. France). — Quand la nuit s'épaississait, il fallait que grand-mère ou tante *avancer* sa chaise tout près et que je *sentir* sa protection (P. Loti). — Il voulait enfouir Belzébuth assez profondément pour que les bêtes ne *venir* pas la déterrer (Th. Gautier).

535. Mettez les verbes en italique à l'imparfait du subjonctif.

Il arrivait que les rossignols « du quartier » *se taire* tous ensemble (Colette). — Le bonhomme attendait que sa cuisinière le *prévenir* de la vétusté de son chapeau pour en changer (Balzac). — J'aurais voulu que, du moins, il *marquer* un peu de regret de m'avoir causé tant de peine (A. Gide). — Il était impossible de rencontrer deux figures qui *offrir* autant de contrastes (Balzac). — Car, soit qu'il *être formé* par mon épouvante, soit qu'il *sortir* réellement des ténèbres, un vrai visage commençait à apparaître (H. Bosco). — Il eût été bien naturel que Gustave *accourir* embrasser son père (A. Gide). — Tout en me souhaitant du génie, ma mère se réjouissait que je *être* sans esprit (A. France). — Il m'expliqua que son fils aîné se trouvait chez lui et que je n'*avoir* pas à me froisser de sa brusquerie (P. Bourget).

536. Accordez les verbes en italique. Indiquez leur temps.

Il faut qu'il *croire* sa mère, il faut qu'elle *se fier* à l'aile du petit si novice encore (Michelet). — Il croit naïvement que l'on *conquérir* un enfant par des dons (Colette). — C'était une de ces heures où le temps coule comme un fleuve tranquille. Il semble qu'on le *voir* couler (A. France). — Il semblait qu'il *attacher* plus de prix à l'apparence de la vertu qu'à la vertu même (A. Gide). — Mon histoire est vraie en tout point, quelque invraisemblable qu'elle *paraitre* (Maupassant). — Il sembla quelque temps que l'indistincte vie *vouloir* s'attarder au sommeil (A. Gide). — Il veut qu'on l'*écouter*. Il veut qu'on le *comprendre* (R. Delange). — Afin de lui créer une joie plus grande, je voulais qu'elle *être* charitable avec allégresse (A. France).

537. Faites 3 phrases où le verbe de la subordonnée sera : 1° au présent de l'indicatif; 2° au présent du subjonctif; 3° à l'imparfait du subjonctif.

538. Faites 4 phrases où le verbe de la principale sera : 1° à l'imparfait de l'indicatif; 2° à un passé; 3° au présent du conditionnel; 4° à un conditionnel passé.

PASSÉ SIMPLE
OU IMPARFAIT DU SUBJONCTIF?

- Christophe était fier qu'on le **traitât** en homme.
  (R. Rolland.)

- Christophe était si réfléchi qu'on le **traita** en homme.

Pour ne pas confondre la **3ᵉ personne du singulier du passé simple** avec la même personne de l'**imparfait du subjonctif** qui prend un **accent circonflexe,** il faut se rapporter au **sens de l'action;** l'on peut aussi **penser** à la personne **correspondante du pluriel.**

Il était fier qu'on le **traitât** en homme } *subjonctif imparfait :*
Il était fier qu'ils le **traitassent...** }   *traitât.*

Il était si réfléchi qu'on le **traita...** } *passé simple :* traita.
Il était si réfléchi qu'ils le **traitèrent...** }

EXERCICES

539. Mettez aux 1ʳᵉ et 3ᵉ personnes du singulier et à la 3ᵉ personne du pluriel du passé simple et de l'imparfait du subjonctif :
égayer   boire   mourir   nourrir   prendre   parvenir   retenir.

540. Mettez les verbes en italique au temps convenable (passé simple ou imparfait du subjonctif).
Les pampres tombaient un à un, sans qu'un souffle d'air *agiter* les treilles (Fromentin). — Il monta de la terre un souffle si brûlant *que* l'on *sentir* tout défaillir (A. Gide). — Les enfants restaient derrière à jouer entre eux sans qu'on les *voir* (Flaubert). — Mais quand il *voir* la tête du chien et qu'il l'*entendre* gronder, il *cesser* de se frotter les mains (M. Aymé). — Ensuite il demanda qu'on lui *attacher* les mains (Mérimée). — Elle fit une première compresse *qu'*elle *attacher* avec une boucle de ses cheveux (Chateaubriand). — Je prenais mes sabots à la main pour *qu'*on ne m'*entendre* pas (Lamartine). — On admirait *que,* n'ayant pas un bras vaillant et pas une jambe d'aplomb, il *garder* figure de fauteuil, *se tenir* à peu près debout et *faire* encore quelque service. Le crin lui *sortir* du corps, il *rendre* l'âme (A. France). — On apporta quelques tambours *que* l'on *couvrir* d'un manteau (Mérimée). — Quand je la *connaître* bien, s'il arrivait *que* son attention *paraître* se détendre et que derrière ses longs cils descendus son regard *cesser* de veiller, je scrutais cette face de cire (C. Plisnier).

541. Analysez les *que* en italique de l'exercice précédent.

542. Construisez des subordonnées : 2 avec un verbe au passé simple; 2 avec un verbe à l'imparfait du subjonctif.

LES TEMPS COMPOSÉS
DU MODE SUBJONCTIF

- Je viens de parcourir treize mille kilomètres sans que le moteur **ait toussé** une fois, sans qu'un écrou **se soit desserré**.

  (A. DE SAINT-EXUPÉRY.)

- Il fallait que j'**eusse coupé** le foin avant la nuit.

Mode subjonctif

auxiliaire avoir

Présent	*Imparfait*
que j' aie	que j' eusse
que nous ayons	que nous eussions

couper

Passé	*Plus-que-parfait*
que j' **aie coupé**	que j' **eusse coupé**
que nous **ayons coupé**	que nous **eussions coupé**

auxiliaire être

Présent	*Imparfait*
que je sois	que je fusse
que nous soyons	que nous fussions

tomber

Passé	*Plus-que-parfait*
que je **sois tombé**	que je **fusse tombé**
que nous **soyons tombés**	que nous **fussions tombés**

RÈGLES

Le **passé du subjonctif** est formé du **présent du subjonctif** de l'auxiliaire *avoir* ou *être* et du **participe passé** du verbe conjugué.

Ex. : que j'**aie coupé**, que je **sois tombé**.

Le **plus-que-parfait du subjonctif** est formé de l'**imparfait du subjonctif** de l'auxiliaire *avoir* ou *être* et du **participe passé** du verbe conjugué.

Ex. : que j'**eusse coupé**, que je **fusse tombé**.

187

REMARQUE

● Pour que le verbe de la **subordonnée** soit :

1. au **passé du subjonctif**, il faut que le verbe de la principale soit au présent de l'indicatif, au futur ou au présent de l'impératif :

il faut, il faudra, attends **que j'aie coupé** le foin.

2. au **plus-que-parfait du subjonctif**, il faut que le verbe de la principale soit à l'imparfait de l'indicatif, à un passé ou au conditionnel :

Il fallait, il fallut, il faudrait **que j'eusse coupé**...

changer	saisir	prendre	rester	naître	arriver
ployer	battre	attendre	partir	aller	entrer
franchir	mettre	prescrire	venir	mourir	intervenir

EXERCICES

543. Conjuguez au passé et au plus-que-parfait du subjonctif :
secouer la carpette   perdre la clef   partir pour les champs
s'atteler au travail   émettre un avis   rester indifférent.

544. Mettez les verbes en italique au passé du subjonctif.
Est-il possible que du parapet des ponts, il *guetter* l'éclair sombre d'une truite? Qu'un soir d'automne il *prendre* et *poursuivre* dans un rayon de sa lanterne un grand lièvre affolé? (J. Cressot). — Avant qu'on *voir* le troupeau on entend tinter les clarines (H. Bosco). — Bien que je n'*atterrir* que depuis quelques jours j'aspire déjà à lever l'ancre (A. Gerbault). — Je ne crois pas que figures humaines *exprimer* jamais quelque chose d'aussi menaçant (Chateaubriand).

545. Mettez les verbes en italique au plus-que-parfait du subj.
L'homme attendit respectueusement qu'ils *franchir* la porte (J. Romains). — Le juge ordonna qu'il serait lié à la pierre, sans boire ni manger jusqu'à ce qu'il *rendre* les cinq cents onces (Voltaire). — Le cocher attendait que les voyageurs *finir* de s'extasier (Maupassant). — Ma mère se précipitait à son tour dans la cuisine et vite, avant que Rose *partir* au marché, revisait le menu (A. Gide).

546. Mettez les verbes en italique au temps convenable (passé ou plus-que-parfait du subjonctif).
Il ne faut jamais vendre la peau de l'ours qu'on ne l'*mettre* par terre (La Fontaine). — Un voyage en Polynésie, à nombreuses images, est le seul livre que j'*aimer* dans ma première enfance (P. Loti). — Il n'y avait pas de rats dans la maison. Il fallait donc qu'on *apporter* celui-ci du dehors (A. Camus). — Est-il vrai que j'*voir* ce policier et qu'il m'*parler* ainsi (V. Hugo). — Avant qu'il *revenir* de son étourdissement, je lui avais tiré ses bottes (A. Dumas). — Je crois que je l'aurais fait pour peu qu'il *insister* (P. Hériat).

INDICATIF, CONDITIONNEL
OU SUBJONCTIF?

● ai. aie — eut. eût — fut. fût?

Encore un joli coin que j'**ai trouvé** là pour rêver...
(A. Daudet.)

Un beau livre est le meilleur compagnon que j'**aie
trouvé** dans cet humain voyage.   (Montaigne.)

Quand il **eut fini,** il était midi.   (G. Arnaud.)

Ce nom banal entre tous, il ne l'**eût** pas **changé**
contre ceux de Turenne et de Condé réunis.
(E. About.)

Bien qu'il **eût dépassé** la soixantaine, sa barbe
était noire.   (J. Kessel.)

1. Il faut écrire **aie** avec un **e** quand le pluriel est **ayons,**
c'est le **présent** ou le **passé du subjonctif.** Si ai fait **avons,**
c'est le **présent de l'indicatif** ou le **passé composé.**

... un joli coin que j'**ai** trouvé...
... un joli coin que nous **avons** trouvé...
... le meilleur compagnon que j'**aie** trouvé...
... le meilleur compagnon que nous **ayons** trouvé...

2. Il faut écrire **eut** et **fut, sans accent,** quand le pluriel est
eurent ou **furent;** c'est le **passé simple** ou le **passé antérieur.**
Eût et **fût** sont **accentués** quand le pluriel est **eussent** ou
fussent. C'est le **conditionnel passé 2ᵉ forme** ou le **subjonctif
imparfait** ou **plus-que-parfait.**

Quand il **eut** fini, il était midi.
Quand ils **eurent** fini, il était midi.

Ce nom... il ne l'**eût** pas changé...
Ce nom... il ne l'**aurait** pas changé...

Bien qu'il **eût dépassé** la soixantaine...
Bien qu'ils **eussent dépassé** la soixantaine...

3. Il est facile de reconnaître si **eût** et **fût** sont au **conditionnel**
ou au **subjonctif. Eût** et **fût,** au **conditionnel,** peuvent être
remplacés par **aurait** ou **serait,** parfois par **avait** ou **était.**
Au **subjonctif, eût** peut être remplacé par **ait** et **fût** par **soit.**

Si l'on **eût** (*avait*) tenu les portes fermées, jamais le peuple ne **fût** (*serait*) entré
dans la forteresse.   (Chateaubriand.)
Il ne se plaignait jamais quoiqu'il **eût** (*ait*) de perpétuels sujets de plainte.
(A. France.)
Encore eussions-nous accepté que le printemps **fût** (*soit*) tardif; mais point
qu'il tergiverse.   (A. Gide.)

189

EXERCICES

547. Complétez avec *ai* ou *aie*. Indiquez le temps du verbe.
Ce bois est le premier de tous les bois de la terre que j'... connu et celui que j'... le plus aimé (P. Loti). — Il est étrange que, pour quelques feuillets de vieux parchemin, j'... perdu le repos (A. France). — C'est là que j'... vu battre au fléau et que j'... aidé nos gens à égrener leurs gerbes (J. Cressot). — L'aérogare de Santiago est la plus spacieuse que j'... vue (P. Morand). — Notez que je ne l'... pas connu, encore que j'... l'âme assez vieille, mais j'... lu ses ouvrages (T. Derème).

548. Mettez les verbes en italique au temps convenable.
Il était presque blanc : le plus grand nocturne que j'*voir*; un grand-duc plus haut qu'un chien de chasse (Colette). — Il serait inexact de dire que j'*être* tout à fait un mauvais élève, inégal plutôt (P. Loti). — La pensée que j'*avoir* dans l'âme ressemble au ciel que j'*avoir* sur la tête (V. Hugo). — Assis devant ma table de travail que j'*pousser* au bord de la fenêtre, je vois la grange où les ouvriers dépiquent le blé (A. France). — Ne va pas te figurer que j'*avoir* besoin de renfort!... D'ailleurs il n'est plus temps (P. Hériat).

549. Écrivez *eut* ou *eût, fut* ou *fût*. Indiquez le temps.
Dès que Gisèle nous ... laissées, je pressai maman contre moi (A. Gide). — Je trichais d'une façon éhontée sans qu'il ... l'air de s'en apercevoir (A. Theuriet). — Il était contrarié que le poète n'... pas parlé de lui à propos de cette inscription (A. France). — Si pauvre qu'il ..., il trouvait moyen d'apporter un souvenir à chacun (R. Rolland). — Quand tout ... fini et que je me regardai dans une glace, j'avais changé d'identité (H. Troyat). — S'il ... perdu au jeu, s'il ... appris que l'abbé Poitel passait chanoine, il ... alors trouvé la pluie bien froide (Balzac). — Que de choses en trente pieds carrés! Il semblait qu'il n'y ... plus de place pour le cordonnier (J. Cressot).

550. Mettez les verbes en italique au temps convenable. Indiquez le temps entre parenthèses.
Il y *avoir* un orage effroyable à la tombée de la nuit. Il tonnait comme si on *tirer* des salves d'artillerie (P. Loti). — Quand l'ouvrier *finir*, il s'appuya une seconde sur son râteau (L. Bertrand). — Avant que la foule *avoir* le temps de jeter un cri, il était sous la voiture (V. Hugo). — Rien. Il fallait que le Roussard *s'envoler* vers le ciel. Lisée trembla (Pergaud). — Bien qu'on *être* en été, il faisait froid (C. Gonnet). — Or un jour, comme à souhait, une lettre arriva qui *être* tout un événement dans la maison (P. Loti). — La merveille, c'était le jardin. Le plus récalcitrant y *devenir* jardinier (J. Cressot). — On avait recommandé à ma mère d'éviter soigneusement tout ce qui m'*coûter* quelque effort (A. Gide). — Comment diantre se trouvait-il que Tartarin de Tarascon n'*quitter* jamais Tarascon! (A. Daudet).

LA VOIX PASSIVE

- Des légions de petits personnages, nymphes, fées, génies, **furent habillés** *par* nos mains.
  (P. LOTI.)

- Les champs **étaient couverts** *de* criquets énormes.
  (A. DAUDET.)

Présent	Imparfait	Passé simple	Passé composé
Je suis habillé	J'étais habillé	Je fus habillé	J'ai été habillé

REMARQUES

1. Un verbe est à la **voix passive** quand le sujet **subit** l'action.
Le **complément d'objet direct** du verbe actif devient le **sujet** du verbe passif.
Le **sujet** de l'actif devient le complément **d'agent** du passif.
L'*agent* désigne l'être ou la chose qui fait l'action, qui *agit*.
Des **criquets** énormes couvraient les **champs**.
Les **champs** étaient couverts de **criquets** énormes.

Le complément d'agent est généralement introduit par les prépositions *par* ou *de*.

2. En général, il n'y a que les verbes transitifs directs qui puissent être employés à la voix passive.
● *Obéir* et *pardonner*, bien que transitifs indirects, peuvent être passifs. Autrefois, ils étaient transitifs directs.

3. Les verbes comme *tomber, arriver*, dont la conjugaison se fait toujours avec l'auxiliaire être, ne sont jamais passifs.

4. Le verbe pronominal peut prendre la tournure passive.
Les petits gorets **s'achetaient** à certaines foires.   (J. CRESSOT.)

5. Il ne faut pas confondre le verbe **passif** avec le verbe **être** suivi d'un participe passé, marquant l'état.
La branche **est brisée**; la branche **est verte**.
Brisée et *verte* marquent l'état; ils sont **attributs** du sujet.

La branche **est brisée** par le vent.
Le complément d'agent fait l'action. — *est brisée* : v. passif **être brisé**.

Le vent souffle, la branche **est brisée**.
On peut dire : Le vent souffle, il brise la branche. — *est brisée* : v. passif **être brisé**.

6. La conjugaison d'un verbe passif est la conjugaison du verbe **être** suivi du **participe passé du verbe** conjugué.
être :   *présent :* je **suis**;   *passé composé :* j'ai **été**.
être habillé : *présent :* je **suis** habillé; *passé composé :* j'ai **été** habillé.

EXERCICES

551. Conjuguez à l'imparfait de l'indicatif et au passé antérieur :
être gagné par la crainte   être entouré d'amis.

552. Mettez aux personnes du pluriel du futur antérieur :
se lever   lever   être levé   être pris   prendre   se prendre.

553. Mettez les phrases suivantes à la voix passive. Mettez les compléments d'agent entre crochets :

Un architecte a tracé le plan de la maison, un carrier a éventré la terre pour prendre les moellons, un tuilier a moulé les tuiles, un bûcheron a coupé des arbres (E. About). — Les grand-mères tricotent d'interminables bas (J. Richepin). — Un beau rayon de soleil buvait les vapeurs matinales (E. Quinet). — Apporte-t-on la pâtée dans l'écuelle? (G. Ponsot). — Les ouvriers battront aujourd'hui trois cents bottes de blé (A. France). — Les convives complimentèrent la pâtissière et demandèrent la recette (A. Theuriet). — Une forte grille de clôture, au fond, eût dû défendre les deux jardins (Colette).

554. Mettez les phrases suivantes à la voix active :

Nous sommes enveloppés d'un nuage d'insectes ivres de fureur et continuons en souriant (Maeterlinck). — Ces énormes rochers avaient été arrachés puis roulés par les eaux (J. Giono). — Je ne savais pas lire, je pleurais quand ma bonne me mouchait et j'étais dévoré par la gloire (A. France). — La plupart de ses arbres étaient déjà parés de petites feuilles d'un vert tendre (C. Vildrac). — Les bruits de notre marche furent couverts par une rumeur étrange (G. Duhamel). — En cinq jours tout le foin fut coupé (L. Hémon). — Nous sommes nourris,. vêtus, abrités, éclairés, transportés et même instruits par le travail des machines (A. Carrel).

555. Écrivez entre parenthèses l'infinitif des verbes et leur voix.

Je suis allé chercher du travail de ville en ville (Walz). — Les haies s'étaient pavoisées (E. Pérochon). — Voici le jeune printemps, il est né, le soleil revient (G. Geoffroy). — Les appuis des balcons furent bientôt garnis d'un long cordon de têtes noires (A. Theuriet). — La profonde chanson était chantée par les oiseaux nés d'hier. (V. Hugo).

556. Relevez les verbes pronominaux qui ont un sens passif.

Les lézards verts se levaient sous les pas et se glissaient entre les pierres (J. Peyré). — Le train se vida de ses occupants (Préjelan). — Le trou se creusait toujours, il en avait jusqu'aux épaules (G. Sand). — On serra les bêtes; les hommes se blottirent contre elles (Frison-Roche).

557. Dites si les mots en italique sont participes passés d'un verbe passif ou adjectifs attributs.

La rafale agite la forêt. Les arbres sont *dénudés*. — Les arbres sont *dénudés*. Les enfants ramassent les feuilles. — L'assiette est *cassée*. — Le maladroit trébuche, l'assiette est *cassée*.

LA FORME IMPERSONNELLE

- Il **neigeait.** On était vaincu par sa conquête.
  (V. Hugo.)
- Même **il m'est arrivé** quelquefois de manger le berger.
  (La Fontaine.)

Présent	Imparfait	Passé simple	Futur simple
Il neige	Il neigeait	Il neigea	Il neigera

RÈGLE

Un verbe impersonnel est un verbe dont **le sujet ne repré-sente ni une personne, ni un animal, ni une chose définie.**
Les verbes impersonnels ne se conjuguent qu'à la **3ᵉ personne du singulier,** avec le sujet **il, du genre neutre.**
Il y a des verbes **essentiellement** impersonnels comme *neiger, grêler, bruiner, brumer, falloir...* Certains verbes peuvent être **accidentellement** impersonnels :

Il m'*est arrivé de...* — Il *convient* de dire. — Il *se peut* que je sorte.

REMARQUES

1. *Quand la terre a bien bu,* il *se forme* de petites mares.   (P. DE MUSSET.)

Quand la terre a bien bu, *de petites mares* se forment.
Comparons : En réalité ce sont *petites mares* qui se forment et non pas *il*.
Dans une telle tournure impersonnelle, *il* est le *sujet apparent,* et le *complément d'objet* est le *sujet réel* avec lequel le verbe ne s'accorde pas.

2. Le verbe impersonnel peut avoir quelquefois un véritable sujet :
Mille autres injures pleuvaient...   (V. Hugo.)

EXERCICES

558. Conjuguez aux temps du mode indicatif :
Pleuvoir à verse   bruiner sans arrêt   venter avec violence.

559. Mettez, si c'est possible, les phrases suivantes à la forme active.
Il faisait très chaud, très calme, d'innombrables grillons chantaient (P. Loti). — Il avait neigé et la neige était restée sur la terre (R. Bazin). — Une marmite chantait, il s'en exhalait un savoureux fumet (J.-H. Fabre). — Il sortait des rondins humides une petite chanson plaintive (C. Vildrac). — Il se formait au-dessus du lait une écume qui prenait des teintes changeantes (M. Audoux). — Qu'il vente et qu'il grêle, je me moque de tout (Scarron). — Les vitres se sont mises à grincer, il tombait de la grêle (J. Vallès). — S'il pleuvait, s'il ventait, c'était que je n'avais pas de frère (A. France).

560. Dans le nᵒ 559, analysez *il* **et les** *sujets réels,* **s'il y a lieu.**

SACHONS EMPLOYER
LE VERBE S'EN ALLER

Présent	Imparfait	Passé simple	Futur simple
Je m'en vais	Je m'en allais	Je m'en allai	Je m'en irai
Ns ns en allons	Ns ns en allions	Ns ns en allâmes	Ns ns en irons
Ils s'en vont	Ils s'en allaient	Ils s'en allèrent	Ils s'en iront
Passé composé	**Plus-que-parfait**	**Passé antérieur**	**Futur antérieur**
Je m'en suis allé	Je m'en étais allé	Je m'en fus allé	Je m'en serai allé
Ns ns en sommes allés	Ns ns en étions allés	Ns ns en fûmes allés	Ns ns en serons allés
Ils s'en sont allés	Vs vs en étiez allés	Ils s'en furent allés	Ils s'en serónt allés
Conditionnel présent	**Conditionnel passé 1ʳᵉ forme**	**Conditionnel passé 2ᵉ forme**	**Impératif présent**
Je m'en irais	Je m'en serais allé	Je m'en fusse allé	Va-t'en
Ns ns en irions	Ns ns en serions allés	Ns ns en fussions allés	Allons-nous-en
Ils s'en iraient	Vs vs en seriez allés	Ils s'en fussent allés	Allez-vous-en
Subjonctif présent	**Subjonctif imparfait**	**Subjonctif passé**	**Subj. plus-que-parf.**
Q. je m'en aille	Q. je m'en allasse	Q. je m'en sois allé	Q. je m'en fusse allé
Q. ns ns en allions	Q. ns ns en allassions	Q. ns ns en soyons allés	Q. ns ns en fussions allés
Qu'ils s'en aillent	Qu'ils s'en allassent	Qu'ils s'en soient allés	Qu'ils s'en fussent allés
Infinitif présent	**Infinitif passé**	**Participe présent**	**Participe passé**
S'en aller	S'en être allé	S'en allant	S'en étant allé, en allé

REMARQUE

● **S'en aller** se conjugue comme *s'en repentir, s'en moquer, s'en sortir* ; **en** reste toujours placé près du pronom réfléchi.

Je **m'en** vais, je **m'en** suis allé. Ils **s'en** allaient, ils **s'en** étaient allés.
Je **m'en** repens, je **m'en** suis repenti. Ils **s'en** repentaient, ils **s'en** étaient repentis.

Dans *s'en aller,* **en** est adverbe, il fait partie du verbe et ne s'analyse pas.

EXERCICES

561. Conjuguez au présent, au passé composé, au plus-que-parfait : s'en moquer, s'en réjouir, s'en aller, s'en féliciter, s'en retourner, s'en défaire.

562. Écrivez le verbe s'en aller **aux temps indiqués.**

Barbe-Baille ferma la porte, reprit sa faux et *(passé simple)* (J. Gio-no). — Dès qu'un rayon de soleil a rendu la neige toute rose, les oiseaux *(passé composé)* (E. Zola). — Je me souviens des heures *(participe passé)* ; pieds nus sur les dalles, j'appuyais mon front au fer rouillé du balcon (A. Gide). — Tous les fétiches du foyer, ses lares et ses dieux domestiques *(plus-que-parfait)* (A. France). — Tout cela *(passé composé),* si là-haut dans le clocher les heures tintent toujours, le presbytère est vide (J. Cressot). — Mlle Marie *(passé composé)* dans le parc avec sa nourrice (A. France). — Quand le prêtre *(passé antérieur)* par la sacristie, elle se sentit absolument seule (E. Zola).

UN VERBE CAPRICIEUX : ASSEOIR

Présent de l'indicatif		Imparfait de l'indicatif	
J'assieds	j'assois	j'asseyais	j'assoyais
tu assieds	tu assois	tu asseyais	tu assoyais
il assied	il assoit	il asseyait	il assoyait
nous asseyons	nous assoyons	nous asseyions	nous assoyions
vous asseyez	vous assoyez	vous asseyiez	vous assoyiez
ils asseyent	ils assoient	ils asseyaient	ils assoyaient

Passé simple	Futur simple		Passé composé	Passé antérieur
j'assis	j'assiérai	j'assoirai	j'ai assis	j'eus assis
tu assis	tu assiéras	tu assoiras		
il assit	il assiéra	il assoira	Plus-que-parfait	Futur antérieur
nous assîmes	nous assiérons	nous assoirons	j'avais assis	j'aurai assis
vous assîtes	vous assiérez	vous assoirez	ns avions assis	ns aurons assis
ils assirent	ils assiéront	ils assoiront		

Conditionnel présent		Cond. passé 1ʳᵉ f.	Impératif présent	
j'assiérais	j'assoirais	j'aurais assis	assieds	assois
tu assiérais	tu assoirais	ns aurions assis	asseyons	assoyons
il assiérait	il assoirait		asseyez	assoyez
nous assiérions	nous assoirions	Cond. passé 2ᵉ f.	Impératif passé	
vous assiériez	vous assoiriez	j'eusse assis	aie assis	
ils assiéraient	ils assoiraient	ns eussions assis		

Subjonctif présent		Subjonctif imparfait	Subjonctif passé
que j'asseye	que j'assoie	que j'assisse	que j'aie assis
que tu asseyes	que tu assoies	que tu assisses	
qu'il asseye	qu'il assoie	qu'il assît	Subjonctif
que nous asseyions	que nous assoyions	que nous assissions	plus-que-parfait
que vous asseyiez	que vous assoyiez	que vous assissiez	que j'eusse assis
qu'ils asseyent	qu'ils assoient	qu'ils assissent	

Infinitif présent	Infinitif passé	Participe présent	Participe passé
asseoir	avoir assis	asseyant, assoyant	assis, ayant assis

REMARQUES

● Le verbe **asseoir** se conjugue de deux manières aux temps simples, sauf au passé simple et à l'imparfait du subjonctif. La forme en *e* : j'assieds, j'asseyais, j'assiérai, que j'asseye, s'emploie plus couramment que la forme en *oi* : j'assois... Lorsqu'il s'agit du pronominal **s'asseoir**, il faut remplacer *avoir* par **être** aux temps composés : je me suis assis, je m'étais assis....

Rasseoir et **surseoir** se conjuguent comme **asseoir**.

Mais **surseoir** n'a que la forme en *oi* : je sursois, je sursoyais...

Surseoir au futur et au conditionnel conserve l'**e** intercalé : je surseoirai, je surseoirais.

VERBES

VERBES EN **ER**

Infinitif	Indicatif			
Présent	**Présent**	**Imparfait**	**Passé simple**	**Futur**
aller	*voir s'en aller* p. 194			
envoyer	j'envoie tu envoies n. envoyons ils envoient	j'envoyais n. envoyions	j'envoyai n. envoyâmes	j'enverrai n. enverrons
acquérir	j'acquiers n. acquérons ils acquièrent	j'acquérais n. acquérions	j'acquis n. acquîmes	j'acquerrai n. acquerrons
assaillir	j'assaille n. assaillons	j'assaillais n. assaillions	j'assaillis n. assaillîmes	j'assaillirai n. assaillirons
bouillir	je bous n. bouillons	je bouillais n. bouillions	je bouillis n. bouillîmes	je bouillirai n. bouillirons
courir	je cours n. courons	je courais n. courions	je courus n. courûmes	je courrai n. courrons
cueillir	je cueille n. cueillons	je cueillais n. cueillions	je cueillis n. cueillîmes	je cueillerai n. cueillerons
dormir	je dors n. dormons	je dormais n. dormions	je dormis n. dormîmes	je dormirai n. dormirons
fuir	je fuis, n. fuyons ils fuient	je fuyais n. fuyions	je fuis n. fuîmes	je fuirai n. fuirons
haïr	je hais n. haïssons ils haïssent	je haïssais n. haïssions	je haïs n. haïmes	je haïrai n. haïrons
mourir	je meurs n. mourons	je mourais n. mourions	je mourus n. mourûmes	je mourrai n. mourrons
offrir	j'offre n. offrons	j'offrais n. offrions	j'offris n. offrîmes	j'offrirai n. offrirons
partir	je pars n. partons	je partais n. partions	je partis n. partîmes	je partirai n. partirons
servir	je sers n. servons	je servais n. servions	je servis n. servîmes	je servirai n. servirons
tenir	je tiens n. tenons	je tenais n. tenions	je tins n. tînmes	je tiendrai n. tiendrons
venir	je viens n. venons	je venais n. venions	je vins n. vînmes	je viendrai n. viendrons
vêtir (*peu usité*)	je vêts, il vêt n. vêtons ils vêtent	je vêtais n. vêtions	je vêtis n. vêtîmes	je vêtirai n. vêtirons

RRÉGULIERS

/ERBES EN **IR**

Conditionnel	Subjonctif		Impératif	Participe	
Présent	Présent	Imparfait	Présent	Présent	Passé
j'enverrais	que j'envoie	que j'envoyasse	envoie	envoyant	envoyé
n. enverrions	que n. envoyions	que n. envoyassions	envoyons		
j'acquerrais	que j'acquière	que j'acquisse	acquiers	acquérant	acquis
n. acquerrions	que n. acquérions	que n. acquissions	acquérons		
j'assaillirais	que j'assaille	que j'assaillisse	assaille	assaillant	assailli
n. assaillirions	que n. assaillions	que n. assaillissions	assaillons		
je bouillirais	que je bouille	que je bouillisse	bous	bouillant	bouilli
n. bouillirions	que n. bouillions	que n. bouillissions	bouillons		
je courrais	que je coure	que je courusse	cours	courant	couru
n. courrions	que n. courions	que n. courussions	courons		
je cueillerais	que je cueille	que je cueillisse	cueille	cueillant	cueilli
n. cueillerions	que n. cueillions	que n. cueillissions	cueillons		
je dormirais	que je dorme	que je dormisse	dors	dormant	dormi
n. dormirions	que n. dormions	que n. dormissions	dormons		
je fuirais	que je fuie	que je fuisse	fuis	fuyant	fui
n. fuirions	que n. fuyions	que n. fuissions	fuyons		
je haïrais	que je haïsse	que je haïsse	hais	haïssant	haï
n. haïrions	qu'il haïsse	qu'il haït	haïssons		
	que n. haïssions	que n. haïssions			
je mourrais	que je meure	que je mourusse	meurs	mourant	mort
n. mourrions	que n. mourions	que n. mourussions	mourons		
j'offrirais	que j'offre	que j'offrisse	offre	offrant	offert
n. offririons	que n. offrions	que n. offrissions	offrons		
je partirais	que je parte	que je partisse	pars	partant	parti
n. partirions	que n. partions	que n. partissions	partons		
je servirais	que je serve	que je servisse	sers	servant	servi
n. servirions	que n. servions	que n. servissions	servons		
je tiendrais	que je tienne	que je tinsse	tiens	tenant	tenu
n. tiendrions	que n. tenions	que n. tinssions	tenons		
je viendrais	que je vienne	que je vinsse	viens	venant	venu
n. viendrions	que n. venions	que n. vinssions	venons		
je vêtirais	que je vête	que je vêtisse	vêts	vêtant	vêtu
n. vêtirions	que n. vêtions	que n. vêtissions	vêtons		

VERBES

Infinitif	Indicatif			
Présent	Présent	Imparfait	Passé simple	Futur
asseoir	*voir p.* 195			
devoir	je dois, n. devons, ils doivent	je devais n. devions	je dus n. dûmes	je devrai n. devrons
mouvoir	je meus, n. mouvons, ils meuvent	je mouvais n. mouvions	je mus n. mûmes	je mouvrai n. mouvrons
pourvoir	je pourvois n. pourvoyons	je pourvoyais n. pourvoyions	je pourvus n. pourvûmes	je pourvoirai n. pourvoirons
pouvoir	je peux ou je puis, tu peux, il peut, nous pouvons, ils peuvent	je pouvais n. pouvions	je pus n. pûmes	je pourrai n. pourrons
prévaloir	je prévaux n. prévalons	je prévalais n. prévalions	je prévalus n. prévalûmes	je prévaudrai n. prévaudrons
prévoir	je prévois n. prévoyons	je prévoyais n. prévoyions	je prévis n. prévîmes	je prévoirai n. prévoirons
recevoir	je reçois n. recevons	je recevais n. recevions	je reçus n. reçûmes	je recevrai n. recevrons
savoir	je sais n. savons	je savais n. savions	je sus n. sûmes	je saurai n. saurons
surseoir	je sursois n. sursoyons	je sursoyais n. sursoyions	je sursis n. sursîmes	je surseoirai n. surseoirons
valoir	je vaux n. valons	je valais n. valions	je valus n. valûmes	je vaudrai n. vaudrons
voir	je vois n. voyons ils voient	je voyais n. voyions	je vis n. vîmes	je verrai n. verrons
vouloir	je veux n. voulons ils veulent	je voulais n. voulions	je voulus n. voulûmes	je voudrai n. voudrons

EN **OIR**

Conditionnel	Subjonctif		Impératif	Participe	
Présent	Présent	Imparfait	Présent	Présent	Passé
je devrais n. devrions	que je doive que n. devions	que je dusse que n. dussions	dois, devons *(peu usité)*	devant	dû, due dus, dues
je mouvrais n. mouvrions	que je meuve que n. mouvions	que je musse que n. mussions *(peu usité)*	meus mouvons *(peu usité)*	mouvant	mû, mue mus, mues
je pourvoirais n. pourvoirions	que je pourvoie que n. pourvo- yions	que je pourvusse que n. pourvus- sions	pourvois pourvoyons	pourvoyant	pourvu
je pourrais n. pourrions	que je puisse que n. puissions	que je pusse que n. pussions	*(inusité)*	pouvant	pu
je prévaudrais n. prévaudrions	que je prévale que tu prévales que n. prévalions qu'ils prévalent	que je prévalusse que n. prévalussions	*(peu usité)*	prévalant	prévalu
je prévoirais n. prévoirions	que je prévoie que n. prévoyions	que je prévisse que n. prévissions	prévois prévoyons	prévoyant	prévu
je recevrais n. recevrions	que je reçoive que n. recevions	que je reçusse que n. reçussions	reçois recevons	recevant	reçu
je saurais n. saurions	que je sache que n. sachions	que je susse que n. sussions	sache sachons	sachant	su
je surseoirais n. surseoirions	que je sursoie que n. sursoyions	que je sursisse que n. sursissions	sursois sursoyons	sursoyant	sursis
je vaudrais n. vaudrions	que je vaille que tu vailles que n. valions qu'ils vaillent	que je valusse que n. valussions	vaux valons *(peu usité)*	valant	valu
je verrais n. verrions	que je voie que n. voyions	que je visse que n. vissions	vois voyons	voyant	vu
je voudrais n. voudrions	que je veuille que n. voulions qu'ils veuillent	que je voulusse que n. voulussions	veux voulons voulez *ou* veuille veuillons veuillez	voulant	voulu

VERBES

Infinitif	Indicatif			
Présent	Présent	Imparfait	Passé simple	Futur
battre	je bats, il bat n. battons ils battent	je battais n. battions	je battis n. battîmes	je battrai n. battrons
boire	je bois, il boit n. buvons ils boivent	je buvais n. buvions	je bus n. bûmes	je boirai n. boirons
conclure	je conclus n. concluons ils concluent	je concluais n. concluions	je conclus n. conclûmes	je conclurai n. conclurons
conduire	je conduis n. conduisons	je conduisais n. conduisions	je conduisis n. conduisîmes	je conduirai n. conduirons
confire	je confis n. confisons	je confisais n. confisions	je confis n. confîmes	je confirai n. confirons
connaître	je connais n. connaissons	je connaissais n. connaissions	je connus n. connûmes	je connaîtrai n. connaîtrons
coudre	je couds, il coud n. cousons	je cousais n. cousions	je cousis n. cousîmes	je coudrai n. coudrons
craindre	je crains, il craint n. craignons	je craignais n. craignions	je craignis n. craignîmes	je craindrai n. craindrons
croire	je crois n. croyons ils croient	je croyais n. croyions	je crus n. crûmes	je croirai n. croirons
croître	je croîs, tu croîs, il croît, n. crois- sons	je croissais n. croissions	je crûs n. crûmes	je croîtrai n. croîtrons
cuire	je cuis, il cuit n. cuisons	je cuisais n. cuisions	je cuisis n. cuisîmes	je cuirai n. cuirons
dire	je dis, n. disons v. dites, ils disent	je disais n. disions	je dis n. dîmes	je dirai n. dirons
écrire	j'écris, n. écrivons ils écrivent	j'écrivais n. écrivions	j'écrivis n. écrivîmes	j'écrirai n. écrirons
faire	je fais, n. faisons v. faites, ils font	je faisais n. faisions	je fis n. fîmes	je ferai n. ferons
lire	je lis, n. lisons ils lisent	je lisais n. lisions	je lus n. lûmes	je lirai n. lirons

EN **RE**

Conditionnel	Subjonctif		Impératif	Participe	
Présent	Présent	Imparfait	Présent	Présent	Passé
je battrais n. battrions	que je batte que n. battions	que je battisse que n. battissions	bats battons	battant	battu
je boirais n. boirions	que je boive que n. buvions	que je busse que n. bussions	bois buvons	buvant	bu
je conclurais n. conclurions	que je conclue que n. concluions	que je conclusse que n. conclussions	conclus concluons	concluant	conclu
je conduirais n. conduirions	que je conduise que n. condui- sions	que je conduisisse que n. conduisis- sions	conduis conduisons	conduisant	conduit
je confirais n. confirions	que je confise que n. confisions	que je confisse que n. confissions	confis confisons	confisant	confit
je connaîtrais n. connaîtrions	que je connaisse que n. connais- sions	que je connusse que n. connussions	connais connaissons	connaissant	connu
je coudrais n. coudrions	que je couse que n. cousions	que je cousisse que n. cousissions	couds cousons	cousant	cousu
je craindrais n. craindrions	que je craigne que n. craignions	que je craignisse que n. craignissions	crains craignons	craignant	craint
je croirais n. croirions	que je croie que n. croyions	que je crusse que n. crussions	crois croyons	croyant	cru
je croîtrais n. croîtrions	que je croisse que n. croissions	que je crusse que n. crussions	croîs croissons	croissant	crû, crue crus, crues
je cuirais n. cuirions	que je cuise que n. cuisions	que je cuisisse que n. cuisissions	cuis cuisons	cuisant	cuit
je dirais n. dirions	que je dise que n. disions	que je disse que n. dissions	dis, disons dites	disant	dit
j'écrirais n. écririons	que j'écrive que n. écrivions	que j'écrivisse que n. écrivissions	écris écrivons	écrivant	écrit
je ferais n. ferions	que je fasse que n. fassions	que je fisse que n. fissions	fais, faisons faites	faisant	fait
je lirais n. lirions	que je lise que n. lisions	que je lusse que n. lussions	lis lisons	lisant	lu

VERBES

Infinitif	Indicatif			
Présent	Présent	Imparfait	Passé simple	Futur
maudire	je maudis n. maudissons v. maudissez	je maudissais n. maudissions	je maudis n. maudîmes	je maudirai n. maudirons
médire	je médis v. médisez	*comme dire*	*comme dire*	*comme dire*
mettre	je mets n. mettons ils mettent	je mettais n. mettions	je mis n. mîmes	je mettrai n. mettrons
moudre	je mouds n. moulons	je moulais n. moulions	je moulus n. moulûmes	je moudrai n. moudrons
naître	je nais n. naissons ils naissent	je naissais n. naissions	je naquis n. naquîmes	je naîtrai n. naîtrons
nuire	je nuis n. nuisons	je nuisais n. nuisions	je nuisis n. nuisîmes	je nuirai n. nuirons
plaire	je plais, il plaît n. plaisons	je plaisais n. plaisions	je plus n. plûmes	je plairai n. plairons
prendre	je prends, il prend n. prenons ils prennent	je prenais n. prenions	je pris n. prîmes	je prendrai n. prendrons
rendre	je rends n. rendons	je rendais n. rendions	je rendis n. rendîmes	je rendrai n. rendrons
résoudre	je résous n. résolvons	je résolvais n. résolvions	je résolus n. résolûmes	je résoudrai n. résoudrons
rire	je ris n. rions	je riais n. riions	je ris n. rîmes	je rirai n. rirons
rompre	je romps, il rompt n. rompons	je rompais n. rompions	je rompis n. rompîmes	je romprai n. romprons
suffire	je suffis n. suffisons	je suffisais n. suffisions	je suffis n. suffîmes	je suffirai n. suffirons
suivre	je suis n. suivons	je suivais n. suivions	je suivis n. suivîmes	je suivrai n. suivrons
taire	je tais n. taisons	je taisais n. taisions	je tus n. tûmes	je tairai n. tairons
vaincre	je vaincs, il vainc n. vainquons	je vainquais n. vainquions	je vainquis n. vainquîmes	je vaincrai n. vaincrons
vivre	je vis, n. vivons ils vivent	je vivais n. vivions	je vécus n. vécûmes	je vivrai n. vivrons

EN **RE**

Conditionnel	Subjonctif		Impératif	Participe	
Présent	Présent	Imparfait	Présent	Présent	Passé
je maudirais n. maudirions	que je maudisse que n. maudis- sions	que je maudisse que n. maudissions	maudis, maudissons, maudissez	maudissant	maudit
comme dire	*comme dire*	*comme dire*	médis, médi- sons, médisez	*c. dire*	*c. dire*
je mettrais n. mettrions	que je mette que n. mettions	que je misse que n. missions	mets, mettons mettez	mettant	mis
je moudrais n. moudrions	que je moule que n. moulions	que je moulusse que n. moulussions	mouds moulons moulez	moulant	moulu
je naîtrais n. naîtrions	que je naisse que n. naissions	que je naquisse que n. naquissions	nais, naissons naissez *(peu usité)*	naissant	né
je nuirais n. nuirions	que je nuise que n. nuisions	que je nuisisse que n. nuisissions	nuis, nuisons nuisez	nuisant	nui
je plairais n. plairions	que je plaise que n. plaisions	que je plusse que n. plussions	plais plaisons	plaisant	plu
je prendrais n. prendrions	que je prenne que n. prenions	que je prisse que n. prissions	prends prenons	prenant	pris
je rendrais n. rendrions	que je rende que n. rendions	que je rendisse que n. rendissions	rends rendons	rendant	rendu
je résoudrais n. résoudrions	que je résolve que n. résolvions	que je résolusse que n. résolussions	résous résolvons	résolvant	résolu
je rirais n. ririons	que je rie que n. riions	que je risse que n. rissions	ris rions	riant	ri
je romprais n. romprions	que je rompe que n. rompions	que je rompisse que n. rompissions	romps rompons	rompant	rompu
je suffirais n. suffirions	que je suffise que n. suffisions	que je suffisse que n. suffissions	suffis suffisons	suffisant	suffi
je suivrais n. suivrions	que je suive que n. suivions	que je suivisse que n. suivissions	suis suivons	suivant	suivi
je tairais n. tairions	que je taise que n. taisions	que je tusse que n. tussions	tais taisons	taisant	tu
je vaincrais n. vaincrions	que je vainque que n. vainquions	que je vainquisse que n. vainquissions	vaincs vainquons	vainquant	vaincu
je vivrais n. vivrions	que je vive que n. vivions	que je vécusse que n. vécussions	vis vivons	vivant	vécu

203

VERBE**S**

Les verbes **défectifs** sont des verbes auxquels certain

Les verbes défectifs sorter

Infinitif	Indicatif			
Présent	Présent	Imparfait	Passé simple	Futur
absoudre	j'absous n. absolvons	j'absolvais n. absolvions		j'absoudrai n. absoudrons
advenir[1]	il advient ils adviennent	il advenait ils advenaient	il advint ils advinrent	il adviendra ils adviendront
braire[1]	il brait ils braient	il brayait ils brayaient (*rare*)		il braira ils brairont
bruire[1]	il bruit ils bruissent	il bruissait ils bruissaient		
clore	je clos, tu clos il clôt			je clorai, tu... (*rare*)
déchoir	je déchois n. déchoyons ils déchoient		je déchus n. déchûmes	je déchoirai je décherrai (*rare*)
échoir[1]	il échoit ils échoient	il échoyait (*rare*)	il échut ils échurent	il échoira il echerra (*rare*)
faillir			je faillis n. faillîmes	je faillirai n. faillirons
falloir[2]	il faut	il fallait	il fallut	il faudra
frire[2]	je fris, tu fris il frit			je frirai (*rare*)
gésir	je gis, tu gis n. gisons, v. gisez	je gisais n. gisions		
neiger[2]	il neige	il neigeait	il neigea	il neigera
paître[4]	je pais n. paissons	je paissais n. paissions		je paîtrai n. paîtrons
pleuvoir[2]	il pleut	il pleuvait	il plut	il pleuvra
résulter[1]	il résulte ils résultent	il résultait ils résultaient	il résulta ils résultèrent	il résultera ils résulteront
traire	je trais n. trayons ils traient	je trayais n. trayions		je trairai n. trairons
seoir	il sied ils siéent	il seyait ils seyaient		il siéra ils siéront

1. *A l'infinitif et aux troisièmes personnes seulement.* — 2. *Verbe impersonnel. A l'infinit*
verbe faire : je fais frire, nous faisons frire, je faisais frire... — 4. Paître *n'a pas de particip*

DÉFECTIFS

emps ou certaines personnes font **défaut**.
eu à peu de l'usage.

Conditionnel	Subjonctif		Impératif	Participe	
Présent	Présent	Imparfait	Présent	Présent	Passé
'absoudrais n. absoudrions	que j'absolve que n. absolvions		absous absolvez	absolvant	absous absoute
l adviendrait ls advien- draient	qu'il advienne qu'ils adviennent	qu'il advînt qu'ils advinssent		advenant	advenu
l brairait ls brairaient				brayant	brait
				bruissant	bruit
e clorais, tu... (rare)	que je close		clos	closant (rare)	clos
e déchoirais e décherrais (rare)	que je déchoie que n. déchoyions	que je déchusse que n. déchussions	déchois déchoyons		déchu
échoirait écherrait (rare)	qu'il échoie	qu'il échût		échéant	échu
e faillirais n. faillirions					failli
faudrait	qu'il faille	qu'il fallût			fallu
e frirais (rare)			fris (rare)		frit
				gisant	
neigerait	qu'il neige	qu'il neigeât		neigeant	neigé
e paîtrais . paîtrions	que je paisse que n. paissions		pais paissons	paissant	
pleuvrait	qu'il pleuve	qu'il plût		pleuvant	plu
résulterait s résulteraient	qu'il résulte qu'ils résultent	qu'il résultât qu'ils résultassent		résultant	résulté
trairais trairions	que je traie que n. trayions		trais, trayons	trayant	trait
siérait s siéraient	qu'il siée qu'ils siéent			seyant	sis

à la 3ᵉ personne du singulier seulement. — 3. Frire s'emploie plutôt à l'infinitif précédé du
assé, donc pas de temps composés.

VERBES IRRÉGULIERS ET VERBES DIFFICILES

(Le verbe en italique sert de modèle et figure dans les tableaux de conjugaison.)

abattre	: *battre*	déteindre	: *craindre*	pendre	: *rendre*
abstraire	: *traire*	détendre	: *rendre*	percevoir	: *recevoir*
accourir	: *courir*	détenir	: *tenir*	perdre	: *rendre*
accueillir	: *cueillir*	détordre	: *rendre*	permettre	: *mettre*
adjoindre	: *craindre*	détruire	: *conduire*	plaindre	: *craindre*
admettre	: *mettre*	devenir	: *venir*	pondre	: *rendre*
apercevoir	: *recevoir*	dévêtir	: *vêtir*	pourfendre	: *rendre*
apparaître	: *connaître*	disconvenir	: *venir*	poursuivre	: *suivre*
appartenir	: *tenir*	discourir	: *courir*	prédire	: *médire*
appendre	: *rendre*	disjoindre	: *craindre*	pressentir	: *partir*
apprendre	: *rendre*	disparaître	: *connaître*	prétendre	: *rendre*
asservir	: *finir*	dissoudre	: *absoudre*	prévenir	: *venir*
assortir	: *finir*	distendre	: *rendre*	produire	: *conduire*
astreindre	: *craindre*	distraire	: *traire*	promettre	: *mettre*
atteindre	: *craindre*	éclore	: *clore*	proscrire	: *écrire*
attendre	: *prendre*	élire	: *lire*	provenir	: *venir*
bruiner	: *neiger*	émettre	: *mettre*	rabattre	: *battre*
brumer	: *neiger*	empreindre	: *craindre*	réapparaître	: *connaître*
ceindre	: *craindre*	enceindre	: *craindre*	reconnaître	: *connaître*
circonscrire	: *écrire*	enclore	: *clore*	reconstruire	: *conduire*
circonvenir	: *venir*	encourir	: *courir*	recoudre	: *coudre*
combattre	: *battre*	endormir	: *dormir*	recourir	: *courir*
commettre	: *mettre*	enduire	: *conduire*	recouvrir	: *offrir*
comparaître	: *connaître*	enfreindre	: *craindre*	récrire	: *écrire*
complaire	: *plaire*	entendre	: *rendre*	recroître	: *croître*
comprendre	: *prendre*	entreprendre	: *prendre*	recueillir	: *cueillir*
compromettre	: *mettre*	entretenir	: *tenir*	recuire	: *cuire*
concevoir	: *recevoir*	entrevoir	: *voir*	redescendre	: *rendre*
concourir	: *courir*	entrouvrir	: *offrir*	redevenir	: *venir*
condescendre	: *rendre*	épandre	: *rendre*	redevoir	: *devoir*
confondre	: *rendre*	épreindre	: *craindre*	redire	: *dire*
conjoindre	: *craindre*	équivaloir	: *valoir*	réduire	: *conduire*
conquérir	: *acquérir*	éteindre	: *craindre*	refaire	: *faire*
consentir	: *partir*	étendre	: *rendre*	refendre	: *rendre*
construire	: *conduire*	étreindre	: *craindre*	refondre	: *rendre*
contenir	: *tenir*	exclure	: *conclure*	rejoindre	: *craindre*
contraindre	: *craindre*	extraire	: *traire*	relire	: *lire*
contredire	: *médire*	feindre	: *craindre*	remettre	: *mettre*
contrefaire	: *faire*	fendre	: *rendre*	remordre	: *rendre*
contrevenir	: *venir*	fondre	: *rendre*	rendormir	: *dormir*
convaincre	: *vaincre*	geindre	: *craindre*	renvoyer	: *envoyer*
convenir	: *venir*	geler	: *neiger*	repaître	: *connaître*
correspondre	: *rendre*	grêler	: *neiger*	répandre	: *rendre*
corrompre	: *rompre*	impartir	: *finir*	reparaître	: *connaître*
couvrir	: *offrir*	inscrire	: *écrire*	repartir	: *partir*
débattre	: *battre*	instruire	: *conduire*	repartir (répondre) : *partir*	
décevoir	: *recevoir*	interdire	: *médire*	répartir	: *finir*
découdre	: *coudre*	interrompre	: *rompre*	repeindre	: *craindre*
découvrir	: *offrir*	intervenir	: *venir*	rependre	: *rendre*
décrire	: *écrire*	introduire	: *conduire*	reperdre	: *rendre*
dédire	: *médire*	investir	: *finir*	répondre	: *rendre*
déduire	: *conduire*	joindre	: *craindre*	reprendre	: *prendre*
défaillir	: *assaillir*	maintenir	: *tenir*	reproduire	: *conduire*
défaire	: *faire*	méconnaître	: *connaître*	requérir	: *acquérir*
déjoindre	: *craindre*	mentir	: *partir*	ressentir	: *partir*
démentir	: *partir*	messeoir	: *seoir*	resservir	: *servir*
démettre	: *mettre*	mévendre	: *rendre*	ressortir	: *partir*
démordre	: *mordre*	mordre	: *rendre*	ressortir	: *finir*
départir	: *partir*	obtenir	: *tenir*	(terme judiciaire)	
dépeindre	: *craindre*	omettre	: *mettre*	restreindre	: *craindre*
dépendre	: *rendre*	ouvrir	: *offrir*	reteindre	: *craindre*
déplaire	: *plaire*	paraître	: *connaître*	retendre	: *rendre*
désapprendre	: *prendre*	parcourir	: *courir*	retenir	: *tenir*
descendre	: *rendre*	parvenir	: *venir*	retordre	: *vendre*
desservir	: *servir*	peindre	: *craindre*	revêtir	: *vêtir*

revendre	: *rendre*	s'éprendre	: *prendre*	survivre	: *vivre*
revivre	: *vivre*	se repentir	: *partir*	suspendre	: *rendre*
revoir	: *voir*	se ressouvenir	: *venir*	teindre	: *craindre*
rouvrir	: *offrir*	se souvenir	: *venir*	tendre	: *rendre*
s'abstenir	: *tenir*	sortir	: *partir*	tondre	: *rendre*
satisfaire	: *faire*	souffrir	: *offrir*	tonner	: *neiger*
s'ébattre	: *battre*	soumettre	: *mettre*	tordre	: *rendre*
secourir	: *courir*	sourire	: *rire*	traduire	: *conduire*
séduire	: *conduire*	souscrire	: *écrire*	transcrire	: *écrire*
se méprendre	: *prendre*	soustraire	: *traire*	transmettre	: *mettre*
se morfondre	: *rendre*	soutenir	: *tenir*	transparaître	: *connaître*
s'enfuir	: *fuir*	subvenir	: *venir*	travestir	: *finir*
s'enquérir	: *acquérir*	surfaire	: *faire*	tressaillir	: *assaillir*
sentir	: *partir*	surprendre	: *prendre*	vendre	: *rendre*
s'entremettre	: *mettre*	survenir	: *venir*	venter	: *neiger*

VERBES IRRÉGULIERS AYANT DES PARTICULARITÉS

(*Le verbe en italique sert de modèle et figure dans les tableaux de conjugaison.*)

accroître, *croître*, participe accru, sans accent.
circoncire, *suffire*, participe circoncis en s.
décroître, *croître*, participe décru, sans accent.
émouvoir, *mouvoir*, participe ému, sans accent.
fleurir, fait **florissait, florissant**, dans le sens de splendeur.
forfaire, *faire*, usité à l'infinitif et aux temps composés.
importer, *neiger*, impersonnel dans le sens d'être important.

luire, *conduire*, passé simple et plus-que-parfait inusités.
parfaire, *faire*, usité à l'infinitif et aux temps composés.
promouvoir, *mouvoir*, usité à l'infinitif, aux participes : **promouvant, promu** et aux temps composés.
reluire, *luire*.
renaître, *naître*, mais pas de participe passé, pas de temps composés.
revaloir, *valoir*, usité au futur, au conditionnel

saillir, dans le sens de sortir, jaillir, se conjugue comme *finir*.
saillir, dans le sens d'être en saillie, s'avancer au-dehors, déborder, se conjugue comme *cueillir*. S'emploie à l'infinitif et aux 3es personnes seulement (rare).
s'agir, *finir*, impersonnel.
s'ensuivre, *suivre*, à l'infinitif et aux 3es personnes de chaque temps.

VERBES DÉFECTIFS PEU USITÉS

(*Employés seulement aux temps indiqués et dans des formes figées.*)

accroire, à l'infinitif.
apparoir, dans : **il appert** = il est évident.
bayer, dans : **bayer aux corneilles**.
bienvenir, à l'infinitif.
chaloir, dans : **peu me chaut** = peu m'importe.
choir (tomber), à l'infinitif, au participe **chu**, au futur **cherra**.
déclore, à l'infinitif.
déconfire, au participe : **déconfit**.
écloper, au part. **éclopé**.
émoudre, au participe : **émoulu**. Être frais émoulu du collège.

ester, dans : **ester en justice**.
férir (frapper), dans : **sans coup férir**, au participe : **féru**. Être **féru** d'histoire.
forclore, à l'infinitif, au participe **forclos** = avoir perdu ses droits.
imboire, au participe **imbu** = pénétré de.
inclure, à l'infinitif, au participe **inclus**.
issir, au participe **issu** (sorti d'une race), **issu** d'une famille...
mécroire, à l'infinitif.
oindre, au futur **oindra**, à l'impératif : **oignez**, au participe : **oint**.

ouïr, à l'infinitif et dans **ouï-dire**.
perclure, au part. **perclus**.
poindre, dans : **le jour point, poindra**.
querir, à l'infinitif.
ravoir, à l'infinitif.
reclure, à l'infinitif, au participe **reclus**.
sourdre, à l'infinitif et dans **l'eau sourd**.
tistre (tisser) au participe **tissu**. Une vie **tissue** de joies.
transir (pénétré, engourdi de froid) dans par ex. : **la pluie me transit**; **je suis, tu es transi**...

EXERCICES

563. Écrivez aux 1re et 3e pers. du sing. du présent de l'indicatif :
requérir   mouvoir   pouvoir   souffrir   résoudre   vaincre

564. Écrivez aux 3es personnes du passé simple :
boire   croire   savoir   naître   résoudre   pourvoir
devoir   croître   coudre   taire   mourir   complaire

565. Écrivez aux 3es personnes du futur simple :
acquérir   recueillir   mouvoir   refaire   convenir   équivaloir
assaillir   pouvoir   savoir   courir   concevoir   prévoir

566. Écrivez aux 1res personnes du présent du subjonctif :
craindre   fuir   voir   envoyer   moudre   satisfaire
croître   rire   croire   conclure   transcrire   soustraire

567. Mettez les verbes entre parenthèses aux temps indiqués.
Lors nous leur (faire, *futur*) voir ce billet, ils le (tenir, *futur*) pour
faux (CORNEILLE). — Ne (rire, *présent*) pas ainsi, vous (distraire, *présent*) vos compagnes (D. ROLIN). — La dureté dont Morin ne (se
départir, *imparfait*) pas à mon égard, suscitait en moi une joie
singulière (B. BECK). — Quand la raison parle, elle (convaincre, *présent*) toujours (BERNIS). — Soit qu'il (falloir, *subjonctif présent*) régner,
soit qu'il (falloir, *id.*) périr, au tombeau comme au trône, on me
(voir, *futur simple*) courir (CORNEILLE). — Ici (gésir, *présent*), étranger,
la verte sauterelle... (J.-M. DE HEREDIA). — (Résoudre 2e *pers. du plur.
impératif*) avec moi des moyens de sa perte (CORNEILLE).

568. Mettez les verbes entre parenthèses aux temps indiqués.
S'il (s'agir, *imparfait*) ici de le faire empereur, je (pouvoir, *conditionnel présent*) lui laisser mon nom (CORNEILLE). — Les marquis tantôt
se lèveront, tantôt (s'asseoir, *futur simple*), suivant leur inquiétude
naturelle (MOLIÈRE). — Loin de l'aspect des rois, qu'il s'écarte, qu'il
(fuir, *subjonctif présent*) (RACINE). — Héraclius (mourir, *futur simple*),
comme (vivre, *passé composé*) Léonce (CORNEILLE). — Il se tenait au
pied de la chaire, face aux élèves, comme il (seoir, *présent*) (A. GIDE).
— Il (s'ensuivre, *présent*) que de simples clartés ne (pouvoir, *futur
simple*) être données à tous que par des auteurs de choix (F. DURIEUX).
— La lune (croître, *passé composé*) depuis notre dernier passage
(CDT L'HERMINIER). — Cent fois, ils (croire, *plus-que-parfait*) qu'ils
rouleraient à la mer (R. VERCEL). — Mes yeux (savoir, *futur simple*)
le voir sans verser une larme (CORNEILLE). — Godefroid (s'enquérir,
passé simple) si la maison était habitée par des gens tranquilles
(BALZAC). — Leurs voix (monter, *passé simple*), (éclater *passé simple*),
(devenir, *passé simple*) terribles, puis d'un seul coup (se taire *passé
simple*) (FLAUBERT). — Je (refaire, *passé simple*) mon lit dans le
château, je (s'endormir *passé simple*) (MAUPASSANT). — Seuls les dindons
(imboire, *part. pas.*) de leur dignité, ne se hâtent point. (PESQUIDOUX.)

EXERCICES DE REVISION

569. Mettez les verbes en italique au temps qui convient. Indiquez ce temps entre parenthèses.

Taisez-vous, mes enfants, que je *voir* clair (G. Duhamel). — Eh bien, insista Zadig, permettez que je *plaider* votre cause devant le juge (Voltaire). — Parce que vous êtes un grand seigneur, vous *se croire* un grand génie (Beaumarchais). — Le rossignol, bien qu'il ne *connaître* pas le ton, ni le rythme et que l'on ne *pouvoir* point écrire ce qu'il *chanter, moduler* sa berceuse... car il ne chante qu'à la saison des nids (J. de Pesquidoux). — Pour qu'il les *connaître* et *s'attacher* plus vite à eux, les maîtres laissèrent dormir Miraut sur le coussin de la salle à manger (L. Pergaud). — Je lui lançai un coup de pied si rude qu'il en *pousser* un cri (Chateaubriand). — Nous vécûmes ainsi sans qu'il *survenir* aucun changement dans la maison (Lamartine). — Comment il arriva que cette poupée me *plaire*, je ne sais (A. France).

570. Mettez les verbes en italique au temps composé qui convient. Indiquez ce temps entre parenthèses.

L'auto démarra à grand bruit. Olympe la suivit du regard jusqu'à ce qu'elle *tourner* le coin de la rue (D. Rolin). — Quoiqu'elle *passer* à peine la trentaine, c'est déjà une vieille fille (R. Martin du Gard). — Il semble que la malle-poste *entrer* en fureur, on saute, on danse, on rebondit (V. Hugo). — Elle resta assise, sans bouger, jusqu'à ce qu'Auguste Yquelon *se rendormir* (D. Rolin). — Bien que je n'*atterrir* que depuis quelques jours, j'aspire déjà à lever l'ancre (A. Gerbault). — J'avais pris aux poètes, dès le collège, un goût que j'*garder* heureusement (A. France). — Mais je crois que j'*entendre* le grelot de la porte du jardin (M. Proust). — Une vieille dame s'approcha de moi sans que j'*entendre* la porte s'ouvrir (P. Loti).

571. Remplacez les points par *eut* ou *eût*, *fut* ou *fût*. Indiquez entre parenthèses l'infinitif et le temps.

Si petit qu'il ..., mon ruisseau avait ses colères (J. Cressot). — Elle voyait son garçon comme s'il avait toujours douze ans; elle ... voulu qu'il n'... jamais davantage (R. Rolland). — Dès qu'il ... avalé son dernier morceau, il se leva et remercia (A. Daudet). — Quand il ... parti, la dame en noir dit que c'était un jeune homme charmant (A. France). — Jamais Tartarin de Tarascon n'... la chance de faire une mauvaise rencontre (A. Daudet). — Je ne trouvais pas étonnant qu'un troupeau de moutons ... suffi pour arrêter cette source (P. Arène). — Bien que le soleil ... couché, la lumière sortait encore des choses comme un parfum (R. Bazin). — La coiffure de maman comportait un peu d'artifice et se ... malaisément passée de l'assistance de Marie (A. Gide). — Elle attendit qu'il se ... remis de son bouleversement pour lui demander s'il ne voulait pas un verre d'eau (D. Rolin).

TROISIÈME PARTIE

ORTHOGRAPHE D'USAGE

LES SIGNES ORTHOGRAPHIQUES
LES ACCENTS – LA RÈGLE DE L'ACCENT

• **Bâtir, hérisson, prophète.**

On ne double pas la consonne qui suit une voyelle accentuée, sauf dans **châssis** et les mots de sa famille.

Les accents tiennent parfois la place d'une lettre disparue, le plus souvent d'une **s** ou d'un **e** : *forêt, forestier, gaîté, gaieté.*

REMARQUE TRÈS IMPORTANTE

• Il faut **lever immédiatement la plume** pour mettre l'accent sur la voyelle, avant d'écrire la consonne qui suit.

Ainsi, dans **bâtir,** si l'on met **immédiatement** l'accent circonflexe sur la lettre **â,** on sait qu'il ne faut qu'un **t.**

affût	flûte	piqûre	gîte	bélître	faîte	voûte
brûler	mûrir	appât	dîner	surcroît	chaîne	boîte

• Attention à **jeûner** et **déjeuner, abîme** et **cime, fût** et **futaie.**

Dans une même famille, une même voyelle peut être accentuée dans certains mots et ne pas l'être dans d'autres. La prononciation renseigne assez souvent : **pôle, polaire; grâce, gracieux.**

LE TRÉMA

• **La ciguë, la faïence, un capharnaüm.**

REMARQUE

• On met un **tréma** sur une voyelle pour indiquer qu'elle se détache de celle qui la précède. Les voyelles **e, i, u** peuvent être surmontées du tréma.

Ex. : **ciguë, faïence, capharnaüm.**

Dans **ciguë, aiguë,** etc., le tréma sur l'**e** indique que ces mots doivent être prononcés autrement que **figue, digue** où la lettre **u** est placée pour donner au **g** une articulation dure.

canoë	bisaiguë	caïque	caraïbe	naïade	stoïcisme
aïeul	baïonnette	camaïeu	celluloïd	oïdium	thébaïde

Dans quelques noms propres, le *tréma* sur l'**e** indique que cette lettre ne se prononce pas : *Mme de Staël* (Stal).

LA CÉDILLE

- **Un Français, un caparaçon, une gerçure.**

RÈGLE

La **cédille** se place sous le **c** devant **a, o, u** quand le **c** doit conserver le son « se ».

curaçao	forçat	charançon	pinçon	rançon	soupçon
fiançailles	arçon	étançon	poinçon	séneçon	aperçu

- Attention à **douceâtre**. L'e après le **c** est la survivance d'un vieil usage.

EXERCICES

572. Donnez 1 ou 2 mots qui ont conservé l's, de la famille de :
goût   vêpres   ancêtre   maraîcher   intérêt   prêt   ci-gît
croûte   pâtre   tempête   hôpital   château   pâte   bête

573. Donnez un mot où a, o, u n'est pas accentué, de la famille de : côte, diplôme, infâme, tâter, sûr, fût, arôme, fantôme.

574. Doit-on mettre : 1 ou 2 t dans 1°, 1 ou 2 n dans 2°, 1 ou 2 r dans 3°, 1 ou 2 l dans 4°, 1 c ou 2 s dans 5°?

1° bâ...iment   pâ...eux   aigre...e   athlè...e   silhoue...e   diè...e
2° phalè...e   re...e   frê...e   pê...e   pe...e   rê...e
3° hé...isson   taniè...e   te...asse   é...aflure   inté...essant   fougè...e
4° parce...e   hé...ice   goé...ette   cliente...e   gaze...e   zè...e
5° pré...ipice   pré...ieux   ré...ent   pre...ion   care...e   espè...e

575. Employez avec un nom les adjectifs comprenant une lettre portant le tréma de la famille des noms :
œuf   trapèze   héros   paganisme   hébreu   naître   hélice   haine.

576. Donnez la qualité exprimée par : ambigu, contigu, exigu.

577. Les accents et le tréma ont été oubliés, rétablissez-les.
La lumière illuminait le faite des hetres et des chataigniers (Y. LE FEBVRE). — L'homme chasse le blaireau au gite, a la piste, a l'affut (PESQUIDOUX). — L'ete pesait sur la voute des futaies (PÉROCHON). — Des palais de mosaiques et d'exquises faiences s'emiettent sans recours (P. LOTI). — Il arriva qu'un paysan vint me rejoindre dans ma thebaide (G. DUHAMEL). — Une belette d'une inouie legerete, disparait dans un buisson (MAZELIER). — Des glaieuls dressaient leurs feuilles aigues (E. MOSELLY). — La beaute habite des abimes (PÉCAUT). — Les peupliers dressent leurs cimes pointues (LE ROY). — Les cailloux ont l'air d'etre enchasses dans du metal (E. MOSELLY). — Les petits carreaux tremblaient dans leurs chassis (G. FLAUBERT).

578. Remplacez les points par c ou ç.
aper..evoir   fa..on   grima..ant   ger..ure   su..ette   gla..ier
commer..ant   fa..ade   ré..itation   pin..eau   ré..if   gla..on

M DEVANT M, B, P

• E**mm**êler, déa**mb**uler, ga**mb**ade, pa**mp**re.

RÈGLE

Devant **m**, **b**, **p**, il faut écrire **m** au lieu de **n**, sauf dans bo**nb**on, bo**nb**onne, bo**nb**onnière, embo**np**oint, néa**nm**oins.

emmailloter	ambulance	ingambe	crampon	pamphlet	symphonie
emmancher	embarras	symbole	hampe	pompon	symptôme
emmitoufler	embryon	camphre	nymphe	sympathie	triomphe

NOMS EN EUR

• Le dompt**eur**, l'ascens**eur**, la liqu**eur**, la splend**eur**.

RÈGLE

Les noms en **eur** s'écrivent **e.u.r** sauf le **beurre**, la **demeure**, l'**heure**, un **leurre**, un **heurt** (*heurter*).

frayeur	candeur	vigueur	ampleur	noirceur	rancœur
hideur	odeur	rigueur	horreur	sœur	chœur
ardeur	langueur	humeur	minceur	cœur	mœurs

NOMS EN EAU, AU, AUD, AUT, AUX

• Le faisc**eau**, le land**au**, le crap**aud**, le gerf**aut**, la f**aux**.

RÈGLE

La plupart des noms terminés par le son « o » s'écrivent **e.a.u**. Quelques-uns se terminent par **a.u**, **a.u.d**, **a.u.t**, **a.u.x**. Lorsque le son final **a.u** est suivi d'une **consonne**, il ne prend jamais de e. Ex. : crap**aud**.

lambeau	meneau	jouvenceau	fabliau	gruau	artichaut
ormeau	oripeau	rinceau	sarrau	joyau	héraut
cerneau	appeau	vermisseau	fléau	levraut	chaux

NOMS EN OT, OC, OP, OS, O

• Le cah**ot**, le br**oc**, le gal**op**, le hér**os**, l'éch**o**.

RÈGLE

Un certain nombre de noms se terminent par **o.t**, **o.c**, **o.p**, **o.s**. Il est **souvent** facile de trouver la **terminaison** convenable à l'aide d'un mot de la **même famille**. Ex. : **cahot** (*cahoter*). Quelques noms terminés par le son « o » s'écrivent **o**. Ex. : **halo**.

chariot	ergot	hublot	clos	caraco	brasero
calicot	javelot	pavot	cacao	indigo	lasso
manchot	cachalot	loriot	siroco	cargo	mémento

EXERCICES

579. Donnez le contraire de :

mangeable   émerger   émigrer   moral   débusquer   perfectible
déblayer   dégager   déballer   modeste   débarquer   .pitoyable

580. Donnez le verbe qui correspond aux expressions :

Mettre dans un sac, en pile, en broche, dans sa poche, en grange, en bouteilles, en paquet — donner de la beauté — serrer dans ses bras — orner d'un ruban — couvrir de pierres, de buée, de neige — enduire de glu — rendre laid — poudrer de farine.

581. Mettez la lettre qui convient.

a.ple   e.ja.ber   co.te.pler   i.ga.be   e.mener   la.pée
aplo.b   e.co.brer   co.co.bre   pri.te.ps   e.mêler   i.patient

582. Donnez les noms exprimant la même qualité que :

frais   tiède   ample   mince   ardent   splendide
hideux   sapide   horrible   aigre   torpide   stupide

583. Avec un mot de la même famille justifiez la dernière lettre.

jabot   maillot   grelot   calot   sanglot   galop
linot   ballot   tricot   repos   complot   propos
croc   bibelot   dos   trot   sirop   accroc

584. Justifiez la lettre en italique dans :

cer*c*eau, ar*c*eau, badau*d*, échafau*d*, réchau*d*, tau*x*, soubresau*t*.

585. Donnez un dérivé en *ot* de : char, cage, gueule, coq, île.

586. Placez comme il convient : *liteau, vanneau, ormeau, caraco, hampe, touffeur, cymbale, étourneau.*

Dans les fentes des vieux ... de la place des mésanges bâtissaient leurs nids (Pouvillon). — Des peupliers s'échappent des vols d'... et de ... (G. Ponsot). — L'altitude tempérait agréablement la ... du jour (Frison-Roche). — Le drapeau se dressait fièrement sur sa ... (E. Moselly). — Enfin, elle était toujours vêtue de la même façon, avec une robe noire et un ... noir (Estaunié). — La servante couvrait la table d'une nappe à ... rouges (A. Theuriet). — Un paillasse tapait sur une grosse caisse avec accompagnement de ... (E. Le Roy).

587. Complétez comme il convient :

Camus assure que pour avoir une bonne mémoire, il faut avoir mangé du chapon, du levr... et des alouettes (Voltaire). — Le gibier manque. Pas un merle, pas une caille, pas le moindre laper... (A. Daudet). — Les vols de gerf... s'élargissent à la mesure du globe découvert (R. Vercel). — Je percevais des heur... de vaisselle et le bruit plus énervant d'une petite mécanique (Simenon). — L'abbé Birotteau traversait aussi pro...ptement que son e...bo...point pouvait le lui permettre la petite place. déserte (Balzac). — Elle allume le fal... aux vitres noircies par la fumée (E. Le Roy).

NOMS EN AIL, EIL, EUIL, ET EN AILLE, EILLE, EUILLE

● Le berc*ail*, le mét*eil*, le bouvr*euil*, l'acc*ueil*.
La ferr*aille*, la corn*eille*, la fe*uille*, l'org*ueil*.

RÈGLE

Les noms **masculins** en **ail, eil, euil**, se terminent par une **l**
et les noms **féminins** par **ll.e.**

REMARQUE

Chèvrefeuille, portefeuille, millefeuille, formés de **feuille**, s'écrivent **ll.e**, mais
il faut écrire **cerfeuil**. On écrit **ueil** pour **euil** derrière un **g** ou un **c**.

émail	appareil	seuil	œil	volaille	corbeille
éventail	orteil	treuil	écueil	broussaille	oseille
épouvantail	éveil	chevreuil	recueil	sonnaille	treille

NOMS EN ET, AI, AIE

● Le cabriol*et*, le pamphl*et*, l'ét*ai*, la m*aie*, l'orfr*aie*.

RÈGLE

Les noms **masculins** en **« è »** se terminent généralement par
e.t et les noms **féminins** par **a.i.e**, sauf la **paix** et la **forêt**.

REMARQUES

1. Les noms masculins en **« è »** qui appartiennent à la famille d'un verbe en
a. y. e. r s'écrivent **a.i.** Ex. : *étai* (*étayer*).
2. Certains noms féminins en **a.i.e** désignent un lieu planté d'arbres d'une
même espèce. Ex. : une *olivaie*.

beignet	muguet	gantelet	laie	mets	souhait	faix
alphabet	budget	flageolet	claie	legs	portrait	geai
guichet	bourrelet	sansonnet	plaie	cyprès	relais	quai
hochet	bracelet	ticket	raie	abcès	marais	jockey
archet	corselet	jarret	taie	aspect	dais	poney

NOMS EN OIR ET EN OIRE

● Le compt*oir*, l'abreuv*oir*, la balanç*oire*, la
bouill*oire*.

RÈGLE

Les noms **masculins** en **oir** se terminent généralement par
o.i.r. Les noms **féminins** s'écrivent **toujours o.i.r.e.**

peignoir	loir	dressoir	encensoir	mâchoire	périssoire
boudoir	manoir	ostensoir	boutoir	moire	écritoire
bougeoir	terroir	reposoir	ébauchoir	mémoire	trajectoire

Noms masculins en **oire.**

ciboire	grimoire	prétoire	conservatoire	réquisitoire	répertoire
déboire	infusoire	oratoire	accessoire	promontoire	laboratoire
ivoire	auditoire	réfectoire	observatoire	interrogatoire	territoire

EXERCICES

588. Donnez le nom d'un lieu planté de :

châtaigniers	pommiers	trembles	bouleaux	ronces	joncs
amandiers	peupliers	cerisiers	chênes	osiers	houx
platanes	palmiers	coudriers	aulnes	hêtres	frênes
noisetiers	pruniers	fougères	cannes	saules	ormes

589. Par un mot de la même famille, justifiez la partie en italique.

rembl*ai*	ess*ai*	miner*ai*	harn*ais*	congr*ès*	exc*ès*
débl*ai*	rel*ais*	dél*ai*	p*aix*	engr*ais*	acc*ès*
progr*ès*	respe*ct*	bi*ais*	méf*ait*	portr*ait*	tr*ait*

590. Qu'est-ce qu'une *effraie*, une *orfraie*?

591. Donnez le nom en *oir* ou en *oire* correspondant à :

écheniller	amorcer	heurter	cueillir	dévider	entonner
promener	accouder	sarcler	racler	bouillir	laminer
agenouiller	accoter	buter	larder	manger	rôtir
bassiner	frotter	brûler	sécher	éteindre	dormir

592. Cherchez quelques autres noms en *oir* ou en *oire*.

593. Écrivez la 3e personne du singulier du présent de l'indicatif, puis le nom homonyme.

sommeiller	recueillir	conseiller	travailler	batailler	détailler
accueillir	appareiller	écailler	émailler	réveiller	éveiller

594. Donnez le diminutif de :

os	bâton	gant	tonneau	agneau	manteau	cordon
roi	coussin	mule	oiseau	anneau	château	wagon

595. Dans les phrases suivantes, placez comme il convient :
1° *faix, quinquet, orfraie, dais, maie.*

Des ... encore engourdies de sommeil battent de l'aile parmi les ruines (A. DAUDET). — Grâce à ce ... de transparentes nuées, tout paraît frais, diaphane (TÖPFFER). — Deux ... allumés devant la porte de la baraque ondulaient au vent (A. FOURNIER). — L'horloge éparpille la poussière du temps sur les chaises de bois et sur la ... où l'on pétrit le pain (MOSELLY). — Les bras du sapin ploient sous le ... (TH. GAUTIER).

2° *observatoire, dressoir, déboire, encensoir, auditoire, éteignoir.*

Jamais les moteurs n'avaient donné de ... (CDT. LHERMINIER). — La vaisselle brille sur le ... (G. SAND). — Le clocher bas se terminait par un toit en ... (VAN DER MEERSCH). — Après la rosée, la prairie fume comme un ... (A. THEURIET). — Ému, blême de peur, l'... gémit (A. DAUDET). — Comme du haut d'un ..., je contemplais la campagne (P. LOTI).

NOMS MASCULINS EN ER, É

- Le couch*er*, le quart*ier*, le prieu*ré*, l'invi*té*.

Les noms **masculins** en **é** s'écrivent le plus souvent **e.r.**
Parmi les noms en **é**, certains sont des **participes passés** et s'écrivent **é**. Ex. : un **blessé**.

maraîcher	palefrenier	marguillier	goûter	cliché	canapé
créancier	scaphandrier	groseillier	dîner	scellé	fourré
hallebardier	perruquier	cognassier	baudrier	défilé	beaupré
taillandier	luthier	bûcher	hallier	gué	liséré
geôlier	joaillier	rucher	guêpier	autodafé	fossé
cellier	quincaillier	déjeuner	sanglier	henné	chimpanzé

NOMS FÉMININS EN É, E

- Une azal*ée*, une orchid*ée*, une paner*ée*, une simagr*ée*.

RÈGLE

Les noms **féminins** en **é** qui ne se terminent pas par la syllabe **té** ou **tié** s'écrivent **é.e**, sauf : **psyché, acné, clé**.

saignée	flambée	embardée	équipée	pharmacopée	fricassée
huée	tombée	randonnée	lampée	onomatopée	pincée
ruée	chevauchée	traînée	centaurée	denrée	odyssée
enjambée	jonchée	mosquée	échauffourée	orée	chaussée

- **Clé** s'écrit aussi **clef**. En vieux français, on écrivait *une clef, des clés*.

NOMS FÉMININS EN TÉ OU EN TIÉ

- La ci*té*, l'anfractuosi*té*, la diaphanéi*té*, la pi*tié*.

RÈGLE

Les noms **féminins** en **té** ou en **tié** s'écrivent plutôt **é** sauf :

1. *Les noms exprimant le* **contenu** *d'une chose :*
Ex. : la **charretée** — contenu de la **charrette**.

2. *Les* **6 noms usuels** *suivants.*
la **butée**, la **dictée**, la **jetée**, la **montée**, la **pâtée**, la **portée**.

étanchéité	promiscuité	velléité	magnanimité	célérité	hérédité
instantanéité	acuité	fatuité	proximité	aspérité	humilité
spontanéité	ébriété	partialité	pusillanimité	dextérité	inimitié
simultanéité	satiété	aménité	longanimité	sagacité	amitié
homogénéité	anxiété	solennité	indemnité	primauté	moitié

EXERCICES

596. Donnez le nom en *té* qui correspond à :

bref	pieux	malin	affable	obséquieux	subtil
fier	habile	lucide	crédule	immense	intègre
naïf	gai	hilare	énorme	nécessaire	inique
faux	assidu	vénal	téméraire	majestueux	austère

597. Donnez l'adjectif qui correspond à :

sûreté	aménité	sinuosité	impétuosité	monstruosité	annuité
âcreté	ténuité	cupidité	perpétuité	perspicacité	loquacité
âpreté	frivolité	futilité	solidarité	multiplicité	précocité

598. Donnez le nom exprimant le contenu (ou la quantité) correspondant aux noms suivants; ajoutez un complément.

sac	pince	plat	chaudron	ruche	poche
nid	panier	maison	aiguille	râteau	cuillère
bol	table	poêlon	truelle	fourche	poêle
bras	four	hotte	écuelle	brouette	pelle
pot	nuit	assiette	fourchette	charrette	jatte

599. Mettez la terminaison convenable *(é* ou *ée).*

hilarit...	lit...	chert...	hott...	équit...	majest...
fourchet...	nit...	pot...	but...	suavit...	pellet...
adversit...	cit...	port...	joint...	félicit...	jatt...

600. Mettez la terminaison convenable.

Les subtilit... d'un texte. — Des pellet... de sable. — Les anfrac-
tuosit... du rocher. — Les cavit... du cœur. — Des indemnit...
de logement. — Des sant... de fer. — Des sociét... de transport. —
Des joint... d'avoine.

601. Dans les phrases suivantes, placez comme il convient :
1° *opacité, achillée, halenée, hilarité, inimitié, aspérité, cité.*
Il soufflait à grandes ... lentes (J. Giono). — L'... de Navarin me semblait
injuste (A. France). — Les nuages se dissipent, ne projettent plus sous
nous que des ... rares (P. Morand). — Toute une bohème de papillons
s'abattait dans les ... (V. Hugo). — L'... était irrésistible au point que
M. Nadaud y cédait (A. Gide). — Le camion s'étire au long des ... de la
piste (G. Arnaud). — Sur une haute colline rousse, s'élève la ... (Taine).
2° *orée, lancer, groseillier, instantanéité, excentricité, odyssée.*
Le taureau ne fit aucune des ... que se permettent les jeunes
taureaux (P. Fisson). — Avec une prodigieuse ... d'un bout à l'autre
de Paris, la nouvelle se répand (Jean d'Esme). — Je voudrais vivre à
l'... d'un bois (A. France). — Les lisières avaient leurs ... blancs et
rouges (J. Cressot). — Magneux regardait son ami. Il admirait
sa précision dans le ... du lourd marteau (H. Poulaille). — Philosophie, romans, voyages, théories morales, relations d'... lui
découvraient des horizons (P. Audiat).

NOMS EN I

- ● La bonhom*ie*, la prophét*ie*, l'ort*ie*, la zizan*ie*.

RÈGLE

Les noms **féminins** en « **i** » s'écrivent **i.e**, sauf **souris, brebis, perdrix, fourmi, nuit.**

encyclopédie	tyrannie	intempérie	théorie	calvitie	autopsie
stratégie	hégémonie	sorcellerie	phtisie	argutie	hypocrisie
effigie	parcimonie	bizarrerie	facétie	éclaircie	sympathie
léthargie	insomnie	orfèvrerie	péripétie	apoplexie	antipathie
physionomie	myopie	forfanterie	suprématie	asphyxie	dynastie

- ● *Merci*, masculin ou féminin s'écrit **i** :
merci, un grand merci — à merci, à la merci, aucune merci (grâce).

NOMS EN U

- ● La sangs*ue*, la coh*ue*, la cig*uë*, la batt*ue*.

RÈGLE

Les noms **féminins** en « **u** » s'écrivent **u.e**, sauf **bru, glu, tribu et vertu.**

mue	verrue	issue	tissu	talus	flux
cornue	grue	bévue	fichu	jus	bahut

NOMS EN URE ET EN ULE

- ● La ray*ure*, le merc*ure*, la mandib*ule*, le véhic*ule*.

RÈGLE

1. Les noms en « **ure** » s'écrivent **u.r.e**, sauf **mur, fémur, azur, futur.**
2. Les noms en « **ule** » s'écrivent **u.l.e**, sauf **calcul, recul, consul.** — **Bulle** et **tulle** s'écrivent avec **2 l.**

hure	envergure	miniature	pédicure	campanule	tentacule
piqûre	gageure	sculpture	augure	renoncule	opuscule

NOMS EN OU

- ● La h*oue*, la pr*oue*, le sapaj*ou*, le bini*ou*.

RÈGLE

Les noms **féminins** en « **ou** » s'écrivent **o.u.e**, sauf la **toux.**
Les noms **masculins** se terminent généralement par **o.u.**

boue	acajou	courroux	caoutchouc	ragoût	loup
moue	bambou	remous	moût	joug	pouls

218

NOMS EN OI

● Le palefr*oi*, le charr*oi*, la courr*oie*, la lampr*oie*.

RÈGLE

Les noms **masculins** en « oi » se terminent souvent par **o.i** et les noms **féminins** par **o.i.e.**

émoi	désarroi	joie	oie	anchois	putois	poix
tournoi	beffroi	soie	proie	poids	doigt	paroi

EXERCICES

602. 1° Trouvez les noms en *ure* dérivés de chacun des verbes :

rogner	écorcher	mordre	gercer	rompre	ceindre
flétrir	meurtrir	sculpter	geler	gager	teindre

2° A votre tour, trouvez quelques autres noms en *ure*.

603. Par un mot de la même famille, justifiez la dernière lettre.

flux	bahut	fût	affût	chalut	substitut
bout	ragoût	crédit	coût	dégoût	égout
bruit	sourcil	délit	esprit	vernis	apprenti
persil	baril	dépit	profit	lambris	fusil

604. Faites la différence entre tribu et tribut, ru et rue, cru et crue, rebut et rébus, en les employant chacun dans une phrase.

605. Comparez *à l'envi* et *envie*; employez-les dans une phrase.

606. Donnez tous les homonymes de : foi, voie, pois, mou, cou, joue, houe et employez-les chacun dans une courte phrase.

607. Justifiez la terminaison des adjectifs suivants en les employant avec un nom féminin.

cossu	pointu	obtus	exclu	diffus	reclus
moussu	pansu	camus	inclus	confus	joufflu
abstrus	contus	imbu	perclus	infus	ardu

608. Placez comme il convient : *insomnie, ancolie, hémiplégie, orfroi, joug, à l'envi, conciliabule, péripétie.*

C'était une ... qui, en paralysant tout le côté droit, lui avait aussi envahi la face (E. Zola). — On allait, faute de mieux, chercher aux prés les marguerites, les ... (J. Cressot). — L'... quotidienne rallumait la lampe, rouvrait le livre de chevet de ma mère (Colette). — Quinze, vingt personnages, tous intensément ranimés, viennent comme ... superposer leurs images (Genevoix). — Quand Louis est fatigué de combiner des ... de siège, il pense à sa pèlerine (J. Romains). — Tantôt les ... étaient brodés sur le fond même, tantôt elle rapportait les bandes sur du brocart d'or ou du velours (E. Zola). — Les hirondelles sur le toit tiennent des ... (Th. Gautier). — Tout cela était beau : le paysage, l'homme, l'enfant, les taureaux sous le ... (G. Sand).

ILL OU Y

• railler   rayer.

RÈGLE

Dans le son **ill**, la lettre i est **inséparable** des **2 l** et **ne se lie pas** avec le son de la voyelle qui précède.

ra.iller   ra.ille.rie

Au contraire, quand l'**y** a la valeur de **2 i**, l'un se lie avec la **voyelle qui précède** et l'autre avec la voyelle qui suit.

rayer = **rai.ier**   rayure = **rai.iure**

• Dans bayadère (*ba-yadère*), cacaoyer (*cacao-yer*), etc., l'**y** a la valeur d'un i.

REMARQUES

1. Dans les **noms**, le son **ill** est **rarement** suivi d'un i.
Exceptions : *ll* **mouillées** : *quincaillier, groseillier, marguillier, joaillier.*
ll **non mouillées** : *millier, million, milliard, billion, trillion, quadrillion, quintillion.*

2. Dans les noms, l'**y** n'est **jamais** suivi d'un i, sauf dans **essayiste**.

3. Dans les verbes, à l'imparfait de l'indicatif et au présent du subjonctif, le son **ill** et l'**y** peuvent être suivis d'un i.
Je cueillais, nous cueillions — que je cueille, que nous cueillions.
J'essuyais, nous essuyions — que j'essuie, que nous essuyions.

bâillon	saillant	crémaillère	clayon	mitoyen	voyelle
haillon	paillasson	brailler	balayure	moyen	frayeur
maillon	paillette	écailler	écuyer	layette	métayer
paillon	poulailler	piailler	plaidoyer	noyade	mareyeur

EXERCICES

609. Donnez l'adjectif qualificatif renfermant un y correspondant à :
joie, roi, loi, effroi, soie, pitié, craie, paie, monnaie, ennui, gibier.

610. Employez avec un nom les adjectifs verbaux correspondant à :
flamboyer   défaillir   verdoyer   payer   bruire   seoir
ondoyer   valoir   chatoyer   fuir   prévoir   voir

611. Remplacez les points par *ill* ou *y*.
L'animation commençait du côté de l'encan où arrivaient les camionnettes des mare...eurs (Simenon). — Le troupeau de Djelloul s'éga...ait à mi-pente (J. Peyré). — Les soucis sauvages essa...aient d'éga...er les neiges grises des asphodèles (J. Peyré). — Le moteur tournait au ralenti. Tout allait se jouer à l'embra...age (G. Arnaud). — Jeanne faisait sa petite princesse de contes de fées, ra...ait impito...ablement mes timidités (P. Loti). — La flamme faisait luire une marmite de fer accrochée à une créma...ère (V. Hugo).

220

C OU QU   G OU GU

- Le fabric*ant,* la fabri*que,* la ru*gosité,* l'écorce ru*gueuse.*

REMARQUES

- Les verbes en **guer** et en **quer** conservent l'**u** dans toute leur conjugaison, pour avoir toujours le même radical.

Ex. : Nous vog**u**ons, il vog**u**ait, nous fabriq**u**ons, il fabriq**u**a.

Dans les autres mots :

1. devant **e** et **i,** on écrit seulement **u,** si le **g** doit être dur.

Ex. : guenon, guitare.

2. devant **a** et **o,** on écrit plutôt **g** ou **c** que **gu** ou **qu.**

Le participe présent forme verbale a donc un **u,** alors que le même mot, nom ou adjectif, n'en a pas.

Ex. : intrig**u**ant (*p. pr.*), un intrigant (*n*), un homme intrigant (*a.*)

débarcadère	suffocation	infatigable	*Quelques exceptions*	
convocation	embuscade	flocon	quartier	attaquable
dislocation	démarcation	pacotille	clinquant	remarquable
indication	langage	picoter	choquant	critiquable
praticable	cargaison	dragon	piquant	quotidien
éducation	divagation	gondole	trafiquant	liquoreux
embarcation	prodigalité	ligoter	croquant	reliquaire

EXERCICES

612. Donnez la 1ʳᵉ pers. du sing. de l'imparfait de l'indicatif, le participe présent, un mot de la famille contenant *ga* ou *ca* : carguer   éduquer   fatiguer   revendiquer   prodiguer   intriguer tanguer   indiquer   naviguer   démarquer   débarquer   suffoquer

613. Mettez un *u* s'il y a lieu dans 1., *c* ou *qu* dans 2.

1. Ce lang...age divag...ant l'avait déconcerté (M. GENEVOIX). — La cigale et l'alouette agitent leurs ailes infatig...ables (H. GRÉVILLE). — Les cailloux crissaient, la caisse tang...ait, les essieux gémissaient (J. CAMP). — Le petit sentier zigzag...ait entre les bois et les champs (A. THEURIET). — Lumières non seulement fixes mais mobiles, tournantes, zigzag...antes (P. MORAND). — Le paquebot navig...ant dans la brume fait retentir sa sirène. — Le bonhomme bégayait d'une manière fatig...ante (BALZAC). — Les grands lis org...eilleux se balancent au vent (VERLAINE). — Avec quel rec...eillement triste, je les passe en revue, ces figures aimées (P. LOTI).

2. L'araignée retourna à son embus...ade (A. KARR). — L'air retombait immobile, la chaleur était suffo...ante (MOSELLY). — Les chaloupes continuaient leur navette entre l'embar...adère et la Méduse (R. CHRISTOPHE). — Ses mains empoignaient cent herbes pi...antes et rêches (J. CRESSOT). — Ne prends pas pour de l'or tout le clin...ant qui luit (GOMBERVILLE).

LES PRÉFIXES IN, DÉS, EN, RE...

- Les branches croisées des chênes formaient un ciel **inaccessible**   (A. Daudet).
- L'amour du passé est **inné** chez l'homme
                                    (A. France).
- Il régnait là, durant l'été, une fraîcheur qui m'**enivrait**   (F. Carco).
- Les peupliers semblaient s'**ennuager** de jeunes feuilles   (M. Genevoix).
- Depuis deux ans qu'elle **déshabillait** sa poupée et la **rhabillait**, la tête s'était écorchée   (E. Zola).

REMARQUE

- Pour bien écrire un **mot composé** dans lequel entre un **préfixe** comme *in, dés, en, re*, **il faut penser au mot simple ou au radical.**

inaccessible, formé du mot simple **accessible** et du préfixe **in**, s'écrit avec **une n.**

inné, formé du mot simple **né** et du préfixe **in**, s'écrit avec **2 n.**

s'enivrer, formé du mot simple **ivre** et du préfixe **en**, s'écrit avec une n.

s'ennuager, formé du mot simple **nuage** et du préfixe **en**, s'écrit avec **2 n.**

déshabiller et **rhabiller**, formés du mot simple **habiller** et du préfixe **dés** et r (re), s'écrivent avec une **h.**

EXERCICES

614. A l'aide du préfixe *in* **ou** *im*, **formez le contraire de :**
médiat   habité   exprimable   attendu   matériel   amical
partial   mémorable   hospitalier   buvable   opportun   habituel
actuel   nombrable   nommable   battable   amovible   palpable

615. A l'aide du préfixe *dés* **ou** *il*, **formez le contraire de :**
affecter   sceller   habituer   honorer   hydrater   saisir
arrimer   aimanter   hériter   huiler   orienter   serrer
légal   légitime   licite   logique   limité   lettré

616. Mettez *n* **ou** *2 n* **à la place des points.**
Des flots i...interrompus de chaleur et de lumière i...ondèrent la ville (A. Camus). — Les abeilles sont i...offensives à force d'être heureuses (Maeterlinck). — Le tilleul faisait remuer d'i...ombrables petites médailles jaunes (A. Thierry). — On sentait cette odeur i...ommable des vieilles maisons paysannes, odeur du sol, odeur du temps passé (Maupassant). — Fatigué par le crissement i...extinguible des cigales dans la pinède, il dormait (J. Peyré). — Le nouveau articula d'une voix bredouillante un nom i...intelligible (G. Flaubert).

222

MOTS COMMENÇANT PAR UNE H MUETTE

● Une *h*émorragie, un *h*élicoptère, un *h*exagone.

REMARQUES

● **L'h muette** veut l'apostrophe au singulier, la liaison au pluriel.
Ex. : l'habit, *les-s-habits.*

● **L'h aspirée** exige l'emploi de **le** ou de **la** au singulier et empêche la liaison au pluriel.
Ex. : **le** hanneton, **les** hannetons; **la** harpe, **les** harpes.

habitat	hélianthe	héréditaire	histrion	hostilité	harmonica
haleine	hélicon	hérétique	hiverner	humanité	harmonium
hallali	héliotrope	hermétique	holocauste	humble	hebdomadaire
haltère	hélium	héroïne	hommage	humecter	héliogravure
hameçon	helléniste	hétérogène	honneur	humidité	hétéroclite
héberger	hémicycle	hibernant	horoscope	humilier	hiéroglyphe
hébétude	hémiplégie	hiérarchie	horreur	humus	hippopotame
hécatombe	hémisphère	hiératique	horripiler	hymne	hippocampe
hégémonie	hémistiche	hilarité	hortensia	hagiographe	hippodrome
hégire	heptagone	hirsute	hospice	hallucination	horticulteur

● On trouve aussi l'h muette à la fin de certains mots comme dans : *auroch, feldspath, fellah, mammouth, surah, varech, almanach.*

EXERCICES

617. Cherchez dans un dictionnaire le sens de :
hégire   hétérogène   holocauste   hiératique   héliogravure
hallali   hétéroclite   helléniste   histrion   hagiographe

618. Quelle différence existe-t-il entre : hiberner, hiverner, habilité, habileté? **Faites entrer chacun de ces mots dans une phrase.**

619. Donnez les adjectifs de la famille de :
hippodrome   hercule   horreur   homme   hilarité   hiver
hiérarchie   habitude   horizon   héros   honneur   hexagone

620. Relevez vingt mots commençant par une *h* aspirée.

621. Dans les phrases suivantes, placez comme il convient :
holocauste, hémistiche, hortensia, horoscope, héréditaire.
Observez l'... et redoutez l'ennui qu'un repos uniforme attache auprès de lui (VOLTAIRE). — Charlatans, faiseurs d'... quittez les cours des princes de l'Europe (LA FONTAINE). — Les blancs ..., de nouveau, luisent avec des tons de neige fraîche (E. HERRIOT). — Consumez, transportez, anéantissez mon cœur, faites-en l'... parfait (FÉNELON). — Rien ne décore la salle à manger qu'un de ces buffets à compartiments, meuble ... que le goût actuel vient de rajeunir (LAMARTINE).

TI = SI

● Le pé*ti*ole, le plénipoten*ti*aire, la supréma*ti*e, l'érup*ti*on

abbatial	gentiane	initiale	lilliputien	partiel	pénitentiaire
balbutier	impartial	initiative	martial	partial	rationnel
facétie	inertie	insatiable	nuptial	péripétie	torrentiel
calvitie	impéritie	initier	minutie	patience	satiété

● La terminaison en **« entiel »** s'écrit plutôt avec un **t** : *confidentiel, substantiel...*
Exceptions : *révérenciel et circonstanciel.*
● La terminaison en **« iciel »** s'écrit avec un **c.** Ex. : *officiel, artificiel...*
● Plusieurs centaines de noms ont la terminaison **« tion ».**
Ex. : *exhortation, incantation...*
Quelques exceptions : *dissension, appréhension, contorsion, inflexion....*
● On écrira : dévotion, dévotieux — silence, silencieux.

SC

● Phosphore*sc*ent, ressu*sc*iter, *sc*iemment, su*sc*eptible.

sceau	scission	ascension	fascicule	acquiescer	incandescent
scélérat	scion	crescendo	fasciner	adolescent	inflorescence
sceller	s'immiscer	desceller	irascible	condescendre	recrudescence
scénario	susciter	discerner	osciller	convalescent	dégénérescence
sceptique	schéma	disciple	piscine	effervescent	réminiscence
sciatique	schiste	faisceau	plébiscite	imputrescible	transcendant

QU = CH = K

● Le reli*qu*aire, le *ch*rysanthème, auto*ch*tone, le jo*ck*ey.

quadrille	carquois	quiproquo.	chronologie	fuschia	kimono
quantième	coloquinte	chaos	chronomètre	orchestre	kiosque
quémandeur	éloquence	choléra	chrysalide	orchidée	kirsch
quinquet	équarrir	chœur	archaïque	kabyle	klaxon
quinte	laquais	chorale	archange	kangourou	ankylose
aqueux	maroquin	chorus	archéologue	kaolin	nickel
antiquaire	narquois	chlore	ecchymose	kermesse	ticket

LE SON F s'écrit PH

● L'am*ph*ithéâtre, la métamor*ph*ose, le *ph*onographe.

asphalte	diphtérie	phalange	phonétique	sémaphore	emphase
asphyxie	éphémère	phalène	phosphore	amphore	aphone
atrophie	euphonie	pharaon	physionomie	symphonie	microphone
bibliophile	graphite	pharynx	porphyre	triomphe	atmosphère
blasphème	nénuphar	phénix	prophète	typhon	hémisphère
camphre	œsophage	phénomène	raphia	autographe	strophe
dauphin	orphelin	philanthrope	saphir	épitaphe	catastrophe
diaphane	pamphlet	philatéliste	sarcophage	ethnographe	apostrophe
diaphragme	périphérie	phlox	scaphandre	typographe	philosophe

EXERCICES

622. Par un mot de la même famille, justifiez la lettre c et la lettre t.
prétentieux ambitieux superstitieux factieux facétieux soucieux
sentencieux séditieux disgracieux minutieux avaricieux captieux
silencieux capricieux astucieux malicieux infectieux spacieux

623. Donnez l'adjectif qualificatif en *iel* correspondant à :
préférence circonstance cicatrice providence pestilence
artifice substance présidence préjudice office
essence résidence confidence différence superficie

624. Donnez les noms en *tion* correspondant à :
éteindre convaincre distinguer décevoir maudire affliger
décrire corrompre restreindre oindre détruire séduire

625. Relevez des noms ayant le suffixe *sphère, phone, graphe*.

626. Donnez l'adjectif qualificatif correspondant à :
philanthrope blasphème prophète symphonie euphonie
phénomène périphérie emphase diphtérie triomphe

627. Donnez un mot de la famille de :
antiquaire équarrir orchestre archéologie klaxon archaïque
moustique maroquin technique chronomètre nickel quémandeur

628. Donnez un mot de la famille de :
fasciner osciller sceller schématiser acquiescer discipliner
discerner descendre scier scintiller scinder s'immiscer

629. Dans les phrases suivantes placez comme il convient :
1° Effervescent, facétie, crescendo, emphatiquement, porphyre.
Le bruit montait ... avec la chaleur du jour (J. Jaubert). — Voici,
me dit-il, un recueil nouveau de divertissements de société, de ...
(A. France). — J'aimais la petite rue Perceval. On y voyait un jardin
comblé de verdures ... (G. Duhamel). — Le grand-duc marchait ...,
en soulevant ses pieds noyés de plume (Colette). — Devant la porte
de la mosquée trois grandes colonnes de ... gisaient (C. Farrère).
2° sarcophage, adolescent, phosphorescent, balbutiant, chronomètre, amphithéâtre, discerner.
Deux petits yeux ... apparurent, je ... une lionne (J.-H. Rosny aîné).
— Trois sapins ... luisaient au bord d'un pré (J. Giono). — Toute
droite contre le mur, pareille à un ... trop étroit, l'horloge était dans
notre demeure comme un personnage (L. Guilloux). — La rivière
murmure pour elle seule une petite chanson ... (M. Genevoix). — Les
montagnes sont rangées en ..., comme un conseil d'êtres immobiles
et éternels (Taine). — J'ai, chez moi, une vieille horloge à poids qui
marche comme un ... (Alain).

LES LETTRES MUETTES INTERCALÉES

● **La lettre** *h*.

abhorrer	inhalation	absinthe	éther
adhérent	inhérent	acanthe	gothique
adhérer	exhiber	améthyste	jacinthe
adhésion	exhorter	anthracite	labyrinthe
ahaner	méhariste	antipathie	léthargie
annihiler	menhir	apathie	lithographie
appréhender	myrrhe	sympathie	aérolithe
préhension	rhabiller	apothéose	luthier
compréhensif	rhétorique	apothicaire	méthode
brouhaha	rhinite	amphithéâtre	panthéon
bohémien	rhinocéros	athlète	panthère
bonhomme	rhododendron	authentique	pathétique
bonhomie	rhubarbe	hypothèse	plinthe
cahot	rhum	philanthrope	posthume
cohérent	rhume	misanthrope	térébinthe
cohésion	rhumatisme	anthropophage	théière
incohérent	silhouette	anthologie	thème
dahlia	souhait	bibliothèque	théorie
exhaler	véhément	enthousiasme	thuya
inhaler	véhicule	esthétique	thym

● Dans : *bahut, envahir, prohiber, cohue, cohorte,* etc., la lettre **h** joue le rôle du **tréma**.
● Dans : *Borghèse, ghetto, narghilé,* la lettre **h** a la valeur d'un **u**.

● **La lettre** *e*.

balbutiement	dévouement	éternuement	bégaiement	gaieté
pépiement	enjouement	dénuement	paiement	rouerie
poudroiement	enrouement	flamboiement	zézaiement	tuerie

● Certains **noms** dérivant des verbes en **ier, ouer, uer,** et **y.e.r** ont un **e muet intercalé**.
On écrit aussi *dévoûment, gaîté, payement, gréement* ou *grément*.
Si l'on écrit soie*r*ie de soi*e* avec un *e*, il faut écrire voirie, sans *e*, bien que de la famille de voie.
Attention à l'orthographe de *châtiment, agrément*.

● **La lettre** *p*.

sculpteur	dompteur	compte	comptoir	exempter	baptême
sculpture	indompté	mécompte	comptable	prompt	baptiser
sculpter	indomptable	acompte	escompte	promptement	baptismal
dompter	compter	décompte	exempt	promptitude	sept

● **La lettre** *m*.

condamner	condamnable	condamnatoire	damné	damnation
condamnation	condamné	damner	damnable	automne

226

EXERCICES

630. A l'aide d'un mot de la même famille, justifiez l'*h muette*.

préhistoire   exhaler   rhabiller   cohéritier   exhausser   désherber
inhumain   inhaler · cohabiter   exhumer   inhabituel   déshabituer

631. Donnez le sens des mots suivants :

orthopédie   hydrothérapie   discothèque   aérolithe   misanthrope
pathétique   anthropométrie   cinémathèque   monolithe   philanthrope

632. Donnez un mot de la famille de :

authentique   enthousiasme   exhiber   luthier   apathie   souhait
sympathie   rhétorique   exhorter   théorie   véhicule   athlète

633. Écrivez à côté du verbe le dérivé renfermant un *e muet*.

zézayer   larmoyer .   pépier   tournoyer   scier   dénouer
balbutier   ondoyer   échouer   flamboyer   tuer   dénuer
nettoyer   congédier   rapatrier   engouer   rouer   aboyer
déployer   poudroyer   tutoyer   enjouer   renier   égayer

634. Écrivez les verbes suivants au futur simple, puis le nom dérivé renfermant un *e muet* : remercier, déblayer, bégayer, rallier, éternuer.

635. Remplacez le point, s'il y a lieu, par une lettre muette.

r.ume   lut.erie   héliot.rope   mécom.te   myrr.e
soi.rie   men.ir   philant.rope   auto.ne   exem.ter
fé.rie   se.tième   châti.ment   acant.e   conda.ner
voi.rie   plint.e   chatoi.ment   dom.table   ba.tismal
gai.té   da.né   agré.ment   scul.ture   sil.ouette
t.éière   acom.te   remu.ment   apot.éose   déploi.ment

636. Dans les phrases suivantes, placez comme il convient :
améthyste, flamboiement, indomptable, athlète, ahaner, authenticité, prompt, mécompte, damnable, poudroiement, chatoiement, tournoiement, gaiement.

Le ciel bougea; le bleu de ses profondeurs s'accentua, puis se mua en un véritable ... d'or (D. Rolin). — Au bec le plus ..., le jabot le mieux rempli (C. Sainte-Soline). — L'... ..., sa respiration pressée faisait une vapeur devant sa bouche (C. Gonnet). — Les vieilles villes nous surprennent à tout instant par des armoiries, une statuette qui atteste l'... d'une légende (X. Marmier). — Mai, c'est le mois des lilas, des lilas fleuris en une délicate et tendre nuance d'... (J. Richepin). — Mais l'oiseau national retrouve toute sa sérénité, son chant, son ... joie (Michelet). — La prairie a des ... d'une étoffe verte, glacée de lilas (A. Theuriet). — D'un fin ... d'or, ses cheveux l'ont nimbé (A. Samain). — Ah! mon fils, étouffez ce ... dessein (Rotrou). — Robinson travaille, invincible aux difficultés, aux ... (Taine). — Le ... de l'escalier me procurait un léger vertige (G. Duhamel). — Dans sa cime que le vent berce, le loriot siffle ... (A. Theuriet).

LA LETTRE FINALE D'UN NOM

- badau*d* (badaude), coin*g* (cognassier), essai*m* (essai-mer.

RÈGLE

Pour trouver la lettre finale d'un nom, il faut en général **former le féminin ou chercher un de ses dérivés.**
Quelques difficultés : abri, brin, favori, chaos, étain, dépôt.

NOMS SINGULIERS TERMINÉS PAR S ou X

- Un rubi*s*, un met*s*, un talu*s*, du velour*s*, un portefai*x*.

brebis	croquis	coutelas	canevas	puits	parcours
glacis	panaris	chasselas	dais	héros	concours
taudis	châssis	cervelas	jais	chaos	discours
paradis	cailloutis	lilas	palais	remords	crucifix
salsifis	pâtis	verglas	relais	pois	perdrix
torticolis	pilotis	glas	harnais	poids	faix
mâchicoulis	chènevis	frimas	laquais	putois	faux
treillis	parvis	fatras	marais	remous	taux
torchis	surplis	plâtras	cyprès	jus	croix
anis	cambouis	taffetas	décès	tiers	poix
maquis	cabas	galetas	legs	cours	houx

NOMS MASCULINS TERMINÉS PAR « ÉE » ou « IE »

- Le cam*ée*, le scarab*ée*, le cool*ie*, le gén*ie*, le fo*ie*.

gynécée	apogée	hyménée	trophée	musée	amphibie
caducée	mausolée	prytanée	coryphée	athée	incendie
lycée	pygmée	athénée	empyrée	sosie	parapluie

FINALE SONORE : um = ome

album	linoléum	capharnaüm	arum	critérium
muséum	velum	harmonium	aérium	sanatorium
vade-mecum	hélium	géranium	forum	erratum
référendum	minimum	opium	décorum	factotum
mémorandum	maximum	rhum	aquarium	post-scriptum

FINALES SONORES : N – R – S

lichen	abdomen	magister	tamaris	humus	cactus
pollen	cyclamen	ibis	oasis	typhus	rictus
dolmen	gluten	lis	myosotis	chorus	lotus
spécimen	cuiller	volubilis	tournevis	papyrus	prospectus
hymen	éther	iris	omnibus	hiatus	eucalyptus

EXERCICES

637. Trouvez *cinq* noms singuliers ayant la finale : 1° *oux*, 2° *oix*.

638. Nommez *six* métaux ayant le son final *um*.

639. Donnez le sens des mots suivants :

sosie	coryphée	mausolée	factotum	velum	mémorandum
coolie	caducée	prytanée	empyrée	factum	vade-mecum

640. A l'aide d'une phrase, expliquez le sens de *acquis* et de *acquit*.

641. Justifiez la dernière lettre, en donnant un dérivé.

brigand	art	parfum	jonc	sang	croc
gant	dard	estomac	sort	drap	sirop
ruban	cigare	surplomb	essor	éclat	flux
encens	poing	affront	accord	amas	chalut
excès	hareng	bond	biais	cahot	envers

642. Trouvez le nom en *is* dérivé de chacun des verbes suivants :

lacer	rouler	gazouiller	vernir	tailler	cliqueter
glacer	ébouler	gargouiller	semer	ramasser	clapoter
loger	pailler	gribouiller	colorier	lambrisser	chuchoter
hacher	fouiller	sourire	briser	caillouter	appendre
gâcher	surseoir	acquérir	tamiser	abattre	laver

643. Mettez la terminaison convenable.

fatra...	parvi...	taffeta...	velour...	parcour...	coryphé...
crapau...	hasar...	faubour...	musé...	univer...	scarabé...
chao...	trophé...	mausolé...	lycé...	camé...	camboui...
dai...	géni...	harnai...	abri...	remord...	laquai...

644. Dans les phrases suivantes, placez comme il convient :

1. afflux, torchis, coolie, coryphée, jais, retroussis.

La maison était bâtie en bois, en briques et en ... (E. LE ROY). — Les yeux se renversaient, tandis qu'une mince membrane descendait sur les minuscules points de ... autrefois si brillants (E. MOSELLY). — J'aimais l'honneur et je pensais avec plaisir que je passerais pour le ... des domestiques (LESAGE). — La colère précipitait de sa bouche un ... de paroles (E. MOSELLY). — La longue théorie des ... s'égrène dans les hautes vallées (M. HERZOG). — Le ... de leur feuillage faisait paraître chaque espèce de deux verts différents (B. DE SAINT-PIERRE).

2. génie, legs, plomb, trophée, étain, lacis.

Il désirait lui laisser ce ... avant de partir pour son long et dernier voyage (P. LOTI). — Des êtres translucides, bizarres, surgissaient d'entre le ... des algues (A. GIDE). — Le montagnard élevait la lampe à bout de bras et les ombres dansaient comme des ... sur les parois de la cave (G. DUHAMEL). — Un brouillard, une pesante muraille de ... et d'... enchaperonne la montagne (L. TAILHADE). — Sur tout ce brouhaha se balançaient des ... de peaux de lapin (CHATEAUBRIAND).

229

LA LETTRE X

● L'examen, l'index, l'excès, le thorax, la prophylaxie.

syntaxe	hexagone	paroxysme	exacerber	exigeant	excéder
saxophone	annexer	immixtion	exactitude	exigence	excellence
luxuriant	apoplexie	prolixe	exagérer	exiguïté	excentricité
flux	réflexe	onyx	exalter	exode	exception
juxtaposer	connexe	phénix	exaspérer	exorbitant	excessif
équinoxe	convexe	bombyx	exaucer	exotique	exciter
proximité	dextérité	anxiété	exemption	expansif	exclamation
paradoxe	inflexion	sphinx	exhausser	expulsion	excursion
orthodoxe	inexorable	larynx	exhorter	exubérant	xénophile
hétérodoxe	perplexité	lynx	exhumer	exulter	xénophobe

● Dans les mots commençant par **ex**, l'**x** se prononce **gz**, s'il est suivi d'une voyelle ou d'une *h*.

Ex. : **exécrer** (*egzécrer*); **exhaler** (*egzhaler*).

Il faut mettre un **c** après **ex** si l'**x** a la valeur d'un **k**.

Ex. : **excès** (*ekcès*); **excellent** (*ekcellent*).

LA LETTRE Y, VALEUR D'UN I

● Le chrysanthème, l'encyclopédie, l'hiéroglyphe, la lyre.

alcyon	cygne	eucalyptus	martyr	phylloxera	symétrie
amphitryon	cymbale	geyser	myosotis	polygone	symphonie
anonyme	cynique	glycine	myriade	porphyre	symptôme
apocryphe	cyprès	gymnase	myrte	presbytère	syncope
baryton	cytise	gypse	myrtille	prosélyte	système
cacochyme	dynamo	hémicycle	mystère	psychologue	tympan
cataclysme	dynastie	hydre	mythologie	pyjama	type
chrysalide	dithyrambe	hyène	nymphe	pylône	typhon
collyre	dysenterie	hymne	olympiade	pyramide	tyran
crypte	élytre	hyperbole	odyssée	rythme	yacht
cyclamen	étymologie	hypocrisie	paralysie	sycomore	yole
cyclone	embryon	labyrinthe	péristyle	symbole	zéphyr

● Dans **abbaye**, *y* = 2 *i*; dans **papyrus**, *y* = 1 *i*.

LA LETTRE Z

● Le bazar, la rizière, le nez, le zébu, le zénith, le zinnia.

alcarazas	byzantin	gazelle	topaze	zèle	zinc
alize	bonze	gazette	trapèze	zeste	zinguer
amazone	bronze	gazouillis	assez	zézayer	zodiaque
azote	colza	horizon	chez	zibeline	zone
benzine	eczéma	lézard	quartz	zigzag	zoologie
bizarre	gaz	lézarde	chimpanzé	zircon	zoophyte
blizzard	gaze	muezzin	zébrure	zizanie	zouave

● Attention à l'orthographe de **dizaine**, de **dixième**, et de **bazar**.

EXERCICES

645. Écrivez les noms suivants au singulier, puis au pluriel. Formulez une règle de grammaire.

| talus | phlox | châssis | taudis | rez-de-chaussée | portefaix |
| onyx | gaz | phénix | lépreux | raz de marée | mâchicoulis |

646. Mettez un c après l'x, s'il y a lieu.

ex.horter	ex.essif	ex.entrer	ex.eller	ex.éder	ex.epter
ex.user	ex.écrer	ex.ode	ex.ercice	ex.ubérant	ex.écuter
ex.iler	ex.humer	ex.iter	ex.actitude	ex.ipient	ex.iper

647. Mettez la lettre qui convient : i ou y.

.ode	r.thme	histr.on	p.lastre	c.thare	d.lemme
.ole	m.te	embr.on	p.lône	c.mbale	dith.rambe
r.me	m.the	m.tre	m.rte	c.terne	c.lindre

648. Mettez la lettre qui convient : s ou z.

lu.erne	ha.e	mélè.e	a.uré	ga.on	ga.ouillis
ca.erne	i.ard	malai.e	u.ure	bi.on	by.antin
ga.e	ba.ar	alè.e	ma.ure	hori.on	mi.aine
topa.e	lé.ard	trapè.e	cé.ure	bla.on	dou.aine

649. Donnez un mot de la famille des mots suivants :

| exhaler | anxiété | exhorter | exorbiter | annexe | proximité |
| rythme | eczéma | symbole | anonyme | symétrie | symphonie |

650. Dans les phrases suivantes, placez comme il convient :

1. s'exercer, excellence, anxiété, lynx, flux, excès, reflux, labyrinthe.
Oulé pendait aux arbres les dépouilles des ..., des chats-tigres
(R. GUILLOT). — La pluie tombe. Les plantes endurent l'... de ce qu'elles
ont tant souhaité (DUHAMEL). — Le ... les apporta, le ... les emporte
(CORNEILLE). — Depuis longtemps déjà les oies sauvages ... à de longs
périples où elles trompaient leur ... de partir (MONTHERLANT). — L'oiseau
des champs par ..., l'oiseau du laboureur, c'est l'alouette (MICHELET). —
Le chasseur les avait guidés à travers le ... de pierre (FRISON-ROCHE).

2. sycomore, mystérieux, cyclopéen, élytre, thym, troglodyte,
muezzin, zénith.
Je regarde la mésange garnir son nid, le ... courir sous le buisson
(AILLERET). — La nature n'a su ici qu'entasser les masses brutes de
constructions ... (TAINE). — On voyait à travers de ... épaisseurs
l'ombre blanche et transparente de grands ... (J. GIONO). — Le ...
capiteux passe sa tête grise entre les pierres (MAETERLINCK). — Des
hannetons aux ... d'un vert doré sommeillaient la tête enfoncée dans
des pétales (A. THEURIET). — L'astre allumait au ... des irisations
ténues (E. MOSELLY). — Un ... qu'on ne voyait pas se mit à chanter la
prière du soir (FROMENTIN).

LES FAMILLES DE MOTS

● **L**amper (**l**aper). **Poul**s (**pul**sation). **Immen**se (**me**sure).

REMARQUE

● Pour trouver l'**orthographe** d'un **mot**, il suffit souvent de **rechercher** un autre mot de la **même famille**.

lampée, de la famille de **laper**, s'écrit avec un **a**.

pouls, de la famille de **pulsation**, s'écrit avec une **l** et une **s**.

immense, de la famille de **mesure**, s'écrit avec un **e** et une **s**.

épancher, de la famille de **épandre**, s'écrit avec un **a**.

pencher, de la famille de **pendre**, s'écrit avec un **e**.

ascension, de la famille d'**escalier**, s'écrit avec une **s** et un **c**.

EXERCICES

651. A l'aide d'un mot de la même famille, justifiez la lettre en italique dans les mots suivants :

acroba*t*ie	ma*j*estueux	par*t*iel	contra*i*re	écor*c*e	fr*e*in
diploma*t*ie	insula*i*re	respe*c*t	impor*t*un	cor*s*et	r*e*in
démocra*t*ie	popula*i*re	minera*i*	numéra*i*re	re*t*s	ser*e*in
*c*handelier	*b*aignade	sei*n*g	dés*h*erber	va*i*n	esso*r*

652. Justifiez la partie en italique dans les mots suivants :

cor*p*s	ex*p*ansif	éta*ng*	*p*endeloque	bienf*ai*teur	*cer*ceau
tem*p*s	*in*cessant	*hai*ne	*den*telle	appren*ti*	*cyc*lone
doi*gt*	*sang*sue	*t*einte	*cen*taurée	*présen*tation	*man*che

653. Donnez quelques mots de la famille des mots suivants :
main, bois, descendre, habit, flamme, immense.

654. Donnéz les noms en *ance* ou en *ence* dérivés de :

fréquent	ascendant	nonchalant	excellent	insouciant	absent
strident	corpulent	somnolent	innocent	indigent	vacant
plaisant	fulgurant	prévenant	influent	attirant	urgent
diligent	clairvoyant	discordant	clément	déférent	réticent

655. Donnez un verbe de la famille de :

extincteur	suspension	fente	indépendant	expansion	étreinte
préhension	empreinte	tente	contrainte	descente	atteinte

656. Donnez trois mots de la famille de :

teindre	plaindre	peindre	prétendre	tendre	attendre
ceindre	craindre	défendre	épandre	pendre	apprendre

657. Donnez un mot de la famille de :

manger	démanger	déranger	arranger	venger	losange
ranger	vendanger	engranger	rechanger	ange	orange
changer	mélanger	échanger	louanger	fange	étrange

LES HOMONYMES

Une **raie** (*trait, ligne, sillon...*); — une **raie** (*poisson de mer*); — raie (*verbe rayer*); — Un **rai** (*rayon*); — Un **rets** (*filet*).

Je portais donc des chaussettes à **raies**   (A. Gide).
Les mousses triaient à la volée, les espèces par tas distincts, les luxueux turbots, les **raies** visqueuses aux piqûres sournoises   (P. Hamp).
L'hirondelle légère **raie** l'azur...   (E. Moselly).
Le soleil lança un **rai**, puis deux et, glorieux d'apparaître, monta derrière une crête d'ajoncs   (Louise Weiss).
Cependant il advint qu'au sortir des forêts ce lion fut pris dans des **rets**
                    (La Fontaine).

RÈGLE

Les **homonymes** sont des mots qui ont la **même prononciation** mais le plus souvent une **orthographe différente**. Il faut donc **chercher le sens** de la phrase pour écrire le mot correctement. Lorsque des homonymes ont la **même orthographe,** on les appelle des **homographes :**

Ex. : une *raie* (ligne...) — une *raie* (poisson) — *raie* (v. rayer).

EXERCICES

658. Donnez le sens des *noms* suivants et faites-les entrer dans une courte phrase.
1. ancre, encre. — balai, ballet. — faix, fait. — pousse, pouce. — forêt, foret.
2. palais, palet. — écho, écot. — houx, houe. — brocard, brocart.

659. Donnez les *homographes* des noms suivants, faites-les entrer dans une courte phrase.
vase, pièce, air, livre, trait, rayon, pavillon, bouc.

660. Donnez tous les homonymes possibles des mots suivants et faites-les entrer dans une courte phrase.

a) 1. mai   2. eau   3. pain   4. quand   5. tant   6. joue
b) 1. verre   2. cou   3. cour   4. conte   5. main   6. signe
c) 1. cher   2. dey   3. lait   4. flan   5. mort   6. cœur
d) 1. cor   2. pair   3. poids   4. seau   5. vice   6. coin
e) 1. chant   2. tante   3. date   4. chêne   5. faim   6. tinter

661. Faites connaître le sens des mots suivants en les faisant entrer chacun dans une phrase : censé, sensé. — chat, chas. — cession, session.

662. Dites à quel temps les verbes suivants sont homonymes. Choisissez pour chacun d'eux une personne et faites une phrase.

dorer	partir	serrer	lier	confier	peindre
dormir	parer	servir	lire	confire	peigner

233

663. Remplacez les points par l'un des mots suivants :
tain, thym, teint, tint, tînt, teint, chaos, cahot, repaire, repère.
Dans les chemins, on entendait des ... de charrettes (G. Maurière).—
De belles avenues s'ouvrent dans le somptueux ... de la nature (J. des Gachons). — Aucun ... ne s'offrait plus au conducteur (Frison-Roche).
— La caravane remontait vers les maquis et les ... du Tichoukt
(J. Peyré). — Une glace en perdant son ... semblait ne plus vouloir
mirer l'âpre visage (A. Cahuet). — Son ..., ses yeux bleus, ses lèvres de
rose, ses longs cheveux blonds contrastaient par leur douceur avec sa
démarche fière (Chateaubriand). — Le ... capiteux passe sa tête grise
entre les pierres disjointes (Maeterlinck). — Maître Renard, par l'odeur
alléché, lui ... à peu près ce langage (La Fontaine). — J'étais doulou-
reusement vexé qu'on me ... les doigts quand j'écrivais (C. Péguy).
— Mon père observait de loin, amusé comme moi, leur va-et-vient
fleuri, leur vol ... de rouge sang et de jaune soufre (J. Renard).

664. Remplacez les points par l'un des mots suivants :
dessein, dessin, tribut, tribu, héraut, héros, alène, haleine.
Enfin, deux ... sonnèrent dans leurs cornes d'argent, le tumulte
s'apaisa, et Hannon se mit à parler (G. Flaubert). — Charles XII,
qui fut un ..., n'eut pas la prudence qui en eût fait un grand homme
(Voltaire). — C'est principalement une autre flore qui recevait le ...
de mon admiration (A. Gide). — C'est la ... ennemie, la ... guerrière
des aigles et des éperviers (F. de Croisset). — Une couronne de pins,
sur une colline au ... nerveux, m'apparaissait comme une forêt magique (E. Herriot). — Il forma le ... de sortir, d'aller au théâtre, au
cinéma (G. Duhamel). — Le vieux savetier piquait l'... et tirait le fil
(C. Lemonnier). — Des courants d'air sournois lui soufflaient, tantôt
sur le visage, tantôt sur le cou, leur ... perfide et gelée (G. de Maupassant).

665. Remplacez les points par l'un des mots suivants : haie, ais,
pêne, penne, sein, seing, jet, jais, geai, renne, rênes, cellier, sellier.
Les ... d'eau se sont tus dans les marbres taris (Leconte de Lisle).
— La fève ouvre ses yeux de ... dans son feuillage pâle (Maeterlinck).
— Un ... s'envola faisant un éclair bleu (R. de Gourmont). — Le ...
n'a d'autre ennemi que l'ours blanc (C. Martins). — L'homme serrait
dans son poing droit toutes les ... de l'attelage (J. Giono). — Et que
du ... des monts, le marbre soit tiré (Racine). — Le ... était seul encore
un peu visible et, lettre à lettre, le baron déchiffra ces mots : « Ray-
mon de Sigognac » (Th. Gautier). — Le ... rouillé grince dans la serrure.
— Deux ... de coq adornaient grotesquement son feutre gris (Th. Gautier). — Le ... répare un licol. — La France est le verger des meilleurs
fruits, le ... des meilleurs vins (O. Reclus). — Ce ne sont que des escaliers branlants aux ... disjoints (V. Cherbuliez). — Elle s'arrêtait pour
examiner la ... hérissée de bourgeons (D. Rolin).

QUELQUES NOMS D'ORIGINE ÉTRANGÈRE [1]

Noms d'origine anglaise.

baby	dancing	interview	puzzle	star
ballast	dandy	jeep	rallye-paper	steak
barmaid	dock	jockey	recordman	steam-boat
barman	docker	knock-out	reporter	steamer
basket-ball	dog-car	lady	round	steeple-chase
bifteck	express	leader	rowing	steward
blazer	fashion	living-room	rugby	stock
boy-scout	ferry-boat	lunch	sandwich	stock-car
break	five-o'clock	magazine	scooter	stud-book
brick	foot-ball	mail-coach	shampooing	sweater
building	footing	match	shoot	sweat-shirt
bulldozer	fox-terrier	meeting	short	ticket
bungalow	garden-party	milk-bar	sketch	tilbury
business	gentleman	miss	sleeping-car	toast
camping	gin	moto-cross	slogan	tramway
chip	globe-trotter	paddock	sloop	trolley
clergyman	goal	pickles	smoking	trolleybus
clown	grog	pickpocket	snack-bar	volley-ball
club	groom	pick-up	snow-boot	wagon
cocktail	guide-rope	pipe-line	speaker	wattman
cosy-corner	hall	policeman	sportsman	week-end
cow-boy	hand-ball	poney	square	whisky
cross-country	handicap	pudding	stand	yacht
cyclo-cross	herd-book	pull-over	standard	yachtman

● Dans les noms composés anglais, c'est le mot principal, généralement le second qui prend la marque du pluriel :
Ex. : un boy-scout, des boy-scouts; un cow-boy, des cow-boys...
Five-o'clock est invariable.
● Les noms terminés par **man** font leur pluriel en **men**.
Ex. : un barman, des barmen; un policeman, des policemen.
Il y a un pluriel français : des barmans, des policemans.
● Les noms terminés par **y**, quand l'**y** est précédé d'une consonne font leur pluriel en **ies**.
Ex. : un baby, des babies; une lady, des ladies.
Il y a un pluriel français : des babys, des ladys.

Noms d'origine italienne.

brocoli	confetti	graffiti	macaroni	prima donna
cicerone	contralto	imbroglio	maestro	scénario
concerto	crescendo	larghetto	mezzanine	soprano
condottiere	dilettante	lazzi	mezzo-soprano	spaghetti

● La finale **i** marque le pluriel des noms masculins italiens.
Il faut donc écrire : des confetti, des graffiti, des lazzi, des spaghetti.

Noms d'origines diverses.

alguazil	dey	feldspath	kirsch	picador
atoll	douar	fellah	lied	poussah
blockhaus	embargo	hidalgo	muezzin	saynète
bock	fandango	jungle	myrrhe	séguedille

● *atoll* s'écrit aussi attoll.

---

1. Ces noms figurent dans le dictionnaire ou sont adoptés par l'usage.

235

EXERCICES

666. Relevez, p. 235, les noms qui concernent : 1° le sport, 2° l'habillement, 3° la navigation, 4° le théâtre, la musique.

667. Mettez au pluriel les noms composés anglais suivants :

boy-scout	week-end	pick-up	snow-boot
sweat-shirt	ferry-boat	milk-bar	rally-paper
cosy-corner	guide-rope	pull-over	garden-party
plum-pudding	globe-trotter	pipe-line	snack-bar
fox-terrier	living-room	steam-boat	dog-car

668. Mettez au pluriel les noms anglais suivants :

barman	recordman	yachtman	baby	policeman
gentleman	wattman	clubman	lady	sportsman

669. Mettez au pluriel les noms anglais suivants :

clown	short	interview	hall	blazer	jockey
club	square	cocktail	grog	groom	meeting
wagon	tramway	steamer	star	poney	brick
sweater	building	pudding	toast	round	break

670. Mettez au pluriel les noms étrangers suivants :

alguazil	maestro	imbroglio	bock	hidalgo	toréador
blockhaus	muezzin	mezzanine	douar	picador	atoll

671. Remplacez les points par l'un des mots suivants :
yachtmen, steward, break, douar, slogan, magazine, dock.
Sur le pont, nous vîmes les voitures. Il y avait des calèches, des omnibus, des cabriolets, des ... fermés par des rideaux (R. BOYLESVE). — Sur la droite, les ..., comme autant de rues maritimes, arrivent de travers, dégorgeant ou emmagasinant les navires (TAINE). — Toutes les tribus montagnardes regagnaient leurs ... élevés, leurs kasbas, leurs greniers laissés durant l'hiver à la garde des malades et des vieillards (J. PEYRÉ). — J'ai lu un de ces ... où la littérature, la science et la philosophie sont réduites à des ... publicitaires (L. WERTH). — Les ... Américains me traitèrent comme un frère (A. GERBAULT). — Kupérus connaissait le capitaine, les officiers, les ... (SIMENON).

672. Remplacez les points par l'un des mots suivants :
tilbury, shampooing, reporter, interview, tramway, atoll, snow-boot.
Une nuée de ... est à ses trousses. Saint-Exupéry les évite en se dérobant par des sorties de service. Il n'accorde pas d'... (R. DELANGE). — Ce premier massage fut suivi d'un ... à l'huile, puis d'un rinçage à l'eau tiède (H. TROYAT). — On voit le mouvement trouble de la place du Châtelet, où des fiacres sursautent, où glissent des ... (P. FORT). — Ils n'envoyaient ni chandails, ni ..., ni lainages, ni crampons à glace pour les mulets (J. PEYRÉ). — Le ... s'engageait dans la ruelle et nous faisions un signe au docteur (R. BOYLESVE). — D'une rage subite, le bateau louvoie entre des ... de feuilles (J. GIONO).

DIFFICULTÉS ORTHOGRAPHIQUES

abri	cahute	tonner	familier
abriter	hutte	tonnerre	fatigant adj.
absous p. passé m.	cantonnier	diffamer	fatiguant p. prés.
absoute p. passé f.	cantonal	infamant	infatigable
accoler	ceindre	différant p. prés.	favori adj. m.
coller	cintrer	différent adj.	favorite adj. f.
adhérant p. prés.	chaos	différence	fourmiller v.
adhérent adj. n.	chaotique	différentiel	fourmillement
adhérence	chaton	discuter	fourmilier n.
affluant p. prés.	chatte	discutable	fourmilière
affluent n.	charrette	discussion	fusilier n.
affluence	charroi	dissoner	fusiller v.
affoler	chariot	dissonance	fusillade
affolement	colonne	dissous adj. m.	fût
follement	colonnade	dissoute adj. f.	futaie
folle	colonel	dixième	grâce
Afrique	confidence	dizaine	gracieux
Africain	confidentiel	donner	jeûner
alléger	cône	donneur	déjeuner
alourdir	conique	donation	honneur
annuler	consonne	donataire	honorer
annulation	consonance	égoutter	honorable
nullité	combattant	égoutier	honoraire adj. n.
nullement	combatif	émerger	homme
attraper	côte	immerger	homicide
attrape	côté	époumoner	imbécile
trappe	coteau	éperonner	imbécillité
chausse-trape	courir	équivalant p. prés.	immiscer
trappeur	coureur	équivalent adj. n.	immixtion
barrique	courrier	équivalence	intrigant adj. n.
baril	concourir	essence	intriguant p. prés.
basilic (le) n. m.	concurrent	essentiel	infâme
basilique (la) n. f.	concurrence	étain	infamant
bonasse	cuisseau (bouch.)	étamer	invaincu
bonifier	cuissot (gibier)	excellant p. prés.	invincible
bonne	déposer	excellent adj.	jus
débonnaire	dépôt	excellence	juteux
bonbonne	déshonneur	exigeant	mamelle
trombone	déshonorer	exigence	mamelon
bonhomme	déshonorant	fabrique	mammifère
bonhomie	détoner (exploser)	fabricant	mammaire
bracelet	détonner (chanter)	famille	millionnaire
brassard	détonation	familial	millionième

237

COURS SUPÉRIEUR D'ORTHOGRAPHE

monnaie
monétaire
musique
musical
négligeant p. prés.
négligent adj.
négligence
nommer
nommément
nominal
nomination
nourrice
nourricier
nourrisson
nourrissant
patte
pattu
patiner
patin

patronner
patronnesse
patronal
patronage
pestilence
pestilentiel
pic (le) n. m.
pique (la) n. f.
pli
surplis
pôle
polaire
précédant p. prés.
précédent adj. et n.
préférence
préférentiel
présidant p. prés.
président n.
présidence

présidentiel
providence
providentiel
rationnel
rationalité
réflecteur
réflexion
résidant p. prés.
résident n.
résidence
rubaner
rubanerie
enrubanner
salon
salle
siffler
persifler
sonner
sonnette

sonnerie
sonore
sonorité
résonance
souffrir
soufrer
souffler
essouffler
essoufflement
boursoufler
substance
substantiel
tâter
tâtonner
tatillon
teinture
tinctorial
vermisseau
vermicelle

MOTS INVARIABLES

dont la connaissance est indispensable.

alors
lors
lorsque
dès lors
hors
dehors
tôt
sitôt
aussitôt
bientôt
tantôt
pendant
cependant
durant
maintenant
avant
auparavant
dorénavant
devant
davantage
tant
(un tantinet)

pourtant
autant
mieux
tant mieux
tant pis
longtemps
(temps)
(printemps)
moins
néanmoins
plus
(plusieurs)
ailleurs
puis
depuis
près
après
auprès
très
exprès
dès que
ainsi

aussi
parmi
assez
chez
mais
désormais
jamais
beaucoup
trop
combien
guère
naguère
jadis
gré
malgré
fois
autrefois
toutefois
parfois
quelquefois
toujours
aujourd'hui

hier
demain
d'abord
quand
vers
envers
travers
volontiers
certes
sus
dessus
au-dessus
par-dessus
sous
dessous
au-dessous
sans
dans
dedans
selon
loin
nulle part

238

EXERCICES

673. Complétez comme il convient :

Mais la nourri...e l'a vue : elle s'élance. Elle saisit Mlle Marie par le bras (A. France). — Ce nourri...on prend des plumes (Chateaubriand). — Le grain nourri...ier s'empilait dans les granges (L. Hémon). — Et le combat cessa faute de comba...ant (Corneille). — Saïd ne se distinguait des autres garçons que par son caractère comba...if (J. Peyré). — La mésange découvre autour des branches ces bra...elets d'œufs que les papillons y déposent (A. Theuriet). — Encore une bra...ée de feuilles mortes et les petits ouvriers prendront la route du village (A. France). — Il devait suffire que votre premier roi fût débo...aire et doux (La Fontaine). — Une apostrophe doubla la sienne. Mais assourdie et plus bo...asse (P. Hériat). — J'attendais sagement que des mains diligentes eussent fait de moi un ange en surpli...blanc (J. Cressot). — Nul souci sur son front n'avait laissé son pli... (Lamartine).

674. Complétez comme il convient :

On déje...nait et on d...nait sommairement comme on pouvait (J. Gautier). — Par quels je...nes cruels son corps s'est-il usé? (C. Delavigne). — La couvée bruyante, exige...nte et criante, appelle la proie par dix, quinze ou vingt becs (Michelet). — Nous parlions de nos épreuves et de nos joies, et surtout de nos exige...nces, du matériel qu'il nous fallait (G. de Bénouville). — Ce bonho...e avait l'âme la plus magnanime, et sa petite redingote enveloppait le dernier des chevaliers (A. France). — Il fallait endurer la maladroite bonho...ie de ma tante (A. Gide). — Capi commença à faire le tour de l'ho...orable société (H. Malot). — Combattre pour l'ho...eur, cela seul est digne d'un homme (A. France). — On hissa sur le pont le chameau a...ourdi par l'eau de mer (A. Daudet). — A...égé, le sous-marin hésita un instant, puis recommença de couler (M. Guierre).

675. Complétez comme il convient :

Jean tira la so...ette, un bouton de cuivre luisant comme de l'or (E. Zola). — Ils nous semblaient d'un autre monde, ces parents, avec leurs beaux habits et la réso...ance lointaine de leur pays (J. Cressot). — Tout était calme dans le bocage, d'un calme léger et so...ore (R. Charmy). — Il avait regardé la lune cou...ir dans les nuages (A. France). — Les hommes du cou...ier, rompus à tous les périls, interrogeaient les cieux et les vents (J. Kessel). — Tout semblait concou...ir à le sauver (Bossuet). — Tous chemins vont à Rome; aussi nos concu...ents crurent pouvoir choisir des chemins différents (La Fontaine). — Ton bras est inv...cu, mais non pas inv...ncible (Corneille). — D'une main experte je dépouille la bête. Je découpe un cuiss... que je passe à la broche (L.-F. Rouquette). — Pourquoi m'époumo...erais-je à dissiper un doute que vous n'avez pas? (Diderot).

QUATRIÈME PARTIE
ORTHOGRAPHE ET LANGAGE

LES PARONYMES

● **Évitons les confusions de sens.**

L'arbre d'un jardin **affleurait** à la fenêtre tout prêt à la franchir. (LÉON WERTH.)

Son buste droit, rigide **n'effleure** même pas le dossier de son fauteuil. (PALÉOLOGUE.)

Les enfants apprécient avec une parfaite **justesse** la valeur morale de leurs maîtres. (A. FRANCE.)

Car on doit souhaiter, selon toute **justice,** que le plus coupable périsse. (LA FONTAINE.)

REMARQUE

● Certains mots présentent une ressemblance plus ou moins grande par leur forme et leur prononciation. Ils ont parfois la même étymologie. Ce sont des paronymes. Il ne faut pas les confondre.

acceptation : Action d'accepter.

acception : Égard, préférence, sens qu'on donne à un mot.

affleurer : Mettre de niveau deux choses contiguës, être au niveau de.

effleurer : Toucher, examiner légèrement.

allocation : Action d'allouer une somme, une indemnité.
La somme elle-même.

allocution : Discours de peu d'étendue.

allusion : Mot, phrase qui fait penser à une chose, à une personne sans qu'on en parle.

illusion : Erreur des sens ou de l'esprit qui fait prendre l'apparence pour la réalité.

anoblir : Donner un titre de noblesse.

ennoblir : Donner de la noblesse morale, de la dignité.

amnistie : Pardon collectif accordé par le pouvoir législatif.

armistice : Suspension d'armes.

astrologue : Homme qui prétend prédire les événements d'après l'inspection des astres.

astronome : Savant qui étudie les mouvements, la constitution des astres.

avènement : Venue, arrivée, élévation à une dignité suprême.

événement : Issue, fait, incident, remarquable.

collision : Choc, combat.

collusion : Entente secrète entre deux parties, deux personnes pour tromper un tiers.

ORTHOGRAPHE ET LANGAGE

colorer : Donner de la couleur.
Le soleil colore les fruits.
Le froid colore les joues.
Présenter sous un jour favorable.
Colorer un mensonge, une injure.

colorier : Appliquer des couleurs sur un objet. *Colorier une carte, un dessin.*

conjecture : Supposition, opinion établie sur des probabilités.
Faire des conjectures, se livrer aux conjectures, se perdre en conjectures.

conjoncture : Concours de circonstances, occasion.

consommer : Détruire par l'usage, achever, accomplir.
Consommer du pain.
Consommer un sacrifice.

consumer : Détruire, purement et simplement, faire dépérir.
L'incendie consume la forêt.
Le chagrin consume la santé.

déchirure : Rupture faite en déchirant.

déchirement : Action de déchirer, grand chagrin, discorde.

écharde : Petit corps qui est entré dans la chair.

écharpe : Bande d'étoffe qui se porte sur les épaules ou à la ceinture.

éclaircir : Rendre clair.
Éclaircir la voix, une sauce, une forêt.
Éclaircir un fait, une question, un mystère, un texte.

éclairer : Répandre la lumière sur ...
Le soleil éclaire la terre. Éclairer la conscience, la raison...

effraction : Fracture des clôtures d'un lieu habité.

infraction : Violation d'une loi, d'un ordre, d'un traité; action d'enfreindre.

éminent : Qui s'élève. Qui est plus haut que le reste.
Un lieu éminent, un homme éminent.

imminent : Qui menace. Très prochain : *un péril imminent, un départ imminent.*

éruption : Sortie instantanée et violente : *éruption volcanique, éruption de dents, de boutons.*

irruption : Entrée soudaine d'ennemis dans un pays, de gens dans un lieu; débordement des eaux. *L'irruption des Barbares, de la foule, de l'Océan...*

gradation : Accroissement ou décroissement progressif. *La gradation des difficultés.*

graduation : Action de graduer, état de ce qui est gradué.
La graduation d'un thermomètre.

habileté : Qualité de celui qui est habile.

habilité : Qualité qui rend apte à ...

inanité : État de ce qui est inutile et vain.

inanition : Épuisement par défaut de nourriture.

inclinaison : État de ce qui est incliné.
L'inclinaison d'un toit, d'un terrain.

inclination : Action de pencher la tête ou le corps en signe d'acquiescement ou de respect. Affection.

inculper : Accuser quelqu'un d'une faute.

inculquer : Faire entrer une chose dans l'esprit de quelqu'un.

infecter : Gâter, corrompre, contaminer.

infester : Ravager, tourmenter par des brigandages. Se dit des animaux nuisibles qui abondent en un lieu.

justesse : Qualité de ce qui est approprié, juste, exact.
La justesse d'une vis, d'un raisonnement.

justice : Bon droit.

papillonner : Voltiger, passer d'objet en objet comme un papillon.

papilloter : Se dit d'un mouvement continuel des yeux qui les empêche de se fixer.

percepteur : Fonctionnaire qui perçoit les impôts directs.

précepteur : Celui qui enseigne.

prescription : Précepte, ordre formel.
Les prescriptions du médecin, de la loi.

proscription : Mesure violente contre les personnes, condamnation, bannissement. Abolition. *Proscription d'un usage.*

prolongation : Accroissement dans le temps.
Prolongation d'un match, d'un congé.

prolongement : Accroissement dans l'espace. *Prolongement d'un mur, d'un chemin.*

raisonner : Faire usage de sa raison.

résonner : Renvoyer le son, retentir.

recouvrer : Rentrer en possession de ce qu'on a perdu. *Recouvrer la vue, le courage.*

recouvrir : Couvrir de nouveau.

souscription : Engagement pris par écrit ou par simple signature.

suscription : Adresse écrite sur l'extérieur d'un pli.

suggestion : Action sur l'esprit pour imposer une pensée.

sujétion : Domination qui subjugue. État de celui qui est sujet d'un chef. Assiduité gênante. *Mettre sous sa sujétion. Tenir en sujétion.*

tendresse : Sentiment d'amour, d'amitié, témoignage d'affection.

tendreté : Qualité de ce qui est tendre en parlant des viandes, des légumes...

241

EXERCICES

676. **Donnez un paronyme à chacun des mots suivants, puis faites entrer chaque mot dans une phrase.**

1. évasion   excursion   coasser   stalactite   pédale
2. épancher   affluence   écorcer   précéder   excès

677. **Cherchez le sens des paronymes suivants dans un dictionnaire et faites-les entrer chacun dans une phrase.**

1. affilé   incident   lagune   continuité   risque
   effilé   accident   lacune   continuation   rixe
2. égaler   contester   enduire   vénéneux   émerger
   égaliser   constater   induire   venimeux   immerger

678. **Remplacez les points par :** gradation, graduation, prolongement, prolongation, inclinaison, inclination, tendresse, tendreté, prescription, proscription, justesse, justice.

La ... de saint Louis. — La ... d'une observation. — La ... des exercices. — La ... d'une éprouvette. — La ... d'un gigot. — La ... d'une mère. — La ... d'une permission. — Le ... d'une avenue. — Une ... du buste. — L'... du toit. — Les... de la morale. — La ... d'un usage.

679. **Remplacez les points par :** anoblir, ennoblir, raisonner, résonner, consommer, consumer, cimeterre, cimetière.

La voix de M. Chotard ... encore à mon oreille (A. FRANCE). — Dans une nation libre, il est très indifférent que les particuliers ... bien ou mal, il suffit qu'ils ... (MONTESQUIEU). — Les guerriers cosaques serraient leur ... sur leur riche pelisse (DE VOGÜÉ). — Il y avait beaucoup de monde au ... Les uns venaient pour les morts, les bras chargés de fleurs. Les autres venaient pour les vivants (D. ROLIN). — Mlle Danglars vous enrichira et vous l'... (A. DUMAS). — J'oubliais, c'est vrai, de vous dire que la mer limite, continue, prolonge, ..., enchante cette parcelle d'un lumineux rivage (COLETTE). — Tu veux donc jusqu'au bout ... ta fureur? (VOLTAIRE). — Fuis, la nature est vide et le soleil ... (LECONTE DE LISLE).

680. **Remplacez les points par :** conjoncture, conjecture, coassement, croassement, colorier, colorer, déchirure, déchirement.

L'imagination des Arabes grossit et ... tout (LAMARTINE). — Nous avions le droit de puiser à notre guise dans la bibliothèque, de dessiner et de ... des oiseaux, des paysages (J. CRESSOT). — Ulysse est trop fin pour ne pas profiter d'une pareille ... (LA FONTAINE). — On peut sur le passé former ses ... (CORNEILLE). — Le sang lui brûlait les veines, il ressentait d'affreux ... de poitrine (A. HOUSSAYE). — La ... s'agrandit et un beau ciel pur se développe sur le monde (G. DE MAUPASSANT). — Le ... interrompu des grenouilles répond au cri des corneilles qui tournoient (COLETTE). — On distingue les ... lugubres d'une bande de corbeaux qui luttent contre la tempête (G. DROZ).

REMARQUES SUR QUELQUES NOMS

acquis : de la famille d'*acquisition,* d'*acquérir,* signifie : instruction acquise, savoir, expérience. *On dit : avoir de l'acquis; cette personne a beaucoup d'acquis.*

acquit : de la famille de *quittance,* d'*acquitter.* Terme de finance, décharge. *Donner un acquit, pour acquit.* **Retenez** ces expressions : *par acquit de conscience; pour l'acquit de sa conscience.*

affaire : *avoir affaire à quelqu'un* ou *avec quelqu'un,* c'est avoir à lui parler, à débattre avec lui une affaire. *Avoir affaire,* c'est être occupé par un travail, par une affaire. Dans ces expressions, *affaire* s'écrit en un seul mot.
Mais **on écrira** en employant le verbe *faire :*
J'ai un travail, un devoir, une démarche à faire parce que l'on fait un travail, un devoir, une démarche.

alternative : succession de deux choses qui reviennent tour à tour. Option entre deux choses, deux propositions. **Ne dites pas** : *une double alternative,* puisque l'*alternative* comprend deux termes. **Dites** : *être placé devant une alternative, être en face d'une alternative* ou *avoir le choix entre deux solutions.*

amphitryon : celui chez qui l'on dîne.

hôte : est un mot curieux. Il désigne : 1° celui qui donne l'hospitalité par amitié; 2° celui qui reçoit l'hospitalité. Le sens général de la phrase permet de faire la distinction. *Hôte* a également le sens d'habitant, de voyageur.

avatar : dans la religion indienne, descente d'un dieu sur la terre. Par analogie transformation, métamorphose. *Avatar* n'a jamais le sens d'aventure, d'ennui, d'avarie. **On peut dire** : *les avatars d'un comédien, d'un politicien.* **On doit dire** : *nous avons eu des aventures, des ennuis pendant notre voyage.*

aveuglement : privation de la vue, cécité; égarement, obscurcissement de la raison.

aveuglément : est un adverbe qui signifie agir comme un aveugle, sans discernement, sans discussion, sans examen, sans réflexion.

but : point où l'on vise, fin qu'on se propose, intention qu'on a. En principe, un but étant fixe, il est incorrect de dire : poursuivre un but. *On ne dit pas* non plus : *remplir, réaliser un but.* *Dites : Se proposer, atteindre un but; courir, parvenir au but.*

décade : *période de 10 jours,* **décennie** : *période de 10 ans.*

dentition : époque de l'apparition des dents.

denture : ensemble, aspect des dents. Il ne faut pas confondre ces deux mots. *Dites : la première dentition, une dentition précoce* et *une belle denture, une denture éclatante.*

escalier : *Dites : monter l'escalier* **et non** : *monter les escaliers.*

faute : *Ne dites pas : c'est de ma faute. Dites : c'est ma faute.*

filtre : étoffe, papier, linge, corps poreux à travers lequel on fait passer un liquide pour le clarifier. Passoire.

philtre : breuvage ayant un pouvoir magique.

fond : ce qu'il y a de plus bas dans une cavité, dans une chose creuse ou profonde : *le fond d'un vase, d'un sac, d'un abîme.* La partie la plus profonde, la plus reculée, la plus cachée : *le fond de la forêt, le fond du cœur, le fond de l'âme.* Le *fond* d'une chose est aussi la matière par opposition à la forme.

fonds : sol d'un champ, domaine, capital par opposition au revenu : *cultiver un fonds, dissiper le fonds et le revenu. Un fonds de commerce, un fonds d'épicier. Être en fonds = avoir de l'argent.* Ensemble de qualités : *un fonds de savoir, de probité.* Littré dit que l'on peut écrire, indifféremment, un *fond* (s) de savoir. En résumé, *fonds* s'écrit avec une s dans le sens de capital, terres, argent, richesse. On écrit aussi le *tréfonds.*

fonts : bassin qui contient l'eau du baptême : *les fonts baptismaux.*

for : *son for intérieur = sa conscience.*

franquette : vient de *franc* et signifie : franchement, loyalement, sans façon. Usité seulement dans l'expression familière : *à la bonne franquette,* qu'il convient de ne pas déformer.

lacs : *écrivez : tomber dans le lac,* si cette expression a le sens de tomber à l'eau, mais *écrivez lac*s avec une s si ce mot a le sens de piège, d'embarras. *Tomber dans le lac*s, *être dans le lac*s = tomber, être dans l'embarras. Du reste, dans ce sens, *lacs* se prononce : «lâ».

martyr (e) : celui, celle qui a souffert la mort pour sa religion ou ses opinions. Personne qui souffre.

martyre : supplice enduré, grande souffrance du corps ou de l'esprit. *Souffrir le martyre.*

midi : étant du masculin, *dites, écrivez : midi précis, midi sonné*

panacée : remède universel contre tous les maux. *Ne dites pas : panacée universelle,* puisque l'idée d'universel est contenu dans *panacée.*

partisan : pris comme nom n'a pas de féminin. *Ne dites* ni *partisane,* ni *partisante.* L'adjectif *partisane* est correct.

périple : étymologiquement : naviguer autour. Voyage en bateau autour d'une mer, des côtes d'un pays. *Périple* ne peut s'employer en parlant d'un voyage à l'intérieur d'un pays.

pied : *écrivez : pied* au singulier dans *perdre pied, lâcher pied, être sur pied. Aller, voyager à pied* (par opposition à cheval, etc.)... *Au pied des monts, des arbres* (chaque montagne, chaque arbre n'a qu'une base, qu'un pied). Mais on écrira : *se jeter aux pieds de quelqu'un. Retenez* ces deux expressions : *pied bot* et *plain-pied.*

publication : il faut préférer *publication* à *parution,* c'est plus correct. *Dites : la publication d'un livre.*

trantran : manière de conduire certaines affaires, routine. *Ne dites pas : le train-train, dites : le trantran.*

REMARQUES SUR QUELQUES ADJECTIFS

achalandé : vient de *chaland* (client). Un magasin *achalandé* n'est pas celui qui forcément regorge de marchandises mais est celui qui a de nombreux *chalands*, c'est-à-dire de nombreux clients.

bénit, béni sont les participes passés de *bénir*. *Bénit* avec un *t* se dit des choses et des personnes sur lesquelles le prêtre a donné la bénédiction : *du pain bénit, de l'eau bénite. Béni* est le participe normal de bénir : *j'ai béni, tu as béni.*

capable : On est *capable* de donner et de faire. *Capable* a un sens actif.

susceptible : On est *susceptible* de recevoir certaines qualités, de prendre, d'éprouver, de subir. *Susceptible* a un sens passif. *Le verre est susceptible d'être travaillé. Le maître verrier est capable de lui donner les formes les plus variées.*
Ces paroles sont capables de le chagriner.
Susceptible veut dire, également, d'une sensibilité très vive.

conséquent : qui suit ou qui se suit, logique, qui juge bien, qui raisonne bien. *Conforme à,* en parlant des personnes et des choses. Conséquent n'a jamais le sens d'important, ni de considérable. *Ne dites pas : un travail conséquent, une maison conséquente, dites : un travail important, une maison importante, un esprit conséquent, être conséquent avec soi-même, avoir une conduite conséquente à ses convictions.*

courbatu : *Ne dites pas : je suis courbaturé, dites : je suis courbatu.*

difficile : qui n'est pas facile, qui est pénible.

difficultueux : qui est enclin à élever ou à faire des difficultés à tout propos. Se dit seulement des personnes. *Ne dites pas : une tâche difficultueuse, dites : un homme, un esprit difficultueux. Difficile* convient aux personnes et aux choses. Employez-le, vous serez toujours correct. *On peut dire : un travail, un parcours difficile, un homme, un caractère difficile.*

ennuyant : qui cause de l'ennui par occasion.

ennuyeux : qui cause de l'ennui d'une manière constante.

fortuné : ne doit pas être employé pour *riche*, c'est une faute qui provient de ce que fortune, entre autres significations, a celle de richesse. Un homme fortuné est celui qui est favorisé par le sort. Un homme riche est celui qui possède de grands biens.

grand : *Ne dites pas : de gros progrès, de gros efforts, dites plutôt : de grands progrès, de grands efforts.*

hibernant : se dit des animaux tels que le loir et la marmotte qui restent engourdis pendant l'hiver.

hivernant : se dit des personnes qui passent l'hiver dans les régions où le climat est chaud.

impoli : qui n'est pas poli (*mal poli* n'existe pas); *dites : un enfant impoli.*

matinal : qui appartient au matin, qui s'est levé matin. *La brise matinale, la rosée matinale.*

matineux : qui a l'habitude de se lever matin.
Matinal et matineux sont synonymes dans le sens : qui se lève matin. **On peut dire** : *le coq matineux* ou *le coq matinal.*

notable : digne d'être noté, considérable, grand, remarquable, qui occupe un rang considérable. Se dit des choses et des personnes. *Dites : un intérêt notable, un écrivain notable.*

notoire : qui est à la connaissance du public. Se dit seulement des choses : *dites : un fait notoire, une probité notoire.*

ombragé : placé sous un ombrage. *Un chemin ombragé.*

ombrageux : qui a peur de son ombre. *Un cheval ombrageux.* Qui est soupçonneux. *Un esprit ombrageux.*

ombreux : qui fait de l'ombre. *La forêt ombreuse.*

passager : qui ne s'arrête pas, qui ne dure pas. *Un oiseau passager, un malaise passager.*

passant : où il passe beaucoup de monde, un lieu passant. **Ne dites pas** : *une rue passagère*, **dites** : *une rue passante.*

pécuniaire : qui a rapport à l'argent, *embarras pécuniaire, perte pécuniaire.* **N'employez pas** : *pécunier*, ce mot n'existe pas.

pire : comparatif de l'adjectif *mauvais*. Il accompagne le nom : *Il n'est pire eau que l'eau qui dort. Les pires sottises.*

pis : comparatif de l'adverbe *mal*. *Pis* peut être adverbe ou adjectif, il ne s'emploie jamais avec un nom. Il s'emploie après les verbes *avoir, être, aller, faire. Pis* et *pire* peuvent s'employer comme noms. *Il ne peut pas faire pis. Aller de mal en pis. C'est pis, tant pis, au pis aller, de pis en pis. En mettant les choses au pis. Il n'est point de degrés du médiocre au pire* (Boileau).

populaire : qui appartient au peuple, qui est du peuple, qui concerne le peuple : *une opinion populaire, un homme populaire, une joie populaire, une fête populaire.*

populeux : très peuplé : *une rue populeuse, un quartier populeux.*

possible : reste généralement invariable après une locution comme *le plus, le moins, le mieux, le meilleur. Relisez votre travail pour faire le moins de fautes possible.* Il est variable quand il se rapporte à un nom. *Cherchez toutes les acceptions possibles de ce mot.*

rebattu : **Ne dites pas** : *avoir les oreilles rabattues par les mêmes discours.* **Dites** : *avoir les oreilles rebattues par les mêmes discours.*

somptuaire : qui restreint les dépenses. Il est donc incorrect de dire *des dépenses somptuaires.* **Dites** : *une loi, une réforme somptuaire.*

stupéfait : est un adjectif. *Je suis stupéfait, une personne stupéfaite.* **Ne confondez pas** : *stupéfait* avec *stupéfié*, participe de *stupéfier. Stupéfié* s'emploie avec le verbe *avoir* ou dans la phrase passive : *Cette réponse l'a stupéfié, je suis stupéfié par...*

subi : est le participe passé de *subir. Un malheur subi avec courage.*

subit : adjectif. Soudain, qui survient tout à coup. *Un ouragan subit.*

EXERCICES

681. Écrivez *pied* précédé d'un article ou d'une préposition.
Un matin, je gravissais ... les contreforts qui dominent la vallée de Munster (A. Theuriet). — ... d'Héraclius, je mettrai sa couronne (Corneille). — La mousse épaisse et verte abonde ... des chênes (V. Hugo). — Pour faire voir que la paresse n'était pas mon vice, je fus ... dès la pointe du jour (Lesage).

682. Remplacez les points par : aveuglément, aveuglement, acquis, acquit, martyre, martyr, fonds, fond.
Le ... des chameaux commença. L'un d'eux s'arrêta au milieu d'une pente (Frison-Roche). — Songe au moins, songe au sang qui coule dans tes veines! C'est le sang des ... (Voltaire). — Vous pouvez juger du ... que souffre son orgueil (Mme de Sévigné). — Dans son ..., pensez-vous qu'il persiste? (Corneille). — Il aime ... sa patrie et son père (Voltaire). — J'ai porté mon courroux, ma honte et mes regrets dans les sables mouvants et le ... des forêts (Voltaire). — Travaillez, prenez de la peine, c'est le ... qui manque le moins (La Fontaine). — Faire quelque chose pour l'... de sa conscience. — L'... de notre expérience est l'éducation des choses (J.-J. Rousseau).

683. Remplacez les points par : avatar, fortune, affaire, trantran.
Édouard est un de ces êtres dont les facultés, qui dans le ... coutumier s'engourdissent, sursautent aussitôt devant l'imprévu (A. Gide). — Rien qu'à voir le loriot, on juge qu'on a ... à un gourmand (A. Theuriet). — Combien ont disparu, dure et triste ...! Dans une mer sans fond (V. Hugo). — Ce que j'envie le plus aux dieux monstrueux et bizarres de l'Inde, ce sont leurs perpétuels ... (Th. Gautier). — Il croyait encore avoir ... à un enfant irréfléchi et craintif (G. Sand).

684. Mettez la terminaison qui convient.
Le dommage sub... sera difficilement réparé. — Les Carthaginois les regardèrent passer, tout stupéf... (G. Flaubert). — Il neigeait, puis un dégel sub... emportait la neige (Fromentin). — Je suis encore tout stupéf... de votre intrépidité (Voltaire). — A midi, très préci..., toute la famille était réunie au salon (A. Daudet).

685. Mettez *pis* ou *pire* à la place des points.
Au cœur des ... dangers, tu n'éprouves pas le besoin, avant de les affronter, de tourner en dérision tes adversaires (Saint-Exupéry). — Au ... aller, il restera encore deux heures sur l'eau (L. Durtain). — Mais l'excellent homme n'y voulut point toucher de peur de faire ... (A. France). — Pierre, laisse cet animal tranquille. Tu sais ce qu'il t'est déjà arrivé avec lui. Crois-m'en : il t'arrivera ... si tu continues (A. France). — Souvent la peur d'un mal nous conduit dans un ... (Boileau). — Les ... gredins sont ceux auxquels d'abord les sourires affectueux ont manqué (A. Gide).

REMARQUES SUR QUELQUES PRONOMS

celui, celle (s), ceux doivent être complétés et ne peuvent être employés, dit Littré, qu'avec la préposition *de* ou les pronoms relatifs *qui, que, dont*; il en résulte qu'ils ne peuvent être suivis d'un adjectif ou d'un participe passé.

Ne dites pas : Les blés sont coupés. Ceux rentrés sont lourds de grain. Dites : Les blés sont coupés. Ceux **que** *nous avons rentrés sont beaux. Les blés sont coupés. Ceux* **qui** *ont été rentrés sont beaux. De tous les clochers, celui* **de** *mon village est le plus beau.*

chacun : *Ne dites pas : Ces livres valent cinq cents francs chaque. Dites : Ces livres valent cinq cents francs chacun.*

dites-le-moi : Lorsque le verbe est suivi de deux pronoms compléments, le pronom complément direct se place le plus près du verbe. *Dites : rendez-les-moi, dites-le-moi.*

dont : pronom relatif, équivalent de : *de qui, de quoi, duquel, de laquelle, desquels,* etc., s'applique aux personnes et aux choses. *J'aime ma mère dont le sourire est si bon.*
Voici la forêt dont je connais tous les sentiers.
Dont peut être complément d'un verbe, d'un nom, d'un adjectif. Le nom qui doit être complété par *dont* ne peut être précédé ni d'un adjectif possessif, ni d'une préposition. *Ne dites pas : Le peintre dont nous admirons ses tableaux fait de beaux ciels. La maison dont à la façade grimpe un rosier est historique. Dites : Le peintre dont nous admirons les tableaux fait de beaux ciels. La maison à la façade de laquelle grimpe un rosier est historique.*

d'où : On emploie **d'où** à la place de *dont* quand il faut marquer le lieu. *La ville* **dont** *j'admire les monuments est un centre culturel. La ville* **d'où** *je viens a de riches musées.*

qui : La construction la plus correcte et la plus claire veut que le pronom sujet *qui* ne soit pas séparé de son antécédent. *Ne dites pas : J'ai vu des canards dans la mare qui barbotaient. Dites : J'ai vu des canards qui barbotaient dans la mare. Qui* peut être séparé de son antécédent dans certains cas, mais il faut qu'il n'y ait pas d'équivoque.
Voici mon père, je l'entends qui monte l'escalier.
Qui précédé d'une préposition, *à, de, sur,* etc., est complément et ne s'emploie pas en parlant des choses :
Ne dites pas : le livre de qui vous parlez..., le voyage à qui je pense... Dites : le livre dont vous parlez..., le voyage auquel je pense....

auquel : s'applique indifféremment aux personnes et aux choses.

à qui : ne s'emploie que pour les personnes.
Ne dites pas : le film à qui je pense... Dites : le film auquel je pense..., l'enfant à qui (ou auquel) je pense... Toutefois à *qui* s'emploie en parlant de choses personnifiées. *Village à qui j'adresse ma tendresse....*

REMARQUES SUR QUELQUES VERBES

aller : *Dites* : *aller au marché, aller aux champs, à Paris, en Suède.*

partir : *Ne dites pas* : *partir au marché,... dites* : *partir pour le marché, pour les champs, partir pour Paris, pour la Suède. Dites* également : *je prépare mon départ pour Paris, pour la Suède.*

amener : mener vers, conduire. Se dit plutôt des êtres. *On amène quelqu'un à dîner.* On dit aussi : *amener l'eau dans une ville, amener la maladie, le bonheur.*

apporter : porter au lieu où est une personne. Se dit des choses. *Dites* : *apporter le potage, les fruits, le courrier.*

bâiller : respirer en ouvrant convulsivement la bouche : *je bâille.* Être entrouvert, mal joint : *la porte bâille.*

bayer : tenir la bouche ouverte en regardant quelque chose. Se retrouve seulement dans la forme figée : *bayer aux corneilles.* Autre forme de *bayer* : *béer* qu'on retrouve dans *bouche bée,* dans *béant.*

causer : s'entretenir familièrement : On cause de quelque chose avec quelqu'un. *Ne dites pas* : *je cause à mon frère* ou *je lui cause. Dites* : *je cause avec mon frère* ou *je cause avec lui. On peut dire* aussi : *causer sport, politique, art, littérature....*

parler : on parle à quelqu'un. *Dites* : *je parle à mon frère, je lui parle* ou *je cause avec mon frère, je cause avec lui.*
Ne dites pas : *J'ai entendu parler que, je vous ai parlé que. Dites* : *j'ai entendu parler de, je vous ai parlé de* ou *j'ai entendu dire que, je vous ai dit que.*

changer : céder une chose pour une autre, remplacer un objet.

échanger : donner une chose contre une autre, donner ou recevoir par échange. Ces deux verbes sont parfois assez proches l'un de l'autre. *Dites* : *On change de linge, de cravate, on change la couverture de son livre, un pneu de son auto, ses habitudes. On échange des marchandises, des timbres avec un ami, quelques propos avec quelqu'un.*

couper : *Ne dites pas* : *couper quelqu'un. Dites* : *couper la parole à quelqu'un* ou *interrompre quelqu'un.*

disputer : examiner, débattre, avoir une vive discussion sur une chose. On *dispute*, on *dispute de quelque chose* comme on dirait on *discute.* Faire de quelque chose l'objet d'une lutte avec quelqu'un. *Cet élève a disputé la première place. Les Hollandais disputent la terre à la mer.*
Ne dites pas : *disputer quelqu'un, se disputer. Dites* : *gronder, quereller quelqu'un, se quereller.*

émouvoir : Préférez *émouvoir* à *émotionner*. *Ne dites pas* : *je suis émotionné, c'est émotionnant;* **dites** : *je suis ému, c'est émouvant.*

entrer : passer du dehors au dedans; *entrer dans la boutique, dans l'ascenseur.*

rentrer : entrer après être sorti, entrer de nouveau; *rentrer chez soi, la rentrée des classes, la rentrée des facultés.*

éviter : se détourner des personnes ou des objets. On évite quelque chose (pour soi). *On évite un ennui, un danger, quelqu'un.* On n'évite pas quelque chose à quelqu'un. *Ne dites donc pas* : *éviter quelque chose à quelqu'un; je vous ai évité cette peine.*

épargner : Mais on épargne quelque chose à quelqu'un. *Dites* : *épargner un ennui à quelqu'un; je vous ai épargné cette peine.*

excuser : *excusez-moi, vous m'excuserez, je vous prie de m'excuser* sont des formules de civilité. *Je m'excuse* est correct, mais ne marque pas de nuance de déférence, de politesse.

faire : *Ne dites pas* : *percer ses dents.* **Dites** : *faire ses dents.* *Ne dites pas* : *faire ses chaussures.* **Dites** : *cirer ses chaussures.* *Ne dites pas* : *se faire une entorse.* **Dites** : *se donner une entorse.*

former : c'est concevoir en parlant des idées, des sentiments. *Dites* : *former des vœux, des soupçons, des craintes, des projets.*

formuler : c'est énoncer avec la précision d'une formule. *Dites* : *formuler sa pensée, des griefs.*

fréquenter : aller souvent chez quelqu'un ou dans un lieu. *On dit* : *fréquenter quelqu'un* ou *fréquenter chez quelqu'un. Les bois où fréquentent les sangliers sont épais.*

habiter : *Ne dites pas* : *il reste rue Eblé.* **Dites** : *il habite, il demeure rue Eblé.* *Ne dites pas* : *habiter en face l'église.* **Dites** : *habiter en face de l'église* ou *vis-à-vis de l'église.* On peut dire : *habiter près de l'église,* ou *près l'église.*

ignorer : *Ne dites pas* : *tu n'es pas sans ignorer.* **Dites** : *tu n'es pas sans savoir* ou plus simplement *tu n'ignores pas.*

invectiver : dire des paroles amères, violentes, injurieuses contre quelqu'un ou contre quelque chose. Invectiver est un verbe intransitif. *Ne dites pas* : *invectiver quelqu'un.* **Dites** : *invectiver contre quelqu'un.*

insulter : offenser par des outrages en actes ou en paroles. *Dites* : *insulter quelqu'un.* Dites aussi : *insulter à la misère, à la douleur.*

jouir : tirer plaisir. Jouir impliquant une satisfaction, une idée de joie, ne se dit pas des choses mauvaises. *Ne dites pas* : *il jouit d'une mauvaise santé, d'une mauvaise réputation.* **Dites** : *il a une mauvaise santé, une mauvaise réputation* ou *il ne jouit pas d'une bonne santé, d'une bonne réputation.*

marmotter : parler confusément entre ses dents.

marmonner : a un sens proche de *marmotter*, mais appartient au langage familier.

pallier : couvrir d'un déguisement, d'une excuse comme d'un manteau. Pallier est un verbe transitif. *Ne dites pas : pallier à un défaut, à un inconvénient. **Dites** : pallier un défaut, un inconvénient.*

remédier : apporter remède, obvier. *Remédier* est un verbe intransitif. *On dit : remédier à un inconvénient, à un abus, à un mal.*

pardonner : *Ne dites pas : pardonner quelqu'un. **Dites** : pardonner quelque chose à quelqu'un, pardonner à quelqu'un. Je lui pardonne. Je leur pardonne.*

résoudre : *Ne dites pas : solutionner une question, un problème. **Dites** : résoudre une question, un problème.*

risquer : *Ne dites pas : il risque de gagner, d'être le premier. **Dites** : il risque de perdre, il risque d'être le dernier ou il a des chances de gagner, d'être le premier.*

s'avérer : donner la certitude qu'une chose est vraie. *Ne dites pas : cette nouvelle s'avère fausse. **Dites** simplement : cette nouvelle est fausse.*

se défier : se fier moins.

se méfier : se fier mal.
Ces deux verbes ont des sens très proches. La nuance qui les sépare est très petite. L'usage les confond.

se rappeler : est assez proche par le sens de *se souvenir*. *Ne dites pas : je me rappelle d'une chose, je m'en rappelle, je me rappelle de vous. **Dites** : Je me rappelle une affaire, je me la rappelle. Je m'en rappelle les détails. On ne peut employer s'en rappeler que si le verbe est suivi d'un complément d'objet direct.*

se souvenir : *Dites : je me souviens de cette affaire, je me souviens de tous les détails de cette affaire, je m'en souviens. Je me souviens de vous. **Dites bien** : Je me souviens que tu as dit... Je ne me souviens pas que tu aies dit...*

Souvenir suivi de **que**, dans une phrase affirmative ou interrogative, veut l'indicatif; dans une phrase négative, veut le subjonctif (LITTRÉ).

sortir : *On dit : sortir un enfant, un malade, un vieillard,* cela suppose qu'on prend un enfant, un malade, un vieillard par la main ou par le bras. *Ne dites donc pas : sortir son chien.* Au sens de se promener, *dites : je suis sorti avec mon frère, avec mon ami, avec mon chien.*

traverser : *Ne dites pas : traverser le pont. **Dites** : traverser la chaussée, passer le pont.*

EXERCICES

686. Remplacez les points par *à qui* ou par *auquel, à laquelle, auxquels,* etc., et tournez la phrase à votre gré.

l'homme...   le chien...   la maison...   les enfants...
la personne...   le village...   les poules...   la vache...

687. Même exercice avec *sur qui* et *sur lequel,* etc.

le bâton...   l'amitié...   la personne...   le bateau...
mon frère...   la branche...   le carnet...   le camarade...

688. Remplacez les points par : *pallier, disputer, marmotter.*

Ainsi ... le docteur et ma mère (A. France). — L'excellence des sentiments ... les défaillances oratoires (A. Gide). — Non seulement on ..., mais on se querella et on se sépara sans avoir trop envie de se revoir (Racine). — La sagesse ... les défauts du corps, ennoblit l'esprit (Pascal). — Monsieur Molinier n'avait pour tout bien que son traitement, traitement dérisoire et hors de proportion avec la haute situation qu'il occupait avec une dignité d'autant plus grande qu'elle ... sa médiocrité (A. Gide). — Il gèlera cette nuit, ... Jérôme, un peu dégrisé par le froid (D. Rolin).

689. Remplacez les points par : *se rappeler, se souvenir.*

Je ... d'une femme qui avait toujours des coiffes blanches (J. Giono). — La figure du vieux Geldern m'en ... une autre (A. France). — Cette petite Antoinette était née aux colonies, elle s'en ... à peine (P. Loti). — Je me ... surtout certains petits ornements des murs que j'avais pris en abomination (P. Loti). — Et votre voix, de surcroît, m'en ... une autre, celle d'un philosophe qui, lui, fut un sage (M. Laville). — Je me ... le soir où je découvris tout à coup la vraie manière de sauter (P. Loti). — Je me ... des temps anciens et je pleure (Verlaine).

690. Remplacez les points par : *parler, causer.*

Les plus âgés ... des récoltes, pendant que les jeunes ... avec Martine (M. Audoux). — Et depuis quand un livre est-il donc autre chose qu'un ami qu'on aborde, avec lequel on ...? (A. de Musset). — Nous ... de nos épreuves, et de nos joies, et de nos larmes, et de notre fraternité, et de nos espérances (G. de Bénouville). — Il a l'air très intelligent, votre frère. Je voudrais ... avec lui (A. Gide). — Nous ... de Paris, de nos amis, de notre enfance, de notre vie passée (A. Gheerbrant).

691. Remplacez les points par : *aller, partir.*

On ne ... plus pour les Indes chercher des épices rares (M. Herzog). — Je descendis retrouver mes petits amis et nous ... ensemble pour les vignes et pour les bois (P. Loti). — Légère et court vêtue, elle ... à grands pas (La Fontaine). — Ma tante, au moment où je ... pour l'école, avait l'habitude de me bourrer les poches de chocolat (Simenon). — Saint-Exupéry veut, sur place, mesurer la puissance du danger et ... pour l'Allemagne (R. Delange).

REMARQUES SUR QUELQUES PRÉPOSITIONS

à bicyclette : *Ne dites pas :* en bicyclette. **Dites :** aller, monter à bicyclette, à moto, à cheval, en voiture, en auto, en avion.

à bon marché : Dites : acheter, vendre à bon marché ou acheter, vendre bon marché. Il semble plus correct de dire : à bon marché comme on dit : à bon compte, à vil prix.

clef : *Ne dites pas :* la clef est après l'armoire. **Dites :** la clef est à l'armoire.

être à court de : On dit indifféremment : être à court de ou être court de : Être à court d'idées, d'argent. Être court d'idées, d'argent.

jusqu'à aujourd'hui, jusqu'aujourd'hui sont des constructions également correctes.

à nouveau : à refaire de façon complètement différente, d'une autre manière.

de nouveau : une nouvelle fois, de la même manière. — *De nouveau* marque seulement la répétition.
« La Marseillaise » retentit de nouveau.
L'élève a mal conduit son raisonnement, il fait à nouveau son problème.

quant à : *Ne dites pas :* tant qu'à moi, tant qu'à faire.
L'expression *tant qu'à* n'est pas correcte.
Dites : quant à moi, quant à faire.

sauter à bas de : *Ne dites pas :* sauter bas son lit. **Dites :** sauter à bas de son lit, à bas de son cheval.

faut-il employer à, faut-il employer ou entre deux nombres marquant une approximation?
On emploie *ou* si les deux nombres sont consécutifs et se rapportent à des êtres ou à des choses qui ne peuvent se diviser en fractions.
Trois ou quatre enfants, cinq ou six moineaux;
quatre ou cinq albums, huit ou neuf canards.
On emploie généralement **à** dans les autres cas, c'est-à-dire si les nombres ne sont pas consécutifs ou si étant consécutifs, ils se rapportent à des choses qui peuvent se diviser en fractions.
Quatorze à dix-huit francs, cinq à sept personnes, deux à trois heures, trente à quarante, sept à huit cents enfants.
Mais on peut très bien écrire :
trente ou quarante, sept ou huit cents.
Si, en pensée, l'on choisit comme unité la dizaine ou la centaine, les nombres deviennent alors consécutifs et peuvent être liés par **ou**.

avec : Il faut éviter de terminer une phrase par la préposition *avec*.

aller chez : *Ne dites pas : aller au dentiste.* **Dites** *: aller chez le dentiste* comme vous dites : *aller chez le fruitier, chez le libraire.* On va *chez* quelqu'un.
Vous pouvez dire : *aller à l'épicerie, aller au pain, aller à l'herbe...*

à travers, au travers de : Ces deux expressions ont le même sens. *A travers* s'emploie sans *de* ; *au travers* s'emploie toujours avec *de* : *A travers les nuages. Au travers de la tempête.*

furieux contre : *Ne dites pas : furieux après quelqu'un,* dites : *furieux contre quelqu'un.*

le livre de : *Ne dites pas : le livre à Jean-Paul.* **Dites** *: le livre de Jean-Paul, la montre de Pierre, la maison de mon oncle...*

dans un fauteuil : *Ne dites pas : sur un fauteuil.* **Dites** *: dans un fauteuil, sur une chaise, sur un divan, sur un canapé.*

dans le journal : *Ne dites pas : lire sur le journal.* **Dites** *: lire dans le journal, lire dans un livre, lire dans un magazine,* mais **dites** *: lire sur une affiche.*

en skis : on dit aussi *à skis.* Il semble préférable de dire *en skis,* comme on dit *en sandales, en sabots.*

vis-à-vis : Cette locution prépositive signifie *en face de.* Elle ne remplace jamais *envers* ou *à l'égard de. Ne dites pas : Il est insolent vis-à-vis de moi.* **Dites** *: Il est insolent envers moi* ou *à mon égard.*

voici : se rapporte à ce qui va être dit, ou présente des êtres ou des choses proches.
Voici ce qui vous plaira : des pêches et des poires.
Voici notre professeur qui entre en classe.

voilà : se rapporte à ce qui vient d'être dit, ou présente des êtres ou des choses éloignées.
Bonté, franchise, droiture, voilà ses qualités.
L'avion sort des nuages, le voilà qui descend.
a) Pour les autres sens, *voici* et *voilà* se pénètrent. LITTRÉ dit : « dans les cas où l'on peut les employer l'un pour l'autre, on peut dire *voilà* pour *voici,* mais on ne dit pas également *voici* pour *voilà. Voilà* tend de plus en plus à éliminer *voici* ».
b) Devant l'infinitif du verbe *venir,* employez *voici : Voici venir le printemps.*
c) **Ne dites pas** *: le voilà qu'il vient* ou *le voici qu'il vient.* **Dites** *: le voilà qui vient, le voici qui vient,* ou *voilà qu'il vient, voici qu'il vient.*

à l'envi de : Dans cette locution prépositive ou dans *à l'envi* (locution adverbiale), **retenez** bien l'orthographe de *envi,* sans *e.*

LE VERBE ET LA PRÉPOSITION

1. Certains verbes se construisent indifféremment avec *à* ou *de* devant un infinitif complément. Il n'y a aucune nuance de sens entre *commencer à* et *commencer de, continuer à* et *continuer de, contraindre à* et *contraindre de, forcer à* et *forcer de, obliger à* et *obliger de*. On peut dire : *Le vent continue à souffler* ou *de souffler*.

En revanche, certains verbes appellent *à* ou *de* devant l'infinitif complément quand ils veulent marquer un sens différent.

S'occuper à : c'est travailler matériellement à une chose. *Il s'occupe à bêcher son jardin.*

S'occuper de : c'est penser à une chose, c'est se livrer à une opération intellectuelle. *Il s'occupe d'écrire un roman.*

2. Quand le complément est un nom, certains verbes peuvent également, sans nuance de sens, se construire avec des prépositions différentes. On dit indifféremment : *se fiancer à* ou *avec quelqu'un...* En revanche le sens peut commander un changement de préposition.

rêver de : c'est voir pendant le sommeil.

rêver à : c'est méditer à l'état de veille, songer à...

rire à quelqu'un : c'est lui sourire avec bienveillance.

rire de quelqu'un : c'est se moquer de lui.

REMARQUES
SUR QUELQUES CONJONCTIONS

de façon que : *Prenez le chemin habituel de façon à ne pas vous égarer. De façon à* est correct, mais *de façon à ce que* est incorrect. *Ne dites pas : Il étudie de façon à ce qu'il puisse réussir. Dites : Il étudie de façon qu'il puisse réussir.*

de manière que : *Ne dites pas : de manière à ce que. Dites : de manière que.*

aimer que : *Ne dites pas : aimer à ce que. Dites : aimer que. Dites aussi : consentir que, demander que, prendre garde que, s'attendre que, informer que, se rendre compte que, se plaindre que.* Mais *ne dites pas : veiller que. Dites : veiller à ce que.*

bien que : *Ne dites pas : Malgré qu'il fût fatigué, il termina la course. Dites : Bien qu'il fût fatigué...* ou *Quoiqu'il fût fatigué... Malgré que* n'est pas correct. Employez : *bien que* ou *quoique*.

Car et **en effet** *sont généralement synonymes. C'est une faute de les employer ensemble. Ne dites pas : rentrons, car en effet la nuit tombe. Dites : rentrons car la nuit tombe* ou *rentrons, en effet la nuit tombe.*

d'autant plus que : *Ne dites pas : Ce voyage par chemin de fer nous parut long surtout que nous étions sur les roues. Dites : d'autant plus que nous étions sur les roues. Surtout que* est à éviter.

REMARQUES SUR QUELQUES ADVERBES

bien : L'usage fait synonymes les expressions : *bien vouloir* et *vouloir bien*. Il semble pourtant que *bien vouloir* laisse entrevoir une nuance de respect et doit être employé par un subordonné s'adressant à un supérieur et que *vouloir bien* renferme l'idée d'un ordre donné par un supérieur à un subordonné.

jadis : signifie : il y a fort longtemps; marque un passé lointain.

naguère : signifie : il y a peu de temps, il n'y a guère de temps; marque un passé récent et doit s'employer au sens de récemment. *Naguère* s'oppose à *jadis*, à *autrefois*. *Ne dites pas : Paris, naguère, s'appelait Lutèce.*
Dites : Paris, jadis, s'appelait Lutèce.
Ces arbres naguère chargés de fleurs sont maintenant dénudés.
Rappelons que **antan** (qui est un nom peu usité aujourd'hui) signifie : l'année qui précède celle qui court.

il y a longtemps que : *Ne dites pas : il y a longtemps que je ne l'ai rencontré.* La négation *ne* est inutile. *Dites : il y a longtemps que je l'ai rencontré, que je l'ai vu, que je lui ai parlé.*

si, très : *si* et *très* ne doivent modifier que des adjectifs ou des adverbes : *Un enfant si raisonnable... Il est tombé si maladroitement... Il est très intelligent. Il a répondu très aimablement.*
Ne dites pas : j'ai si mal, j'ai si peur, j'ai très faim, j'ai très envie de...
Dites : j'ai bien mal, j'ai fort mal, j'ai tellement peur, j'ai bien faim, j'ai grand faim, j'ai fort envie de lire cet ouvrage.

de suite : signifie : l'un après l'autre, sans interruption.

tout de suite : signifie : sans délai, sur-le-champ, sans attendre.
Ne dites pas : il revient de suite.
Dites : il revient tout de suite. On m'appelle, j'y vais tout de suite. J'ai écrit trois lettres de suite. J'ai lu plusieurs heures de suite.

tout à coup : signifie : soudainement, à l'improviste.

tout d'un coup : signifie : qui se fait d'une seule fois.
Dites : Tout à coup, on entendit une détonation.
Le malheur s'abattit sur lui, il perdit sa fortune tout d'un coup.

trop : *Ne dites pas : il mange de trop, il parle de trop.*
Dites : il mange trop, il parle trop.

voire : avec un *e* a généralement le sens de *même*.
Cet élève est excellent, voire brillant.
Voire se joint quelquefois à même.
Ce remède est inutile, voire même pernicieux (ACADÉMIE).

ÉVITEZ LES PLÉONASMES

Les pléonasmes sont des figures de grammaire qui consistent à employer des termes superflus pour donner plus de force à l'idée exprimée :

Je l'ai *vu*, dis-je, *vu*, de *mes propres yeux vu*. (MOLIÈRE.)
Ne l'avait-il pas *vu*, de *ses yeux vu*, ce matin…? (A. GIDE.)

Mais ces termes superflus sont bien souvent inutiles, ils n'ajoutent rien à l'idée exprimée. Le pléonasme est alors une grave faute de langage.

● Évitez les expressions comme celles-ci :

monter en haut, descendre en bas, marcher à pied, voler dans l'air, nager dans l'eau, entendre de ses oreilles, voir de ses yeux, trois heures d'horloge ou de temps, fausse perruque, puis ensuite, construire une maison neuve, préparer d'avance, prévoir avant, collaborer ensemble, comparer ensemble, se réunir ensemble, s'entraider mutuellement, reculer en arrière, suivre derrière….

QUELQUES MOTS DONT L'ORTHOGRAPHE ET LA PRONONCIATION DIFFÈRENT

femme	secondaire	quadriennal	monsieur
solennel	parasol	quadrige	messieurs
solennité	tournesol	quadrilatéral	gars
solennellement	vraisemblable	quadrilatère	examen
ardemment	vraisemblance	quadrupède	album
évidemment	Alsace	quadrupler	géranium
excellemment	Alsacien	quaternaire	muséum
innocemment	aquarelle	quatuor	préventorium
intelligemment	aquarelliste	in-quarto	rhum
patiemment	aquarium	square	sanatorium
prudemment	aquatique	poêle	sérum…
récemment	équateur	poêlée	n. faisons
violemment…	équatorial	poêlon	je faisais
automne	équation	poêlier	tu faisais
condamner	loquace	faon	il faisait
second	loquacité	paon	n. faisions
seconde	quadragénaire	taon	v. faisiez
seconder	quadrangulaire	asthme	ils faisaient

Dites bien : caparaçon (*qui n'a rien à voir avec carapace*); dégingander (*déjingander*) comme **gin**givite; **hyp**notiser, prestidigitateur (*de preste et de doigt*); ré**mu**nérer, rassé**ré**ner (*de serein*); évé**ne**ment (*se prononce* évè*nement*), automne (*autone, l'm ne se prononce pas*), automnal (*autom-nal, l'm se prononce*); enivrer, enivrant, enivrement (*en-nivrer, en-nivrant, en-nivrement*); cheptel (*chètel*); entrelacs (*entrelas, le c ne se prononce pas*); jungle (*jongle*).

EXERCICES

692. Mettez la préposition qui convient.

Monter ... cheval. — Partir ... Paris. — Aller ... le médecin. — Aller ... bicyclette. — Monter ... avion. — Aller ... l'épicerie. — Partir ... les champs. — Aller ... bois. — Circuler ... skis. — Lire ... le journal. — Lire ... un livre. — Lire ... une affiche. — Parler ... un ami. — Causer ... un camarade. — Fréquenter ... quelqu'un. — S'asseoir ... le fauteuil. — S'asseoir ... une chaise. — Vendre ... vil prix.

693. Remplacez les points par : jadis, antan, naguère.

Je traîne mes pas sur l'herbe mouillée, sans autre but que de repasser sur la trace des êtres chéris qui marchaient ... devant moi, derrière moi ou à côté de moi, dans ces mêmes allées (LAMARTINE). — N'est-ce pas cette même Agrippine que mon père épousa ... pour ma ruine? (RACINE). — Il me montre son livret de matelot, usé, sordide sur lequel je retrouve mes signatures d'... (P. LOTI).

694. Remplacez les points par : tout à coup, tout d'un coup, de suite, tout de suite.

Un homme parut ... sur la scène (C. PLISNIER). — ... la bécasse s'aplatit immobile. Elle m'avait éventé (G. CHÉRAU). — Souvenez-vous comme il s'est dressé ... lui qui d'ordinaire restait le nez sur son assiette (A. GIDE). — La Russie a été gouvernée par cinq femmes ... (VOLTAIRE). — Un mouton qui manque sur trente, cela se connaît ... (G. NIGREMONT). — Elle s'est rapprochée de moi ... pour me demander de l'emmener au théâtre, ce soir (A.-FOURNIER).

695. Remplacez les points par à ou par ou.

Son pied indécis imprima deux ... trois mouvements de faible amplitude à l'accélérateur (G. ARNAUD). — Je songe à ces mille petits remords qui, de ma sixième ... ma huitième année, ont jeté du froid sur mon enfance (P. LOTI). — La Grenadière est un de ces vieux logis âgés de deux ... trois cents ans qui se rencontrent en Touraine (BALZAC). — Le chef du contentieux, un homme de trente-cinq ... quarante ans, le visage congestionné, avait tiré un calepin de sa poche (G. ARNAUD). — Je lisais *Télémaque* à très petites doses; trois ... quatre pages suffisaient à ma curiosité (P. LOTI). — Après avoir monté quatre ... cinq cents marches, nous nous trouvâmes dans une petite cour (LAMARTINE).

696. Faites la différence entre :

se fâcher avec et se fâcher contre, sourire à et sourire de.

697. Faites entrer dans une phrase :

de façon à, de façon que, de manière à, de manière que.

698. Même exercice avec : notoire, notable, susceptible, capable.

699. Construisez quelques phrases avec *voici* et *voilà*.

700. Construisez 2 phrases avec *à* et *où* comme dans le nº 695.

APPLICATIONS

Pour retrouver la règle ou la remarque, reportez-vous aux leçons indiquées par les numéros.

Les numéros **maigres** (25) renvoient aux leçons d'orthographe grammaticale.

Les numéros **demi-gras (25)** renvoient aux leçons de conjugaison.

Les numéros **gras (25)** renvoient aux leçons d'orthographe d'usage et aux remarques sur l'orthographe et le langage.

AU GRENIER

Puis en rôdant par tous (37) les coins de cette demeure (**2**) qu'elle allait abandonner (26), Jeanne monta, un jour, dans le grenier. Elle demeura saisie (25-27) d'étonnement; c'était (43) un fouillis (**12**) d'objets (16) de toute nature (37), les uns brisés (25-26), les autres salis (25-27) seulement, les autres montés (25-26) là (69) on (54) ne sait pourquoi, parce qu'ils ne plaisaient plus, parce qu'ils avaient été remplacés (55). Elle apercevait mille bibelots (**2**) connus (25) jadis, et disparus (25) tout à coup sans qu'elle y eût songé (**51**), des riens qu'elle avait maniés (57), ces (41) vieux petits objets insignifiants qui avaient traîné (56) quinze ans à côté d'elle, qu'elle avait vus (57) chaque jour (40) sans les remarquer (26-45) et qui, tout à (7) coup, retrouvés (25-26) là (69) dans ce (42) grenier, à (7) côté d'autres plus anciens dont elle se (42) rappelait (**15**) parfaitement les places aux premiers temps de son arrivée, prenaient une importance soudaine de témoins oubliés (25-26), d'amis retrouvés (25-26). Ils lui faisaient l'effet de ces gens qu'on a fréquentés (57) longtemps sans qu'ils se soient jamais révélés (58) et qui, soudain, un soir, à (7) propos de rien se (42) mettent à (7) bavarder (26) sans fin, à (7) raconter (26) toute (37) leur âme qu'on (54) ne soupçonnait (54) pas.. Jeanne les touchait (52), les retournait (52), marquant ses (41) doigts dans la poussière accumulée (25-26); et elle demeurait là (69), au milieu de ces (41) vieilleries (**5**) sous le jour terne qui tombait par quelques (39) petits carreaux (12) de verre (16) encastrés (25-26) dans la toiture.

Guy de MAUPASSANT, *Une Vie*, Albin Michel, édit.

◆

BRIC-A-BRAC

Au premier coup (6) d'œil, les magasins lui offrirent un tableau confus (24) dans lequel toutes (37) les œuvres humaines et divines se (42) heurtaient. Un vase de Sèvres se (42) trouvait auprès d'un sphinx (**13**) dédié (25-26) à Sésostris (6). Le commencement du monde et les événements d'hier se (42) mariaient avec une grotesque bonhomie (**p. 235**). Un tournebroche était posé (55) sur un ostensoir (**3**), un sabre républicain (**7**) sur une arquebuse du Moyen Age. Les instruments de mort (16), poignards, pistolets curieux, armes à (7) secret (16), étaient jetés (31) pêle-mêle (67) avec des instruments de vie (16) : soupières en porcelaine (16), assiettes de Saxe (6), tasses diaphanes (10) venues (25) de Chine, salières antiques, drageoirs féodaux.
Plusieurs portraits d'échevins français (33), de bourgmestres hollandais (33), insensibles, comme pendant leur vie, s'élevaient au-dessus de ce chaos (12) d'antiquités (16) en y lançant (**19**) un regard pâle et froid.
Tous (37) les pays de la terre semblaient avoir apporté (56) là (69) quelques (39) débris de leurs sciences (16), un échantillon de leurs arts (16). Il y avait jus-

qu'à (7) la blague à (7) tabac du soldat, jusqu'au ciboire (**3**) du prêtre, jusqu'aux plumes d'un trône.

Ces monstrueux tableaux étaient encore assujettis (55) à (7) mille accidents de lumière (16) par la bizarrerie d'une multitude de reflets (16) dus (30) à la confusion des nuances, à (7) la brusque opposition des jours et des noirs. L'oreille croyait entendre des cris interrompus, l'esprit saisir (45) des drames inachevés (25), l'œil apercevoir des lueurs mal étouffées (25).

Enfin, une poussière obstinée (25) avait jeté (56-57) son léger voile sur tous (37) ces (41) objets, dont les angles multipliés (25) et les sinuosités (**4**) nombreuses produisaient les effets les plus pittoresques.

H. de Balzac, *La Peau de Chagrin.*

◆

L'HORLOGE

L'horloge nous venait d'une grand-mère paysanne. Pour cette raison, elle se (42) revêtait pour nous d'une vertu (**5**) exceptionnelle. Toute droite contre le mur, pareille (32) à (7) un sarcophage (**10**) trop étroit, avec ses poids rouillés (25-26) et le soleil de son battant de cuivre; elle était dans notre demeure (**2**) comme un personnage. Et si, par occasion, il lui fût arrivé (42-43-51-55) de s'arrêter, il n'est pas douteux que nous eussions tous frémi (42-57), comme à (7) l'annonce d'un malheur. Et mon grand-père plus que les autres.

Mon grand-père était un homme d'ordre et de méthode (**11**), et son premier soin de la journée était de remonter l'horloge pendant que réchauffait (47) sa soupe.

Une fois tous les quinze (36) jours, il en graissait les chaînes avec du suif. Chaque matin (40), il passait un chiffon sur le bois de la vieille caisse, avec une tendresse dont, par exception (**13**), il ne songeait (20) pas à (7) rougir, car il ne croyait pas qu'on le comprît (48-49). N'était-il pas naturel qu'il voulût (48-49) tenir en état un meuble qui, après tout, était le plus beau que nous ayons (46) et qui valait son prix? Il tenait à (7) son horloge et c'est au point que ma mère avait à (7) peine le droit d'y toucher (26), comme s'il eût pensé (41-43-51-57) sacrilège qu'un autre que lui en approchât (48-49). Avec quelle (66) piété (**4**) il la caressait! Cela se voyait à (7) ses mains qui frémissaient (50) au contact de ce vieux bois, de ce vieux fer si tendrement soignés (31) avant lui par les mains depuis longtemps inertes de sa mère.

Il y avait pour lui comme une sécurité (**4**) et peut-être comme une approbation dans cette voix qu'il avait toujours entendue (58) bourdonner (26) à (7) son oreille depuis sa plus lointaine enfance. Et il n'aurait pas pu s'en (64) passer.

Louis Guilloux, *Le Pain des Rêves*, Gallimard, édit.

◆

L'INFUSION DE TILLEUL

Si ma tante se (42) sentait agitée (25-26), elle demandait sa tisane et c'était (43) moi qui étais (50) chargé (55) de faire tomber (26) du sac de pharmacie (**5-10**) dans une assiette la quantité (**4**) de tilleul qu'il fallait mettre ensuite dans l'eau bouillante. Le dessèchement des tiges les avait incurvées (57) en un capricieux treillage dans les entrelacs[1] (**p. 257**) duquel s'ouvraient (47) les fleurs pâles, comme si un peintre les eût (43) arrangées (57-**42**), les eût (43) fait (58-42) poser (26) de la façon la plus ornementale (21). Les feuillages, ayant perdu (57) ou (69) changé (57) leur aspect (**3**), avaient l'air des choses les plus disparates, d'une aile transparente de mouche, de l'envers

---

1. Attention *entrelacs* se prononce : *entrelas.*

ORTHOGRAPHE ET LANGAGE

(12) blanc d'une étiquette, d'un pétale de rose, mais qui eussent été empilées (55-52), concassées (55-52), ou (69) tressées (55-52) comme dans la confection d'un nid. Mille petits détails inutiles (20) — charmante prodigalité **(4)** du pharmacien — qu'on eût **(43)** supprimés (57-42) dans une préparation factice, me donnaient (46), comme un livre où (69) on s'émerveille (49) de rencontrer (26) le nom d'une personne de connaissance, le plaisir de comprendre que c'était (43) bien des tiges de vrais tilleuls, comme ceux que je voyais, Avenue de la Gare (6), modifiées (32), justement parce que c'étaient (44) non des doubles mais elles-mêmes (38) et qu'elles avaient vieilli (57).
Cette flamme rose de cierge, c'était (43) leur couleur encore, mais à demi éteinte (35) et assoupie (25-27) dans cette vie diminuée (25) qu'était (47) la leur maintenant **(p. 238)** et qui est comme le crépuscule (5) des fleurs.

Marcel PROUST, A la recherche du temps perdu, Gallimard.

◆

PORTRAIT D'UNE VIEILLE DAME

Il revoyait sous la suspension **(10)**, le petit front jaune entre les bandeaux (12) gris, les petites mains d'ivoire **(3)** qui tremblotaient (50) sur la nappe, les petits yeux effarouchés (25-26)... Tout l'effrayait (51)! Une souris **(5)** dans un placard, un roulement lointain de tonnerre, autant qu'un cas de peste découvert (24) à (7) Marseille (6) ou (69) qu'une secousse sismique enregistrée (25-26) en Sicile (6). Le claquement d'une porte, un coup de sonnette **(p. 238)** un peu (71) brusque, la faisaient (52) sursauter (26), et elle croisait anxieusement **(13)** ses (41) bras menus (25) sous la courte pèlerine de soie noire qu'elle (66) nommait sa «capuche» (5). Et son rire. Car elle riait souvent et toujours **(p. 238)** pour peu (71) de chose, d'un rire de fillette, perlé (25-26), candide...
Elle avait dû (57-30) être charmante dans sa jeunesse. On l'imaginait (49) si bien jouant aux grâces dans la cour de quelque (39) pensionnat, avec un ruban de velours **(12)** noir (20) au cou et les nattes roulées (25-26) dans une résille!... Quelle (66) avait pu (57) être sa jeunesse? Elle n'en parlait jamais. On ne la questionnait (49) pas. Savait-on seulement son prénom? Personne au monde ne l'appelait plus par son prénom. On ne l'appelait (49) même pas par son nom. On la désignait (49) par sa fonction : on disait (49) : «la concierge» (5) comme on disait (49) «l'ascenseur» (5-**10**)... Vingt ans de suite, elle avait vécu (57) avec une dévotieuse **(10)** terreur, sous la tyrannie **(13)** de M. Thibault. Vingt ans de suite effacée (25-26), silencieuse, infatigable **(7)**, elle avait été la cheville ouvrière de la maison, sans que nul songeât (48-49) à (7) lui savoir gré **(p. 238)** de sa ponctualité **(4)**, de ses (41) prévenances. Toute (37) une existence **(13)** impersonnelle (21) de dévouement (16-**11**), d'abnégation (16-**10**), de don (16) de soi, de modestie (16-**5**), de tendresse (16) bornée (25-26) et discrète (19) qui ne lui avait guère **(p. 238)** été rendue (55).

Roger MARTIN DU GARD, Les Thibault, Gallimard.

◆

M. BONNARD (6) PART POUR LA SICILE (6)

Ma résolution étant prise et mes arrangements faits (25-29), il ne me restait (46) plus qu'à (7) avertir ma gouvernante. J'avoue **(3)** que j'hésitai (17-18) longtemps **(p. 238)** à (7) lui annoncer (26) mon départ. Je craignais ses (41) remontrances, ses (41) railleries (5-**6**), ses (41) objurgations **(10)**, ses (41) larmes. «C'est (43) une brave fille, me disais-je; elle m'est attachée (55); elle voudra me retenir, et Dieu sait que, quand (72) elle veut quelque chose (39), les paroles, les gestes et les cris lui coûtent (46) peu (71). En cette

261

circonstance, elle appellera (29) à (7) son aide la concierge, le frotteur, la cardeuse de matelas et les sept (36) fils du fruitier; ils se mettront tous à (7) genoux (12-16), en rond (16), à (7) mes pieds; ils pleureront et ils seront si laids (25) que je leur (53) céderai (10-40) pour ne plus les voir (45). »

Tels (40) étaient les affreuses images, les songes de malade que la peur assemblait dans mon imagination... Mais il fallait bien annoncer (26) mon départ à (7) Thérèse. Elle vint dans la bibliothèque (11) avec une brassée (4) de bois pour allumer (26) un petit feu, une « flambée » (5-4) disait-elle, car les matinées (4) sont fraîches. Je l'observais (52) du coin de l'œil, tandis qu'elle était accroupie (55), la tête sous le tablier de la cheminée (4). Je ne sais d'où (69) me vint (22) alors mon courage, mais je n'hésitai (17-18) pas. Je me levai (17-18), et me promenant de long en large dans la chambre : « A propos, dis-je d'un ton léger, avec cette crânerie (5) particulière aux poltrons, à (7) propos, Thérèse, je pars (9) pour la Sicile (6). »

Ayant parlé, j'attendis, fort inquiet. Thérèse ne répondait pas. Sa tête et son vaste bonnet restaient (46) enfouis (25-27) dans la cheminée, et rien dans sa personne que j'observais, ne trahissait (51-11) la moindre émotion. Elle fourrait du petit bois sous les bûches, voilà tout. Enfin, je revis son visage; il était calme, si calme que je m'en irritai (17-18).

Vraiment (67), pensai-je (17-18), cette vieille fille n'a guère de cœur. Elle me laisse partir sans seulement dire « Ah! ». Est-ce donc si peu (71) pour elle l'absence de son vieux maître?

« Allez (44), monsieur, me dit-elle enfin, mais revenez (44) à (7) six heures (36). Nous avons aujourd'hui (**p. 238**) à (7) dîner (1) un plat qui n'attend pas. »

A. France. *Le Crime de Sylvestre Bonnard,* Calmann-Lévy, édit.

◆

MA MÈRE

Ma mère était de taille moyenne. Ses (41) maternités (4), l'avaient (52) légèrement alourdie (57) sans lui retirer (26) sa grâce. Sensible à (7) la poésie des choses, son visage s'empreignait (7-16) d'une douceur mélancolique. Ses (41) yeux d'un marron velouté qu'une myopie (5) prononcée (25) adoucissait (46) encore, vous caressaient (46). Elle ne portait pas de lunettes (16) elle rapprochait très près (70) de ses (41) yeux, l'ouvrage qu'elle cousait ou (69) le livre qu'elle lisait.

Elle était la bonté (4) même. Tous (37) ceux qui l'approchaient (46) ne pouvaient (46) que l'estimer (26) ou (69) l'aimer (26). Je ne l'ai jamais entendue (57) médire de quiconque. Elle ne prenait jamais parti (9) dans les différends (**15**) ou (69) les querelles; elle ne voulait qu'apaiser (26). Elle aurait préféré (56) souffrir d'une injustice plutôt (70) que d'en provoquer (26) une.

Elle s'occupait de ses (41) enfants, ne vivait que pour eux et par eux, attentive à (7) tout ce (42) qui les touchait (40) attristée (32) de leurs (53) peines, heureuse de leurs (53) joies. Ses (41) nièces, ses (41) neveux, (12) nos amis l'appelaient (52) « Maman Henriette ». C'est (43) sous ce (41) nom que mes enfants et mes petits-enfants qui ne l'ont pas connue (57) parlent d'elle. Elle est présente dans nos pensées. Elle était l'âme d'une vie familiale faite d'émotions partagées (25).

C'est (43) souvent dans son jardin que je la revois (52), pinçant (19) un gourmand de fraisier, émondant des fleurs fanées (25) ou (69) des rameaux superflus (25) ou (69) cousant dans un fauteuil bien protégé (32) par une ombre légère.

Édouard Bled, *Mes écoles,* Robert Laffont, édit.

LES MONTAGNES

Quelle (66) vue! Tout ce (42) qui est humain **(9)** disparaît (8), villages, enclos, cultures; on dirait (49) des ouvrages de fourmis **(5)**. Les seuls êtres ici sont les montagnes. Nos routes et nos travaux (12) y ont égratigné (57) un point imperceptible. On n' (54-35) aperçoit (49-22) qu'un peuple de montagnes (16) assises sous la coupole embrasée (25-26) du ciel; elles sont rangées (55) en amphithéâtre **(10-11)**, comme un conseil d'êtres (16) immobiles (20-25) et éternels (21-25), croupes monstrueuses (16) qui s'étalent (50) gigantesques (32), échines osseuses (16), flancs (16) labourés (25-26) qui descendent (50) à (7) pic jusqu'en des fonds qu'on ne voit pas. On est là (69) comme une barque au milieu de la mer. Les chaînes **(15)** se heurtent comme des vagues. Les arêtes **(15)** sont tranchantes et dentelées (25-26) comme les crêtes des flots soulevés (25-26); ils arrivent de tous côtés (37), ils se croisent, ils s'entassent, hérissés (25-26), innombrables **(8)** et la houle de granit monte haut (67) dans le ciel aux quatre (36) coins de l'horizon.

Ces (41) formes rudes blessent l'œil, ce (42) chaos **(12)** de lignes (16) violemment (67) brisées (25-26) annonce l'effort d'une puissance dont nous n'avons plus l'idée. La nature, dans sa barbarie **(5)** primitive n'a su (57) ici qu'entasser (26) les masses brutes de constructions (16) cyclopéennes **(13)**. Mais son mouvement est sublime, digne du ciel qu'il a pour voûte **(1)** et du soleil qu'il a (7) pour flambeau.

TAINE, *Voyage aux Pyrénées*, Hachette.

◆

LE PONT-NEUF (6)

L'affluence du populaire qui circulait (50) sur le Pont-Neuf avait de quoi surprendre un provincial. Au milieu de la chaussée **(4)** se suivaient (47) et se croisaient (47) des carrosses à (7) deux ou (69) à (7) quatre chevaux (12), les uns fraîchement (67) peints (25-29) et dorés (25-26), garnis (25-27) de velours **(12)** avec glaces (16) aux portières se balançant (19) sur un moelleux ressort, peuplés (25-26) de laquais **(12)** à (7) l'arrière-train et guidés (25-27) par des cochers à (7) trognes (16) vermeilles (21) en grande livrée (16-4), qui contenaient (50) à (7) peine, parmi **(p. 238)** cette foule, l'impatience **(10)** de leur attelage, les autres moins brillants (25), aux peintures ternies (25-27), aux rideaux de cuir (16), aux ressorts énervés (25-26), traînés (25-26) par des chevaux beaucoup plus pacifiques dont la mèche de fouet avait besoin de réveiller (26) l'ardeur et qui annonçaient (50-19) chez **(p. 238)** leurs maîtres une moindre opulence. Dans les premiers, à (7) travers les vitres, on (54) apercevait (49) des courtisans magnifiquement (67) vêtus (67), des dames coquettement (67) attifées (25-26); dans les seconds, des robins, docteurs et autres personnages graves. A tout cela se mêlaient (47) des charrettes chargées (25-26) de pierres (16), de bois ou (69) de tonneaux (16), conduites (25-29) par des charretiers **(15)** brutaux (22). A travers ce (42) dédale mouvant de chars (16), les cavaliers cherchaient à (7) se frayer (26) un passage et ne manœuvraient (46) pas si bien qu'ils n'eussent (43) parfois la botte effleurée (25-26) ou (69) crottée (25-26) par un moyeu de roue. Les chaises à (7) porteurs (16), les unes de maîtres (16), les autres de louage (16), tâchaient de se tenir sur les bords du courant pour n'en être point entraînées (25-26) et longeaient (20), autant que possible les parapets **(3)** du pont. Vint (47-49) à (7) passer (26) un troupeau de bœufs (16) et le désordre fut (51) à (7) son comble. Des bêtes cornues (25) couraient (29) çà et là (69), baissant la tête, effarées (25-26), harcelées (25-26) par les chiens, bâtonnées (25-26) par les conducteurs. A leur vue, les chevaux (12) s'effrayaient, piaffaient et faisaient (16) des pétarades.

Théophile GAUTIER, *Le Capitaine Fracasse*.

PLAISIRS D'ENFANTS (16)

Notre plus grand amusement était de nous lancer (26) à (7) travers bois, dédaigneux des chemins tracés (25-26), ravis (25) au contraire lorsque l'épaisseur des taillis nous obligeait (46-20) à (7) avancer (26) péniblement sur les genoux (12) et sur les mains, voire (**p. 256**) à (7) plat ventre, car nous tenions à (7) déshonneur (**8**) de biaiser (26).

Nous passions les après-midi (15) du dimanche à (7) Blancmesnil; c'étaient (44) alors d'épiques parties de cache-cache (15), fécondes (25) en péripéties (**10**), car elles se jouaient dans la grande ferme, à travers granges (16), remises (16) et n'importe quels (66) bâtiments... Blandine allait avec Armand, et je restais avec Lionel; les uns cherchant (62), les autres se cachant (62) sous les fagots, sous les bottes de foin (16), dans la paille; on grimpait (49) sur les toits, on passait (49) par tous (37) les pertuis, toutes (37) les trappes (**p. 237**), et par ce (42) trou dangereux, au-dessus (**p. 238**) du pressoir (**3**), par où (69) l'on fait crouler (26) les pommes, on inventait (49), poursuivi (25-27), mainte acrobatie (**10**).... Mais si passionnante que fût (49-51) la poursuite, peut-être le contact avec les biens de la terre, les plongeons dans l'épaisseur (**2**) des récoltes, et les bains d'odeurs (16-**2**) variées (25-26) faisaient (16) - ils le plus vrai du plaisir. O parfum (16) des luzernes (**13**) séchées (25-26), âcres senteurs (16-**2**) de la bauge aux pourceaux, de l'écurie ou (69) de l'étable, effluves capiteux du pressoir, et là (69), plus loin, entre les tonnes, ces (41) courants d'air glacé (25-26) où (69) se (42) mêle (47) aux relents des futailles (**3**) une petite pointe de moisi. Oui, j'ai connu (57) plus tard l'enivrante (**p. 257**) vapeur des vendanges, mais, pareil à (7) la Sulamite qui demandait (50) qu'on la soutînt (48-49) avec des pommes, c'est (43) l'éther (**11**) exquis de celles-ci que je respire, de préférence à (7) la douceur exquise du moût. Lionel et moi, devant l'énorme tas (**12**) de blé (16) d'or qui s'effondrait (50) en pentes (16) molles sur le plancher net du grenier, nous mettions bas nos vestes, puis, les manches haut (67) relevées (25-26), nous enfoncions (19) nos bras jusqu'à (7) l'épaule et sentions entre nos doigts ouverts (25) glisser (26) les menus (25) grains frais.   A. GIDE, *Si le grain ne meurt,* Gallimard.

◆

LES MÉSANGES

Quand j'attachai (17-18), à (7) deux poteaux de roseraie (**3**) deux nids, creusés (25-26) à (7) même deux rondins de bouleau (16), je les nommai (17-18), en moi-même, ex-voto (15), offrande superstitieuse (**10**)... Le vœu ne connaît (8) qu'un chemin : il monte; le mien atteignit (23) deux rossignols de muraille. Ils vinrent, gris roux, plus foncés (25-26) que la musaraigne, comme elle, fureteurs (32)... Je me fis discrète (19), d'autant que l'autre nid appartenait, dans le même moment, à (7) la mésange bleue (19).

Celle-ci, princesse des oiseaux sauvages, ne saurait (41) rien faire sans éclat. Où (69) elle règne (19), on ne voit qu'elle (66), son dos bleu comme l'élytre (**13**) métallique du bousier, le dessous (**p. 238**) vert saule de son aile, sa hardiesse (**9**) à (7) nous solliciter (26), sa prestesse à (7) nous fuir (45-4). Elle est rieuse, et guerrière et gloutonne comme pas une.... Entre l'éclosion des œufs et l'essor (**14**) des oisillons, la tâche d'un couple de mésanges confond (5) l'observateur. Deux éclairs bleus (22), multipliés (25-26) par leur hâte (**13**) sans repos, illuminaient (46) chez moi le petit enclos bourgeonnant. Mâle et femelle, au moment de s'engouffrer (26) dans la lucarne du tronc creux, prenaient (46) pied (**p. 244**) un instant sur l'extrémité (**4**) d'un tuteur en bambou et s'y (63) balançaient (19) comme une fleur; la nichée (**4**) gavée (25-26), un bruit d'éventail (**3**), un trait de feu bleu et jaune rejaillissaient (46) du nid, et l'attente haussait d'un ton le pépiement (**11**) des petits invisibles, qui ressemble (50) au gazouillement (**13**) d'un baiser.

La plus insolente, la plus active, la petite femelle, je l'ai vue (58) plonger sous la basse jungle (**p. 235-255**) des jeunes bégonias serrés (25-26), elle pénétrait (10) par un bout de la plate-bande, courant agilement sur ses (41) merveilleuses petites serres (**15**); elle surgissait à (7) l'autre extrémité (**4**), arrogante, la tête levée (25-26), une chenille en banderole toute vivante au bec, ou bien moustachue (25) de deux ailes d'insecte (16).

COLETTE, *La Paix chez les bêtes,* Fayard, édit.

◆

MARCHÉ CHINOIS (33)

Je veux (3-11) revoir la ville chinoise (33) et je traverse les rues pouilleuses qu'ennoblissent (47) les oriflammes et les devises et où (69) tant de beauté se marie (3) à (7) tant de misère. Le marché est là (69). J'y pénètre (10). On (54) y trouve tout : (5) des boucheries, un théâtre (**11**) en plein vent, des marchands de coquillages (16), d'épices (16), de jouets (16), de fromages (16), des comptoirs (**2-11**) de soieries (16), de tapis, des cuisines qui sont des restaurants, des cordonneries, des coiffeurs, d'étranges pharmacies (**5-10**) avec des recettes millénaires, des talismans et des philtres (**p. 244**) magiques. Il y a des librairies, des miroitiers, des fleuristes, un combat de coqs (16), des poissonniers et un garage d'oiseaux (16).

Une grande toile abrite le marché, et des pistes, entre les échoppes, s'entrecroisent, encombrées (25-26-32) de porteurs (16), de dames (16), d'enfants (16), de chiens (16) crasseux, de grosses commères qu'escorte (47) une marmaille (**3**) accrochée (25-26) à (7) leurs pantalons.

Toute (37) cette foule joue (**3**) de l'éventail (**3**), piaille, se coudoie (6) sans se bousculer (26), glisse à (7) pas indolents, marchande et, des heures durant (**p. 238**), s'attarde chez les libraires ou (69) aux cuisines. Délaissant (62) leurs comptoirs, les commerçants se font visite et s'installent. Des rais (**15**) de soleil (16) éclairent la cohue (**5-11**) bleue (19) et blanche, accrochent un jade, font rutiler (26) dans l'ombre d'une échoppe des grenouilles de quartz (**13**), des arbres de corail, des poissons de cristal, des jonques d'émail, des fruits de verre, ou (69) encore, sur un paravent à (7) fond crème, une oie sauvage qui, le bec dardé (25-26) et les ailes droites (19), plonge entre deux rocailles (**3**) dans un étang lunaire.

Une grâce, une politesse universelle (21), une urbanité (**4**) séculaire règnent (10) dans cette cité (**4**) nonchalante et laborieuse où (69) jamais personne ne s'affaire.

Francis DE CROISSET, *Le Dragon blessé,* Grasset, édit.

◆

LA MORT DE LA VIPÈRE

Cette vipère dormait. Elle dormait trop affaiblie (25-27) par l'âge ou (69) fatiguée (25-26) par une indigestion de crapauds (**2**). Hercule au berceau étouffant les reptiles : voilà le mythe (**13**) expliqué (25-26). Je fis comme il a dû (30) faire. Je saisis la vipère par le cou, exactement au-dessus (**p. 238**) de la terre, et je serrai (17-18) voilà tout. Cette détente brusque, en ressort de montre qui saute hors (**p. 238**) du boîtier — et le boîtier, pour ma vipère, s'appelait la vie, — ce réflexe désespéré pour la première et pour la dernière fois en retard d'une seconde, ces (41) enroulements, ces (41) déroulements, ces (41) enroulements froids autour de mon poignet, rien ne me fit (49) lâcher (25) prise. Par bonheur, une tête de vipère, c'est (43) triangulaire et monté (25) sur cou mince, où (69) la main peut se caler (25). Par bonheur, une peau de vipère, c'est (43) rugueux (**7**), sec d'écailles (16), privé (25) de la viscosité (**4**) défensive de l'anguille. Je serrais (17-18) de plus en plus fort, nullement inquiet, mais intrigué (25-26) par ce frénétique réveil (**3**) d'un objet apparemment (67) si calme, si digne de figurer (25) parmi (**p. 238**) les jouets de tout repos. Je serrais (17-**18**). Une poigne rose de bambin (**2**) vaut un étau (**2**). Je rapprochais (**17-18**) la vipère de mon nez, très près (70), tout près (70), mais rassurez-vous, à un nombre de millimètres (16) suffisant pour que fût (51) refusée (55) leur dernière chance à (7) des crochets tout (37) suintant (62) de rage.

265

Elle avait de jolis yeux, vous savez, cette vipère, non pas des yeux de saphir **(10)** comme les vipères de bracelets **(p. 237)**, je le répète, mais des yeux de topaze **(13)** brûlée (25), piqués (25-26) noir (34) au centre et tout pétillants (62) d'une lumière que je saurai (30-40) plus tard s'appeler (25) la haine **(9)**. Elle avait aussi de minuscules trous (12) de nez, ma vipère, une gueule étonnante, béante, en corolle d'orchidée **(10)**, avec, au centre, la fameuse langue bifide.

Je serrais (17-18), je vous le redis. Les topazes **(13)** s'éteignirent (18), à (7) moitié **(4)** recouvertes (25) par deux morceaux de taffetas **(12)** bleuâtres. La vipère, ma vipère était morte, ou (69) plus exactement **(13)**, pour moi, l'enfant, elle était retournée (55) à (7) l'état de bronze **(13)** où (69) je l'avais trouvée (56) quelques (39) minutes auparavant **(p. 238)**.

Hervé BAZIN, *Vipère au poing*, Grasset, édit.

◆

PIERRES VIVANTES

Ceux des édifices qui ne parlent (50) ni (63) ne chantent (50) ne méritent (50) que le dédain; ce (44) sont choses mortes, inférieures dans la hiérarchie **(9)** à (7) ces (41) tas de moellons que vomissent (47) les chariots **(2-p. 237)** des entrepreneurs, et qui amusent (50) du moins l'œil sagace par l'ordre accidentel qu'ils empruntent de leur chute... Quant (72) aux monuments qui se bornent (50) à (7) parler (26), s'ils parlent clair (67), je les estime (52). Ici, disent-ils, se réunissent (47) les marchands. Ici, les juges délibèrent (10). Ici, gémissent (47) des captifs... Ces **(4)** loges mercantiles, ces (41) tribunaux (12) et ces (41) prisons, quand (72) ceux qui les construisent (50) savent s'y (63) prendre, tiennent le langage **(7)** le plus net. Les uns aspirent visiblement une foule active et sans cesse renouvelée (25); ils lui offrent (52) des péristyles **(13)** et des portiques; ils l'invitent (52) par bien des portes et par de faciles escaliers à venir dans leurs (53) salles vastes et bien éclairées (25), former (26) des groupes, se livrer (26) à (7) la fermentation des affaires... Mais les demeures **(2)** de la justice doivent parler (26) aux yeux de la rigueur **(2-7)** et de l'équité **(4)** de nos lois **(5)**. La majesté **(4)** leur sied (11) des masses toutes (37) nues (35) et la plénitude effrayante des murailles. Les silences de ces (41) parements déserts sont à (7) peine rompus (25) de loin en loin, par la menace d'une porte mystérieuse **(13)**, ou (69) par les tristes signes que font (47) sur les ténèbres d'une étroite fenêtre, les gros fers dont elle est barrée (55). Tout ici rend des arrêtés, et parle de peine. La pierre prononce gravement ce (42) qu'elle renferme; et cette œuvre, si conforme à (7) la vérité **(4)** déclare fortement sa destination sévère... P. VALÉRY, *Eupalinos ou l'Architecte*, Gallimard.

◆

L'AVION ET LA PLANÈTE

L'avion est une machine sans doute, mais quel (39) instrument d'analyse! Cet instrument nous a fait (58) découvrir le vrai visage de la terre. Les routes, en effet, durant **(p. 238)** des siècles nous ont trompés (57). Nous ressemblions à (7) cette souveraine qui désira (18) visiter ses (41) sujets et connaître s'ils se réjouissaient de son règne. Ses (41) courtisans, afin de l'abuser (26), dressèrent (18) sur son chemin quelques (39) heureux décors et payèrent (18) des figurants pour y danser (26). Hors **(p. 238)** du mince fil conducteur, elle n'entrevit (18-49) rien de son royaume, et ne sut (18-49) point qu'au large des campagnes ceux qui mouraient (29-41) de faim la maudissaient (52). Ainsi **(p. 238)** cheminions-nous le long des routes sinueuses. Elles évitent les terres stériles, les rocs, les sables, elles épousent les besoins de l'homme et vont de fontaine en fontaine (16); elles conduisent les campagnards de leurs (53) granges aux terres à (7) blé, reçoivent (19) au seuil **(3)** des étables le bétail **(3)** encore endormi (25-27) et le versent (52), dans l'aube, aux luzernes **(13)**. Elles joignent ce village à (7) cet autre village, car de l'un à (7) l'autre on (49) se marie (3). Et si l'une d'elles s'aventure à (7) franchir un désert, la voilà qui fait vingt détours pour se réjouir des oasis.

Ainsi, trompés (32) par leurs (53) inflexions **(13)** comme par autant **(p. 238)** d'indulgents ·mensonges, ayant longé (57) au cours **(12)** de nos vacances tant de terres (16) bien arrosées (25), tant de vergers (16), tant de prairies (16), nous avons longtemps **(p. 238)** embelli (57) l'image de notre prison. Cette planète, nous l'avons crue (57) humide et tendre. Mais notre vue s'est aiguisée (61) et nous avons fait (57) un progrès cruel. Avec l'avion nous avons appris (57) la ligne droite. A peine avons-nous décollé (57), nous lâchons ces (41) chemins qui s'inclinent vers les abreuvoirs **(3)** et les étables, ou (69) serpentent de ville en ville (16). Affranchis (32) désormais **(p. 238)** des servitudes bien aimées (25), délivrés (25-32) du besoin des fontaines, nous mettons le cap sur nos buts lointains. Alors **(p. 238)** seulement, du haut de nos trajectoires **(3)** rectilignes, nous découvrons le soubassement essentiel **(10)**, l'assise de rocs, de sable et de sel, où (69) la vie quelquefois **(p. 238)** comme un peu (71) de mousse au creux des ruines, ici et là (69) se hasarde à (7) fleurir.

SAINT-EXUPÉRY, *Terre des hommes*, N. R. F.

◆

Nous donnons, à titre de curiosité le texte que Prosper Mérimée dicta un jour, à la cour impériale, à Compiègne.

Pour parler (26) sans ambiguïté **(1-4)**, ce dîner **(1)** à (7) Sainte-Adresse, près du Havre, malgré **(p. 238)** les effluves (11) embaumés (25-26) de la mer, malgré les vins de très bons crus, les cuisseaux **(p. 237)** de veau et les cuissots **(p. 237)** de chevreuil prodigués (25-26) par l'amphitryon **(13-p. 243)**, fut (43) un vrai guêpier.

Quelles que (39) soient et quelque (39) exiguës (19-32) qu'aient pu (47-60-50) paraître, à (7) côté de la somme due (25-30), les arrhes (17) qu'étaient (47) censés (25-**15**) avoir données (57) à (7) maint et maint fusilier **(p. 237)** subtil (20) la douairière et le marguillier **(6)**, bien que lui ou (69) elle soit censée (25-**15**) les avoir refusées (57) et s'en (64) soit repentie (61), va-t'en **(54)** les réclamer (26-45) pour telle (40) ou (69) telle bru **(5)** jolie par qui tu le diras redemandées (25-32), quoiqu'il (73) ne te siée (p. **204**) pas de dire qu'elle se les est laissé (61) arracher par l'adresse des dits (29) fusiliers et qu'on les leur (53) aurait suppléées (57) dans toute (37) autre circonstance ou pour des motifs de toutes (37) sortes.

Il était infâme **(p. 237)** d'en (64) vouloir pour cela à (7) ces (41) fusiliers mal bâtis (25-27) et de leur (53) infliger (26) une raclée **(4)**, alors qu'ils ne songeaient qu'à (7) prendre des rafraîchissements avec leurs coreligionnaires. Quoi qu'il (73) en soit, c'est (43) bien à (7) tort que la douairière, par un contresens exorbitant **(13)**, s'est laissé (61) entraîner à (7) prendre un râteau et qu'elle s'est crue (61) obligée (25-26) de frapper (26) l'exigeant **(p. 237)** marguillier **(6)** sur son omoplate (10) vieillie (25-27).

Deux alvéoles (11) furent brisés (55), une dysenterie **(13)** se déclara, suivie (25-27) d'une phtisie **(5)**.

« Par saint Martin, quelle (66) hémorragie **(9)**! » s'écria ce bélître **(1)**. A cet événement **(p. 257)**, saisissant son goupillon, ridicule excédent **(13)** de bagage, il la poursuivit dans l'église tout (37) entière*.   Prosper MÉRIMÉE.

*. « Peut-on mettre au rang des amusements de la Cour la dictée, si fameuse, si souvent rappelée, que Mérimée y fit faire un jour? Ce fut plutôt une épreuve, et qui dut être cruelle à plusieurs. Le texte n'avait, à vrai dire, pas de sens, mais Mérimée y avait rassemblé beaucoup de difficultés orthographiques. Voici, dans l'ordre décroissant, le nombre de fautes des principaux concurrents : l'Empereur, 75 fautes; l'Impératrice, 62; la princesse de Metternich, 42; Alexandre Dumas fils, 24; Octave Feuillet, de l'Académie française. 19; le prince de Metternich, ambassadeur d'Autriche, 3 seulement. »

(Maurice ALLEM, *La Vie quotidienne sous le Second Empire*, Hachette, édit.)

EXTRAITS DE L'ARRÊTÉ DU 26 FÉVRIER 1901

Substantifs[1].

Pluriel ou singulier. — Dans toutes les constructions où le sens permet de comprendre le substantif complément aussi bien au singulier qu'au pluriel, on tolérera l'emploi de l'un ou l'autre nombre. Ex. : *des habits de femme* ou *de femmes;* — *des confitures de groseille* ou *de groseilles;* — *des prêtres en bonnet carré* ou *en bonnets carrés;* — *ils ont ôté leur chapeau* ou *leurs chapeaux.*

Pluriel des substantifs.

Pluriel des noms propres. — La plus grande obscurité régnant dans les règles et les exceptions enseignées dans les grammaires, on tolérera dans tous les cas que les noms propres précédés de l'article pluriel prennent la marque du pluriel : *les Corneilles* comme *les Gracques;* — *des Virgiles* (exemplaires) comme *des Virgiles* (éditions).
Il en sera de même pour les noms propres de personnes désignant les œuvres de ces personnes. Ex. : *des Meissoniers.*

Pluriel des noms empruntés à d'autres langues. — Lorsque ces mots sont tout à fait entrés dans la langue française, on tolérera que le pluriel soit formé suivant la règle générale. Ex. : *des exéats* comme *des déficits.*

Adjectifs.

Accord de l'adjectif. — Dans la locution *se faire fort de,* on tolérera l'accord de l'adjectif. Ex. : *se faire fort, forte, forts, fortes de...*

Adjectif construit avec plusieurs substantifs. — Lorsqu'un adjectif qualificatif suit plusieurs substantifs de genres différents on tolérera toujours que l'adjectif soit construit au masculin pluriel, quel que soit le genre du substantif le plus voisin. Ex. : *appartements et chambres meublés.*

Nu, demi, feu. — On tolérera l'accord de ces adjectifs avec le substantif qu'ils précèdent. Ex. : *nu* ou *nus pieds, une demi* ou *demie heure* (sans trait d'union entre les mots), *feu* ou *feue la reine.*

Adjectifs composés. — On tolérera la réunion des deux mots constitutifs en un seul mot qui formera son féminin et son pluriel d'après la règle générale. Ex. : *nouveauné, nouveaunée, nouveaunés, nouveaunées;* — *courtvêtu, courtvêtue, courtvêtus, courtvêtues,* etc.
Mais les adjectifs composés qui désignent des nuances étant devenus, par suite d'une ellipse, de véritables substantifs invariables, on les traitera comme des mots invariables. Ex. : *des robes bleu clair, vert d'eau,* etc., de même qu'on dit *des habits marron.*

Participes passés invariables. — Actuellement les participes *approuvé, attendu, ci-inclus, ci-joint, excepté, non compris, y compris, ôté,*

---

1. On parlait encore de *substantifs* en 1901. La nomenclature grammaticale actuellement en usage ne connaît plus que des *noms.*

268

passé, supposé, vu, placés avant le substantif auquel ils sont joints, restent invariables. *Excepté* est même déjà classé parmi les prépositions. On tolérera l'accord facultatif pour ces participes, sans exiger l'application de règles différentes suivant que ces mots sont placés au commencement ou dans le corps de la proposition, suivant que le substantif est ou n'est pas déterminé. Ex. : *ci joint* ou *ci jointes les pièces demandées* (sans trait d'union entre *ci* et le participle); = *je vous envoie ci jointe copie de la pièce.*

On tolérera la même liberté pour l'adjectif *franc.* Ex. : *envoyer franc de port* ou *franche de port une lettre.*

Avoir l'air. — On permettra d'écrire indifféremment : *elle a l'air doux* ou *douce, spirituel* ou *spirituelle.*

On n'exigera pas la connaissance d'une différence de sens subtile suivant l'accord de l'adjectif avec le mot *air* ou avec le mot désignant la personne dont on indique l'air.

Adjectifs numéraux. Vingt, cent. — La prononciation justifie dans certains cas la règle actuelle qui donne un pluriel à ces deux mots quand ils sont multipliés par un autre nombre. On tolérera le pluriel de *vingt* et de *cent* même lorsque ces mots sont suivis d'un autre adjectif numéral. Ex. : *quatre vingt dix* ou *quatre vingts dix hommes; quatre cent trente* ou *quatre cents trente hommes.* Le trait d'union ne sera pas exigé entre le mot désignant les unités et le mot désignant les dizaines. Ex. : *dix sept.*

Dans la désignation du millésime, on tolérera *mille* au lieu de *mil,* comme dans l'expression d'un nombre. Ex. : *l'an mil huit cent quatre vingt dix* ou *l'an mille huit cents quatre vingts dix.*

. . . .

Adjectifs démonstratifs, indéfinis et pronoms.

Ce. — On tolérera la réunion des particules *ci* et *la* avec le pronom qui les précède, sans exiger qu'on distingue *qu'est ceci, qu'est cela* de *qu'est ce ci, qu'est ce là.* — On tolérera la suppression du trait d'union dans ces constructions.

Même. — Après un substantif ou un pronom au pluriel, on tolérera l'accord de *même* au pluriel et on n'exigera pas de trait d'union entre *même* et le pronom. Ex. : *nous mêmes, les dieux mêmes.*

Tout. — Devant un nom de ville on tolérera l'accord du mot *tout* avec le nom propre sans chercher à établir une différence un peu subtile entre des constructions comme *toute Rome* et *tout Rome.*

On ne comptera pas de faute non plus à ceux qui écriront indifféremment, en faisant parler une femme, *je suis tout à vous* ou *je suis toute à vous.*

Lorsque *tout* est employé avec le sens indéfini de *chaque,* on tolérera indifféremment la construction au singulier ou au pluriel du mot *tout* et du substantif qu'il accompagne. Ex. : *des marchandises de toute sorte* ou *de toutes sortes; — la sottise est de tout (tous) temps et de tout (tous) pays.*

Aucun. — Avec une négation, on tolérera l'emploi de ce mot aussi bien au pluriel qu'au singulier. Ex. : *ne faire aucun projet* ou *aucuns projets.*

. . . .

Verbe.

Verbes composés. — On tolérera la suppression de l'apostrophe et du trait d'union dans les verbes composés. Ex. : *entrouvrir, entrecroiser.*

Trait d'union. — On tolérera l'absence de trait d'union entre le verbe et le pronom sujet placé après le verbe. Ex. : *est il.*

. . . .

Accord du verbe quand le sujet est : *plus d'un.* — L'usage actuel étant de construire le verbe au singulier avec le sujet *plus d'un,* on tolérera la construction du verbe au singulier, même lorsque *plus d'un* est suivi d'un complément au pluriel. Ex. : *plus d'un de ces hommes était* ou *étaient à plaindre.*

Participe.

Participe présent et adjectif verbal. — Il convient de s'en tenir à la règle générale, d'après laquelle on distingue le participe de l'adjectif en ce que le premier indique l'action et le second l'état. Il suffit que les élèves et les candidats fassent preuve de bon sens dans les cas douteux. On devra éviter avec soin les subtilités dans les exercices. Ex. : *des sauvages vivent errant* ou *errants dans les bois.*

Participe passé. — Il n'y a rien à changer à la règle d'après laquelle le participe passé construit comme épithète doit s'accorder avec le mot qualifié, et construit comme attribut avec le verbe *être* ou un verbe intransitif doit s'accorder avec le sujet.

Ex. : *des fruits gâtés; — ils sont tombés; — elles sont tombées.* Pour le participe passé construit avec l'auxiliaire *avoir,* lorsque le participe passé est suivi soit d'un infinitif, soit d'un participe présent ou passé, on tolérera qu'il reste invariable, quels que soient le genre et le nombre des compléments qui précèdent. Ex. : *les fruits que je me suis laissé* ou *laissés prendre; — les sauvages que l'on a trouvé* ou *trouvés errant dans les bois.* Dans le cas où le participe passé est précédé d'une expression collective, on pourra à volonté le faire accorder avec le collectif ou avec son complément. Ex. : *la foule d'hommes que j'ai vue* ou *vus.*

Adverbe.

Ne **dans les propositions subordonnées.** — L'emploi de cette négation dans un très grand nombre de propositions subordonnées donne lieu à des règles compliquées, difficiles, abusives, souvent en contradiction avec l'usage des écrivains les plus classiques.
Sans faire de règles différentes suivant que les propositions dont elles dépendent sont affirmatives ou négatives ou interrogatives, on tolérera la suppression de la négation *ne* dans les propositions subordonnées dépendant de verbes ou de locutions signifiant :
Empêcher, défendre, éviter que, etc. Ex. : *défendre qu'on vienne* ou *qu'on ne vienne.*
Craindre, désespérer, avoir peur, de peur que, etc. Ex. : *de peur qu'il aille* ou *qu'il n'aille.*
Douter, contester, nier que, etc. Ex. : *je ne doute pas que la chose soit vraie* ou *ne soit vraie.*
Il tient à peu, il ne tient pas à, il s'en faut que, etc. Ex. : *il ne tient pas à moi que cela se fasse* ou *ne se fasse.*
On tolérera de même la suppression de cette négation après les comparatifs et les mots indiquant une comparaison : autre, autrement que, etc. Ex. : *l'année a été meilleure qu'on l'espérait* ou *qu'on ne l'espérait; — les résultats sont autres qu'on le croyait* ou *qu'on ne le croyait.*
De même, après les locutions à moins que, avant que. Ex. : *à moins qu'on accorde le pardon* ou *qu'on n'accorde le pardon.*

■

INDEX ALPHABÉTIQUE

Les numéros renvoient aux pages.

L

M

N

O

TABLE DES MATIÈRES

ORTHOGRAPHE GRAMMATICALE

TABLE DES MATIÈRES

CONJUGAISON

TABLE DES MATIÈRES

ORTHOGRAPHE D'USAGE

TABLE DES MATIÈRES

ORTHOGRAPHE ET LANGAGE

Imprimé en France par BRODARD GRAPHIQUE - Coulommiers-Paris HA/2139/2.
Dépôt légal n° 9492-12-1984. — Collection n° 14. — Édition n° 23.

12/1390/9